二十一世纪普通高等教育人才培养“十三五”系列规划教
ERSHIYI SHIJI PUTONG GAODENG JIAOYU RENCAI PEIYANG SHISANWU XILIE GUIHUA JIAOCAI

人力资源管理

——理论、方法与实务

主　编○伍　娜　张　舫
副主编○杨　沛　赵　亮

西南财经大学出版社
Southwestern University of Finance & Economics Press
中国·成都

图书在版编目(CIP)数据

人力资源管理——理论、方法与实务/伍娜等主编 . —成都:西南财经大学出版社,2017. 1

ISBN 978 -7 -5504 -2737 -2

Ⅰ. ①人… Ⅱ. ①伍… Ⅲ. ①人力资源管理—高等学校—教材
Ⅳ. ①F243

中国版本图书馆 CIP 数据核字(2016)第 288038 号

人力资源管理——理论、方法与实务

主　编:伍　娜　张　舫

副主编:杨　沛　赵　亮

责任编辑:李晓嵩

封面设计:何东琳设计工作室

责任印制:封俊川

出版发行	西南财经大学出版社(四川省成都市光华村街 55 号)
网　　址	http://www. bookcj. com
电子邮件	bookcj@ foxmail. com
邮政编码	610074
电　　话	028 -87353785　87352368
照　　排	四川胜翔数码印务设计有限公司
印　　刷	郫县犀浦印刷厂
成品尺寸	185mm ×260mm
印　　张	18. 25
字　　数	430 千字
版　　次	2017 年 1 月第 1 版
印　　次	2017 年 1 月第 1 次印刷
印　　数	1— 2000 册
书　　号	ISBN 978 -7 -5504 -2737 -2
定　　价	38. 00 元

前 言

正如美国知识管理学者托夫勒所说："科学技术发展越快，人类按照自己的需要创造资源的能力就越大。那么唯一重要的资源就是信息和知识，而掌握这些资源的就是人。"人力资源是企业成功的关键因素，拥有人才，把握人才，以人才为发展的推动力是实现可持续发展的必由之路。企业竞争最重要的部分就包括如何竞相吸引和留住人才。人才是企业的核心，拥有人才企业才能有立足之地和发展空间。人力资源管理的目的是充分发挥人的潜能，提高工作效率，最大限度地完成组织目标，人力资源管理也成为企业管理的重点。

随着"互联网+"时代的到来，人们的思维方式、生活方式、交往方式、工作方式都或多或少受到互联网的冲击和影响。企业的经营管理尤其是人力资源管理，面临着前所未有的机遇和挑战。

本教材在吸收近年来最新科研成果和实际工作经验的基础上，详细论述了人力资源管理导论、组织设计与工作分析、人力资源规划、招聘与配置、员工培训、职业生涯规划、绩效管理、薪酬福利管理、员工关系管理等人力资源管理工作内容。在编写过程中，我们注重内容的科学性、系统性、创新性和实用性，并着重体现如下两个特点：

第一，系统性。本教材以人力资源管理工作模块为基础，按照人力资源管理各职能间内在逻辑关系组织教材内容的编写。在体系结构上，每个章节由理论模块和实务模块组成，力求理论知识、实际操作与案例分析有机结合，以理论解释现实的规则和操作，以实务体现理论的知识和方法，理论和实务相得益彰。从编写形式上，每章都设置"开篇案例""阅读案例""本章小结""简答题""案例分析题""实际操作训练"等栏目，使教学内容更具有针对性和系统性。

第二，实用性。本教材增加了大量可操作性强的人力资源管理流程、示例、图表、指标等，设置了实务章节，使理论和实务有效结合，让读者更能体会知识在实际工作中的运用。这些实务流程和模板方便读者在实际中应用所学知识，实现"拿来即用"的目的。本教材每章后还增设了"案例分析题""实际操作训练"等栏目，给出针对性较强的案例和方案设计题供读者演练体验，有利于加强读者人力资源管理职业技能的培养，使读者不仅系统掌握基础理论知识，更具有专业的实际操作能力。

本教材既适用于普通高等教育或相同层次的人力资源管理及其他公共管理类专业的师生学习和使用，为人力资源管理的教学与应用提供多层面的视角；同时，也可以供企业经营管理者、人力资源管理工作人员、咨询师、培训师等阅读和参考。

参加本教材编写的都是在教学一线从事多年教学工作的教师，有着丰富的教学经验，他们对课程的设置、教学的重点都十分了解。本教材由武汉华夏理工学院的伍娜负责审定。各章编写分工如下：第一章、第二章、第三章、第六章由伍娜编写，第四章、第七章由杨沛编写，第五章、第八章由张舫编写，第九章由赵亮编写。本书的顺利出版得到了武汉华夏理工学院的各位领导和教师的指导与帮助，同时得到了西南财经大学出版社的大力支持。对全体编写人员付出的艰辛劳动，我们在此表示衷心的感谢。在写作过程中，我们参考和吸收了国内外有关研究成果，特别向原作者表示诚挚的敬意。

编者

2017 年 1 月

目 录

第一章　人力资源管理导论

开篇案例

管仲妙喻选贤才

春秋时期，齐国公子小白抢先继承了王位，成为齐桓公。齐桓公的重要谋士鲍叔牙向齐桓公举荐管仲掌管朝政。齐桓公不记前仇，予以重用，在听取了管仲治国之策后，非常信任管仲。

有一天，齐桓公在管仲的陪同下，来到马棚视察养马的情况。齐桓公见到养马人就关心地询问："马棚里的大小诸事，你觉得哪件事最难？"养马人一时觉得难以回答。其实，养马人心中是十分清楚的：一年365天，打草备料，饮马遛马，调鞍理样，接驹打掌，除了清栏，哪一件都不是轻松的事，可是在君王面前，一个养马人又怎好随意叫苦呢？

管仲在一旁见养马人尚在犹豫，便代为答道："从前我也当过马夫，依我之见，编排用于拴马的栅栏这件事最难，为什么呢？因为编排栅栏时所用的木料往往曲直复杂，若想让所选的木料用起来顺手，使编排的栅栏整齐美观且结实耐用，开始的选料就显得极其重要，如果你在下第一根桩时用了弯曲的木料，随后就得顺着将弯曲的木料用到底。像这样曲木之后再加曲木，笔直的木料就难以启用；反之，如果一开始就选用笔直的木料，继之必然是直木，曲木也就用不上了。"

齐桓公听后，若有所思地点了点头。

问题与思考：

1. 这个故事给了我们什么启发？
2. 人对企业来说有何重要作用？
3. 为什么要进行人力资源管理？

随着全球经济一体化时代的到来，市场竞争日趋激烈。企业要在复杂的环境中生存与发展，资源的获得和拥有是关键，而不论是自然资源，还是物质资源、信息资源等，都需要人力资源去合理地运筹和配置。毋庸置疑，人力资源是企业的第一资源，管理者的事业成功与否，其关键因素是人。国际商业机器公司（IBM）原总裁华生曾经说过："你可以撤走我的机器，烧毁我的厂房，但只要留下我的员工，我就可以有再生的机会。"有效地利用与企业发展战略相适应的管理和专业技术人才，最大限度地发掘他们的才能，可以推动企业战略的实施，促进企业的飞跃发展。

第一节 人力资源概述

一、人力资源的界定

(一) 资源

何谓资源?《辞海》把资源解释为:“资财的来源。”联合国环境规划署对资源的定义是:“在一定时期、地点条件下能够产生经济价值,以提高人类当前和将来福利的自然因素和条件。”上述两种定义只限于对自然资源的解释。马克思在《资本论》中说:“劳动和土地,是财富两个原始的形成要素。”恩格斯的定义是:“其实,劳动和自然界在一起它才是一切财富的源泉,自然界为劳动提供材料,劳动把材料转变为财富。”马克思、恩格斯的定义,既指出了自然资源的客观存在,又把人(包括劳动力和技术)的因素视为财富的另一个不可或缺的来源。可见,资源的来源及组成,既包括自然资源,又包括人类劳动的社会、经济、技术等因素,还包括人力、人才、智力(信息、知识)等资源。据此可知,所谓资源,指的是一切可被人类开发和利用的物质、能量和信息的总称,它广泛地存在于自然界和人类社会中,是一种自然存在物或能够给人类带来财富的财富。或者说,资源就是指自然界和人类社会中一种可以用以创造物质财富和精神财富的具有一定量的积累的客观存在形态,如土地资源、矿产资源、森林资源、海洋资源、石油资源、人力资源、信息资源等。

(二) 人力资源

管理学大师彼得·德鲁克(Peter Drucker)在 1954 年出版的《管理的实践》(*The Practice of Management*)经典著作中,首次在管理学领域阐释了人力资源概念的含义:人力资源和其他资源来比较,它指的是完整的人,拥有独特的协调、整合、判断和想象的能力,是所有可用资源中最有生产力、最有用处、最为多产的资源。人力资源还有与其他任何资源都不同的一点,对于自己要不要工作,拥有绝对的自主权。

在我国,最早使用人力资源概念的文献是毛泽东于 1956 年为《中国农村社会主义高潮》缩写的按语。在按语中他写道:“中国的妇女是一种伟大的人力资源,必须发掘这种资源,为了建设一个伟大的社会国家而奋斗。”

1979 年诺贝尔经济学奖得主西奥多·W. 舒尔茨在 1960 年美国经济学年会上的演说中系统地阐述了人力资本理论。他认为,人力资源是一切资源中最主要的资源,人力资本理论是经济学的核心问题。在经济增长中,人力资本的作用大于物质资本的作用。人力资本投资与国民收入成正比,比物质资源增长速度快。人力资本的核心是提高人口质量,教育投资是人力投资的主要部分。不应当把人力资本的再生产仅仅视为一种消费,而应视为一种投资,这种投资的经济效益远大于物质投资的经济效益。

从此之后,对人力资源的研究越来越多,根据不同学者不同的研究角度,可以将这些定义分为两大类:第一类是从人的角度,认为人力资源是一定社会区域内所有有劳动能力的适龄劳动人口和超过劳动年龄的人口的总和;第二类是从能力的角度,认为人力资源是劳动过程中可以直接投入的体力、智力、心力的总和及其形成的基本素质，包括知识、技能、经验、品行与态度等。在这两类定义中，从能力的角度出发来理解人力资源的含义更接近于它的本质。资源是指财富形成的来源，而人对财富形成能起贡献作用的不是别的方面，是人所具有的知识、经验、技能、体能等能力。从这个意义上讲，人力资源的本质就是能力，人只不过是载体而已。

综上所述，所谓人力资源，就是指一定时期内组织中的人所拥有的能够被企业所用，并且对价值创造起贡献作用的体力和脑力的总和。这个定义包括以下三个要点：

（1）人力资源的本质是人所具有的脑力和体力的总和，可以统称为劳动能力。

（2）这一能力要能对财富的创造起贡献作用，成为财富形成的来源。

（3）这一能力还要能够被组织所利用，其组织大到一个国家或地区，小到一个企业、单位或部门。

（三）人力资源的数量和质量

1. 人力资源的数量

人力资源的数量是构成人力资源总量的基础，它反映了人力资源量的特性。人力资源的数量是指一个国家或地区拥有劳动能力的人口的数量。

对于企业而言，人力资源的数量一般来说就是其员工的数量。

对于国家而言，人力资源的数量可以从现实人力资源数量和潜在人力资源数量两个方面来计量。

我国现行的劳动年龄规定是男性 16~60 岁，女性 16~55 岁。在劳动年龄上下限之间的人口称为“劳动适龄人口”。低于劳动年龄下限的人口称为“未成年人口”，高于劳动年龄上限的人口称为“老年人口”。一般认为，这两类人口不具有劳动能力。但是在现实中，劳动适龄人口内部存在一些丧失劳动能力的病残人口。此外，还存在一些由于各种原因暂时不能参加社会劳动的人口，如在校就读的学生。同时，在劳动适龄人口之外，也存在一些具有劳动能力，正在从事社会劳动的人口，如退休返聘人员。在计量人力资源时，上述情况都应当加以考虑，这也是划分现实人力资源与潜在人力资源的依据，如图 1-1 所示。

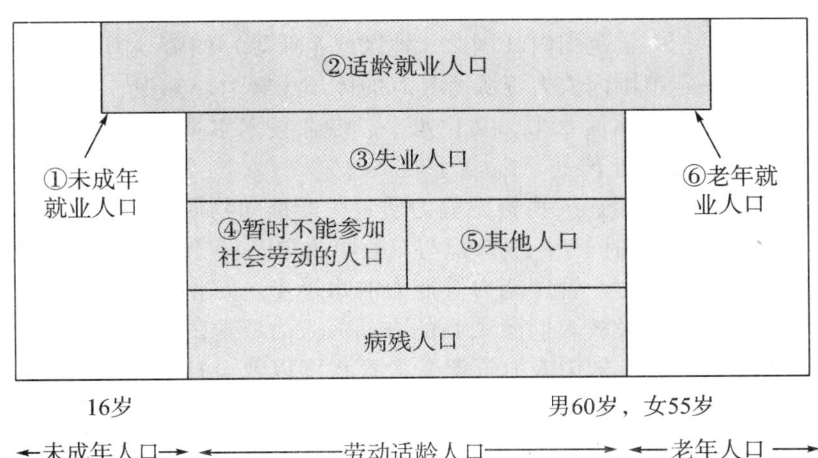

图 1-1　人口构成示意图

潜在人力资源数量由适龄就业人口、未成年就业人口、老年就业人口、失业人口、暂时不能参加社会劳动的人口和其他人口构成。而现实人力资源数量则由适龄就业人口、未成年就业人口、老年就业人口构成。

2. 影响人力资源数量的因素

（1）人口总量及其再生产状况。由于劳动力人口是人口总体中的一部分，人力资源数量及其变动，首先取决于一国人口总量及其通过人口的再生产形成的人口变动。根据世界各国人口统计的资料可以看出，成年组人口占全部人口的一半以上，一些发达国家的这一比例高达65%以上。如果按16~60岁的口径划分（即符合一般的劳动年龄划分的口径），其数量也一般在50%以上。这样，各国的人口总量就决定了其人力资源数量的基本格局。从动态的角度看，人口总量的变化体现为自然增长率的变化，而自然增长率又取决于出生率和死亡率。在现代社会，人口死亡率变动不大，处于稳定的低水平状态，人口总量和劳动力人口数量的变动，主要取决于人口基数和人口出生率水平。

（2）人口的年龄构成。人口的年龄构成是影响人力资源数量的一个重要因素。在人口总量一定的条件下，人口的年龄构成直接决定了人力资源的数量，即人力资源数量=人口总量×劳动年龄人口比例。人口年龄构成的变化，一般都会影响到人力资源的数量。调节人口年龄的构成，需要对人口出生率和自然增长率进行相当长时间的调节，以应对人力资源老化现象的产生。

（3）人口迁移。所谓人口迁移，即人口的地区间流动。人口迁移由多种原因造成。在一般情况下，人口迁移的主要因素在经济方面，即人口由生活水平低的地区向生活水平高的地区迁移，由收入水平低的地区向收入水平高的地区迁移，由物质资源匮乏的地区向物质资源丰富的地区迁移，由发展前景小的地区向发展前景大的地区迁移。就一般情况而言，人口迁移的主要部分是劳动力人口的迁移，这会造成局部地区人力资源数量的增减和人力资源总体分布的改变。特别是出于经济原因的人口迁移（如移民垦荒），迁移的人口可能绝大部分都是劳动力人口。这对人力资源的数量影响巨大。

3. 人力资源的质量

人力资源质量是指一定范围内（国家、地区或企业等）的劳动力素质的综合反映。人力资源的质量是一定范围内人力资源所具有的体质、智力、知识、技能和劳动意愿，一般体现在劳动力人口的体质水平、文化水平、专业技术水平和劳动的积极性上。人力资源的质量的主要内容如下：

（1）人力资源能力质量。人力资源能力质量，即推动物质资源、从事社会劳动的能力水平的高低，体现在知识（一般知识与专业职业知识）、工作技能、创造能力、对岗位的适应能力、流动能力、管理能力等能力的水平上。知识水平与技能水平是人力资源能力质量中最主要、最被人们所关心的方面。人力资源的知识水平，一般以人力资源文化素质水平为标志，采用人力资源受教育程度以及全社会人口受教育程度指标来表示。其通常以文盲、小学、初中、高中、大学以上各个层次的人力资源比例或人口比例来计算。人力资源教育水平的获得，依靠教育资金的投入。教育部门是对人力进行资本投入、生产社会人力资源的最主要部门。人力资源的技能水平，一般以人们接受专业教育、职业教育的程度来反映，或者以人力资源队伍中的工人技术等级及比例、专业技术人员职称及比例来反映。

（2）人力资源精神质量。人力资源精神质量，即思想素质、心理状态，是人力资源的质量总体中极为重要却又常常被人们忽视和遗漏的方面。实际上，人力资源精神质量是人力资源素质总体中的灵魂，如同一种“软件”，而人力资源能力质量则相当于“硬件”。由于人力资源精神质量决定人的工作态度和动机，因此它成为人们从事社会劳动的动力系统。人力资源精神质量包含思想、心理品质以及道德因素，成为影响人力资源群体关系、影响组织的凝聚力、影响微观和宏观经济效益的重要因素。

4. 人力资源数量与质量的关系

与人力资源数量相比，人力资源质量更为重要。人力资源数量能反映出可以推动物质资源的人的规模，人力资源质量则反映出可以推动哪种类型、哪种复杂程度和多大数量的物质资源。一般来说，复杂劳动只能由高质量的人力资源来从事，简单劳动则可以由低质量的人力资源来从事。经济越发展，技术现代化水平越高，对人力资源的质量要求就越高。现代化的生产体系要求人力资源具有极高的质量。

阅读案例 1-1

延长退休年龄，调节人力资源存量

根据第二次全国人口普查数据显示，我国是全球唯一的老年人口过亿的国家，2010 年我国 60 岁以上老年人已经达到 1.78 亿人，占全球老年人口的 23.6%。这意味着全球 1/4 的老龄人口集中在中国。

中国社会科学院世界社保研究中心主任郑秉文表示，老龄化意味着人口老年负担系数不断提高，同时也意味着劳动投入的减少。郑秉文介绍，我国劳动年龄人口总量将从 2010 年的 9.7 亿人减少到 2050 年的 8.7 亿人。其中，减少的拐点将发生在 2015 年，届时将从 9.98 亿人的峰值开始逐年下滑，年均减少 366 万人。中国社会科学院数量经济与技术经济研究所分析室主任李军表示，预计到 2050 年，我国 15~59 岁劳动年龄人口将下降到 7.1 亿人，比 2010 年减少约 2.3 亿人。2030 年以后，我国的劳动力供给将出现严重不足。

我国现行男 60 周岁，女干部 55 周岁，女工人 50 周岁的退休年龄，是在 20 世纪 50 年代出台的《中华人民共和国劳动保险条例》后实施的，当时我国人均寿命不足 50 岁。随着经济社会发展，以及人均寿命的延长，退休年龄标准偏低的问题越来越突出。目前我国城镇人均预期寿命已达 76 岁，与新中国成立初期确定的低退休年龄形成强烈反差，并且退休年龄偏低造成了既有人力资源存量（包括数量和质量）的闲置和浪费。改革开放以来，我国“科教兴国”和“人才强国”战略的实施使得对人力资源投资年限大大延长，我国国民人均受教育年限达到 10 年以上。劳动力平均初始工作的年龄逐步向后推迟，按照现行退休政策，则一个人受教育的时间越长，学历越高，其工作时间反而相对越短。这样就导致人力资本的投入与产出比例失衡，使国家损失掉一部分人力资本。当前，许多退休工人有较强的再就业欲望，返聘现象突出，适当延长退休年龄既符合老年人的心理需求，也是尊重人权的需要。

同时，目前我国城镇职工基本养老保险制度的抚养比已突破 3∶1，老龄化趋势的不断加快，会直接加剧社保基金的支付压力，影响养老保险事业的健康长远发展。就养老保险而言，推迟退休年龄不仅可以通过增加缴费人数和缴费年限来直接增加养老保险基金的收入，也可以通过减少养老金的支付人数和支付时间来相对增加养老保险基金的收入，从而利于减轻子孙后代养老负担，解决养老金支付失衡问题。同时，工作期限的延长带来养老保险的年限延长，而养老金的待遇水准是跟工作年限和缴费年限密切挂钩的，因此工作期限的延长也能够提高个人的养老金水平，使老年人的生活质量得到保障。

发达国家现在基本上退休的年龄都在60~65岁，甚至更高。因此，延迟退休年龄，是适应我国人口老龄化和劳动年龄的人口不断减少的客观现实，根据人均预期寿命和劳动者受教育年限不断延长的实际状况，对劳动力供求与代际负担进行的必要调整，也是促进养老保险制度可持续发展的必然选择。

人力资源和社会保障部部长尹蔚民表示，无论是从开发人力资源，还是保持养老、医疗基金的持续健康运行，都需要对法定退休年龄进行调整，这也是世界各国通行的做法。这一目的并不是在于促进增长，而是缓解劳动力总量减少的速度，减弱对劳动力成本提高的预期。但他指出，退休时间点是非常重要的，在决策方面需要慎重。

（资料来源：延长退休年龄新政策2016［EB/OL］.（2015-09-11）［2016-11-08］. http://www.cnrencai.com/shebao/zhengce/53896.html）

二、人力资源与相关概念

（一）人力资源与人口资源、人才资源

人口资源是指一个国家或地区所拥有的人口的总量，它是一个最基本的底数，一切人力资源、人才资源皆产生于这个最基本的资源中，它主要表现为人口的数量。

人才资源是指一个国家或地区中具有较多科学知识、较强劳动技能，在价值创造过程中起关键或重要作用的那部分人。人才资源是优秀的人力资源。

总之，人口资源是指活着的生命的总和，人力资源是在这总和中具备劳动能力的人，而人才资源是人力资源的佼佼者。三者是一种包含关系，如图1-2所示。

在数量上，人口资源是最大的，它是人力资源形成的数量基础，人口资源中具备一定智力和体能的那部分才是人力资源；而人才资源又是人力资源的一部分，是人力资源中质量较高的那一部分，是具有特殊智力和体能的人力资源，它是数量最少的。

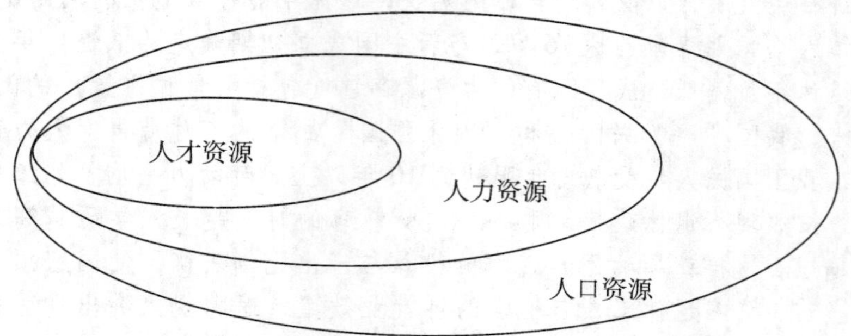

图1-2 人口资源、人力资源、人才资源关系图

（二）人力资源和人力资本

1. 人力资本

资本与资源不同，资本是一种社会状态，是一无形物；资本可以积累、需要经营，会随社会环境和历史条件的变化而改变或丧失，也会当条件恢复时再次重建；资本可以带来剩余价值，能够计算，不可与所有者分离而且无法共享，但是可以发生转移或转让。人力资本除不可转移和转让外具备资本的上述所有特征。人力资本是美国经济学家舒尔茨于1960年提出的，他在《为人力资本的投资》中称，经济增长的源泉不能只靠增加劳动力的物质投资，更主要的是靠人的能力的提高。在舒尔茨看来，人力资本是通过对人力资源投资而体现在劳动者身上的体力、智力和技能，它是另一种形态的资本，而它的有形形态就是人力资源。

2. 人力资源和人力资本的联系

人力资源和人力资本都是以人为基础而产生的概念，研究的对象都是人所具有的脑力和体力，从这一点看两者是一致的。现代人力资源管理理论大多是以人力资本理论为根据的；人力资本理论是人力资源管理理论的重点内容和基础部分；人力资源经济活动及其收益的核算是基于人力资本理论进行的；人力资源和人力资本都是在研究人力作为生产要素在经济增长和经济发展中的重要作用时产生的。

3. 人力资源和人力资本的区别

资源和资本虽然只有一字之差，但却有着本质的区别。人力资本可以看做所投入的物质资本在人身上所凝结的人力资源，人力资本存在于人力资源中。对于“资源”，人们多考虑寻求与拥有；而提到“资本”，人们会更多地考虑如何使其增值生利。著名经济学家、清华大学教授魏杰指出，人力资本的概念不同于人力资源，人力资本专指企业中的两类人，即职业经理人和技术创新者，这两类人的作用是否充分发挥直接关系到企业竞争力和优势的建立。企业应将人力变成资本，使其成为企业的财富，让其为企业所用，并不断增值，给企业创造更多的价值。人力资源和人力资本的区别主要表现在以下三个方面：

（1）两者所关注的焦点不同。人力资本关注的是收益问题。作为资本，人们就会更多地考虑投入与产出的关系，会在乎成本，会考虑利润。人力资源关注的是价值问题。作为资源，人人都想要最好的，钱越多越好，技术越先进越好，人越能干越好。

（2）两者的性质不同。人力资源所反映的是存量问题。提到资源，人们多考虑寻求与拥有。人力资本所反映的是流量与存量问题。提到资本，人们会更多地考虑如何使其增值生利。资源是未经开发的资本，资本是开发利用了的资源。

（3）两者研究的角度不同。人力资源是将人力作为财富的源泉，是从人的潜能与财富的关系来研究人的问题。人力资本是将人力作为投资对象，作为财富的一部分，是从投入与效益的关系来研究人的问题。

人力资源是被开发、待开发的对象。人力资源得不到合理开发，就不能形成强大的人力资本，也无法可持续发展。人力资本的形成和积累主要靠教育。如果没有教育，人力资源就得不到合理开发。重视教育，就是重视企业的发展，就是在开发人力资源和积累人力资本。现代企业仅将人力作为资源还不够，还应将人力资源合理开发利用和有效配置后变成人力资本。人力资本与人力资源相比的先进之处主要是在于前者只是立足于人的现有状况来挖掘潜力，这个阶段的人力资源管理技术主要偏重于激励手段和方式的进步；而后者则更偏重于人的可持续发展，重视通过培训和激励并重等多种投资手段来提高人的价值。

第二节　人力资源管理概述

一、人力资源管理的作用与基本职能

（一）人力资源管理的内涵

1. 人力资源管理的基本概念

人力资源管理（Human Resource Management，HRM）这一概念是在德鲁克于1954年提出人力资源的概念之后出现的。1958年，怀特巴克出版了《人力资源职能》一书，首次将人力资源管理作为管理的普通职能来加以论述。此后，随着人力资源管理理论和实践的不断发展，国内外对人力资源管理概念的理解也发生了变化。本书认为，人力资源管理是利用现代科学技术和管理理论，对组织内外的人力资源展开获取、保留、开发和利用等方面的政策、制度和管理实践，最终实现组织战略或经营目标的一种管理行为。

正确地理解人力资源管理的概念，必须破除两种错误的看法：一种是将人力资源管理等同于传统的人事管理，认为两者是完全一样的，只不过换了一下名称而已；另一种是将人力资源管理与人事管理彻底割裂开来，认为两者是毫无关系的。其实，人力资源管理和人事管理之间是一种继承和发展的关系。一方面，人力资源管理是对人事管理的继承，人力资源管理的发展历史告诉我们，它是从人事管理演变过来的，人事管理的很多职能人力资源管理依然要履行；另一方面，人力资源管理又是对人事管理的发展，它的立场和角度明显不同于人事管理，可以说是一种全新视角下的人事管理。

2. 人力资源管理的作用

美国是世界上最早注意人才价值的国家，其不仅注意开发本国人力资源，而且非常重视吸引外国人才资源。据统计，美国在1900年以后的360名最杰出的科学家中，外来人才有65名，占总数的18%；在114名诺贝尔奖获得者中，外来人才有40名，占总数的35%；在631名科学院院士中，外来人才有141名，占总数的22%；50%以上的高科技公司的外籍科学家和工程师占公司科技人员总数的90%，在“硅谷”工作的高级工程师和科研人员有33%以上是外国人，从事高级科研的工程学博士后研究生中66%是外国人。美国在移民引进政策中，对高层次人才实行“绿卡”制，给予入籍优惠，并多次修改移民法以及雇佣机会均等方案，千方百计引进掌握高技术的人才。美国的“聚才”战略——通过其雄厚的经济实力和优惠的移民政策，采取各种手段把世界各国的人才引入美国，使之成为人才高度集中的“世界大学”，推动了美国的经济发展。美国的这一具体的实例告诉我们一个不容争辩的事实，那就是人力资源的重要性。

（1）人力资源管理可以保证一定数量和质量的劳动力，促进生产经营的顺利进行。

企业目标是要通过员工的努力来实现，这就要求企业只有恰当的选用员工才能圆满地实现其预定的组织目标。著名管理学家福莱特认为，管理是一种通过人去做好各项工作的技术。人的管理并非是管人，而在于用人，谋求人与事之间的最佳平衡。企业保证其一定数量和质量的劳动力，很大程度上决定着企业可以健康快速的发展。而人力资源管理的筛选、分配功能，又可以将系统内部结构合理优化，增强其整体功效。企业拥有三大资源，即人力、财力、物质。物质资源和财力资源的利用是通过人力资源的结合实现的，只有通过合理组织人力，不断协调劳动力之间、劳动力与劳动资料和劳动对象之间的关系，才能充分利用现有的资源，在生产经营中发挥最大的效用，形成最优配置，从而保证生产经营活动的顺利开展。

（2）人力资源管理有利于减少劳动损耗，控制人力资源成本，提高经济效益。全面加强人力资源管理，科学组织劳动力、配置人力资源，就是减少劳动损耗、提高经济效益的过程。人力资源在提高经济效益过程中起着决定性的作用。目前的企业竞争，其实质就是人力资源的竞争。竞争力强调人力资源的成本方面，人力资源成本的减少是企业竞争力提升的标志，因此人力资源管理在企业的可持续发展战略中起着决定性的作用。

（3）人力资源管理有利于现代企业制度的建立和完善，加强企业文化建设。科学的企业管理制度是现代企业制度的重要内容，人力资源管理又是企业管理的核心内容。不具备优秀的管理者和劳动者，是无法最大限度地利用好企业的先进设备和技术的。完善企业的现代化水平，提升员工的素质要先行。同时，企业文化是企业发展的凝聚剂，对员工的行为具有重要的导向作用。优秀的企业文化可以增进企业员工的团结合作，降低运营管理风险，并最终使得企业获益，是企业能够树立品牌的重要举措。

（4）人力资源管理便于企业评估所处的竞争环境，有助于开发新技术和新产品。通过对同行业企业的信息分析，可以对比了解企业的基本现状，明确本行业的产业结构、发展趋势、发展潜力以及风险和趋势，从而及时调整相应对策。企业可以通过兼并、联合、研发合作以及借用核心技术人员方式，与相关企业建立人事合作关系，实现双赢，这其中对于人力资源管理的要求不言而喻。新技术的出现有利于企业发现专门人才，同样新技术也有利于企业开发新产品，开拓企业未来视野，提高研发效率。

阅读案例 1-2

宁愿放弃百万利润，不愿失去一个人才——美的集团的用人之道

美的集团创始人何享健曾说：“我宁愿放弃 100 万元的利润，而不愿失去一个工程技术人员。”可见美的集团爱才如命。谋事在人，成事也在人。经济的竞争、市场的竞争，归根到底是人才的竞争。谁拥有了一流的人才，在竞争中谁就拥有了主动权。

美的集团是一家以家电业为主，涉足房地产、汽车、物流等领域的大型综合性现代化企业集团，是中国最具规模的家电生产商和出口商之一。目前，美的集团拥有美的、威灵、华凌等十余个品牌，除顺德总部外，还在广州、武汉、长沙等地建有十大生产基地；营销网络遍布全国各地，并在美国等设有 10 个分支机构。2005 年，美的集团整体实现销售收入 456 亿元，品牌价值跃升到 272.15 亿元，位居全国最有价值品牌第七位。

20世纪60年代用北滘人，20世纪70年代用顺德人，20世纪80年代用广东人，20世纪90年代用中国人，21世纪用世界人。这是美的集团的用人历程。美的集团以其海纳百川的胸怀、与时俱进的胆略、开阔的视野，谱写了其人才与企业发展的辉煌历史。

美的集团的员工来自全国乃至世界各地，外地技术人员占了30%。据说原江西气压机厂就有30多名工程技术人员分布在美的集团的各个关键部门。在美的集团，企业人力资源战略的远景是致力于成为员工最佳雇主，打造保留与吸引员工的竞争优势。集团总部及下属单位严谨规划短、中期人力资源战略：对于基层岗位，通过人才网站、现场招聘会、校园招聘、公司人才库搜寻、员工推荐等渠道吸入公司；对于中层岗位，建立内部竞聘制度，采取内部竞聘，为有才能之人提供发展机会；对于高层次人才，如国际化人才、高学历人才（如博士、博士后）与高层人员，侧重于通过博士后工作站接收、行业与供应商推荐引入公司。处在21世纪这一经济全球化时代的美的集团，随着海外市场的拓展及在欧美地区等分支机构的设立，美的集团人才世界化与国际化更成为美的集团人力资源最明显的特征。据统计，美的集团近年从世界各地引进的外籍专家及具有海外留学和工作背景的高层次人才就有80人，硕士、博士和博士后有300多名。另外，美的集团还不断致力于提升本土人才的国际化素质，有效地培养国际化人才。

美的集团为什么能够留住人才？就是因为企业有一个好的机制和好的环境。美的集团开发新产品实行承包制和领衔制，拨给一定开发经费。新产品开发出来后，美的集团给技术人员股份，以后按股份分红，亏损了同样承担风险。这样充分调动了科研人员的积极性，有的技术人员年收入可达到1 000多万元。

美的集团积极营造鼓励人才干事业、支持人才干成事业、帮助人才干好事业的良好环境，敢于打破单一用人枷锁，不少技术人才从技术研发到管理经营，成为科研与管理兼备的复合型人才。为充分发挥他们的聪明才智，美的集团让其独当一面，担任企业重要职位。合理的人力资源管理机制不仅使美的集团引来“金凤凰”，也给了“金凤凰”施展才华的广阔舞台。

有企业家说，一流的企业靠文化留人，二流的企业靠人留人，三流的企业靠钱留人。美的集团本着“以人才成就事业，以事业成就人才”的核心理念，全面促进人才与企业同步发展，采取了包括组建美的学院、开展多样化培训课程及学历教育、派遣高层管理人员到新加坡国立大学等世界名校深造、开展人才科技月专项奖励优秀科技人员与团体、通过薪酬福利政策向关键人才、科技人才倾斜等举措，扎实推进人才的素质与事业不断提升、发展以及激励人才为企业前进与发展创造更大的动力，用实际行动诠释着企业留人的秘诀是靠企业文化，企业在用人上无疑是一流企业。

（资料来源：宁愿放弃百万利润，不愿失去一个人才——美的集团的用人之道［EB/OL］.（2009-07-23）［2016-11-09］. http://www.chinacpx.com/zixun/80814.html）

（二）人力资源管理的基本职能

企业的人力资源管理全过程由一系列的工作环节所构成，而其中每一环节的工作内容和工作要求构成了人力资源管理的职能任务。人力资源管理的基本职能概括起来主要包括以下 8 个方面：

1. 工作分析

工作分析又称职务分析，是人力资源管理的基础，是对各类岗位的性质、任务、职责、劳动条件和环境以及员工承担本岗位任务应具备的资格条件等进行系统分析和研究，并制定出工作说明书、工作规范等文件的过程。

2. 人力资源规划

人力资源规划是人力资源管理工作的航标兼导航仪，是人力资源管理过程的初始环节，也是人力资源管理各项活动的起点。人力资源规划的目的就在于结合企业发展战略，通过对企业资源状况以及人力资源管理现状的分析，找到未来人力资源工作的重点和方向，并制订具体的工作方案和计划，以保证企业目标的顺利实现。

3. 员工招聘

员工招聘是指组织根据人力资源管理规划和工作分析的要求，从组织内部和外部吸收人力资源的过程。员工招聘建立在人力资源规划和工作分析两项工作的基础之上，是“引”和“用”的结合艺术，招聘合适的人才，并把人才配置到合适的地方才能算完成了一次有效的招聘。

4. 员工培训

不断地提高人员的素质，不断地培训、开发人力资源是增强组织的应变能力的关键。员工培训职能包括建立培训体系、确定培训的需求和计划、组织实施培训过程以及对培训效果进行反馈总结等活动。

5. 职业生涯规划和管理

职业生涯规划是指一个人通过对自身情况和客观环境的分析，确立自己的职业目标，获取职业信息，选择能实现该目标的职业，并且为实现目标而制订行动计划和行动方案。职业生涯管理是现代企业人力资源管理的重要内容之一，是企业帮助员工制定职业生涯规划和帮助其职业生涯发展的一系列活动。

6. 绩效管理

绩效管理是根据既定的目标对员工的工作结果进行评价，发现其工作中存在的问题并加以改进。绩效管理包括制订绩效计划、进行绩效考核、实施绩效沟通等活动。

7. 薪酬管理

薪酬管理一方面对是员工过去业绩的肯定，使员工的付出能够得到相应的回报，实现薪酬的自我公平；另一方面也可以借助有效的薪资福利体系促进员工不断提高业绩，绩效不同的员工得到不同的报酬，实现薪酬的内部公平。薪酬管理职能所要进行的活动包括确定薪酬的结构和水平、实施工作评价、制定福利和其他待遇的标准以及进行薪酬的测算和发放等。

8. 员工关系管理

员工关系也称劳动关系，是指管理方与劳动者个人及团体之间产生的，由双方利益引起的，表现为合作、冲突、力量和权力关系的总和。员工关系管理的目的在于明确双方权利和义务，为企业业务开展提供一个稳定和谐的环境，并通过公司战略目标的达成最终实现企业和员工的共赢。

二、人力资源管理部门与直线部门的职责区分

随着现代人力资源相关理论在国内被广泛接受，许多企业已经逐渐从传统的人事管理中脱身出来，转而注重现代企业人力资源的管理与开发。在人力资源相关工作出现问题时，自然责任也就落在了人力资源管理部门的肩上，甚至有不少管理者认为与人事相关的工作都是人力资源部门的工作，而这正是传统认识的误区。按照现代人力资源管理理论，人力资源工作不再单单是人力资源管理部门的工作，而是涉及所有的部门。简单地说，现代人力资源理论可以简单概括为选、育、用、留四个字。所有的工作都是人力资源部门与其他所有部门共同完成的，同时各部门是分工协作的关系，即各有侧重点。

（一）人力资源管理部门

人力资源部的概念是在20世纪末从美国引入的，在此之前，我国企业中的人事管理部门称为人事部。人力资源部是对企业中各类人员形成的资源（即把人作为资源）进行管理的部门。人力资源管理者和人力资源管理部门所从事的活动可以划分为三大类。

第一类是战略性和变革性的活动。战略性和变革性的活动涉及整个企业，包括战略制定和调整以及组织变革的推动等内容。严格来讲，这些活动都是企业高层管理者的职责，但是人力资源管理者和部门作为战略伙伴，必须参与到这些活动中来，要从人力资源管理的角度为这些活动的实施提供有力的支持。

第二类是业务性的职能活动，包括工作分析、人力资源规划、招聘、培训、职业生涯规划、绩效管理、薪酬管理、员工关系管理等。

第三类是类似行政性的事务活动，如员工档案的管理、人力资源信息的保存等。

加里·德斯勒在他所著的《人力资源管理》一书中，将一家大公司人力资源管理者在有效的人力资源管理方面所负的责任描述为十大方面（见表1-1）。

表1-1　人力资源管理部门的职能

职能	职责
人力资源规划	分析人力资源供需信息、制定人力资源招聘等政策和措施
人力资源成本会计	人力资本投入与产出核算
工作分析和设计	任务分析、工作设计、工作描述
招募与选拔	招聘、岗位设置、面试、测试
劳动关系	态度调查、劳动合同、员工手册、遵守劳动法律法规
培训和开发	定位、技能培训与开发
绩效管理	绩效测量、奖惩
开发职业生涯	帮助个人制订职业发展计划、监督和考察
薪酬福利管理	设计薪酬、福利
保管员工档案	保管员工工作表现的书面记录

（二）直线部门

1. 直线部门的界定

本书所指的直线部门是企业中除人力资源部门外的业务部门或职能部门，如财务、生产、研发、销售等部门。每一个直线部门的管理者，肩负着完成部门目标和对部门

进行管理的职责，“管理”是其本职工作，那么部门内部的“人力资源管理”作为其管理职能的一部分，是直线部门的管理者不可或缺的一项工作。直线部门的管理者需要通过良好的沟通、有效的激励、恰当的集权与授权、有计划的员工培训和人才培养等方式，使部门在完成工作目标的基础上，实现可持续的发展。因此，要做到这点就要求所有的直线部门的管理者都具备基本的人力资源管理思想，并掌握现代人力资源管理工具和方法。

2. 直线部门的管理者的人力资源管理职能

（1）本部门的人力资源供需分析。直线部门的管理者首先必须清楚本部门人力资源配备的现状，然后分析这种人力配备是否能够完成企业交给的工作。如果不能完成任务，直线部门的管理者要知道完成部门工作目标需要怎样的人力配备，并向人力资源部门提出招聘所需的人才。

（2）掌握本部门员工的个人情况。企业员工是在直线部门的管理者领导下从事具体工作的，直线部门的管理者必须对下属员工的个人基本情况了如指掌，比如其学历背景、工作经历、家庭状况、日常生活以及交往情况等。只有直线部门的管理者了解了这些情况，才能在工作分配、上下级协作、日常教育与培训等方面做到游刃有余。

（3）培训本部门员工的专业业务能力。人力资源部门对员工的培训应更注重通识教育，而直线部门的管理者对员工的培训应更注重专业业务能力的提高。直线部门的管理者对所属员工是有培训教育责任的，而这往往被直线部门的管理者所忽视。员工的专业业务能力的提高有助于部门工作的出色完成。

（4）实现本部门的合理分工与协作。根据人力资源管理的同素异构原理，同样的人员配备、不同的分工协作，会产生截然不同的结果。直线部门的管理者有对本部门工作和人员进行分配的权利，在充分了解工作要求与员工能力状况的前提下，实现工作与人员的最佳匹配，同时要实现工作的衔接和人员分工合理与协作。

（5）做好本部门员工的绩效评估。绩效评估既是人力资源部门的职能也是直线部门管理者的职能。就评价体系的设计来说，直线部门的管理者要参与设计；在评估过程中，直线部门的管理者要督促所属员工积极配合人力资源部门完成评估；在评价结果中，直线部门的管理者对所属员工的评价占较大比重。

（6）创造良好的工作氛围。企业员工能否充分发挥其积极性和潜力为企业工作，在很大程度上取决于和谐的工作氛围。如果直线部门的管理者能够与所属员工进行良好的沟通并赢得所属员工的信任与尊敬，员工之间也能够相互协作，在这样的工作氛围之中，一定会在直线部门的管理者的带领下打造出一支极具凝聚力的团队。

（三）人力资源管理部门与直线部门的分工与合作

1. 直线部门与人力资源部门的协作

（1）了解本企业人力资源管理的规章制度。虽然人力资源管理的一般流程和原则是通用的，但是由于每个企业的自身情况和所处的竞争环境不同，因此每个企业的人力资源管理的规章制度各异。因此，直线部门的管理者必须十分了解本企业的人力资源管理规章，只有这样才能更好地做好自身的人力资源管理工作并且实现对人力资源部门工作的协助。

（2）遵守人力资源管理的流程。人力资源管理流程是企业管理流程中的一部分，其本身有一定的程序性和稳定性。在既定的人力资源管理流程下，直线部门管理者必须遵守这一管理流程，否则必然会出现管理混乱的状况。当然，如果直线部门管理者认为现存的人力资源管理流程存在缺陷，可以倡导完善其管理流程，但在改变流程之前，直线部门管理者必须遵守现有的流程，保证人力资源管理工作的顺畅。

（3）实现与人力资源管理部门的有效沟通。有分工就有协作，有协作就必须进行沟通。能否实现两部门的有效沟通，是实现两部门有效协作的关键。直线部门管理者要经常参加人力资源部门的会议，反馈人力资源管理状况，提出日常工作中发现的人力资源问题，寻求人力资源部门的专业支持。双方共同协商处理一些人事纠纷问题、共同协商制定人力资源管理规章等都是实现沟通的有效途径。

2. 人力资源管理部门与直线部门的分工

直线部门主管和人力资源管理部门对于人力资源管理的职责分工如表 1-2 所示。

表 1-2　　直线部门主管和人力资源管理部门对于人力资源管理的职责分工

职能	直线部门主管	人力资源管理部门
工作分析	（1）对所讨论的工作的职责范围做出说明，为人力资源管理部门提供数据； （2）协助工作分析调查。	（1）工作分析的组织协调； （2）根据部门主管提供的信息写出工作说明。
人力资源规划	了解企业整体战略和计划并在此基础上提出本部门的人力资源计划。	（1）汇总并协调各部门的人力资源计划； （2）制订企业人力资源总体计划。
员工招聘	（1）说明工作对人员的要求，为人力资源部门的选聘测试提供依据； （2）面试应聘人员并做出录用决策。	（1）开展招聘活动，不断扩大应聘人员队伍； （2）进行初步筛选并将合格的候选人推荐给部门主管； （3）甄选过程的组织协调工作； （4）甄选技术的开发。
培训与发展	（1）根据公司及工作要求安排员工，进行指导和培训； （2）为新的业务的开展评估、推荐管理人员； （3）进行领导和授权，建立高效的工作团队； （4）对下属的进步给予评价并就其职业发展提出建议。	（1）准备培训材料和定向文件； （2）根据公司既定的未来需要就管理人员的发展计划向总经理提出建议； （3）在规定和实际运作企业质量改进计划以及团队建设方面充当信息源。
绩效管理	（1）运用公司的评估表格对员工进行绩效考核； （2）绩效考核面谈。	（1）开发绩效考核工具； （2）组织考核，汇总处理考核结果，保存考核记录。
薪酬管理	（1）向人力资源部门提供各项工作性质及相对价值方面的信息，作为薪酬决策的基础； （2）决定给下属奖励的方式和数量。	（1）实施工作评估程序，决定每项工作在公司的相对价值； （2）开展薪资调查，了解同样或近似的职位在其他公司的工资水平； （3）在奖金和工资计划方面向一线经理提出建议； （4）开发福利、服务项目，并跟一线经理协商。

表1-4（续）

职能	直线部门主管	人力资源管理部门
劳动关系	（1）营造相互尊重、相互信任的氛围，维持健康的劳动关系； （2）坚持贯彻劳动合同的各项条款，确保公司的员工申诉程序按劳动合同和有关法规执行，申诉的最终裁决在对上述情况进行调查后做出； （3）跟人力资源管理部门一起参与劳资谈判； （4）保持员工与管理者之间沟通渠道畅通，使员工能了解公司大事并能通过多种渠道发表。	（1）分析导致员工不满的深层原因； （2）对直线主管进行培训，帮助他们了解和理解劳动合同条款及法规方面易犯的错误； （3）在如何处理员工投诉方面向直线主管提出建议，帮助有关各方就投诉问题达成最终协议； （4）向直线主管介绍沟通技巧，促进上行与下行的沟通。
员工保险与安全	（1）确保职工在纪律、解雇、职业安全等方面受到公平对待； （2）持续不断地指导员工养成并坚持安全工作的习惯； （3）发生事故时，迅速、准确地提供报告。	（1）开发确保员工能受到公平对待的程序，并对直线主管进行培训，使他们掌握这一程序； （2）分析工作，以制定安全操作规程并就机械防护装置等安全设备的设计提出建议； （3）发生事故时，迅速实施调查、分析原因、就事故预防提出意见，并向“职业安全与健康管理”组织提交必要的报表。

第三节 人力资源管理未来发展的趋势

一、人力资源外包

随着市场竞争的日益加剧，速度和效益成为企业生存和发展的关键，相应地对企业人力资源管理转变职能、提高效率提出了更高层次的要求，而人力资源管理外包正越来越显示出其重要意义。外包之后，企业内部的人力资源管理者将用更多的精力去解决对企业价值更大的管理实践的开发以及战略经营伙伴的形成等，既有利于企业专注于自身核心业务，又有利于企业充分利用外包服务商的专业化服务获得规模效益。

（一）人力资源外包的概念

人力资源外包（HRO）是指企业根据需要将某一项或几项人力资源管理工作或职能外包出去，交由其他企业或组织进行管理，以降低人力成本，实现效率最大化。总体而言，人力资源管理外包将渗透到企业内部的所有人事业务，包括人力资源规划、制度设计与创新、流程整合、员工满意度调查、薪资调查与方案设计、培训工作、劳动仲裁、员工关系、企业文化设计等方方面面。

（二）人力资源外包的种类及其运用

人力资源外包是一个总的概念。一般来说，人力资源外包包括人力资源业务流程外包、人力资源咨询外包、劳务派遣和劳动关系外包。

1. 人力资源业务流程外包

人力资源业务流程外包是通过将技术性人力资源工作转移给外部服务商，而使得企业自身更专注于战略性人力资源管理工作，有利于提升人力资源管理的战略价值。从目前来看，人力资源业务流程外包主要涉及员工招聘外包、员工培训外包、薪资与福利管理外包和绩效管理外包。

（1）员工招聘外包。代招代聘的做法由来已久，并在中介行业得到广泛的使用。但是，中介行业的代招代聘只是针对低层次的员工，对其要求不是很高，中介机构和用人单位之间也没有硬性的约束。随着人力资源相关法律法规以及外部环境的不断变化给企业的招聘政策、招聘工作带来的较大风险，企业就不断需要技术能力型并符合企业发展需要的人员。这时候，招聘工作不能再是临时性、短期性和盲目性的。此时，企业可以采用外包的方式求助于专业化的人力资源外包机构，为企业设计招聘体系。

（2）员工培训外包。企业人力资源开发的主要任务之一就是培训。在员工培训过程中，培训设计方面的工作可以外包给专业培训公司来完成，因为优秀的专业培训公司通常拥有人力资源管理各方面的专家，他们能够建立起一整套可以普遍适用于多家企业的综合性专业知识、经验和技能。当然，在培训的实施过程中也需要企业内部培训的专业人员、经理和其他辅助人员的参与，因为他们比外部人员更熟悉本企业的情况，对员工具有更好地示范效果和亲和力，两者结合可以更好地完成培训的工作。

（3）薪酬与福利管理外包。薪酬体系的设计和发放以及员工的福利管理向来是人力资源管理部门最基本的业务。目前，我国很多企业采用银行代发工资的形式，这并不是外包服务所指的薪酬管理。外包意义的薪酬管理包括了两个方面：一方面，由专业人力资源机构进行符合企业发展需要的薪酬方案设计和员工的绩效考核；另一方面，配合企业内部人力资源管理规划要求，分析行业薪酬数据，制订具有激励机制且符合企业成本控制需求的薪酬方案。方案确定之后，根据员工的绩效考核结果，制订薪酬发放标准，并代为发放工资。薪酬管理的一项长期动态工作，如果伴随着企业发展状态、行业薪酬标准浮动、员工表现等各方面因素，由第三方的专业机构代为跟踪操作，可以确保员工的薪酬时刻处于公平状态。

（4）绩效管理外包。员工工作的好坏、绩效的高低直接影响着组织的整体效率和效益。因此，掌握和提高员工的工作绩效水平是企业经营管理者的一项重要职责，而强化和完善绩效管理系统是企业人力资源管理部门的一项战略性任务。但对许多公司而言，绩效考核和管理都是一项非常不易的工作，不仅仅是因为工作量大，非标准的考核指标设计也往往会导致结果的无效性，而最终会影响员工的心理稳定。外包的出现可以比较好地解决这个问题，将企业的绩效考核体系设计外包给专门的人力资源管理公司，而公司的人力资源部协助考核，可以确保公正公平。

总体来说，进行人力资源业务流程外包可以将企业的人力资源部从技术层次的人力资源管理中解放出来，从而更好地专注战略性的人力资源管理问题。人力资源外包公司可以提供比较专业化的服务，从而帮助企业发展。同时，人力资源业务流程外包也会给公司带来些不利影响。企业一旦选择将部分甚至全部的技术性人力资源管理工作外包，就必须对外部服务商建立一种有效的管理机制，避免企业内部人力资源管理与外包服务商的工作脱节。

2. 人力资源咨询外包

人力资源咨询外包也可以当成人力资源外包的一种，它与人力资源流程外包在使用范围方面有一定的相似性，只不过它是以顾问的形式而非参与管理与执行来帮助企业建立人力资源战略或者人力资源管理体系（人力资源流程外包是要外包公司参与到用人单位的管理中来的）。人力资源咨询外包涉及的方面主要包括人力资源治理模式、人力资源规划、组织再造、人力资源业务流程设计以及职位、绩效、薪酬体系设计等。人力资源咨询是一种服务商对企业进行人力资源管理理念、方法与技术的知识转移，并且往往是一次性的服务。

人力资源咨询外包的内容也涉及人力资源管理的各大模块，但与人力资源业务流程外包相比，人力资源咨询外包的范围更加广泛。对于中小型企业来说，采用人力资源咨询外包的方式来进行公司的人力资源管理，也是一个实用的方法。

在中国，由于绝大多数企业还处于人力资源理念的导入阶段，尚未建立起有效的人力资源管理体系，这使得人力资源咨询业务获得了广阔的发展空间。有调查表明，人力资源咨询已成为中国管理咨询行业市场份额最大的业务领域。

3. 劳务派遣和劳动关系外包

劳务派遣和劳动关系外包是我国人才市场近期根据市场需求而开办的新的人才中介服务项目，是一种新的用人方式，可跨地区、跨行业进行。用人单位可根据自身工作和发展的需要，通过正规劳务公司，派遣所需要的各类工作人员。实行劳务派遣后，实际用人单位和劳务派遣公司签订劳务派遣合同，劳务派遣公司和劳务人员签订劳动合同，实际用人单位与劳务人员签订劳务协议，双方之间只有使用关系，没有聘用合同关系。从某种意义上讲，劳动关系外包是随着劳务派遣的产生而产生的，用人单位实行劳务派遣的同时也就意味着用人单位将员工与公司的关系外包给了派遣公司。

劳务派遣和劳动关系外包使很多公司都受益颇多，多家大型企业都实行了这种人力资源外包。在具体的操作过程中，劳务派遣和劳动关系外包一般分为两种模式，即完全派遣和转移派遣。完全派遣就是由人力资源管理公司进行外包一条龙服务，从人才的招聘，到劳动合同的签订都是由劳务派遣公司执行，用人单位只要给出条件和标准就可以了。转移派遣就是把企业现有员工给外包出去，由派遣公司与他们签订合同，并由派遣公司负责员工的薪资福利，处理劳动纠纷等事项。当前市场上实行的劳务派遣和劳动关系外包大多属于后者，而且其实施对象主要是针对中低层的员工，对于高端人才还不太适应。

人力资源业务流程外包、人力资源咨询外包以及劳务派遣和劳动关系外包是人力资源外包的三大板块，通过人力资源外包可以给企业带来新的活力，帮助企业规避用人风险。但是任何事情都不是绝对的，外包也是一把双刃剑，如果处理得当，则能促进公司的发展；反之，也能给公司带来风险。就当前人力资源外包市场而言，还存在着许多不规范，需要各用人单位在实际运用中注意。

阅读案例 1-3

索尼公司成功的人力资源外包管理

索尼公司在美国拥有 14 000 名员工，人力资源专员分布在 7 个地点，尽管投资开发“PEOPLESOFT”软件，但索尼公司仍不断追求发挥最佳技术功效，索尼公司最需要的是更新其软件系统，来缩短其预期状态与现状之间的差距。

在索尼公司找到翰威特公司之前，索尼公司人力资源机构在软件应用和文本处理方面徘徊不前，所有人力资源应用软件中，各地统一化的比率仅达到18%。索尼公司人力资源小组意识到，他们不仅仅需要通过技术方案来解决人力资源问题，还需要更有效地管理和降低人力资源服务成本，并以此提升人力资源职能的战略角色。

正是基于此，索尼公司决定与翰威特公司签订外包合同，转变人力资源职能。翰威特公司认为这将意味着对索尼公司的人力资源机构进行重大改革，其内容不仅限于采用新技术，翰威特公司还可以借此契机帮助索尼公司提高人力资源的质量、简化管理规程、改善服务质量并改变人力资源部门的工作日程，进而提高企业绩效。

在这样的新型合作关系中，翰威特公司提供人力资源技术管理方案和主机、人力资源用户门户，进行内容管理。这样索尼公司可以为员工和经理提供查询所有的人力资源方案和服务内容提供方便。此外，翰威特公司提供综合性的客户服务中心、数据管理支持及后台软件服务。

索尼公司与翰威特公司合作小组对转变人力资源部门的工作模式寄予厚望。员工和部门经理期望更迅速、简便地完成工作，而业务经理们则期望降低成本和更加灵活地满足变动的经营需求。

此项目的最大的节省点在于人力资源管理程序和政策的重新设计及标准化，并通过为员工和经理提供全天候的人力资源数据、决策支持和交易查询服务，使新系统大大提高效能。经理们将查询包括绩效评分和人员流动率在内的员工数据，并将之与先进的模式工具进行整合和分析。这些信息将有助于经理制定更加缜密、及时的人员管理决策。经理们可以借此契机提高人员及信息管理质量，进而对企业经营产生巨大的推进作用。

项目启动后，索尼公司与翰威特公司通力合作，通过广泛的调查和分析制订了经营方案，由此评估当前的环境，并确定一致的、优质的人力资源服务方案对于索尼公司经营结果的影响。

索尼公司实施外包方案之后，一些效果已经初见端倪。除整合、改善人力资源政策之外，这一变革项目还转变了索尼公司80%的工作内容，将各地的局域网、数据维护转换到人力资源门户网的系统上，数据接口数量减少了2/3。新型的汇报和分析能力将取代原有的、数以千计的专项报告。

到第二年，索尼公司的人力资源部门将节省15%左右的年度成本，而到第五年时，节省幅度将高达40%左右。平均而言，5年期间的平均节省资金额度可达25%左右。

索尼公司现在已经充分认识到通过外包方式来开展人力资源工作的重要性，因为可以由此形成规模经济效应并降低成本。此外，人力资源外包管理将人力资源视为索尼公司网络文化的起点。人力资源门户将是实施索尼公司员工门户方案的首要因素之一。索尼公司也非常高兴看到通过先行改造人力资源职能来进行电子化转变。

（资料来源：索尼人力资源外包管理［EB/OL］.（2004-10-14）［2016-11-10］. http://www.jakj.com.cn/anli/16891.html.）

二、"互联网+"时代人力资源管理发展的新趋势

2015年3月，李克强总理在政府工作报告中首次提出"互联网+"行动计划。现在越来越多的互联网企业利用新技术开始进入传统行业，而传统行业的企业也不再固守旧的经营理念，尝试利用互联网等高科技手段来谋求发展。强调跨界与融合的"互联网+"也已经日益渗透到了企业的经营管理中，激发企业进行管理变革。在"互联网+"时代，层级式的组织框架已经渐渐被内部互动协同关系网络所取代，传统的人力资源管理方式已经不足以应对，为了更好地发挥员工的个体能动性和创造性，企业需运用互联网思维创新人力资源管理模式。

（一）组织变革，上级与下属间界限逐步弱化

在"互联网+"时代，人力资源传统的组织会发生巨大变化，组织扁平化、自组织、创客组织等多种新兴组织形式层出不穷。互联网的介入使得企业各部门间人员的沟通交流方式发生了巨大的变化。"互联网+"时代，企业与其说是一个等级分工明确的组织，倒不如说是一个信息共享、人人平等的社区。信息沟通平台的建立意味着每个员工都拥有了话语权，这使得"去中心化"的扁平组织结构的发展成为可能，领导与下属的界限进一步弱化，任何层级的人都可能成为组织的核心人物。

海尔集团的张瑞敏提出："没有成功的企业，只有时代的企业。"海尔集团"企业无边界，管理无领导，供应链无尺度"，实际上就是企业去中心化思维对企业的认识。小米公司倡导的合伙人组织、扁平化管理、去关键绩效指标（KPI）驱动以及强调员工自主责任驱动都是人力资源管理在"互联网+"时代的反映。

（二）价值链实现人力资源的共享

在"互联网+"时代，员工和客户的界限在不断模糊，客户也在为企业创造价值，比如"米粉"在小米论坛上的各种吐槽，都在为小米手机的设计开发和定位提供源源不断的动力；百度地图上客户对地点位置提交错误报告，还能获得百度地图的奖励，客户在帮助百度地图改进地图精确度，提高产品质量。

人才价值创造也在不断延伸，同在一个生态链的企业之间通过价值链实现人力资源的共享，企业之间人力资源开发相互嵌套，销售企业人员通过信息反馈机制来帮助制造企业改进生产质量、提高产品品质。同样，生产企业的产品设计员工深入销售企业一线，共同挖掘客户信息，共同为客户提供满意的产品和服务。企业人力资源管理在"互联网+"时代通过各种网络平台，让企业各层人员参与企业的人力资源产品和服务的设计与体验，人力资源管理突破了企业边界，以文化整合的方式延伸至企业各个层级的人脉资源，为企业创造更大的价值，甚至成为利润的直接创造者。

（三）大数据帮助人力资源管理决策

"互联网+"时代，大数据的出现使得人力资源管理进入到量化管理的阶段，大数据技术贯穿于人力资源的选、用、育、留等各个环节，使得人力资源管理在人才库的跟踪体系更具备可控性。基于对大数据的分析，企业可以发现本企业真正需要的人才，做出正确的招聘决策；可以对员工能力和岗位要求进行最佳的匹配，充分发挥员工的能力；可以明确员工的需要与诉求，制定合理的薪酬和福利政策；可以客观公正地评

价员工工作，使绩效考核结果获得员工的认可，提高员工对企业和工作的满意度。此外，大数据在为人力资源管理决策提供依据的同时，也提高了人力资源管理的决策速度和决策质量。

（四）知识型人才成为企业招聘重点

“互联网+”时代的到来，使互联网充分深入到企业的各个部门、岗位。企业的研发、生产、销售、财务等部门通过互联网相连，形成一个互通的网络结构，各部门的工作和部门与部门之间的交流沟通普遍通过互联网实现，员工再不能仅仅依靠自己的劳动来完成工作任务。与此同时，技术的高速发展使企业内稳定的、机械性的、重复性的工作逐步被机器取代，企业不再需要提供大量廉价劳动力的员工。传统的人力资源观念开始改变，员工开始成为企业的一项资本，如何充分调动和发挥人力资本的作用，使员工为企业创造更大的收益，成为企业人力资源部门所要首先解决的问题。在这种情况下，企业开始更加注重员工的智力和创造力，知识型人才成为企业的招聘的重点。

（五）跨界思维，无边界管理，构建人力资源价值创造网

“互联网+”时代是一个“有机生态圈”的时代，从金字塔式、命令式的协同方式到自动交互协同，流程化、团队化会变得更重要。人与岗位之间、人与人之间在以组合交互的方式进行劳动方式和合作方式的创新。可能是围绕客户的一个问题、围绕客户的价值创造来形成不同的团队，打破部门界限和岗位职责界限，管理也相应地要转变为流程管理和团队管理。这就需要人力资源管理具有跨界思维。向上，人力资源管理要承接企业的战略和业务变革的需求，人力资源管理将不断碰触和影响企业战略，并站在越来越具有战略性的角度来管理人力资源，规划人力资源管理活动，引导人力资源管理行为，成为战略伙伴和变革推动者。向下，人力资源管理必须密切关注员工的需求和目标，尤其是面对工作场所新生代员工的挑战。人力资源管理部门要关注员工的需求，成为员工支持者。向左向右，人力资源管理正寻求更有效地支撑企业主要业务活动的方式，扮演业务部门的合作伙伴，帮助一线经理带队伍，创造高绩效。向内，人力资源管理向纵深发展必然带来越来越突出的专长化、精细化和独特化。向外，人力资源管理跨越传统边界与外界组织、社会进行交换，无论跨越的边界是有形的组织边界、地区边界、国家边界、家庭边界，还是无形的文化边界、力量边界。

在“互联网+”时代，人才资源在企业中的重要性不断突显，而在这样的时代背景下，人力资源管理者必须转变视角，重塑管理模式、变更管理手段，以更好地支持企业战略，结合企业业务，激励员工、激活组织、引爆企业能量，帮助企业实现企业“互联网+”转型。

【本章小结】

西方现代企业制度的发展和成熟以及市场经济的不断深化，是促进人力资源管理理论和实践不断趋于繁荣的催化剂。进入 20 世纪 90 年代之后，经济全球化、网络经济、知识经济以及与之相伴的人才争夺战终于将人力资源管理的地位和作用推向了一

个新的高潮。

本章主要介绍了人力资源以及人力资源管理的相关基础知识，重点介绍了人力资源管理的含义及主要职能。同时，本章还详细介绍了人力资源管理的产生和发展、人力资源管理部门与其他直线部门在人力资源管理工作中的职责区分以及互联网新形势下，人力资源管理工作的变化及创新等重要内容。本章为广大读者深入了解人力资源管理的相关知识进行了积极引导，提高了大家对人力资源管理工作的认识和重视，也为后续章节的学习奠定了理论基础。

【简答题】

1. 人力资源的含义是什么？
2. 如何理解人力资源的数量和质量？
3. 如何区别人力资源和人力资本两个概念？
4. 人力资源管理的含义是什么？
5. 人力资源管理的主要职能有哪些？
6. 如何区分人力资源管理部门和直线部门在人力资源管理工作中的主要职责？
7. 论述人性假设理论在人力资源管理工作中的有效运用。
8. 论述激励理论在人力资源管理工作中的有效运用。
9. 什么是人力资源外包，其主要的种类有哪些？
10. 论述互联网新形势下的人力资源管理工作的挑战。

【案例分析题】

华为公司的人力资源管理

华为公司自1987年创办以来，在20多年的时间里，成长为世界通信设备产业的领先企业，这不能不引起人们的关切：华为公司为什么能在世界高科技领域后来居上？华为公司是靠什么成长起来的？追根溯源，华为的成长来自于它的核心竞争力，而核心竞争力源自它的核心价值观，即以客户为中心，以奋斗者为本，长期艰苦奋斗。

华为公司创始人任正非一贯倡导的艰苦奋斗精神是华为公司从小到大、从弱到强的基础价值观，或者叫最原始的文化基因，但如何让十多万富于不同个性与不同人格的知识分子认可并奉行不悖，就必须以奋斗者为本。这是一种赤裸裸的交换原则，但这恰恰是商业的本质所在。华为公司推行的“工者有其股”不是简单的“市场经济条件下的社会主义大锅饭”，而是有差别的、建立在奋斗文化基因之上的、科学化的人力资源激励政策。任正非表示：“华为没有可以依存的自然资源，唯有在人的头脑挖掘出大油田、大森林、大煤矿……”当把15万知识型人才聚集在一起的时候，人们才会深切地感到，尽管技术很重要，资本很重要，但更重要的还是人力资源管理。

一、选才

（一）最合适的，就是最好的

企业招聘人才，不应该只是选择最优秀的人才，而是要寻找到最合适的人才，这样才是“最好的”。因为最优秀的人才只是拥有了最优秀的能力，但如果无法融入企业工作和企业文化中，也会让企业浪费人才资源。在华为公司里，“合适”的标准是企业目前需要什么样的人和岗位需要什么样的人。前者更看重于人才的兴趣、态度和个性，后者偏向于人才的能力和素质。企业与人才的双向合适，才有可能实现双方共同发展。

（二）招聘思路要因时而变、因地制宜

企业在不同的发展阶段，会有不同的人才需要，为了适应不同发展阶段的需要，就要求采取不同的招聘思路，否则就可能会限制企业人才的成长，甚至是影响企业发展。在华为公司的发展历程中，其早期的招聘思路只是在小范围内来寻找需要的人才，而且还是偏向于技术类的人员。随着华为公司的快速发展，以前的招聘思路远远无法适应当前的发展需要，因此从20世纪末开始，华为公司将招聘的思路转向了高校毕业生群体，引进高学历的专业人才。而从21世纪初开始，华为公司的业务开始走向国际化后，华为公司再次将招聘思路偏重于配备国际化的人才。因此，发展阶段不同的企业，要根据不同的发展阶段，采取相应的招聘思路，这样才可以使企业在不同的发展阶段顺利实现企业的目标。

（三）主导两种招聘途径

在华为公司的招聘途径中，主要有校园招聘和社会招聘两个途径。在校园招聘，华为公司看重的是大学生的可塑性；而面向社会进行招聘的时候，华为公司主要看重的是对专业技术的掌握程度和实际操作能力。这两种招聘途径可以为华为公司源源不断地输送人才。

二、育才

（一）入职培训

华为公司为了让招来的众多大学生能够快速适应工作，在入职前重点进行了培训。华为公司的入职培训主要有五个部分，分别是军事训练、企业文化、车间实习、技术培训和市场演习。军事训练的培训理念与华为公司创始人任正非有很大的关系，但这种军事训练可以让刚刚走出校园的大学生改变很多不好的习惯，并快速走上岗位。其他的培训内容都在一定程度上为大学生入职提供了很大的帮助。

（二）全员导师制。现在很多企业都有实行“导师制”的培训方式，但这种培训方式有明显效果的却寥寥无几，而华为公司的“全员导师制”，不仅可以让新员工在华为公司顺利开展工作，而且还可以帮助导师实现自身的发展。

（三）企业文化培训

华为公司的企业文化，是一种“狼性”的文化价值观，但就是这种文化，才让华为公司实现了快速发展。而华为公司为了让新进的员工融入华为公司的企业氛围、工作环境，都会重点做好企业方面的培训，让新进的员工真正成为“华为人”。

三、激才

（一）高薪激励

华为公司能够吸引如此多的高素质人才加入，与华为公司的高薪激励密不可分。华为公司支付给大学生的薪酬，远远高于行业的平均水平，使得众多高素质的人才纷纷流向华为公司，而这些高素质的人才也为华为公司的发展创造了源源不断的价值和利润。的确，有付出，才有产出。如果企业过于“抠门”，只在乎眼前的高成本支出，不去加大投入引进人才，那么企业的发展只能停留在原地，甚至还会被对手超越。

（二）股权激励

在中国企业里，华为公司是极少的实行持股的企业，而股权激励更是实现了华为公司的不断发展。实行股权激励，一方面可以吸引人才，另一方面可以激励人才的发展，从而创造更大的价值。不过，实行股权激励，也要根据企业的发展性质和高层的战略谋划，不可随波逐流，合适的激励模式才会达到最好的激励效果。

（三）内部创业

华为公司的内部创业模式在中国企业里也同样是稀少的。人才流动是企业发展的重要保障。华为公司实行了一种内部的创业机制。华为公司允许和鼓励有志向创业的员工，申请作为华为公司的代理商，并可以获得华为公司提供的设备使用期等，让离开的员工可以与华为公司共同取得发展。

四、留才

（一）轮岗制

华为公司不会由于员工绩效差就轻易将其解雇，而是会采取轮岗制的形式，让员工在不同的岗位上获得改进的空间。假如轮岗的员工多次无法适应新的岗位，那么华为公司也会并提供其他的工作机会，帮助员工继续就业。可以看出，华为公司是一家十分爱惜人才的企业，会采取多种方式来为员工找到最合适的岗位，来达到双赢的结果。

（二）离职面谈

对于华为公司不想失去的员工，华为公司会利用一切办法，对想要离职的员工好好进行离职面谈，询问离职的主要原因，并给予关心。直到无法让员工回心转意的时候，华为公司才会很友好地接受员工的离职。

思考题：

1. 有效的人力资源管理对企业的发展有何作用？
2. 华为公司在人力资源管理方面做了哪些工作？
3. 华为公司的人力资源管理实践给其他企业能带来哪些启示？

【实际操作训练】

实训项目：人力资源状况评价。

实训目的：使学会运用人力资源数量与质量的内涵，了解我国或某地区的人力资源状况。

实训内容：查阅相关资料，了解、分析和评价我国或某地区的人力资源总体状况。

第二章　组织设计与工作分析

开篇案例

王强到底要什么样的工人

“王强，我一直想象不出你究竟需要什么样的操作工人。”江山机械公司人力资源部负责人李进说，“我已经给你提供了4位面试人选，他们好像都还满足工作说明中规定的要求，但你一个也没有录用。”“什么工作说明？”王强答道，“我所关心的是找到一个能胜任那项工作的人。但是你给我提供的人都无法胜任，而且我从来就没有见过什么工作说明。”

李进递给王强一份工作说明，并逐条解释给他听。他们发现，要么是工作说明与实际工作不相符，要么是规定以后，实际工作又有了很大变化。例如，工作说明中说明了有关老式钻床的使用经验，但实际中所使用的是一种新型数控钻床。为了有效地使用这种新机器，工人们必须掌握更多的数控知识。

听了王强对操作工人必须具备的条件及应当履行职责的描述后，李进说：“我想我们现在可以写一份准确的工作说明，以其为指导，我们就能找到适合这项工作的人。让我们今后加强工作联系，这种状况就再也不会发生了。”

问题与思考：

1. 王强认为人力资源部找来的4位面试人选都无法胜任，根本原因在哪里？
2. 工作说明书在招聘中有何重要作用？

第一节　组织设计与组织结构

一、组织设计

（一）组织设计的概念

组织设计是指组织进行专业分工和建立使各部门相互有机协调配合的系统结构的过程，也就是对组织的结构和活动进行创构、变革和再设计的过程。

组织设计通过创构柔性灵活的组织，动态地反映外在环境变化的要求。组织设计能够在组织演化成长的过程中，有效积聚新的组织资源；同时，协调好组织中部门与部门之间、人员与任务之间的关系，使员工明确自己在组织中应有的权力和应担负的责任，有效地保证组织活动的开展，最终保证组织目标的实现。

（二）组织设计的主要内容

1. 工作划分

工作划分是指根据目标一致和效率优先的原则，将达成组织目标的总的任务划分为一系列各不相同又相互联系的具体工作任务。

2. 部门设置

部门设置是指根据各个岗位所从事的工作内容的性质以及岗位间的相互关系，依照一定的原则，可以将各个岗位组合成被称为部门的管理单位。组织活动的特点、环境和条件不同，划分部门所依据的标准也是不一样的。对同一组织来说，在不同时期的背景下，划分部门的标准也可能会不断调整。

3. 组织结构设计

每个组织都需要一个组织结构，组织结构是在岗位形成和部门设计的基础上，根据组织内外能够获取的人力资源，对初步设计的部门和岗位进行调整，并平衡各部门、各岗位的工作量，以使组织的结构合理。一个组织的结构可以采用不同的形式清楚地加以表达，这些组织形式可以按模式进行选择。

4. 岗位设置与人员配备

岗位设置是指通过对组织目标的分析，明确组织任务，并且通过对任务的分解和综合，形成完成任务所需的最小的组织单位，即岗位。岗位设置与人员配备需要通过对工作任务的分析，明确每个岗位的任务范围、岗位承担者的责职权利以及应具备的素质要求等。

在实际工作中，存在“三定”，但“三定”的具体内容却随情况不同而有变化。例如，在 1998 年中央政府机构改革中，“三定”是指定机构、定职能、定编制；而在企业中，“三定”一般包括定岗、定编、定员。此外，还存在“双定”管理的说法，是指劳动定额管理和定员管理。在实际工作中，我们要根据具体情况分析确定定岗、定员的具体指向。

二、部门设置

企业不断发展壮大，职能越来越多，分工越来越细，当职能分工细到一定程度的时候，一个层次的管理就不行了，这时必须把职能相近或者靠近的岗位合在一起，进行部门的设置。部门对下属岗位具有计划、组织、指挥的权力。部门设置主要有以下几种方法：

（一）按人数设置

这是一种最简单的设置方法，即每个部门规定一定数量的人员，由主管人员指挥其完成一定的任务。这种设置方法的特点是只考虑人力因素，这种设置方法在企业的基层组织的部门设置中使用较多，如每个班组人数的确定。

（二）按时间设置

这种设置方法也常用于基层组织设置。例如，许多工业企业按早、中、晚三班制进行生产活动，那么部门设置也是早、中、晚三套。这种设置方法适用于那些正常的工作日的产出不能满足市场需求的企业。

（三）按职能设置

这种设置方法是根据生产专业化原则，以工作或任务的性质为基础来设置部门的。这些部门被分为基本的职能部门和派生的职能部门。基本的职能部门处于组织机构的首要一级，当基本的职能部门的主管人员感到管理幅度太大，影响到管理效率时，就可将本部门的任务细分，从而建立派生的职能部门。这种设置方法的优点是遵循了分工和专业化原则，有利于充分调动和发挥企业员工的专业才能，有利于培养和训练专门人才，提高企业各部门的工作效率。这种设置方法的缺点是各职能部门容易从自身利益和需要出发，忽视与其他职能部门的配合，各部门横向协调较差。

（四）按产品设置

这种设置方法设置的部门是按产品或产品系列来组织业务活动。这样能发挥专业设备的效率，部门内部上下关系容易协调；各部门主管人员将注意力集中在特定产品上，有利于产品的改进和生产效率的提高。但是这种设置方法使产品部门的独立性比较强而整体性比较差，加重了主管部门在协调和控制方面的负担。

（五）按地区设置

相比较而言，这种设置方法更适合于分布地区分散的企业。当一个企业在空间分布上涉及地区广泛，并且各地区的政治、经济、文化、习俗等存在差别并影响到企业的经营管理，这时就将某个地区或区域的业务工作集中起来，委派一位主管人员负责。这种设置方法的优点是因地制宜，取得地方化经营的优势效益。这种设置方法的缺点是需要更多的具有全面管理能力的人员；增加了最高层主管对各部门控制的困难，地区之间不易协调。

（六）按服务对象设置

这种设置方法多用于最高层主管部门以下的一级管理层次中的部门设置。其根据服务对象的需要，在分类的基础上设置部门。例如，生产企业可设置专门服务于家庭的部门、专门服务于企业的部门等。这种设置方法的优点是提供服务针对性强，便于企业从满足各类对象的要求出发安排活动。这种设置方法的缺点是按这种设置方法组织起来的部门，主管人员常常列举某些原因要求给予特殊照顾和优待，从而使这些部门和按照其他方法组织起来的部门之间的协调发生困难。

（七）按技术或设备设置

这种设置方法常常和其他设置方法结合起来使用。这种设置方法的优点在于能经济地使用设备，充分发挥设备的能力，便于设备的维修和材料供应，同时也有利于发挥专业技术人员的特长。

阅读案例2-1

华为部门划分结构

1. 市场系统

市场系统按地域先分为国内和海外，国内又分为深圳总部和各省（市）办事处；海外又分为国内深圳总部和各大洲地区部。市场系统按工作分工又可以分为客户系统和产品系统。

深圳总部包括国内、海外客户和产品系统的总部机关。国内包括各目标运营商（电信、网通、移动、联通等）系统部的总部和各产品（交换、光网络、智能网等）国内系统部的总部。海外包括国际营销（客户）和产品国际（产品）的总部。深圳总部还有负责客户接待（最为一些不明真相的人误解）的客户工程部。当然，个别小部门的总部不在深圳而在北京。

国内办事处基本位于各直辖市及省会城市，大连、青岛等地也有小办事处。各办事处的工作目标就是销售，分客户线（负责各运营商）和产品线（负责各产品）。各线人员算各部门深圳总部的派出人员，又直接受办事处主任管理。

海外地区部包括亚太、中东北非、独联体、南部非洲、拉美、北美、欧洲、东太平洋（按地理应该叫西太平洋，因为管辖的是日本、韩国、澳洲等亚太发达地区，但当时起名时不知怎么弄反了，就一直将错就错）。各海外地区部又在各个国家或地区设了办事处，也分客户线和产品线。

2. 技术支援系统

技术支援系统包括深圳总部和各国办事处以及海外地区部的派出机构，按维护产品不同分为各产品部，负责产品的售后服务。技术支援系统总人数在 2 000~3 000 人（为降低成本，该部门的工作不少由外包公司负责，称为合作方）。

3. 研发系统

研发系统负责华为各产品的研发，是华为最庞大的系统，人数在 10 000 人左右，还不包括相当数量的外包人员。研发系统分为深圳总部和各地研究所，根据产品的不同分为交换接入、光网络、智能网、数通、多媒体等。后来又改为固网、无线、智能等，不管名字怎么改，基本上还是按产品划分。各地研究所侧重点不同，比如北京侧重数通、上海侧重无线等。华为在海外也有不少研究所，包括在印度、美国、俄罗斯、瑞典等的研究所。

4. 财务系统

财务系统包括深圳总部和各办事处派出机构。

5. 中试系统

中试系统全称为中间试制部，是为了保证产品质量在研发和生产系统间插入的一个部门。

6. 生产系统

生产系统作为一线部门，主要是负责生产华为所有产品的部门。

7. 市场财经系统

市场财经系统是负责货款回收的，应该隶属于市场系统，由于回款的地位很重要，因此单列出来。

8. 秘书和文员

秘书和文员不是一个单独的部门，而是分布在各个系统中的。秘书是有华为正式员工资格的，学历一般是大学本科或研究生。文员不是华为正式员工，而是隶属于和华为有合作关系的秘书公司，一般是大专毕业。华为除了副总裁以上的高管外，基本上没有领导个人秘书，秘书大多是部门秘书，一般负责部门的考勤、会议纪要、日常事务等。文员主要负责一些简单的重复性工作。

9. 管理工程部

管理工程部负责华为信息技术系统的建设和维护。

（资料来源：华为部门划分结构［EB/OL］.（2014-07-24）［2016-11-10］. http://www.docin.com/p-871553467.html.）

三、组织结构设计

组织结构是为了完成组织目标而设计的，是指组织内各构成要素以及它们之间的相互关系。组织结构是对组织复杂性、正规化和集权化程度的一种量度。组织结构的本质是组织好员工的分工协作关系，其内涵是人们在职、责、权方面的结构体系。常见的组织结构有以下几种形式：

（一）直线制

直线制组织结构是企业发展初期一种最简单的组织结构，如图 2-1 所示。

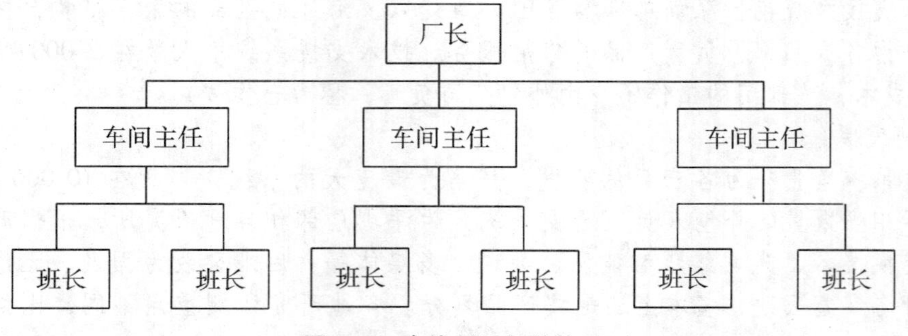

图 2-1　直线制组织结构图

1. 特点

领导的职能都由企业各级主管一人执行，上下级权责关系呈一条直线。下属单位只接受一个上级的指令。

2. 优点

结构简化，权力集中，命令统一，决策迅速，责任明确。

3. 缺点

没有职能机构和职能人员当领导的助手。在规模较大、管理比较复杂的企业中，主管人员难以具备足够的知识和精力来胜任全面的管理，因而不能适应日益复杂的管理需要。

这种组织结构形式适合于产销单一、工艺简单的小型企业。

（二）职能制

职能制组织结构与直线制恰恰相反，职能制组织结构如图 2-2 所示。

1. 特点

企业内部各个管理层次都设职能机构，并由许多通晓各种业务的专业人员组成。各职能机构在自己的业务范围内有权向下级发布命令，下级都要服从各职能部门的指挥。

2. 优点

不同的管理职能部门行使不同的管理职权，管理分工细化，从而能大大提高管理的专业化程度，能够适应日益复杂的管理需要。

3. 缺点

政出多门，多头领导，管理混乱，协调困难，导致下属无所适从；上层领导与基层脱节，信息不畅。

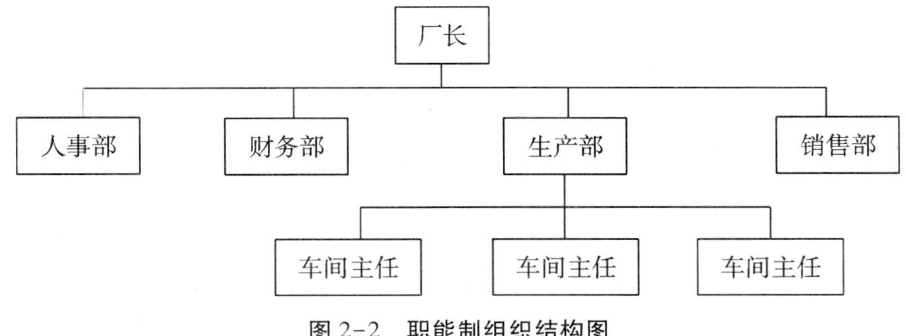

图 2-2　职能制组织结构图

（三）直线职能制

直线职能制组织结构吸收了以上两种组织结构的长处而弥补了其不足，如图 2-3 所示。

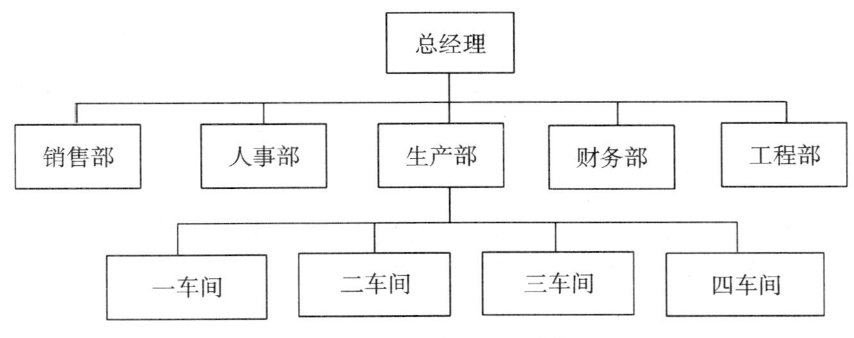

图 2-3　直线职能制组织结构图

1. 特点

直线职能制组织结构下，企业的全部机构和人员可以分为两类：一类是直线机构和人员；另一类是职能机构和人员。直线机构和人员在自己的职责范围内有一定的决策权，对下属有指挥和命令的权力，对自己部门的工作要负全面责任；而职能机构和人员，则是直线指挥人员的参谋，对直线部门下级没有指挥和命令的权力，只能提供建议和在业务上进行指导。

2. 优点

直线职能制组织结构下，各级直线领导人员都有相应的职能机构和人员作为参谋和助手，因此能够对本部门进行有效的指挥，以适应现代企业管理比较复杂和细致的特点，而且每一级又都是由直线领导人员统一指挥，满足了企业组织的统一领导原则。

3. 缺点

直线职能制组织结构下，职能机构和人员的权力、责任究竟应该占多大比例，管理者不易把握。

直线职能制在企业规模较小、产品品种简单、工艺较稳定又联系紧密的情况下，优点较为突出；但对于大型企业，产生或服务品种繁多、市场变幻莫测，就不适应了。

（四）事业部制

事业部制是目前国外大型企业通常采用的一种组织结构。事业部制组织结构如图2-4所示。

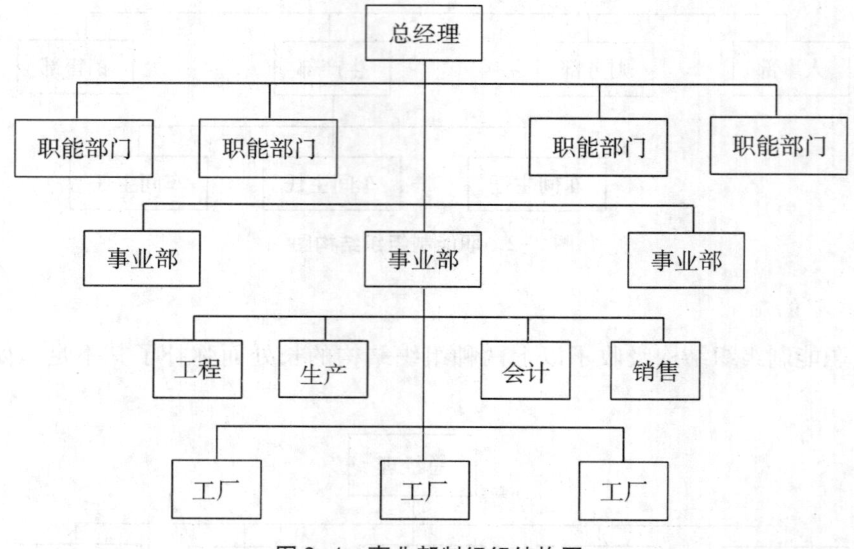

图 2-4　事业部制组织结构图

1. 特点

事业部制要求把企业的生产经营活动，按照产品或地区的不同，建立经营事业部。每个经营事业部是一个利润中心，在总公司领导下，独立核算、自负盈亏。

2. 优点

事业部制有利于调动各事业部的积极性，事业部有一定经营自主权，可以较快地对市场做出反应，一定程度上增强了适应性和竞争力；同一产品或同一地区的产品开发、制造、销售等一条龙业务属于同一主管，便于综合协调，也有利于培养有整体领导能力的高级人才；公司最高管理层可以从日常事务中摆脱出来，集中精力研究重大战略问题。

3. 缺点

各事业部容易产生本位主义和短期行为；资源的相互调剂会与既得利益者发生矛盾；人员调动、技术及管理方法的交流会遇到阻力；企业和各事业部都设置职能机构，机构容易重叠，并且费用增大。

事业部制适用于企业规模较大、产品种类较多、各种产品之间的工艺差别较大、市场变化较快以及要求适应性强的大型联合企业。

（五）矩阵制

矩阵制组织结构如图 2-5 所示。

1. 特点

矩阵制组织结构既有按照管理职能设置的纵向组织系统，又有按照规划目标（产品、工程项目）划分的横向组织系统，两者结合，形成一个矩阵。横向系统的项目组所需工作人员从各职能部门抽调，这些人既接受本职能部门的领导，又接受项目组的领导，一旦某一项目完成，该项目组就撤销，人员仍回到原职能部门。

2. 优点

矩阵制组织结构加强了各职能部门间的横向联系，便于集中各类专门人才加速完成某一特定项目，有利于提高成员的积极性。在矩阵制组织结构内，每个人都有更多机会学习新的知识和技能，因此有利于个人发展。

3. 缺点

矩阵制组织结构由于实行项目和职能部门双重领导，当两者意见不一致时则令人无所适从；工作发生差错也不容易分清责任；人员是临时抽调的，稳定性较差；成员容易产生临时观念，影响正常工作。

矩阵制组织结构适用于设计、研制等创新型企业，如军工、航空航天工业企业。

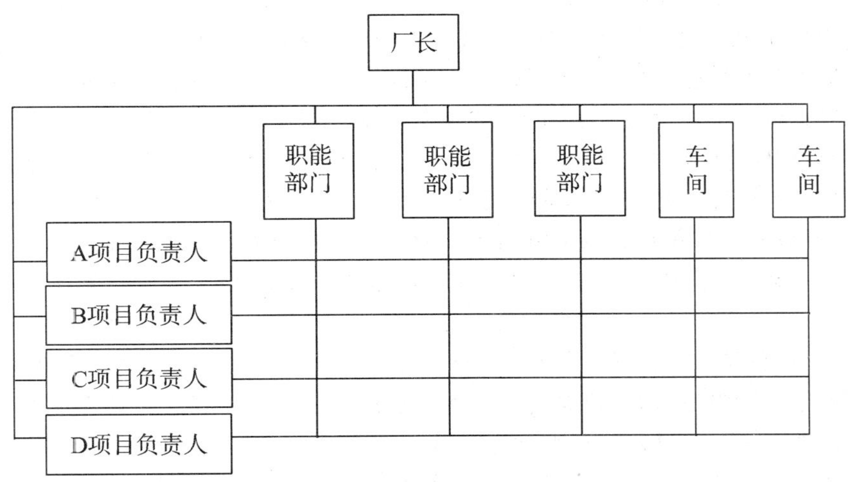

图 2-5　矩阵制组织结构图

（六）多维立体制

多维立体制组织结构是在矩阵制组织结构的基础上发展起来的。多维立体制组织结构如图 2-6 所示。

多维立体制组织结构是系统理论在管理组织中的一种应用。其主要包括：

第一，按产品划分的事业部——产品事业利润中心。

第二，按职能划分的专业参谋机构——专业成本中心。

第三，按地区划分的管理机构——地区利润中心。

通过多维立体结构，可以把产品事业部经理、地区经理和总公司参谋部门这三者较好地统一和协调成管理整体。多维立体制组织结构形式适合于规模巨大的跨国公司或跨地区公司。

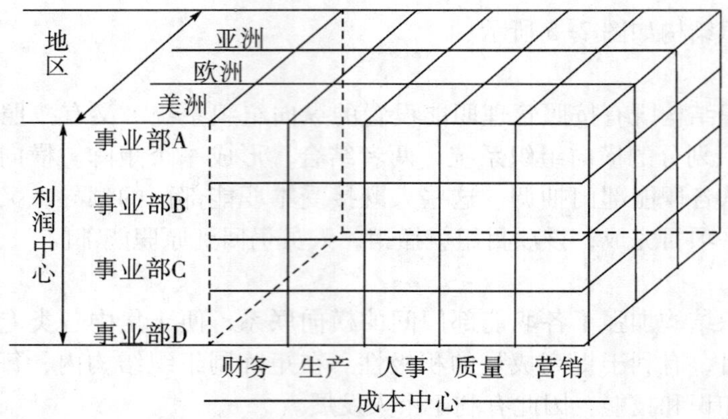

图 2-6 多维立体制组织结构图

阅读案例 2-2

海尔集团组织结构的变革

海尔集团的前身是 1955 年组织起来的一个手工业生产合作社，海尔集团创立于 1984 年，由两个濒临倒闭的集体制小厂发展起来。1984 年，张瑞敏出任厂长时，企业共有员工 800 人，严重亏损，经过 30 多年的持续稳定发展，现已成为世界第四大“白色家电”制造商、中国最具价值品牌。“海尔”旗下现拥有 240 多家法人单位，并在全球 30 多个国家和地区建立了本土化的设计中心、制造基地和贸易公司，全球员工总数超过 5 万人，重点发展科技、工业、贸易、金融四大支柱产业，现已发展成为全球营业额超过 1 000 亿元规模的跨国企业集团。但任何事从来都不是一蹴而就的，海尔集团的成长也是一步一个脚印走过来的，经过多次组织变革，才有了如今管理制度成熟的海尔集团。

20 世纪 80 年代，“海尔”同其他企业一样，实行的是工厂制。随着企业做大做强，业务不断发展，“海尔”的组织结构也随着企业战略目标的转移和市场环境的变化而改变。从实现“海尔”名牌战略的职能型结构，到实现“海尔”多元化战略的事业本部结构，再到实现“海尔”国际化战略的流程型网络结构，“海尔”走过了一条组织创新之路。

第一阶段：直线职能型组织管理

直线职能型结构是使用最早也是最为简单的一种结构，是一种集权式的组织结构形式，又称为军队式结构。其特点是组织中各种职位是按垂直系统直接排列的，各级行政领导人执行统一指挥和管理职能，不设专门的职能机构。这种组织结构设置简单、权责分明、信息沟通方便，便于统一指挥、集中管理。直线职能型结构就像一个金字塔，最下面是普通员工，最上面是厂长、总经理。直线型职能结构的好处是比较容易控制终端。在“海尔”规模还比较小时，由于各部门间的联系长期不发生大的变化，使得整个组织系统有较高的稳定性，有利于管理人员重视并熟练掌握本职工作的技能，从而强化了专业管理，提高了工作效率。这一时期，“海尔”组织架构模式的效能在

“日事日毕、日清日高”为特征的“OEC 管理模式”（全方位优化管理模式）下达到了顶峰。

但随着企业的发展，这种模型的劣势也日益凸显，即对市场的反应太慢。随着“海尔”多元化战略进程的推进，直线职能制的弊端对“海尔”多元化战略产生了阻碍。第一，多元化经营加重了企业高层管理者的工作负担，这种工作负担主要集中于各个产品或服务之间的决策、协调，容易顾此失彼；第二，直线职能制下的高度专业化分工使各个职能部门眼界狭窄，导致横向协调比较困难，妨碍部门间的信息沟通，不能对外部环境的变化及时做出反应，适应性较差；第三，直线职能制下的员工专业化发展不利于培养素质全面的、能够经营整个企业的管理人才，从而在对多元化经营特别是新经济增长的机会把握上带来损失。

由此可见，企业的组织结构体系对企业的发展十分重要，如果组织结构体系不能跟上企业总的发展战略的步伐，必将阻碍企业的发展，错失良机，对企业产生不可挽回的损失。正是基于这些弊端，在多元化经营战略下，“海尔”的组织架构由原有的直线职能制开始向事业部（事业本部）模式进行转变。

第二阶段：进入产品多元化战略阶段后，实行矩阵型管理、事业部制管理

矩阵型组织结构是由纵横两套管理系统组成的组织结构。一套是纵向的职能领导系统，另一套是为完成某一任务而组成的横向系统。矩阵型组织结构把组织的纵向联系和横向联系很好地结合起来，加强了职能部门之间的协作与配合；有较强的机动性，能根据特定需要和环境活动的变化，保持高度的适应性；把不同部门、不同专长的专业人员组织在一起，有利于互相启发、集思广益，有利于攻克各种复杂的技术难题。

事业部制组织，亦称 M 形组织，是以目标和结果为基准来进行部门的划分和组合的。事业部的主要特点是集中政策，分散经营，即在集权领导下实行分权管理。这种组织结构形式，就是在总公司的领导下，按产品或地区分别设立若干事业部，每个事业部都是独立核算单位，在经营管理上拥有很大的自主权。事业部有其本身的管理部门，自行经营其单位的业务，从而使得事业部在快速变化或复杂的环境下，能够更加快速积极地回应市场，决策也更加快捷并符合市场实际情况。同时，由于事业部往往会采取以产品、地区或是以客户群进行划分，这就带来了清晰的产品责任和联系环节，从而使各事业部能够专注于不同的产品、地区或顾客群的发展，更加有效地实现让顾客满意的效果。事业部自身会设立较为完整的相关职能部门，在事业部内部这种跨职能的高度协调，可以更加有利于培养和考验经理人担任高级管理职务的能力，从而为企业的快速发展奠定了人力资源的基础。

海尔集团于 1996 年开始实行事业部制，这是在组织领导方式上由集权制向分权制转化的一种改革，首创于 20 世纪 20 年代美国通用公司和杜邦公司。经过第二阶段的调整，海尔集团的组织结构可以描述为：集团总部是决策的发源地，管辖一些职能中心；下边是事业部，事业部是一个利润中心，是市场竞争的主体。事业部制高度分权，对市场销售具有有效刺激。但是，在多元化经营环境下，随着时代的发展，其不可避免的一些缺点也渐渐显露，如各事业部自主经营、独立核算，考虑问题往往从本部出发，忽视整个企业的利益，影响事业部间的协作；各个事业部都需要设置一套职能结构，因而失去了职能部门内部的规模经济效应；事业部基于自身产品或服务进行自身能力的构建，往往会导致产品线之间缺乏协调，失去了深度竞争力和技术专门化，产品线间的整合与标准化变得更加困难；等等。

虽然海尔集团对分权大小有自己的考虑，对夕阳型的产业尽可能分权划小经营单位，让其随行就市；对朝阳型的产业则集中人力、财力，做大规模，确保其竞争力。但在企业发展的大趋势下，还是给海尔集团的发展带来了新的问题，即如何为实现企业战略构建更加有效感知客户需求并更加有效利用有限的资源以快速满足客户需求?

第三阶段：市场链管理模式——国际化战略下的组织架构

为了应对网络经济和加入世界贸易组织带来的挑战，"海尔"从1998年就开始实施以市场链为纽带的业务流程再造。在第一个五年中，"海尔"主要实现了组织结构的再造：变传统企业金字塔式的直线职能结构，为扁平化、信息化和网络化的市场链流程；以订单信息流为中心，带动物流、资金流的运动，加快了用户零距离、产品零库存和营运零资本的"三零"目标的实现。

为适应国际化经营并实现资源利用效率的提升，2007年海尔集团进行了第二次以子集团形式出现的组织架构调整。新成立的各子集团再次拥有了产供销资源。这次组织结构的调整是在以业务流程再造为基础的市场链与事业部两者优势结合、强化不同产品运营模式的结构变革。子集团架构的变革，更多的是基于适应不同类别产品运营模式差异性以及竞争策略的调整。正如海尔集团内部管理人员所说的："目的是以产品运营模式为核心，重组现有集团下属的各个事业部，以提高运营的效率。"在流程型组织架构的管理模式下，海尔集团以物流、商流推进事业本部进行统一管理可能就会过多地考虑统一性而不是不同产品运营模式之间的差异性。

以子集团形式出现的组织架构，既吸收事业部制模式的部分优势，同时又通过产品线在子集团内部的组合，规避了事业部制模式的弊端，如重复建制的相类似职能部门。例如，以前"海尔"的冰箱、空调、洗衣机事业本部都各自有公关公司，进行品牌或者产品推广活动，新组织架构调整后，白电运营集团将会选择一家公关公司帮助它对所有"白色家电"进行市场推广活动，这样能够节约宣传成本，将"白色家电"统筹进行宣传，也更有助于"海尔"整体品牌形象的提升。同时，在事业部模式下，由于各种因素的影响，各事业部之间不可避免地会有资源的冲突，这时就必须有另一载体——集团总部来协调这些资源冲突。在原有事业部下，由于个别事业本部之间产品及资源需求的雷同性带来集团总部调拨资源的难度，而随着同类型产品线划分在同一子集团之下，各产品线之间的资源共享和协同作战能力则将得到加强。

2010年，海尔集团实施全球化品牌战略进入第五年。很久没有张瑞敏针对管理模式的声音了，在过去的中国企业几轮模式变革中，海尔集团一直处于前端，是中国企业学习的目标。张瑞敏带着他的全新管理模式再次站到风口浪尖，接受考验。在探索新管理模式的过程中，海尔集团结合互联网发展趋势，推出了"倒三角"组织结构、虚实网结合的零库存下的即需即供商业模式以及业务流程再造等新的管理实践模式。海尔集团似乎从不走可借鉴的探索路线。新模式的推行，或许显得更加艰难。《经理人》杂志对海尔集团的这一大胆尝试表示赞同，并称"零度创新"是一套适应中国企业发展新阶段，并且可持续的创新哲学和创新方法，是中国企业未来持续成长的"金钥匙"。

第四阶段：组建五大平台

2014 年，海尔集团的全球营业额达到了 2 007 亿元，同比增长 11%；实现利润 150 亿元，同比增长 39%。规模如此庞大的企业的组织架构调整，对市场的反应速度和运营效率的提升可能是其目的和方向之一。海尔集团组织架构变革的主要内容，就是重新在海尔集团下面组建五大平台，即家电转型平台、物流平台、房地产平台、文化产业平台、PU 平台。

其中，家电转型平台主要是包括原来“690”和“1169”产业集团的家电业务，统帅品牌的相应业务也纳入家电转型平台。物流和房地产平台比较容易理解，而文化产业平台就是原来海尔集团的文化中心，财务、行政及人力相应的业务和职能则被整合为 PU 平台。

从市场操作和产品运营层面上来看，海尔集团此轮架构调整的一个明显变化是，将原来“690”和“1169”两大产业集团存在竞争重合的业务全部纳入“690”的范畴，并让“1169”回归至物流服务职能。“1169”主要是指海尔集团香港上市公司海尔电器，“日日顺”是“1169”的核心平台。从 2006 年开始，海尔集团陆续将其旗下的物流、分销、售后服务及相关配套产业整合至“日日顺”。“690”则主要是指海尔集团在 A 股市场的上市公司青岛海尔，海尔集团的核心产业，如冰箱、洗衣机、空调等均为“690”的营业收入主体。

据口碑家电网了解到，“海尔”此次组织架构变革，另外一个意愿是解决全国各个工贸公司与原“690”“1169”平台之间的业务摩擦。经过调整之后，“690”主管产品，而“1169”主抓渠道。

当然，组织架构的变革不可避免地会带来人事的变动。据口碑家电网了解到，曾经在美的空调担任过区域销售公司总经理、美的空调总部国内营销总经理的段振威成了海尔空调国内市场销售的负责人，段振威也曾在科龙、TCL 等大型家电企业有过相应的工作经历。

企业的组织架构调整一般都是围绕着矩阵式或事业部模式进行搭配和组合，海尔集团经过此次组织架构变革，仿佛构建了一个类事业部模式的管理及运营架构。在家电产业进入新常态发展阶段，内外销市场的环境已经发生了巨大的变化，传统的经验、方式已经失效。与此同时，海尔集团“人单合一”模式进入 2.0 阶段，经过此番结构重组，有利于海尔集团在全新的移动互联网时代提升内部效率和市场反应速度。

（资料来源：海尔集团组织结构的变革［EB/OL］.（2012-11-13）［2016-11-10］. http://www.docin.com/p-525454329.html.）

四、定岗定编定员

（一）定岗定编定员的基本含义

定岗定编是确定岗位和确定岗位编制的合称，前者是设计组织中的承担具体工作的岗位，而后者是设计从事某个岗位的人数。在实际工作中，这两者是密不可分的，当一个岗位被确定之后，就会自动有人的数量和质量的概念产生。有的企业还把与定岗有关的人员素质的问题单独提出来，称之为定员。定员与定岗定编一起被称为“三定”。定岗定编是处在不断探讨之中的一个问题，它并没有一个固定的模式，各企业根据自身的情况在不同的时期运用不同的方法。

（二）岗位设置的常用形式

定岗定编定员中的定岗，即岗位设置工作，在具体设计中可用的形式有很多，归纳起来，常用的有三种：基于任务的岗位设置、基于能力的岗位设置和基于团队的岗位设置。

1. 基于任务的岗位设置

这是指将明确的任务目标按照工作流程的特点层层分解，并用一定形式的岗位进行落实。这种做法的好处是岗位的工作目标和职责简单明了、易于操作，到岗者经过简单培训即可开始工作。同时，这种做法也便于管理者实施监督管理，在一定时期内会有很高的效率。在这种形式下，企业内部的岗位管理主要是采用等级多而细的职位等级结构，员工只要在本岗位上做到一定的年限而不出大错就能被提级加薪。但这种岗位设置的缺点是只考虑任务的要求而往往忽视在岗者个人的特点，员工个人往往成为岗位的附庸。这种形式在机器化大工业时代显得十分突出：操作工在长长的流水线旁日复一日不停地重复同一种动作，时间一长，员工的积极性往往会一落千丈。

2. 基于能力的岗位设置

基于能力的岗位设置是将明确的工作目标按照工作流程的特点层层分解到岗位。但岗位的任务种类是复合型的，职责也比较宽泛，相应地对员工的工作能力要求要全面一些。这种设置的好处是岗位的工作目标和职责边界比较模糊，使员工不会拘泥于某个岗位设定的职责范围内，从而有发挥个人特长的余地，进而使企业具有应对市场变化的弹性。在这种形式下，企业内部的岗位管理常常采用的是“宽带”管理，即各岗位之间的等级越来越宽泛。

3. 基于团队的岗位设置

基于团队的岗位设置是一种更加市场化、客户化的设置形式。其采用以为客户提供总体附加值（总体解决方案）为中心，把企业内部相关的各个岗位组合起来，形成团队进行工作。其最大特点是能迅速回应客户、满足客户的各种要求；同时，又能克服企业内部各部门、各岗位自我封闭、各自为政的毛病。对在岗者来说，在一个由各种技能、各个层次的人组合起来的团队中工作，不仅可以利用集体的力量比较容易地完成任务，而且可以从中相互学到许多新的东西，也能经常保持良好的精神状态。显然，这是一种比较理想的岗位设置形式。但是，这种形式对企业内部的管理、协调能力要求很高，否则容易出现混乱。目前基于团队的岗位设置的应用还不够普及，更多是在那些项目型的公司中应用，如软件设计、系统集成、咨询服务、中介服务、项目设计、工程施工等。这种岗位设置形式的人员确定往往也是采用根据客户要求特点进行组合的方式。

（三）定编定员的主要方法

1. 劳动效率定编法

劳动效率定编法是指根据生产任务和员工的劳动效率以及出勤等因素来计算岗位人数的方法。这实际上就是根据工作量和劳动定额来计算员工数量的方法。因此，凡是实行劳动定额的人员，特别是以手工操作为主的岗位，都适合用这种方法。

定编人数=计划期生产任务总量÷(员工劳动定额×出勤率)

定编人数=生产任务×时间定额÷(工作时间×出勤率)

示例 2-1：

某企业每年需生产某零件 565 890 个，年平均出勤率为 96%，求技术工人定编人数？

答案：(1) 如果以产量定额计算，每个技术工人的产量定额为 16 个/天。

定编人数=565 890 个÷[16 个/天×(365 天- 2 天休息/周×52 周- 11 天法定假)×0.96]= 147 (人)

(2) 如果以时间定额计算，加工每个产品需要 0.5 小时。

定编人数=565 890 个×单位产品的时间定额 0.5 小时÷[8 小时×(365-2×52-11 天)×0.96]=147 (人)

2. 业务数据分析法

业务数据包括销售收入、利润、市场占有率、人力成本等。业务数据分析法是根据企业的历史数据和战略目标，确定企业在未来一定时期内的岗位人数；根据企业的历史数据，将员工数据与业务数据进行回归分析，得到回归分析方程；根据企业短期、中期、长期业务发展目标数据，确定人员编制。

业务数据分析法流程图如图 2-7 所示：

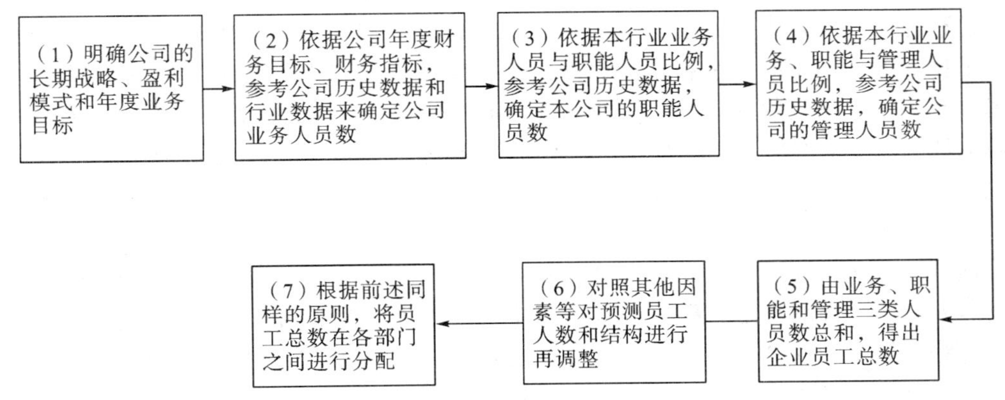

图 2-7　业务数据分析法流程图

示例 2-2：

假设某公司今年利润目标为 3 000 万元，公司业务人员总数为 24 人；历史数据业务管理人员与业务人员的比例为 1∶5.61，市场数据为 1∶4.98；业务人员与职能人员的比例 为 1∶5.23，市场数据为 1∶5.61；非管理人员与管理人员（有下属的员工）的比例为 1∶4.92，市场数据为 1∶5.83。该公司第二年利润目标预计要达到 5 000 万元，那么其人员需求量为多少？

答案：(1) 第二年业务员人数=5 000 万元÷125 万元=40 (人)

(2) 确定业务人员中管理人员的人数，历史数据业务管理人员与业务人员的比例为 1∶5.61，市场数据为 1∶4.98，则算出第二年业务管理人员的人数为 6 人 [40÷(1+5.61)]。

(3) 该公司的业务人员与职能人员的比例 为 1∶5.23，市场数据为 1∶5.47（如果市场数据较高，则取公司与市场数据的平均数），则算出第二年职能人员总数应为 214

人（该公司第二年业务人员人数为 40×5.35）。

（4）如果确定第二年该公司职能人员总数为 214 人（其中包括各级管理人员），该公司非管理人员与管理人员（有下属的员工）的比例为 1∶4.92，市场数据为 1∶5.83，则该公司定的比例为 1∶5.37［取二者平均值（4.92+5.83）÷2］，第二年管理人员总数应为 34 人［214÷(1+5.37)，包括班组长、工段长和各级主管、经理人］。

（5）计算可得该公司第二年人员需求量为 254 人（业务员数 40 人+职能人员 214 人）。

3. 本行业比例法

本行业比例法是指按照企业职工总数或某一类人员总数的比例来确定岗位人数的方法。在本行业中，由于专业化分工和协作的要求，某一类人员与另一类人员之间总是存在一定的比例关系，并且随着后者的变化而变化。该方法比较适合各种辅助和支持性岗位定员，如人力资源管理类人员与业务人员之间的比例在服务业一般为 1∶100。

其计算公式如下：

$$M=T\times R$$

其中，M 为某类人员总数，T 为服务对象人员总数，R 为定员比例。

4. 按组织机构、职责范围和业务分工定编的方法

这种方法一般是先确定组织机构和各职能科室，明确各项业务分工及职责范围以后，根据业务工作量的大小和复杂程度，结合管理人员和工程技术人员的工作能力和技术水平确定岗位人数的方法。管理人员的定编受到多种因素的影响，如本人的能力、下属的能力、受教育程度、工作的标准化程度和相似程度、工作的复杂程度、下属工作之间的关联程度以及环境因素等。

5. 预算控制法

预算控制法是通过人工成本预算控制在岗人数，而不是对某一部门内的某一岗位的具体人数做硬性的规定。部门负责人对本部门的业务目标和岗位设置和员工人数负责，在获得批准的预算范围内，自行决定各岗位的具体人数。由于企业的资源总是有限的，并且是与产出密切相关的，因此预算控制对企业各部门人数的扩展有着严格的约束。

第二节　工作分析与工作设计

一、工作分析的概念

工作分析是对组织中某个特定职务的设置目的、任务或职责、权力和隶属关系、工作条件和环境、任职资格等相关信息进行收集与分析，对该职务的工作做出明确的规定，并且确定完成该工作所需的行为、条件、人员的过程。

工作分析包括两部分活动：一是对组织内各职位所要从事的工作内容和承担的工作职责进行清晰的界定；二是确定各职位所需要的任职资格，如学历、专业、年龄、技能、工作经验、工作能力以及工作态度等。工作分析的结果一般体现为工作说明书。

二、工作分析的流程

工作分析是一项技术性很强的工作，需要进行周密的准备。同时，工作分析还需要具有与组织人事管理活动相匹配的科学的、合理的操作程序。

（一）准备阶段

由于工作分析人员在进行分析时，要与各工作现场或员工接触，因此工作分析人员应该先行在办公室内研究该工作的书面资料。同时，工作分析人员要协调好与工厂主管人员之间的合作关系，以免导致发生摩擦或误解。这一阶段主要应解决以下问题：

1. 建立工作分析小组

小组成员通常由分析专家构成。所谓分析专家，是指具有分析专长，并对组织结构及组织内各项工作有明确概念的人员。一旦小组成员确定之后，要赋予他们进行分析活动的权限，以保证分析工作的协调和顺利进行。

2. 明确工作分析的总目标、总任务

这要求根据总目标、总任务，对企业现状进行初步了解，掌握各种数据和资料。

3. 明确工作分析的目的

有了明确的目的，才能正确确定分析的范围、对象和内容，规定分析的方式、方法，并弄清应当收集什么资料、到哪儿去收集以及用什么方法去收集。

4. 明确分析对象

为保证分析结果的正确性，应该选择有代表性、典型性的工作。

5. 建立良好的工作关系

为了搞好工作分析，还应做好员工的心理准备工作，建立起友好的合作关系。

（二）计划阶段

分析人员为使研究工作迅速有效，应制订执行计划；同时，要求管理部门提供有关的信息。无论这些信息来源与种类如何，分析人员应将其予以编排，也可用图表方式表示。计划阶段包括以下几项内容：

1. 选择信息来源

信息来源的选择应注意如下事项：

（1）不同层次的信息提供者提供的信息存在不同程度的差别。

（2）工作分析人员应站在公正的角度听取不同的信息，不要事先存有偏见。

（3）使用各种职业信息文件时，要结合实际，不可照搬照抄。

2. 选择收集信息的方法和系统

信息收集的方法和分析信息适用的系统由工作分析人员根据企业的实际需要灵活运用。由于分析人员有了分析前的计划，对可省略和重复之处均已了解，因此可节省很多时间。但是分析人员必须切记，这种计划仅仅是预定性质的，以后必须将其和各单位实际情况相验证，才不至于导致错误。

（三）分析阶段

工作分析是收集、分析、综合组织某个工作有关的信息的过程。也就是说，该阶段包括信息的收集、分析、综合三个相关活动，是整个工作分析过程的核心部分。

工作分析的项目主要如下：

1. 工作名称

工作名称必须明确，使人看到工作名称，就可以大致了解工作内容。如果该工作已完成了工作评价，在工资上已有固定的等级，则名称上可加上等级。

2. 雇用人员数目

同一工作所雇用工作人员的数目和性别应予以纪录。若雇用人员数目经常变动，其变动范围应予以说明；若所雇人员是轮班使用，或分两个以上工作单位，也应分别说明，由此可了解工作的负荷量及人力配置情况。

3. 工作单位

工作单位是显示工作所在的单位及其上下左右的关系，也就是说明工作的组织位置。

4. 职责

所谓职责，就是这项工作的权限和责任有多大，主要包括以下几方面：

（1）对原材料和产品的职责；

（2）对机械设备的职责；

（3）对工作程序的职责；

（4）对其他人员的工作职责；

（5）对其他人员合作的职责；

（6）对其他人员安全的职责。

5. 工作知识

工作知识是为圆满完成某项工作，工作人员应具备的实际知识。这种知识应包括任用后为执行其工作任务所需获得的知识以及任用前已具备的知识。

6. 智力要求

智力要求是指在工作执行过程中所需运用的智力，包括判断、决策、警觉、主动、积极、反应、适应等。

7. 熟练与精确度

熟练与精确度因素适用于需用手工操作的工作，虽然熟练程度不能用量来衡量，但熟练与精确度关系密切，在很多情况下，工作的精确度可用允许的误差加以说明。

8. 机械设备工具

在从事工作时，所需使用的各种机械、设备、工具等，其名称、性能、用途，均应纪录。

9. 经验

工作是否需要经验，如需要，以何种经验为主，其程度如何。

10. 教育与训练

工作是否需要教育和培训的经历，如需要，其程度如何。

11. 身体要求

有些工作有必须站立、弯腰、半蹲、跪下、旋转等消耗体力的要求，应加以记录并进行具体说明。

12. 工作环境

工作环境包括室内、室外、湿度、宽窄、温度、震动、油渍、噪声、光度、灰尘、突变等，各有关项目都需要进行具体的说明。

13. 与其他工作的关系

这表明该工作与同机构中其他工作的关系，由此可表示工作升迁及调职的关系。

14. 工作时间与轮班

一项工作的时间、工作的天数、轮班的次数都是雇用时的重要信息，均应予以说明。

15. 工作人员特性

工作人员特性是指执行工作的主要能力，包括手、指、腿、臂的力量及灵巧程度以及感觉辨别能力、记忆、计算及表达能力。

16. 选任方法

一项工作，应用何种选任方法，也应加以说明。

总之，工作分析的项目很多，凡是一切与工作有关的资料均在分析的范围之内，分析人员可视不同的目的，全部予以分析，也可选择其中必要的项目予以分析。

（四）描述阶段

仅仅研究分析一组工作，并未完成工作分析，分析人员必须将获得的信息予以整理并写出报告。通常，工作分析获得的信息以下列方式整理：

1. 文字说明

文字说明是指在深入分析和总结的基础上，编制工作说明书和工作规范，列举工作名称、工作内容、工作设备与材料、工作环境以及工作条件等。

2. 工作列表及问卷

工作列表是把工作加以分析，以工作的内容及活动分项排列，由实际从事工作的人员加以评判或填写分析所需时间、发生次数以及已了解工作内容。列表或问卷只是处理形式不同而已。

3. 活动分析

活动分析实质上就是作业分析，通常是把工作的活动按工作系统与作业顺序一一列举，然后根据每一作业进一步加以详细分析。活动分析多以观察与面谈的方法对现有工作加以分析，所有的资料作为教育及训练的参考。

工作分析报告的编排应该根据分析的目的加以选择，以间断清晰的字句，撰成说明式的报告初稿，送交有关主管和分管人员，获取补充建议后，再予以修正定稿。

（五）运用阶段

此阶段是对工作分析的验证，只有通过实际的检验，工作分析才具有可行性和有效性，才能不断适应外部环境的变化，从而不断地完善工作分析的运行程序。组织的生产经营活动是不断变化的，这些变化会直接或间接地引起组织分工协作体制发生相应调整，从而也相应地引起工作的变化。因此，一项工作要有成效，就必须因人制宜地做些改变。工作分析文件的适用性只有通过反馈才能得到确认，并根据反馈修改其中不适应的部分。因此，工作分析的结果不是一成不变的，需要随着组织发展不断修正和完善。

三、工作分析的主要方法

（一）访谈法

访谈法又称面谈法，是一种应用最为广泛的职务分析方法。访谈法是指工作分析人员就某一职务或职位面对面地询问任职者、主管、专家等人对工作的意见和看法。在一般情况下，应用访谈法时可以以标准化访谈格式记录，目的是便于控制访谈内容及对同一职务不同任职者的回答进行相互比较。

访谈法的优点如下：

（1）可以结合工作者的工作态度与工作动机等较深层次的内容有比较详细的了解。

（2）运用面广，能够简单而迅速地收集多方面的工作资料。

（3）使工作分析人员了解到短期内直接观察法不容易发现的情况，有助于管理者发现问题。

（4）为任职者解释工作分析的必要性及功能。

（5）有助于与员工沟通，缓解工作压力。

访谈法的缺点如下：

（1）访谈法要专门的技巧，需要受过专门训练的工作分析专业人员。

（2）比较费精力费时间，工作成本较高。

（3）收集的信息往往已经扭曲和失真。

（4）访谈法易被员工认为是其工作业绩考核或薪酬调整的依据，因此他们会故意夸大或弱化某些职责。

访谈法广泛运用于以确定工作任务和责任为目的的情况。访谈的内容主要是得到任职者以下四个方面的信息：

（1）工作目标：组织为什么设置这个工作岗位，并根据什么给予报酬。

（2）工作的范围与性质（面谈的内容）：工作在组织中的关系，所需的一般技术知识、管理知识和人际关系知识，需要解决问题的性质及自主权，工作在多大范围内进行，员工行为的最终结果如何度量。

（3）工作内容：任职者在组织中发挥多大作用，其行动对组织的影响有多大。

（4）工作的责任：涉及组织战略决策、执行等方面的情况，另外要注意访谈的典型提问方式。

示例 2-3：

工作分析的访谈问题样本

1. 请问您的姓名、职务、职务编号是什么？
2. 请问您在哪个部门任职？直接上级主管是谁？部门经理是谁？
3. 您所在岗位的目标是什么？
4. 您工作的主要职责是什么？请列举 1~2 个实例。
5. 请问您工作中遇到的最大挑战是什么？有其他人员的协助吗？
6. 您工作中哪些方面容易出错？错误产生的原因主要是什么？对其他工作有什么影响？
7. 任职岗位的任职资格要求大致有哪些？比如教育背景、工作经验等。

8. 您工作中需要和哪些部门的人员接触？

9. 企业经常从哪些方面对您的工作绩效进行考核？您认为从这些方面来考核是否合理，有无改进的建议。

10. 请描述一下您工作的环境，有什么需要改善的吗？

11. 您工作中需要哪些设备来开展工作，使用频率高吗？

12. 您工作中有什么不安全的因素吗？

13. 如果一位新员工担任此职位，您觉得他大概需要多长时间才能适应？

14. 如果企业进行培训，您觉得该岗位需要补充哪方面的知识或者提升哪方面的技能？

（二）问卷调查法

问卷调查法是工作分析中最常用的一种方法。具体来说，有关人员事先设计出一套职务分析的问卷，再由员工来填写问卷，也可由工作分析人员填写问卷，最后分析人员将问卷加以归纳分析，做好详细记录，并据此写出工作职务描述。

问卷法的优点如下：

（1）费用低，速度快，节省时间，可以在工作之余填写，不会影响正常工作。

（2）调查范围广，可用于多种目的、多样用途的职务分析。

（3）调查样本量很大，适用于需要对很多工作者进行调查的情况。

（4）调查的资源可以量化，由计算机进行数据处理。

问卷法的缺点如下：

（1）设计理想的调查问卷要花费较多时间，人力、物力、费用成本高。

（2）在问卷使用前，应进行测试，以了解员工对问卷中所提问题的理解程度，为避免误解，还经常需要工作分析人员亲自解释和说明，这降低了工作效率。

（3）填写调查问卷是由被调查者单独进行，缺少交流和沟通，因此被调查者可能不积极配合、不认真填写，从而影响调查的质量。

使用调查问卷还要注意以下事项：

（1）使用调查问卷的人员，一定要受过工作分析的专业训练。

（2）对一般企业来说，尤其是小企业，不必使用标准化的问卷，因为成本太高，可考虑使用定性分析法或开放式问卷。

（3）在调查时，对调查表中的调查项目应进行必要的说明和解释。

（4）及时回收调查表，以免遗失。

（5）对调查表提供的信息认真鉴定，结合实际情况，做出必要的调整。

（三）观察法

观察法是指研究者根据一定的研究目的、研究提纲或观察表，用自己的感官和辅助工具去直接观察被研究对象，从而获得资料的一种方法。科学的观察具有目的性和计划性、系统性和可重复性。

使用观察法时应注意以下原则：

（1）全方位原则。在运用观察法进行社会调查时，应尽量从多方面、多角度、不同层次进行观察，收集资料。

（2）求实原则。观察者必须注意下列要求：

①密切注意各种细节，详细做好观察记录；

②确定范围，不遗漏偶然事件；

③积极开动脑筋，加强与理论的联系。

（3）必须遵守法律和道德原则。

观察法的优点如下：

（1）它能通过观察直接获得资料，不需其他中间环节，因此观察的资料比较真实。

（2）在自然状态下的观察，能获得生动的资料。

（3）观察具有及时性的优点，能捕捉到正在发生的现象。

（4）观察能收集到一些无法言表的材料。

观察法的缺点如下：

（1）受时间的限制。某些事件的发生是有一定时间限制的，过了这段时间就不会再发生。

（2）受观察对象的限制。例如，研究青少年犯罪问题，有些团伙一般不会让别人观察。

（3）受观察者本身的限制。一方面，人的感官都有生理限制，超出这个限度就很难直接观察；另一方面，观察结果也会受到主观意识的影响。

（4）观察者只能观察外表现象和某些物质结构，不能直接观察到事物的本质和人们的思想意识。

（5）观察法不适用于大面积调查。

观察法可以与访谈法、问卷调查法结合起来运用，具体步骤如下：

（1）初步了解工作信息。工作分析人员要检查现有文件，形成对工作的总体概念，如工作使命、主要任务和作用、工作流程；准备一个初步清单，作为面谈的框架；为在数据收集过程中涉及还不清楚的主要项目做一个注释。

（2）进行面谈。工作分析人员最好是首先选择一个主管或有经验的员工对其进行面谈，因为他们最了解工作的整体情况以及各项任务的配合情况，要确保选择的面谈对象具有代表性。

（3）合并工作信息。工作信息的合并是把以下各种信息合并为一个综合的工作描述：主管、工作者、现场观察者以及有关工作的书面资料。在合并阶段，工作分析人员应该可以随时获得补充材料。工作分析人员要检查最初的任务或问题清单，确保每一项都已得到答案或确认。

（4）核实工作描述。核实阶段，工作分析人员要把所有面谈对象召集在一起，目的是确定在信息合并阶段得到的工作描述的完整性和精确性。核实工作应该以小组的形式进行，工作分析人员把工作描述分发给主管和工作的承担者。工作分析人员要逐句地检查整个工作描述，并在遗漏和含糊的地方做标记。

（四）工作日记法

工作日记法是由任职者按时间顺序，详细记录自己在一段时间内的工作内容与工作过程，经过归纳、分析，达到工作分析的目的的一种工作分析方法。

工作日记法的主要特点如下：

（1）详尽性。工作日记是在完成工作以后逐日及时记录的，具有详尽性的优点。

（2）可靠性。通过工作日记法获得的工作信息可靠性很高，往往适用于确定有关工作职责、工作内容、工作关系、劳动强度方面的信息。

（3）失真性。工作日记是由工作任职者自行填写的，信息失真的可能性较大，任职者可能更注重工作过程，而对工作结果的关心程度不够。运用这种方法进行工作分析对任职者的要求较高，任职者必须完全了解工作的职务情况和要求。

（4）繁琐性。这种方法的信息整理工作量大，归纳工作繁琐。

工作日记法的优点如下：

（1）信息可靠性强，适于确定有关工作职责、工作内容、工作关系、劳动强度等方面的信息。

（2）工作日记法所需费用较低。

（3）工作日记法对于高水平与复杂性工作的分析比较经济有效。

工作日记法的缺点如下：

（1）工作日记法将注意力集中于活动过程，而不是结果。

（2）使用这种方法必须要求从事这一工作的人对此项工作的情况与要求最清楚。

（3）工作日记法适用范围较小，只适用于工作循环周期较短、工作状态稳定的职位。

（4）信息整理的工作量大，归纳工作繁琐。

（5）工作执行人员在填写日记时，会因为不认真而遗漏很多工作内容，从而影响分析结果，在一定程度上填写日志会影响正常工作。

（6）若由第三者填写日记，人力投入量就会很大，不适合分析大量的职务。

（7）存在误差，需要对记录分析结果进行必要的检查。

（五）工作参与法

工作参与法是工作分析人员亲自参加工作活动，体验工作的整个过程，从中可以获得工作分析的资料。工作分析人员要想对某一工作有一个深刻的了解，最好的方法就是亲自去实践，即通过实地考察，可以细致和深入地体验、了解、分析某项工作的心理因素及工作所需的各种心理品质和行为模型。因此，从获得工作分析资料的质量方面而言，这种方法比前几种方法效果好。工作分析人员亲自体验，获得信息真实，但只适用于短期内可掌握的工作，不适用于需要进行大量的训练或有危险性工作的分析。

（六）关键事件法

关键事件法是指确定关键的工作任务以获得工作上的成功。关键事件是使工作成功或失败的行为特征或事件。关键事件法要求分析人员、管理人员、本岗位人员将工作过程中的关键事件详细地加以记录，并在大量收集信息后，对岗位的特征和要求进行分析研究的方法。

关键事件法是一种常用的行为定向方法。这种方法要求管理人员、员工以及其他熟悉工作职务的人员记录工作行为中的关键事件，即使工作成功或者失败的行为特征或事件。在大量收集关键事件以后，可以对它们做出分析，并总结出职务的关键特征和行为要求。关键事件法直接描述工作中的具体活动，可提示工作的动态性，既能获得有关职务的静态信息，也可以了解职务的动态特点，适用于大部分工作。但关键事件法归纳事例需要耗费大量时间，易遗漏一些不显著的工作行为，难以把握整个工作实体。

关键事件法研究的焦点集中在职务行为上，因为该行为是可观察的、可测量的。同时，通过这种职务分析可以确定行为的任何可能的利益和作用。

关键事件法的优点如下：

（1）为向下属人员解释绩效评价结果提供了一些确切的事实证据。

（2）确保在对下属人员的绩效进行考察时，所依据的是员工在整个年度中的表现（因为这些关键事件肯定是在一年中累积下来的），而不是员工在最近一段时间的表现。

（3）保存一种动态的关键事件记录还可以获得一份关于下属员工是通过何种途径消除不良绩效的具体实例。

关键事件法的缺点如下：

（1）费时。关键事件法需要花大量的时间去收集那些关键事件，并加以概括和分类。

（2）关键事件的定义是显著的对工作绩效有效或无效的事件，而这就遗漏了平均绩效水平。对工作来说，最重要的一点就是要描述“平均”的职务绩效。关键事件法对中等绩效的员工就难以涉及，使得全面的职务分析工作就不能完成。

（3）关键事件法不可单独作为考核工具，必须跟其他方法搭配使用，效果才会更好。

不同工作分析方法的利弊不同，人力资源管理者在进行具体的工作分析时除要根据工作分析方法本身的优缺点来选取外，还要根据工作分析的目的、工作分析的对象来选择不同的方法。

四、工作说明书的编写

（一）工作说明书的概念

工作说明书是指对岗位工作的性质、任务、责任、环境、处理方法以及对岗位工作人员的资格条件的要求所做的书面记录。工作说明书是根据岗位分析的各种调查资料，加以整理、分析、判断所得出的结论，编写成的一种文件，是岗位工作分析的结果。

工作说明书的外在形式是根据一项工作编制一份书面材料，可用表格显示，也可用文字叙述。编制工作说明书的目的是为企业的招聘录用、工作分派、签订劳动合同以及职业指导等现代企业管理业务提供原始资料和科学依据。

工作说明书一般由人力资源部门统一归档管理。然而，工作说明书的编写并不是一劳永逸的工作。实际中，企业组织系统内经常出现职位增加、撤消的情况，更常见的情形便是岗位的某项工作职责和内容的变动，甚至于每一次工作信息的变动，都应该及时记录在案，并迅速反映到工作说明书的调整之中。在遇到工作说明书要加以调整的情况下，一般由岗位所在部门的负责人向人力资源部门提出申请，并填写标准的工作说明书修改表，由人力资源部门进行信息收集，并对职位说明书做出相应的修改。

（二）工作说明书的内容

在实际工作当中，随着公司规模的不断扩大，工作说明书在制定之后，有必要在一定的时间内进行一定程度的修正和补充，以便与公司的实际发展状况保持同步。工作说明书的基本格式也要因不同的情况而异，但是大多数情况下，工作说明书应该包括以下主要内容：

1. 工作标识

工作标识包括工作的名称、编号、工作所属部门或班组、工作地位、工作说明书的编写日期和编写人与审核人以及文件确认时间等项目。

2. 工作综述

工作综述是指描述工作的总体性质，即列出主要工作的特征以及主要工作范围，应尽量避免在工作综述中出现笼统的描述，如执行需要完成的其他任务。虽然这样的描述可以为主管人员分派工作提供更大的灵活度，但实际上，一项经常可以看到的工作内容而不被明确且清晰地写入工作说明书，只是用“所分配的其他任务”一类的文字来概括，就很容易为回避责任找到一种托辞。

3. 工作活动和程序

工作活动和程序包括要完成的工作任务、职位责任、使用的工具以及机器设备、工作流程、与其他人的联系、接受的监督以及实施的监督等。

4. 工作条件与物理环境

工作条件与物理环境是指要简要地列出有关的工作条件，包括工作地点的温度、湿度、光线、噪声程度、安全条件、地理位置等。

5. 工作权限

工作权限包括工作人员决策的权限和行政人事权限、对其他人员实施监督权以及审批财务经费和预算的权限等。

6. 工作的绩效标准

工作说明书中还需要包括有关绩效标准的内容，即完成某些任务或工作量所要达到的标准。这部分内容说明企业期望员工在执行工作说明书中的每一项任务时所达到的标准或要求。例如，要确定绩效标准，只要把下面的话补充完整就可以了：“如果你做到________，我会对你的工作很满意。”对于工作说明书中的每一职责和任务都能按照这句话指引叙述完整，自然就会形成一套较完整的绩效标准。

7. 任职资格要求

任职资格要求主要需要说明担任此职务的人员应具备的基本资格和条件。其主要内容如下：

（1）一般要求，包括年龄、性别、学历、工作经验。

（2）身体要求，包括健康状况、力量与体力、运动的灵活性、感觉器官的灵敏度。

（3）心理要求，包括观察能力、学习能力、解决问题的能力、语言表达能力、人际交往能力、性格特点、品格气质、兴趣爱好等。

8. 内外软性环境

内外软性环境包括工作团队中的人数、完成工作所要求的人际交往的程度、各部门之间的关系、工作现场内外的文化设施、社会习俗等。

（三）工作说明书的编写要求

工作说明书在组织管理中的地位极为重要，是人力资源部门与相关用人部门招聘人员和考核的重要决策和参考依据。一份实用性较强的工作说明书应符合下列要求：

1. 清晰明白

在编写工作说明书时，对于工作的描述必须清晰透彻，让任职人员读过以后，可以准确地明白其工作内容、工作程序与工作要求等，无须再询问他人或查看其他说明材料。工作说明书应避免使用原则性的评价，同时对较专业且难懂的词汇必须解释清楚，以免在理解上产生误差。这样做的目的是为了使用工作说明书的人能够清楚地理解这些职责。

2. 具体细致

在说明工作的种类、复杂程度、任职者必须具备的技能、任职者对工作各方面应负责任等问题时，用词应尽量选用一些具体的动词，尽量使用能够表达准确的语言。例如，运用“安装”“加工”“设计”等词汇，避免使用笼统含糊的语言。如果在一个岗位的职责描述上，使用了“处理文件”这样的词句，显然存在含混不清的问题，“处理”究竟是什么意思呢？需要仔细区分到底是对文件进行分类，还是进行分发。

3. 简明扼要

整个工作说明书必须简明扼要，以免由于过于复杂、庞大，不便于记忆。在描述一个岗位的职责时，应该选取主要的职责进行描述，一般不超过10项为宜，对于兼顾的职责可进行必要的补充或说明。

五、工作设计

（一）工作设计的概念

工作设计又称岗位设计，是指根据组织需要，并兼顾个人的需要，规定每个岗位的任务、责任、权力以及在组织中与其他岗位关系的过程。工作设计是把工作的内容、工作的资格条件和报酬结合起来，目的是满足员工和组织的需要。工作设计问题主要是组织向其员工分配工作任务和职责的方式问题，工作设计是否得当对于激发员工的积极性、增强员工的满意感以及提高工作绩效都有重大影响。

（二）工作设计的内容

工作设计的主要内容包括工作内容、工作职责和工作关系的设计三个方面。

1. 工作内容

工作内容的设计是工作设计的重点，一般包括工作的广度、工作的深度、工作的完善性、工作的自主性以及工作的反馈五个方面：

（1）工作的广度，即工作的多样性。工作设计得过于单一，员工容易感到枯燥和厌烦，因此设计工作时，应尽量使工作多样化，使员工在完成任务的过程中能进行不同的活动，保持工作的兴趣。

（2）工作的深度。设计的工作应具有从易到难一定的层次性，对员工工作的技能提出不同程度的要求，从而增加工作的挑战性，激发员工的创造力和克服困难的能力。

（3）工作的完整性。保证工作的完整性能使员工有成就感，即使是流水作业中的一个简单程序，也应是全过程，让员工见到自己的工作成果，感受到自己工作的意义。

（4）工作的自主性。适当的自主权力能增加员工的工作责任感，使员工感到自己受到了信任和重视，认识到自己工作的重要性，使员工工作的责任心增强，工作的热情提高。

（5）工作的反馈。工作的反馈包括两方面的信息：一是同事及上级对自己工作意见的反馈，如对自己工作能力、工作态度的评价等；二是工作本身的反馈，如工作的质量、数量、效率等。工作的反馈使员工对自己的工作效果有较为全面的认识，能正确引导和激励员工，有利于员工工作的精益求精。

2. 工作职责

工作职责的设计主要包括工作责任、工作权力、工作方法以及工作中的相互沟通和协作等方面。

（1）工作责任。工作责任设计就是员工在工作中应承担的职责及压力范围的界定，也就是工作负荷的设定。责任的界定要适度，工作负荷过低，无压力会导致员工行为轻率和低效；工作负荷过高，压力过大又会影响员工的身心健康，导致员工的抱怨和抵触。

（2）工作权力。权力与责任是对应的，责任越大，权力范围越广，如若二者脱节，则会影响员工的工作积极性。

（3）工作方法。工作方法设计包括领导对下级的工作方法、组织和个人的工作方法的设计等。工作方法设计具有灵活性和多样性，不同性质的工作根据其工作特点的不同采取的具体方法也不同，不能千篇一律。

（4）相互沟通。沟通是一个信息交流的过程，是整个工作流程顺利进行的信息基础，包括垂直沟通、平行沟通、斜向沟通等形式。

（5）协作。整个组织是有机联系的整体，是由若干个相互联系、相互制约的环节构成的，每个环节的变化都会影响其他环节以及整个组织的运行，因此各环节之间必须相互合作、相互制约。

3. 工作关系

组织中的工作关系表现为协作关系、监督关系等。

通过以上三个方面的工作设计，为组织的人力资源管理提供了依据，保证事（岗位）得其人，人尽其才，人事相宜；优化了人力资源配置，为员工创造更能够发挥自身能力、提高工作效率、提供有效管理的环境保障。

（三）工作设计的主要方法

1. 工作专业化

工作专业化是指一个人工作任务范围的宽窄和所需技能的多少。工作专业化程度越高，所包含工作任务的范围就越窄，重复性就越强。因此，一种观点认为，工作专业化程度越高效率越高。但是工作专业化程度高，意味着所需的工作技能范围比较窄，要求也不高。反过来，工作专业化程度低，意味着工作任务的范围比较宽，变化较多，从而也需要有多种技能来完成这些工作。

工作专业化程度高的优点在于：首先，工作人员只需较少的时间就可以掌握工作方法和步骤，工作速度较快，产出较高；其次，其对工作人员的技能和受教育程度的要求较低，因此人员来源充分，工资水平也不高。

工作专业化程度高也有一定的缺陷：首先，工作任务的细分化不容易做得完美，从而会导致工作的不平衡，工作人员忙闲不均；其次，由于工作环节增多，不同环节之间要求有更多的协作，物流、信息流都较复杂；最后，工作的重复性容易导致效率低下、质量降低等不利的行为结果。

因此，看待工作专业化问题需要具体情况具体分析。对于某些企业、某些工作，工作专业化程度较高是有利的，而对于另外一些企业和工作，可能就相反。在大多数以产品对象专业化为生产组织方式的企业里，高度工作专业化往往可以取得较好的效果。例如，大量生产方式（汽车、家电）中，装配线上的工作就适应这种高度工作专业化；反过来，对于主要进行多品种小批量生产的企业来说，工作专业化程度应低一些才能有较强的适应性。

阅读案例2-3

沃尔沃汽车公司有4个汽车装配厂，其中一个工厂的装配线采取了这样一种工作方法，即将8~10名工人组成一组，负责总车的装配。在这样的一个小组内，每个工人对于装配线上每道工序的工作都可以胜任，3小时换一次工作内容。这样的一个工作小组，一天可装配4辆整车。而传统的装配线的工作方法是每人只负责一道工序，该工序的工作也许只用1~2分钟就可完成，每天大量地重复同样的工作。该工厂采用这种小组工作方式以后，出现的几个明显结果是质量提高、效率提高（装配一辆整车所需的时间减少）、缺勤率明显降低（从20%降到8%）。

2. 工作轮换

工作轮换属于工作设计的内容之一，是指在组织的不同部门或在某一部门内部调动雇员的工作。工作轮换的目的在于让员工积累更多的工作经验。工作轮换法是为减轻对工作的厌烦感而把员工从一个岗位换到另一个岗位。这样做有几个好处：一是能使员工比日复一日地重复同样的工作更能对工作保持兴趣；二是为员工提供了一个个人行为适应总体工作流的前景；三是使员工个人增加了对自己的最终成果的认识；四是使员工从原先只能做一项工作的专业人员转变为能做许多工作的多面手。工作轮换并不改变工作设计本身，而只是使员工定期从一个工作岗位转到另一个工作岗位，这样使得员工具有更强的适应能力。员工到一个新的工作岗位，往往具有新鲜感，能激励员工做出更大的努力。日本的企业广泛实行工作轮换，对于管理人员的培养发挥了很大的作用。

阅读案例2-4

国际知名的大企业的工作轮换均已制度化、常态化，成为其人力资源管理的宝典。在摩托罗拉公司，人力资源、行政、培训、采购等非生产部门的员工多数具备生产管理经验，这样不但有利于更好地为生产服务，也有利于管理人员全面掌握公司的情况。在国际商业机器公司（IBM），定期或不定期的轮岗已经成为企业文化的一部分。其“2-2-3”规则，即在一个职位上工作2年，上一年的绩效考核是2（良好）以上，用3个月时间处理完原职位的遗留事务之后，就可以轮岗。经过工作轮换，绝大多数人都将被培养成为能力较全面的复合型管理人才。在丰田公司，各级管理人员每5年调换一次工作，每年的调换的幅度一般为5%左右。在索尼公司，每周出版一次的内部小报经常刊登各部门的“求人广告”，职员们可以自由而且秘密地前去应聘。这种内部跳槽式的人才流动为人才提供了一种可持续发展的机遇。

由此可见，工作轮换的根本特点即在“动中求变”，印证了来百姓常说的“树挪死，人挪活”的道理。

3. 工作扩大化

工作扩大化的途径主要有两个，即纵向工作装载和横向工作装载。装载是指将某种任务和要求纳入工作职位的结构中。以纵向工作装载来扩大一个工作职位是指增加需要更多责任、更多权利、更多裁量权或更多自主权的任务或职责。横向工作装载是指增加属于同阶层责任的工作内容以及增加目前包含在工作职位中的权力。

工作横向扩大化的做法是扩展一项工作包括的任务和职责，但是这些工作与员工以前承担的工作内容非常相似，只是一种工作内容在水平方向上的扩展，不需要员工具备新的技能，因此并没有改变员工工作的枯燥和单调。工作纵向扩大化是使员工有更多的工作可做，通常这种新工作同员工原先所做的工作非常相似。这种工作设计产生高效率是因为避免了不必要地把产品从一个人手中传给另一个人手中，从而节约了时间。此外，由于员工完成的是整个产品，而不是单单从事某一项工作，这样员工在心理上也可以得到安慰。

一些研究者表示，工作扩大化的主要好处是增加了员工的工作满意度和提高了工作质量。国际商业机器公司声称工作扩大化导致工资支出和设备检查的增加，但因质量改进，职工满意度提高而抵消了这些费用。美国梅泰格（Maytag）公司声称通过实行工作扩大化提高了产品质量，降低了劳务成本，工人满意度提高，生产管理变得更有灵活性。

4. 工作丰富化

工作丰富化是指在工作中赋予员工更多的责任、自主权和控制权。工作丰富化与工作扩大化、工作轮换不同，它不是横向增加员工工作的内容，而是垂直地增加工作内容。这样会让员工承担更多的任务、更大的责任，同时员工有更大的自主权和更高程度的自我管理，还有对工作绩效的反馈。工作丰富化的理论基础是赫茨伯格的双因素理论。它鼓励员工参加对其工作的再设计，这对组织和员工都有益。工作设计中，员工可以提出对工作进行某种改变的建议，以使他们的工作更让人满意，但是他们还必须说明这些改变是如何更有利于实现整体目标的。运用这一方法，可使每个员工的贡献都得到认可，而与此同时，这也强调了组织使命的有效完成。工作丰富化与工作扩大化的根本区别在于，后者是扩大工作的范围，而前者是工作的深化，以改变工作的内容。

工作丰富化的核心是体现激励因素的作用，因此实现工作丰富化的条件包括以下几个方面：

（1）增加员工责任。增加员工责任不仅要增加员工生产的责任，还要增加员工控制产品质量和保持生产的计划性、连续性、节奏性的责任，使员工感到自己有责任完成一项完整工作的一个小小的组成部分。同时，增加员工责任意味着降低管理控制程度。

（2）赋予员工一定的工作自主权和自由度，给员工充分表现自己的机会。员工感到工作的成败依靠他的努力和控制，从而认为与其个人职责息息相关时，工作对员工就有了重要的意义。实现这一良好工作心理状态的主要方法是给予员工工作自主权。同时，工作自主权的大小也是人们选择职业的一个重要考虑因素。

（3）反馈，即将有关员工工作绩效的数据及时地反馈给员工。了解个人工作绩效是形成工作满足感的重要因素，如果一个员工看不到自己的劳动成果，就很难得到较高层次的满足感。反馈可以来自工作本身，也可以来自管理者、同事或顾客等。例如，销售人员可以从设备的正常运转以及生产管理人员和设备操作人员那里得到反馈。

（4）考核，即报酬与奖励要决取员工实现工作目标的程度。

（5）培训，即要为员工提供学习的机会，以满足员工成长和发展的需要。

（6）成就，即通过提高员工的责任心和决策的自主权，来提高其工作的成就感。

工作丰富化的工作设计方法与常规性、单一性的工作设计方法相比，虽然要增加一定的培训费用、更高的工资以及完善或扩充工作设施的费用，但却提高了对员工的激励和员工的工作满意程度，进而对员工生产效率与产品质量的提高以及降低员工离职率和缺勤率带来积极的影响。企业培训费用的支出本身就是对提高人力资源素质的一种不可缺少的投资。

阅读案例2-5

美国电话电报公司（AT&T）的设备租赁业务最早是交由一家银行去做的，该银行采用一种工作专业化程度较高的方式，把业务分成三个部分：一是处理租赁申请书和审查信用度；二是负责签订租赁合同；三是处理款项支付业务。这三个部分的业务分别在三个不同的部门开展。在这种情况下，没有一个部门或一个职员为整项完整业务负责，他们也看不到他们这部分工作对整项业务的意义，因此效率低下，平均每项租赁业务的处理时间（即制定最后决策）需要5~6天。

为了改变这种情况，美国电话电报公司成立了一个租赁公司，这个租赁公司改工作方式为团队工作方式，将员工划分为10~15人的小组，每个小组都负责包括上述三个部分的完整工作，小组内每个成员都有权利处理一项完整业务、解决一个完整的问题。他们有这样一个口号：“谁接电话谁负责（Who ever get the call owns the problem）。”这是对他们工作的最简要描述。采用这种方式后，效率提高了几乎一倍，制定一项决策所需的周期缩短为1~2天，其年利润额也增加了40%~50%。

5. 工作时空弹性化

工作时空弹性化是为了满足员工需求对工作在时间和空间两个维度上重新进行设计。相比于传统的刚性工作时间和工作地点，工作时空弹性化使工作时间和工作地点的组合策略更加灵活多样。几种常见的策略包括压缩工作周、弹性工作制、远程办公、任务分担等。因为受到生活习惯和生物钟的影响，每个员工工作效率最高的时间段可能因人而异，采用时空弹性化的方法可以使员工将工作时间调整到自己效率最高的时间段，同时员工也可以调整工作地点使工作和生活更加和谐。

在应用工作时空弹性化方法的同时，存在考勤与培训难度加大的问题，这要求组织根据自己的实际情况决定是否采用此方法，如若采用则要有完善的配套措施。此外，强调团队合作工作模式的组织不适用于此方法。

阅读案例2-6

在欧美国家，超过40%的大公司采用了弹性工作制，其中包括施乐公司、惠普公司等著名的大公司；在日本，日立制造所、富士重工业公司、三菱电机公司等大型企业也都不同程度地进行了类似的改革。在我国，也涌现出越来越多试行该种制度的企业。

2013年9月8日，韩国雇佣劳动部发布的为实现就业率70%目标的核心课题及具体规划显示，韩国中央政府和地方政府从2014年起实施“5小时弹性工作制”，让员工灵活安排工作时间。按照该规划，政府将听取舆论意见后，从2014年起全面实施“2人5小时弹性工作制”，而韩国大多数工作单位仅实施“1人8小时全日工作制”。该规划规定，即使员工选择“5小时弹性工作制”，也在工资、晋升等方面与选择“全日工作制”的员工享有同等待遇。为了普及弹性工作制度，韩国政府将与三星公司、浦项制铁公司等30家大企业进行合作，积极引导民间企业参与，还将向实施弹性工作制的企业提供减免税金等各种优惠。韩国政府还将制定弹性工作制员工的保护及就业促进法，并建立支援中心，以保护选择弹性工作制的员工。

6. 工作团队

组织的外部环境具有动态性和复杂性等特征，而工作团队能够快速响应外界变化，及时做出调整，这种工作设计方法已渐渐成为当前主要趋势。采用较多的工作团队类型主要包括跨职能型团队、问题解决型团队、自我管理型团队和虚拟型团队。这种方法的最大特点是对工作形式进行了变革。当一项工作需要多种技能和经验的配合才能较好地完成时，工作团队无疑是最佳选择。但这种方法也存在一定的问题，容易造成权责不清、出现问题不易追责、团队成员之间互相推脱的可能性。

阅读案例2-8

诺基亚如何建设优秀团队

诺基亚公司曾是移动电话市场的领导厂商之一，1996—2011年，在市场竞争日益激烈的情况下，诺基亚公司的移动电话增长率持续高于市场增长率。从1998年起，诺基业公司就位居全球手机销售龙头，高峰时占有全球1/3的市场，几乎是位居第二的竞争对手的市场份额的两倍。高峰时，诺基亚公司在中国的投资超过116亿元，建立了8个合资企业、20多个办事处和2个研发中心，拥有员工超过5 500人。作为这样一家拥有如此庞大员工和机构的企业，诺基亚公司的竞争优势除来自对高科技的大量投入外，还在于其大胆实践领导力变革。诺基亚公司究竟是如何建设一支优秀的团队，来保证其实现并保持全球手机销售领先者的目标呢？

1. 开放沟通，由下而上开发领导力

有效的领导力和管理团队建设被视为企业成长、变革和再生的最关键因素之一。领导力是一种能够激发团队成员的热情与想象力，一起全力以赴，共同完成明确目标的能力。领导者总是激励人们获取他们自己认为能力之外的目标，取得他们认为不可能的成绩。在诺基亚公司，并非只有顶着经理头衔的领导才需要具备领导能力，领导能力是每个员工通过日常工作与生活经验的培养积累而得的。这样做的目的是让每一个人都是主动者，是他自己的领导。

优秀的企业都高度重视培养员工的工作能力与团队精神。诺基亚公司每年花在培训方面的费用超过190亿元——约为其全球净销售额的5.8%。根据员工的特殊需要进行教育培训，可以让员工看到自己有机会学习和成长，那么员工对组织的责任感就会加强，员工的热情就会产生。

诺基亚公司的领导特色首先体现在鼓励平民化的敞开沟通政策，强调开放的沟通、互相尊重、使团队内每一位成员感觉到自己在公司的重要性。

诺基亚公司的高层领导人率先垂范，努力倡导企业的平等文化。比如诺基亚公司原董事长兼首席执行官约玛·奥利拉（Jorma Ollila）每次到中国访问，从不前呼后拥，这远远胜过说教，充分体现了诺基亚公司的平等文化。

据介绍，诺基亚公司在组织架构上，不是上下级等级森严，而是很平等，有问题可以越级沟通。诺基亚公司有许多具体制度来保证下情上传，下面的意见不会被过滤掉。在这方面，诺基亚公司的具体做法如下：

第一，诺基亚公司每年请第三方公司开展一次员工意见调查，听取员工对自己的工作和公司发展的看法，并和上年的情况做比较，看在哪些方面需要进行改进。

第二，诺基亚公司每年有两次非常正式的讨论，经理和员工之间讨论以前的表现、今后的目标，除了评估员工的表现，也是彼此沟通的途径。

第三，诺基亚公司在全球设有一个网站，员工可以匿名发表任何意见，员工甚至可以直接发给大老板，下属的建议只要合理就会被接受。

除了建立正式的开放沟通渠道之外，诺基亚公司的管理层也会利用适当的时机与员工沟通。例如，诺基亚（中国）投资有限公司原总裁康宇博对员工所反映问题的处理方法是：如果牵涉某个经理人，除非是另有考虑，否则马上把人找来，双方当面讲清楚。这样做，可以让下属看到，上级领导的门永远是敞开着的，沟通是透明的。这样既保证沟通的透明度，又保证沟通的有序管理。掌握两者的平衡，是领导的艺术。

诺基亚公司有一个突出的做法，就是利用员工俱乐部，组织和管理员工的活动。俱乐部在管理上体现诺基亚公司的文化，尊重个人，让员工自己管理自己。

员工俱乐部体现了诺基亚公司尊重个人、自我做主的文化传统，以人人容易接受的方式来进行团队建设，把员工的兴趣融化在团队建设的活动当中，并以此提高员工在实际工作中的能力。

2. 鼓励和尝试创新

随着信息技术的快速发展，产品的生命周期和研究发展重点、顾客的要求以及人才流动的速度等，都改变了企业的管理方式。假如还用老的领导思维应对新的市场变化，难免会失败。因此，现代领导力的核心应该是如何建设优秀团队进行领导变革和管理创新。

诺基亚公司的实践方式具有如下特点可供借鉴：

第一，关心下属的成长。公司关心的是市场竞争力和业绩，而员工关心的是个人事业的发展和对工作的满意度。经理人应当充当协调员的角色，将员工个人的发展和公司的发展有机结合起来。如果只是对下属硬性压指标，是不会有好效果的。

第二，用人不疑，疑人不用。领导一旦授权下属负责某一个项目，定下大方向后，就放手让他们去做，不要求下属事无巨细地汇报，而让他们自己思考判断。发现了问题由大家共同来解决，如果做出成绩是大家的。

第三，鼓励尝试创新。领导给下属成长空间，让下属敢于去尝试，并允许犯错误。否则，下属畏首畏尾，什么都请示领导，主动性、创造性就没了。

虽然诺基亚公司是一家大公司，很注重团队精神，但也非常强调企业家的奋斗精神。诺基亚公司希望其员工都能有一些企业家的思想，就是有创新想法，不要墨守成规。这样可以更快地面对市场挑战，加强竞争力。

3. 借企业文化塑造团队精神

诺基亚公司的企业文化包括4个要点：客户第一、尊重个人、成就感、不断学习。诺基亚公司的团队建设完全围绕企业文化为中心，不空喊口号，不流于形式，而是落实到具体的行动中。诺基亚公司强调要把人们的思想和行为变成诺基亚公司与外界竞争的优势，要提升诺基亚公司的员工成为一个工作伙伴，不仅是停留在一个雇主与员工的劳动合约关系中。唯有这样，工作伙伴们才会看重自己，一起帮助公司积极发展业务。

诺基亚公司的团队建设活动一直是持续进行的，各个部门都积极参与。诺基亚公司会定期举行团队建设活动，并和每个部门的日常工作、业务紧密相连。这方面，诺基亚学院在团队建设和个人能力培养上发挥了很大作用，为员工提供了很多很好的机会，能够让员工认识到他们是团队的一分子，每个人都是这个团队有价值的贡献者。

诺基亚公司在招聘之初，除了专业技能的考核外，也非常注重个人在团队中的表现，将团队精神作为考核指标中的主要项目之一。诺基亚公司通常会用一整天时间来测试一个人在团队活动中的参与程度与领导能力，并考虑候选人是否能在有序的团队中，发挥协作精神、应有的潜能以及实现资源配置。这样就可以最大限度地保证诺基亚公司招聘的人一开始就能接近诺基亚公司要求的团队合作的精神文化。

4. 没有完美的个人，只有完美的团队

移动通信行业发展快速，手机产品几乎每18个月就更新换代。为反映这一行业特性，诺基亚公司在中国的5 000多名员工的平均年龄只有29岁。诺基亚公司希望他们能跟上快节奏的变化，增加公司竞争力。为体现这个目标，在人力资源管理上，诺基亚公司采取“投资于人”的发展战略，让公司获得成功的同时，个人也可以得到成长的机会。诺基亚中国公司注重将全球战略与中国特色相结合，在关心员工、市场营销、客户服务等方面考虑到文化差异，提倡本地化的管理能力。在诺基亚公司，一个经理就是一个教练，他要知道怎样培训员工来帮助他们做得更好，不是“叫”他们做事情，而是“教”他们做事情。诺基亚公司同时鼓励一些内部的调动，发掘每一个人的潜能，体现诺基亚公司的价值观。

当经理人在教他的工作伙伴做事情、建立团队时，可以设计合理的团队结构，让每个人的能力得到发挥。没有完美的个人，只有完美的团队，唯有建立健全的团队，企业才能立于不败之地。

（资料来源：诺基亚如何建设优秀团队［EB/OL］.（2006-11-09）［2016-11-10］. http://hr.cntrades.com/show-54444.html）

第三节　工作分析实务

一、部门职责、任务清单与岗位职责的确认

（1）填写工作日志。各部门连续填写10个正常工作日的工作日志，以便查清每个岗位目前所从事的所有工作和工作任务构成，了解每个工作的不同职能的时间分配。工作日志具体填写格式如表2-1所示。

表2-1　　工作日志

部门：　　职务：　　姓名：　　年　月　日　时　分至　时　分

序号	工作活动名称	工作性质（例行/偶然）	时间消耗（分钟）	重要程度（一般/重要/非常重要）	备注

（2）汇总个人工作日志。每个人汇总自己的工作日志，汇总要求和格式如表2-2所示。

（3）各部门汇总每个员工的工作日志，建立初步的部门工作任务清单，汇总要求和格式如表2-3所示。

（4）在汇总的部门工作任务清单基础上，组织全部门的人进行逐项讨论，以便确认以下事项：

①该工作业务是否是本部门的工作，如果是，它与其他部门的哪些工作相关；如果不是，那么它应当属于哪个部门。

②在汇总的工作任务清单中，有没有重叠或遗漏的，如果有，进行补充和修改。

③考虑企业发展要求，讨论是否有目前尚未开展的工作，如果有，进行补充。

表 2-2　　个人工作任务汇总表

部门：　　　　职务：　　　　姓名：

自　月　日至　月　日　　　　总工作时间：　时　分

序号	工作任务名称	时间消耗（分钟）	时间累计
1			
2			
3			
4			
5			
6			

表 2-3　　部门工作任务清单分类表

部门：　　　　填表时间：

大类	子类	细目	时间消耗（分钟）	比率（%）

（5）整理清单结构。各部门对清单进行整理，按逻辑关系和工作任务的同类性归类。其结构如下：

第一级：部门的主体功能。

第二级：反映部门主体功能的职责。

第三级：把任务清单归并在相应的职责内。

（6）各相关部门对工作任务清单进行集体讨论，目的是解决工作任务交叉、遗漏和界定不清的问题，同时确认相关工作或任务的衔接点，以便确认和区分部门职责。

（7）将工作任务清单交上级主管领导审核确认后，提交专家组进行评审，对于不合格的部门，需返回修改。

（8）部门职责的确认。将部门任务清单中的第一级和第二级提出，形成部门的基本职责。

（9）各部门在确认的部门职责基础上，进行权限划分，具体做法为对每一项工作职责进行判断，凡有以下情况者，必须列入部门职责权限表（见表2-4），并赋予相应的权限：

①需要做出决策（决定）的。

②具有关键责任判断点的。

③具有需要控制环节的。

④与其他部门重要工作任务相关的。

表2-4　**部门职务权限表**

部门：　　　　　　　　　　　　　　填表日期：

序号	项目区分	摘要	权限						相互联系	
			提案	承办	呈报	审核	复核	核准	协作单位	通知
一	组织规章	制订建立组织章程的计划							有关部门	
		拟定组织章程								
		组织章程的公告通知								
		组织章程的解释说明								
		监督检查组织章程实施情况								
		调整与修订组织规章								

（10）各部门确定本部门的岗位设置和人员编制，画出部门结构图（见图 2-8），并将工作任务清单中的每一项具体工作任务划归各个工作岗位，形成工作任务分配表，完成部门结构设计。

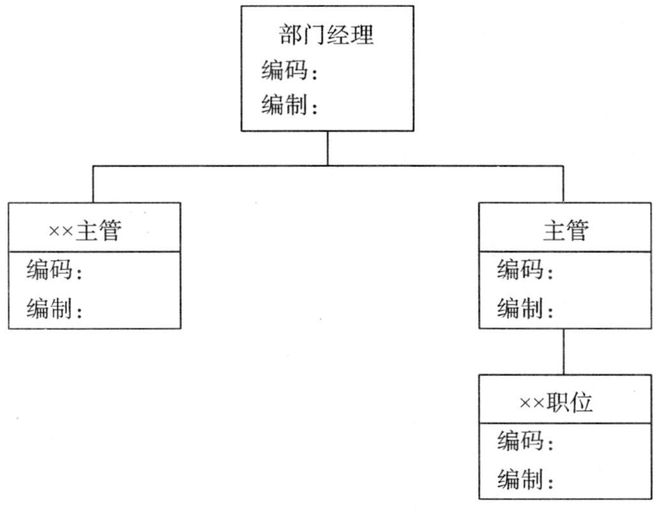

图 2-8　部门结构图

①关于部门与职位编码，如人事行政部编码为 RX，人事行政部经理为 RX-01，人事行政部人事主管为 RX-01-01 等。

②初步确认编制人数。

③补充岗位（职位）职责中与管理有关的项目，如经理级的部门工作任务分派、工作指导与监督、职场管理、人员激励、员工绩效评估与绩效改善、部门业绩的改善与提高、冲突的处理、下属工作中问题的协助解决、部门的工作计划、总结和汇报等。

将部门结构、部门权限、部门职责、岗位职责等文件提交主管领导进行审核确认后，提交专家组进行评审，在需要的情况下，组织进行修改。

（11）将修改后的文件提交高层审核批准。

二、任职资格的确认

任职资格的确认要对每一个岗位（职位）的工作职责和任务清单进行评估，以确认资格要求。其具体做法如下：

（1）对工作职责与任务进行重要程度和时间消耗两维评估。

①重要程度。根据发生问题对工作的影响程度和影响的持久性程度进行判断，划分为 5 个等级：5（极为重要）、4（非常重要）、3（比较重要）、2（不重要）、1（轻微）。

②时间消耗。根据该项工作占总作业时间的比例进行评估，划分为 5 个等级：5（极多）、4（非常多）、3（比较多）、2（相对少）、1（极少）。

评估表格如表 2-5 所示。

表 2-5　　岗位工作职责表

部门：　　职位名称：　　职位编号：

重要程度 / 时间消耗	5	4	3	2	1
5	清单标号				
4					
3					
2					
1					

（2）对有阴影格内的工作项目进行评估，评估表格如表 2-6 所示。

表 2-6　　工作项目评估表

项目编号	学历要求	特定知识（专业）要求	特定经验（经历）要求	特定能力要求

（3）整理。具体方法是把每列中内容进行归并，如有相同要求，选取要求最高者。

（4）根据第三步的整理结果按表 2-7 进行评估。

表 2-7　　评估表

评估项目 \ 评估内容		是否为招聘时必须具备的要求	是否为区分优秀员工的重要标志	若不具备是否会给工作带来麻烦	如果不具备这一要素是否可以勉强接受
特定知识要求		是　否	是　否	是　否	是　否
		是　否	是　否	是　否	是　否
		是　否	是　否	是　否	是　否
		是　否	是　否	是　否	是　否
特定经验要求		是　否	是　否	是　否	是　否
		是　否	是　否	是　否	是　否
		是　否	是　否	是　否	是　否
		是　否	是　否	是　否	是　否
特定能力要求	1. 领导力	是　否	是　否	是　否	是　否
	2. 协调力	是　否	是　否	是　否	是　否
	3. 计划力	是　否	是　否	是　否	是　否
	4. 亲和力	是　否	是　否	是　否	是　否
	5. 注重细节等	是　否	是　否	是　否	是　否

（5）将第三步、第四步的结果进行描述。

（6）将对任职资格的描述与本职位的工作职责与清单编排在一起。

（7）将部门职务权限表中涉及本岗位的权限逐条提出，填入表 2-8，与第六步的结果归并在一起，添加工作的分类和识别项目，形成工作说明书（见表 2-9）。

表 2-8　　考核信息提取表

部门：　　职位名称：　　填表人：　　审核人：

考核项目名称	流程中的职责	作业的标准	信息来源

表 2-9　　工作说明书模板

工作标识	岗位名称		岗位编号	
	所属部门及处室		工作地点	
工作关系	直接汇报对象			
	直接督导对象			
	日常协调部门			
	外部协调单位			

表2-9(续)

<table>
<tr><td rowspan="11">主要工作职责</td><td colspan="4">工作目的：</td></tr>
<tr><td>类别</td><td>编号</td><td>概述</td><td>描述</td></tr>
<tr><td rowspan="3"></td><td></td><td></td><td></td></tr>
<tr><td></td><td></td><td></td></tr>
<tr><td></td><td></td><td></td></tr>
<tr><td rowspan="3"></td><td></td><td></td><td></td></tr>
<tr><td></td><td></td><td></td></tr>
<tr><td></td><td></td><td></td></tr>
<tr><td rowspan="3"></td><td></td><td></td><td></td></tr>
<tr><td></td><td></td><td></td></tr>
<tr><td></td><td></td><td></td></tr>
<tr><td rowspan="3">主要职权</td><td colspan="2">业务类</td><td colspan="2"></td></tr>
<tr><td colspan="2">费用审批类</td><td colspan="2"></td></tr>
<tr><td colspan="2">人事类</td><td colspan="2"></td></tr>
<tr><td rowspan="4">关键职责绩效衡量标准</td><td colspan="4"></td></tr>
<tr><td colspan="4"></td></tr>
<tr><td colspan="4"></td></tr>
<tr><td colspan="4"></td></tr>
<tr><td rowspan="8">任职资格</td><td colspan="4">教育背景</td></tr>
<tr><td>学历学位</td><td></td><td>专业</td><td></td></tr>
<tr><td>证书</td><td colspan="3"></td></tr>
<tr><td>专业技能</td><td colspan="3"></td></tr>
<tr><td rowspan="2">语言</td><td>英语水平</td><td colspan="2"></td></tr>
<tr><td>其他</td><td colspan="2"></td></tr>
<tr><td colspan="4">工作经验</td></tr>
<tr><td>行业/职业</td><td></td><td>年限</td><td></td></tr>
<tr><td rowspan="3">绩优素质能力</td><td></td><td colspan="3"></td></tr>
<tr><td></td><td colspan="3"></td></tr>
<tr><td></td><td colspan="3"></td></tr>
</table>

职位：

【本章小结】

工作分析是对组织中某个特定职务的设置目的、任务或职责、权力和隶属关系、工作条件和环境、任职资格等相关信息进行收集与分析，并对该职务的工作做出明确的规定，确定完成该工作所需的行为、条件、人员的过程。工作分析对于人力资源管理具有非常重要的作用，在人力资源管理中，几乎每一个方面都涉及工作分析取得的成果。全面的和深入的进行工作分析，可以使组织充分了解工作的具体特点和对工作人员的行为要求，为做出人事决策奠定坚实的基础。

本章主要介绍了组织设计的主要内容，工作分析的概念、内容及作用，重点介绍了工作分析的流程、工作分析的常用方法以及工作设计的主要内容和方法。

【简答题】

1. 什么是组织设计？如何进行组织设计？
2. 常见的组织结构类型有哪些，各有何优缺点？
3. 什么是工作分析？为什么说工作分析是人力资源管理的功能的核心？
4. 工作分析的方法主要有哪些，各有何利弊？
5. 简述工作分析的主要过程。
6. 如何编写工作说明书？
7. 请编写一份企业人力资源管理部经理的工作说明书。
8. 工作设计的内容和影响因素有哪些？
9. 如何进行工作设计？

【案例分析题】

A 公司的工作分析

A 公司是我国中部省份的一家房地产开发公司。近年来，随着当地经济的迅速发展，商品房需求强劲，A 公司有了飞速的发展，规模持续扩大，逐步发展为一家中型房地产开发公司。随着 A 公司的发展和壮大，员工人数大量增加，众多的组织和人力资源治理问题逐渐凸显出来。

A 公司现有的组织机构是基于创业时的公司规划，随着业务扩张的需要逐渐扩充而形成的，在运行的过程中，组织与业务上的矛盾已经逐渐凸显出来。部门之间、职位之间的职责与权限缺乏明确的界定，扯皮推诿的现象不断发生；有的部门抱怨事情太多，人手不够，任务不能按时、按质、按量完成；有的部门又觉得人员冗杂，人浮于事，效率低下。

在 A 公司的人员招聘方面，用人部门给出的招聘标准往往含糊不定，招聘主管往往无法准确地加以理解，使得招来的人大多差强人意。同时，A 公司目前的许多岗位不能做到人事匹配，员工的能力不能得以充分发挥，严重挫伤了士气，并影响了工作的效果。A公司员工的晋升以前由总经理直接做出，现在公司规模大了，总经理已经几乎没有时间与基层员工和部门主管打交道了，基层员工和部门主管的晋升只能根据部门经理的意见来决定。而在晋升中，上级和下属之间的私人感情成为决定性的因素，有才干的人往往并不能获得提升。因此，许多优秀的员工由于看不到自己未来的前途，而另寻高就。在激励机制方面，A公司缺乏科学的绩效考核和薪酬制度，考核中的主观性和随意性非常严重，员工的报酬不能体现其价值与能力，人力资源部经常可以听到大家对薪酬的抱怨和不满，这也是人才流失的重要原因。

面对这样严重的形势，人力资源部开始着手进行人力资源治理的变革，变革首先从进行职位分析、确定职位价值开始。职位分析、职位评价究竟如何开展，如何抓住职位分析、职位评价过程中的要点，为本次组织变革提供有效的信息支持和基础保证，是摆在A公司面前的重要课题。

首先，人力资源部开始寻找进行职位分析的工具与技术。在阅读了国内目前流行的基本职位分析书籍之后，人力资源部从中选取了一份职位分析问卷，作为收集职位信息的工具。然后，人力资源部将问卷发放到了各个部门经理手中，同时人力资源部还在A公司的内部网上也上发了一份关于开展问卷调查的通知，要求各部门配合人力资源部的问卷调查。

据反映，问卷在下发到各部门之后，一直搁置在各部门经理手中，而没有发下去。很多部门直到人力资源部开始催收时才把问卷发放到部门每个人手中。同时，由于大家都很忙，很多人在拿到问卷之后，都没有时间仔细思考，草草填写完事。还有很多人在外地出差，或者任务缠身，自己无法填写，而由同事代笔。此外，据一些较为重视这次调查的员工反映，大家都不了解这次问卷调查的意图，也不理解问卷中那些生疏的治理术语，何为职责、何为工作目的，许多人对此并不理解。很多人想就疑难问题向人力资源部进行询问，可是也不知道具体该找谁。因此，在回答问卷时，很多人只能凭借自己的理解来填写，无法把握填写的规范和标准。

一个星期之后，人力资源部收回了问卷。但人力资源部发现，问卷填写的效果不太理想，一部分问卷填写不全，一部分问卷答非所问，还有一部分问卷根本没有收上来。辛苦调查的结果却没有发挥应有的价值。

与此同时，人力资源部也着手选取一些职位进行访谈。但在试着访谈了几个职位之后，人力资源部发现访谈的效果也不好。因为在人力资源部，能够对部门经理访谈的人只有人力资源部经理一人，人力资源部主管和一般员工都无法与其他部门经理进行沟通。同时，由于经理们都很忙，能够把双方凑在一起，实在不轻易。因此，两个星期时间过去之后，人力资源部只访谈了两个部门经理。

人力资源部的几位主管负责对经理级以下的人员进行访谈，但在访谈中，出现的情况却出乎意料。大部分时间都是被访谈的人在发牢骚，指责公司的治理问题，抱怨自己的待遇不公等。而在谈到与职位分析相关的内容时，被访谈人往往又言辞闪烁，顾左右而言他，似乎对人力资源部这次访谈不太信任。访谈结束之后，访谈人员都反映对该职位的熟悉程度还是停留在模糊的阶段。这样持续了两个星期，访谈人员访谈了大概1/3的职位。人力资源部经理认为时间不能再拖延下去了，因此决定开始进入项目的下一个阶段——撰写职位说明书。

可这时，各职位的信息收集却还不完全。怎么办呢？人力资源部的员工在无奈之中，不得不另觅他途。于是，他们通过各种途径从其他公司中收集了许多职位说明书，试图以此作为参照，结合问卷和访谈收集到一些信息来撰写职位说明书。

在撰写职位说明书阶段，人力资源部还成立了几个小组，每个小组专门负责起草某一部门的职位说明。人力资源部要求各小组在两个星期内完成任务。在起草职位说明书的过程中，人力资源部的员工都颇感为难，一方面，人力资源部的员工不了解别的部门的工作，问卷和访谈提供的信息又不准确；另一方面，人力资源部的员工又缺乏写职位说明书的经验。因此，人力资源部的员工写起来都感觉很费劲。规定的时间快到了，很多人为了交稿，不得不急急忙忙东拼西凑了一些材料，再结合自己的判定，最后成稿。

职位说明书终于出台了，人力资源部将定稿的职位说明书下发到了各部门，同时还下发了一份文件，要求各部门按照新的职位说明书来界定工作范围，并按照其中规定的任职条件来进行人员的招聘、选拔和任用。这却引起了其他部门的强烈反对，很多直线部门的治理人员甚至公开指责人力资源部，说人力资源部的职位说明书是一堆垃圾文件，完全不符合实际情况。

于是，人力资源部专门与相关部门召开了一次会议来推动职位说明书的应用。人力资源部经理本来想通过这次会议来说服各部门支持这次项目，但结果恰恰相反，在会上，人力资源部遭到了各部门的一致批评。同时，人力资源部由于对其他部门不了解，对于其他部门所提的很多问题，也无法进行解释和反驳。因此，会议的最终结论是让人力资源部重新编写职位说明书。后来，经过多次重写与修改，职位说明书始终无法令人满意。最后，职位分析项目不了了之。

人力资源部的员工在经历了这次失败的项目后，对职位分析彻底丧失了信心。他们开始认为，职位分析只不过是雾里看花、水中望月的东西，说起来挺好，实际上却没有什么大用。他们还认为，职位分析只能针对西方国家那些治理先进的大公司，拿到中国的企业来，根本就行不通。原来雄心勃勃的人力资源部经理也变得灰心丧气，但他一直对这次失败耿耿于怀，对项目失败的原因也是百思不得其解。

职位分析真的是他们认为的雾里看花、水中望月吗？该公司的职位分析项目为什么会失败呢？

思考题：

1. 该公司为什么决定从职位分析入手来实施变革，这样的决定正确吗？为什么？
2. 在职位分析项目的整个组织与实施过程中，该公司存在着哪些问题？
3. 该公司所采用的职位分析工具和方法主要存在着哪些问题？
4. 如果你是人力资源部新任的经理，让你重新负责该公司的职位分析，你要如何去开展？

【实际操作训练】

实训项目：工作说明书的编制。

实训目的：学会运用工作分析的方法和工作流程，收集相关信息和资料，编制出规范的工作分析文件。

实训内容：后勤部门是一个以为学生服务、让学生满意为宗旨的部门。后勤部门与学生的日常生活密切相关。宿管中心是协助老师为学生建设良好的生活环境、帮助学生解决问题的部门，是为学生营造一个欢畅活跃、奋发上进的学习环境的部门。为了实现宿管中心有效运行，请你实施工作分析，编制宿舍管理员的工作说明书。

1. 到宿管中心观察宿舍管理员的有关工作情况，并进行记录，收集相关资料。
2. 设计工作分析的问卷调查，并对宿舍管理员进行问卷调查。
3. 选择1~2位宿舍管理员进行访谈。
4. 根据上述方法所收集的资料和信息进行整理和分析。
5. 编制宿舍管理员工作说明书。

第三章　人力资源规划

开篇案例

手忙脚乱的人力资源部经理

D集团在短短5年之内由一家手工作坊发展成为国内著名的机械制造商。D集团最初从来不制订什么计划，缺人了，就临时去人才市场招聘。可是，因为D集团一年中不时地有人升职、有人平调、有人降职、有人辞职，而年初又有编制限制不能多招聘，而且人力资源部也不知道应当多招聘多少人或者招聘什么样的人，结果人力资源部经理一年到头要往人才市场跑。

近来，由于3名高级技术工人退休，2名高级技术工人跳槽，生产线立即瘫痪。D集团总经理召开紧急会议，命令人力资源部经理3天之内招到合适的人员顶替空缺，恢复生产。

人力资源部经理两个晚上没睡觉，频繁奔走于全国各地人才市场和面试现场之间，最后勉强招到2名已经退休的高级技术工人，使生产线重新开始了运转。

人力资源部经理刚刚喘了口气，地区分公司经理又打电话给人力资源部经理说自己的分公司已经超编了，不能接收前几天分过去的5名大学生。

人力资源部经理不由怒气冲冲地说："是你自己说缺人，我才招来的，现在你又不要了！"地区分公司经理说："是啊，我两个月前缺人，你现在才给我，现在早就不缺了。"

人力资源部经理分辩道："招人也是需要时间的，我又不是孙悟空，你一说缺人，我就变出一个给你？"

人力资源部经理感到在D集团工作压力很大……

问题与思考：

1. 人力资源部经理的压力来自哪里？
2. 人力资源规划对企业来说有何重要意义？

第一节　人力资源规划概述

一、人力资源规划的内涵及其意义

（一）人力资源规划的内涵

人力资源规划的内涵有广义和狭义之分。广义的人力资源规划是企业所有人力资源计划的总称，是战略规划与战术计划（即具体的实施计划）的统一；狭义的人力资源规划是指为实施企业的发展战略，完成企业的生产经营目标，根据企业内外环境和条件的变化，运用科学的方法，对企业人力资源的需求和供给进行预测，制定相宜的政策和措施，从而使企业人力资源供给和需求达到平衡，实现人力资源的合理配置，有效激励员工的过程。

从规划的期限上看，人力资源规划可分为长期规划（规划期限在 5 年以上的计划）、中期计划（规划期限在 1~5 年的计划）和短期计划（规划期限在 1 年及 1 年以内的计划）。

（二）人力资源规划的重要意义

1. 合理利用人力资源，提高企业劳动效率，降低人工成本，增加企业经济效益

由于种种原因，企业内部的人力配置往往不是处于最佳的状态，其中一部分员工可能感到工作负担过重，另一部分员工则觉得无用武之地。人力资源规划可以调整人力配置不平衡的状况，进而谋求人力资源的合理化使用，提高企业的劳动效率。人力资源规划还可以通过对现有的人力资源结构进行分析检查，找出影响人力有效运用的主要矛盾，充分发挥人力效能，降低人工成本在总成本中的比重，提高企业的经济效益。

2. 发挥人力资源个体的能力，满足员工的发展需要

完善的人力资源规划是以企业和个人两项基础为依据制定的。把人力资源规划纳入企业发展长远规划中，就可以把企业和个人的发展结合起来。员工可以根据企业人力资源规划，了解未来的职位空缺，明确目标，按照该空缺职位所需条件来充实自己、培养自己，从而适应企业发展的人力需求，并在工作中获得个人成就感。

3. 人力资源规划是保证企业生产经营正常进行的有效手段

由于企业内外部环境的变化以及企业目标和战略的调整，企业对人员的数量要求和质量要求都可能发生变化。人力资源规划在分析企业内部人力资源现状、预测未来人力需求和供给的基础上，制定人员增补与培训规划，从而满足企业对人力的动态需要。因此，人力资源规划是保证企业生存和发展的有效工具。

二、人力资源规划的流程

（一）收集有关信息资料

收集有关信息资料是指分析企业所处的外部环境及行业背景，提炼对于企业未来人力资源的影响和要求；对企业未来发展目标以及目标达成所采取的措施和计划进行澄清和评估，提炼对于企业人力资源的需求和影响。

企业正式制定人力资源规划前，必须向各职能部门索要企业整体战略规划数据、企业组织结构数据、财务规划数据、市场营销规划数据、生产规划数据、新项目规划数据、各部门年度规划数据信息，整理企业人力资源政策数据、企业文化特征数据、企业行为模型特征数据、薪酬福利水平数据、培训开发水平数据、绩效考核数据、企业人力资源人事信息数据、企业人力资源部职能开发数据。人力资源规划专职人员负责从以上数据中提炼出所有与人力资源规划有关的数据信息，并且整理编报，为有效的人力资源规划提供基本数据。

（二）人力资源现状分析

人力资源现状分析是指对现有员工数量、质量、结构等进行静态分析，对员工流动性等进行动态分析，对人力资源管理关键职能进行效能分析。其具体包括企业现有员工的基本状况、员工具有的知识与经验、员工具备的能力与潜力开发情况、员工的普遍兴趣与爱好、员工的个人目标与发展需求、员工的绩效与成果、企业近几年人力资源流动情况、企业人力资源结构与现行的人力资源政策等。

（三）人力资源需求预测

人力资源需求预测是指通过对组织、运作模式的分析以及对各类指标与人员需求关系进行分析，提炼企业人员配置规律，对未来实现企业经营目标的人员需求进行预测。需求分析的主要任务是分析影响企业人力资源需求的关键因素，确定企业人力资源队伍的人才分类、职业定位和质量要求，预测未来人才队伍的数量，明确与企业发展相适应的人力资源开发与管理模式。

（四）人力资源供给预测

人力资源供给预测分为企业内部人力资源供给预测和企业外部人力资源供给预测。企业内部人力资源供给预测主要明确的是企业内部人员的特征，如年龄、级别、素质、资历、经历和技能，收集和储存有关人员发展潜力、可晋升性、职业目标以及采用的培训项目等方面的信息。这主要是预测通过企业内部岗位的调动，实际能对需求的补充量。企业外部人力资源供给预测包括本地区人口总量与人力资源比率、本地区人力资源总体构成、本地区的经济发展水平、本地区的教育水平、本地区同一行业劳动力的平均价格与竞争力、本地区劳动力的择业心态与模式、本地区劳动力的工作价值观、本地区的地理位置对外地人口的吸引力、外来劳动力的数量与质量、本地区同行业对劳动力的需求等。

（五）确定人力资源净需求

确定人力资源净需求是指在对员工未来的需求与供给预测数据的基础上，将本组织人力资源需求的预测数与在同期内组织本身可供给的人力资源预测数进行对比分析，从比较分析中测算出各类人员的净需求数。这里所说的净需求既包括人员数量，又包括人员的质量、结构，既要确定需要多少人，又要确定需要什么人，数量和质量要对应起来。这样就可以有针对性地进行招聘或培训，就为组织制定有关人力资源的政策和措施提供了依据。

（六）编制人力资源规划

编制人力资源规划是指根据组织战略目标及本组织员工的净需求量，编制人力资源规划，包括总体规划和各项业务计划，同时要注意总体规划和各项业务计划以及各项业务计划之间的衔接和平衡，提出调整供给和需求的具体政策和措施。

（七）实施和评估人力资源规划

人力资源规划的实施是人力资源规划的实际操作过程，要注意协调好各部门、各环节之间的关系。人力资源规划在实施过程中需要注意以下几点：必须要有专人负责既定方案的实施，要赋予负责人拥有保证人力资源规划方案实现的权利和资源；要确保不折不扣地按规划执行，在实施前要做好准备，在实施时要全力以赴；要有关于实施进展状况的定期报告，以确保规划能够与环境、组织的目标保持一致。

在实施人力资源规划的同时，要对其进行定期与不定期的评估。这具体从如下三个方面进行：第一，是否忠实执行了本规划。第二，人力资源规划本身是否合理。第三，将实施的结果与人力资源规划进行比较，通过发现规划与现实之间的差距来指导以后的人力资源规划活动。

（八）规划的反馈与修正

对人力资源规划实施后的反馈与修正是人力资源规划过程中不可缺少的步骤。评估结果出来后，应进行及时的反馈，进而对原规划的内容进行适时的修正，使其更符合实际，更好地促进组织目标的实现。

人力资源规划流程如图 3-1 所示。

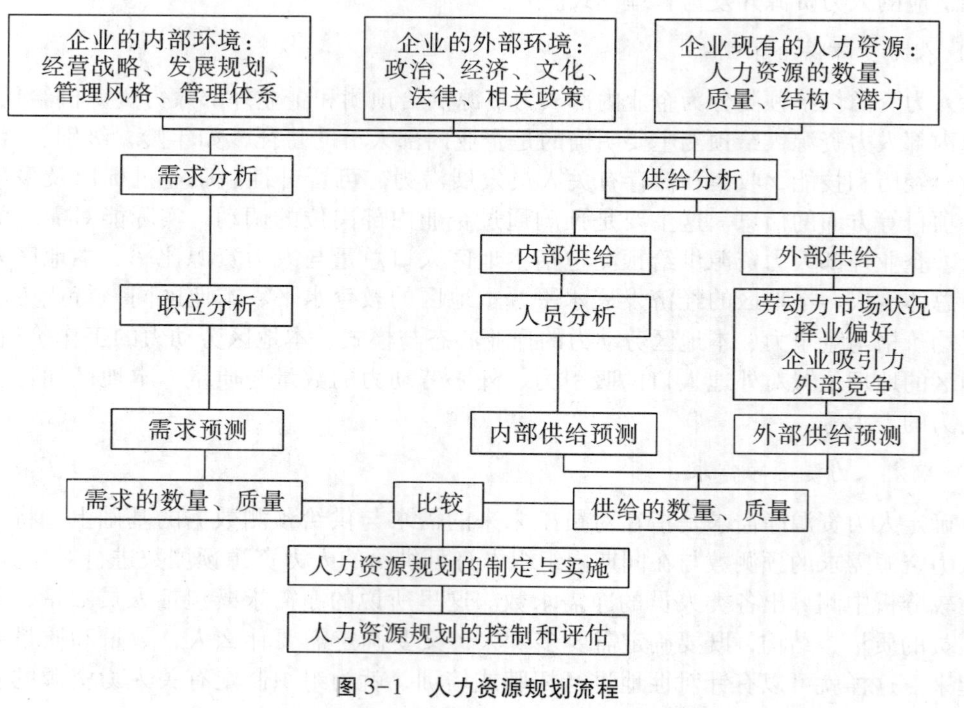

图 3-1　人力资源规划流程

第二节　人力资源需求预测

一、人力资源需求预测的内容

人力资源需求预测是指对企业未来一段时间内人力资源需求的总量、人力资源的年龄结构、专业结构、学历层次结构、专业技术职务结构与技能结构等进行事先估计。首先，预测要在内部条件和外部环境的基础上做出，必须符合现实情况。其次，预测是为企业的发展规划服务，这是预测的目的。再次，应该选择恰当的预测技术，预测要考虑科学性、经济性和可行性，综合各方面做出选择。最后，预测的内容是未来人力资源的数量、质量和结构，这应该在预测结果中体现出来。

阅读案例 3-1

增加还是不增加？

在飞翔印刷厂的人力资源办公室里，二车间的王主任和人力资源部的张经理正在谈论着什么。就听见王主任说："张经理，我需要增加一名工人，你却要我为此提供依据，这是什么意思？我们车间原来有 10 名工人，其中有一名刚刚辞职了，所以我现在就需要一个人来顶替他。我在这里已经工作了 13 年的时间，这个部门一直都是 10 个人，以前这个部门需要 10 个人，当然现在一定需要 10 个人。"

张经理该如何回答王主任呢？是增加还是不增加呢？

二、人力资源需求预测的影响因素

企业的人力资源需求预测不仅受到企业内部经营状况和已有人力资源状况等诸多内部因素的影响，还要受到政治、经济、文化、科技、教育等诸多不可控的企业外部因素的影响。这使得企业在进行人力资源规划、人力资源需要预测时更为复杂。在企业人力资源需要预测中还必须注意到企业人力资源发展的规律和特点，人力资源发展企业发展中的地位、作用，以及两者的关系，分析影响人力资源发展的相关因素，揭示人力资源发展的总体趋势。此外，在进行人力资源需求预测时，还要掌握预测中的定性、定量、时间和概率四个基本要素以及四者的相互关系。

（一）定性要素

人力资源需求预测的定性要素是指在预测之前，必须对企业人力资源发展的性质进行叙述性的、非定量的描述，对企业人力资源发展的大致方向和趋势有初步的了解。定性要素是人力资源预测的出发点，是企业进行正确的人力资源需求预测的基础。

（二）定量要素

人力资源需求预测的定量要素是指利用具体的数据来描述企业人力资源发展的规模、速度以及结构等多方面的特征，对企业人力资源进行定量的、较为具体的描述。

（三）时间要素

由于企业人力资源发展和变化是一个以时间为基本变量的函数，随着时间的变化，企业人力资源数量、结构等状况都会随之发生变化。因此，时间要素是企业人力资源需求预测中不可或缺的重要因素之一。

（四）概率要素

企业在进行人力资源需求预测时，需要对所预测的如人力资源数量、结构等预测对象实际发生变化的可能性，即概率进行估计和描述，以确定预测对象发生变化的概率。因此，概率要素也是企业人力资源需求预测中不可或缺的重要因素之一。

三、企业人力资源需求预测的步骤

人力资源需求预测分为现实人力资源需求预测、未来人力资源需求预测和未来流失人力资源需求预测三部分。人力资源需求预测的具体步骤如下：

第一，根据职务分析的结果，来确定职务编制和人员配置。

第二，进行人力资源盘点，统计出人员的缺编、超编以及是否符合职务资格要求。

第三，将上述统计结论与部门管理者进行讨论，修正统计结论。

第四，该统计结论为现实人力资源需求。

第五，根据企业发展规划，确定各部门的工作量。

第六，根据工作量的增长情况，确定各部门还需增加的职务及人数，并进行汇总统计。

第七，该统计结论为未来人力资源需求。

第八，对预测期内退休的人员进行统计。

第九，根据历史数据，对未来可能发生的离职情况进行预测。

第十，将上述第八、第九两项的统计和预测结果进行汇总，得出未来流失人力资源需求。

第十一，将现实人力资源需求、未来人力资源需求和未来流失人力资源需求汇总，即得到整体人力资源需求预测。

四、人力资源需求预测的主要方法

（一）经验预测法

经验预测法是最简单的预测方法，在实际中得到非常广泛的运用。经验预测法是各级管理人员根据自己过去的工作经验和对未来业务量变动的估计，预测未来人员需求的方法。由于经验预测法是以管理者的经验为基础，因此又称为管理估计法。但是由于预测没有明确、可靠的量化依据，管理者的判断和估计很大程度上是靠个人直觉，因此经验预测法又称为直觉预测法。虽然都是凭借管理者的经验、直觉进行预测，但是通过各管理者的预测形成总预测的途径大有差异，很多专家从这个方面来研究经验预测法，又将其称为微观集成法。

从微观集成法的角度，可将经验预测法分为自下而上和自上而下两种方式。

1. 自下而上法

自下而上法认为，每个部门的管理者最了解本部门的情况，最有资格判断本部门未来的人员需求。为切合实际，首先从企业的基层开始预测。

其步骤如下：

（1）最基层的管理者根据本单位组织的情况，凭借经验预测出本单位组织未来对人员的需求。

（2）下级部门向上级部门汇报预测结果，自下而上层层汇总。

（3）人力资源部门从各级部门收集信息，通过判断、估计，对各部门的需求进行横向和纵向的汇总，最后根据企业的发展战略制订出总的预测方案。

（4）预测被批准后，正式公布，经层层分解，作为人员配置计划下达给各级管理者。

2. 自上而下法

自上而下法认为，高层管理者最清楚企业的发展战略，可以从宏观上掌控企业。为与企业的发展相符，首先从企业的高层开始预测。

其步骤如下：

（1）高层管理者先拟订总体人力资源需求计划。

（2）总体人力资源需求计划逐级下达到各个部门。

（3）各部门根据本部门的情况，对计划进行修改。

（4）汇总各部门对计划的意见，并将结果反馈给高层管理者。

（5）高层管理者根据反馈信息修正总体预测，正式公布，将预测层层分解，作为人员配置计划下达给各级管理者。

很多企业并非严格采取自下而上或自上而下的方式，而是结合两种方式。如果结合得当，效果会比用单一的方式更好。例如，公司先提出员工需求的指导性建议，各部门按指导性建议确定具体的用人需求，人力资源部门汇总全公司的用人需求，形成人力资源需求预测，交由公司高层管理者审批，最后执行。具体采取哪种方法，应该视企业的具体情况而定。

（二）德尔菲法

德尔菲法又叫专家预测法，是利用专家的知识、经验和综合分析能力，对组织未来的人力资源需求进行预测的方法。这种预测方法历史久远，在实际中得到普遍应用。在定性预测法中，专家预测法受到较高的关注，很多学者对其进行了研究，在命名上有些差异，如专家评判法、专家讨论法、专家评估法等，事实上是指同一方法，其核心均是专家预测。

预测是以专家的分析、推测为基础，但形成预测方案的方式可能存在较大差别。专家预测法的划分方式有很多，但是可以根据专家间是否有直接交流，将专家预测法分为面对面和背对背两种方式。

1. 面对面方式

在面对面方式中，专家们面对面地直接交流各自观点，可以对别人的观点提问、反驳，可以对自己的观点解释、维护。这种方法通常通过会议的形式，使专家实现面对面交流，所以这种方法又被称为专家会议法。

其步骤如下：

（1）事先将有关人力资源需求预测的背景资料分发给各位专家。

（2）举行会议，专家自由交流观点。

（3）在听取各自的观点和理由后，专家们形成比较一致的看法。

（4）如果分歧很大，可考虑举行第二次会议，甚至更多次会议，最终要使专家的看法趋于一致。

（5）根据专家们的观点，制订人力资源需求预测方案。

与背对背方式相比，面对面方式具有一些特别的优点，也具有一些明显的缺点。由于他们是同一种方法的两种方式，因此在此只分析两者具有差异的方面，这些差异可以用其各自的优缺点来表述。在此只分析其相异而形成的优点，因为分析的是差异，所以一种方式的优点往往是另一种方式的缺点。

面对面方式具有以下与背对背方式相异的优点：

（1）节省时间。专家们面对面交流，缩短了交流时间交流，可以通过会议直接得出结论。即使一次会议不能解决问题，要再举行会议，但是由于专家们直接交流，可以较快地达成一致。

（2）直接交流。专家们在事先已形成了各自的观点，因而专家们的观点可能相同、相异、相反。专家们自由发表完意见后，对于不清楚、不理解的问题可以直接提问，对于不支持的观点可以直接反驳。当然，专家们可以直接解答别人的质疑，也可以继续维护自己的观点。通过一番激烈的争论后，每个人都会受到别人观点的影响，从而理性地重新思考，得出比较一致的结论。

（3）相互启发。在畅所欲言的交流中，专家们可以听到不同的声音，有些观点可能是自己不曾重视的，有些观点可能是自己根本没有想到的。专家们听到不同的和没有想到的观点，可以开拓思路；听到这些观点的陈述理由后，可以更进一步扩展自己的思维。在各种各样的观点碰撞下，往往会产生一些非常可贵的新思想，而这些新思想是独立思考难以形成的。

2. 背对背方式

在背对背方式中，专家们是“背对背”地交流，即不能直接知道其他专家的想法，而是通过中间人反馈每一轮的预测结果及预测理由。交流往往是通过书面形式，专家们无需见面，甚至不用与中间人见面。

这种方法便是著名的德尔菲法（Delphi）。该方法是美国兰德公司在20世纪40年代末首先运用的。由于德尔菲法具有许多其他方法不可比拟的优势，因而迅速在各个领域得到运用。在预测领域中，德尔菲法占有重要的地位。

其步骤如下：

（1）成立研究小组，将人力资源需求预测设计成若干问题。

（2）将人力资源需求预测的背景资料和问题发给各位专家，请专家回答。

（3）收回专家意见，统计、归纳结果，将整理好的结果以匿名形式反馈给各位专家。

（4）在此基础上，专家进行新一轮的回答。

（5）重复第（3）和第（4），直到专家的意见趋于一致。

（6）根据专家的最终预测，制订人力资源需求预测方案。

德尔菲法由人力资源部门组织预测，先在组织内部和外部挑选专家，专家应具有代表性，专家可以是一线管理人员、高层管理人员或外请专家。一般建议请10~15位专家（也有学者建议请20~30位专家），具体应请多少人，可以根据企业的情况和可请到专家的水平来确定。

（三）趋势预测法

趋势预测法就是通过分析组织在过去若干年中的雇佣趋势，以此来预测组织未来的人员需求。此方法一般遵循以下步骤：首先，选择一个对人力资源需求影响比较大的、适当的商业变量或经济变量（如销售额）；其次，分析该变量与所需员工之间的关系，二者的比率构成一种劳动生产率指标（如销售额/人）；再次，计算过去5年（或更长时间）的该指标值，求出均值；最后，用平均劳动生产率去除目标年份的商业变量或经济变量，即可得出目标年份的人员需求预测值。虽然趋势分析法很有价值，但它是一种简单而又初步的预测方法，而且它的成立要依靠众多假设前提，如假定组织的生产技术构成不变、假定市场需求基本不变等，因此光靠这种方法来预测组织的人力资源需求量是远远不够的。

趋势预测法先收集企业在过去几年内人员数量的数据，并且用这些数据绘图，然后用数学方法进行修正，使其成为一条平滑的曲线，将这条曲线延长就可以看出未来的变化趋势。

示例 3-1：

以某公司人力资源需求预测为例，原始数据如表 3-1 所示。

表 3-1　　公司年末在岗总人数

年份	第 1 年	第 2 年	第 3 年	第 4 年	第 5 年	第 6 年	第 7 年	第 8 年
人数（人）	450	455	465	480	485	490	510	525

我们要根据过去几年人员的数量来分析其变化趋势，假设是一种线性变化，人数是变量 y，年度是变量 x，那么根据下面的公式可以分别计算出 a 和 b：

$$a=\frac{\sum y}{n}-b\frac{\sum x}{n} \qquad b=\frac{n(\sum xy)-\sum x\sum y}{n(\sum x^2)-(\sum x)^2}$$

$a=435.357$　　$b=10.476$

由此得出趋势线可以表示为：

$y=435.357+10.476x$

这样就可以预测出第 10 年的人力资源需求：

$y=435.357+10.476\ (8+2)\ =540.117\approx541$（人）

运用趋势预测法必须满足两个前提，一是企业要有历史数据（一般用过去 5 年的数据进行预测），二是这些数据要有一定的发展趋势可循。很多企业都能满足以上两个条件，因此趋势预测法有广泛的运用空间。虽然这种方法很实用，但是由于过于简单，只能预测出大概走势，作为初步预测时很有价值。在运用趋势预测法时，隐含了一个假设，即未来仍按过去的规律发展。这种假设过于简单，现实中，由于很多因素在变化，很少有企业的雇佣水平按照过去的趋势发展。特别当预测的时间变长时，大多数因素都会发生变化，导致预测结果不准确，因此趋势预测法只能用于短期预测。如果人力资源需求在时间上显示出明显的均等趋势，并且市场环境稳定、企业发展平稳，此时趋势预测法用于短期预测会有较好的效果。

（四）回归分析法

在社会现象中，各种因素之间的关系非常复杂，还会受到一些随机因素的影响，因而变量间存在不确定性关系，即一个变量不能唯一地确定其他变量。但是，这些变量间又确实存在一定的相关性，相互显著影响。为了探求变量间的变动关系，以便对事物的发展进行推测，针对这种情况宜采用回归分析法。

回归分析法是研究自变量与因变量之间变动关系的一种数理统计方法，根据观测到的数据，通过回归分析，得到回归方程，即得到自变量与因变量之间的关系式。根据自变量的数量，又可将线性回归方程分为一元线性回归方程和多元线性回归方程。

与人力资源需求相关的因素很多，如产值、销售量、固定投资等，但很多情况下，这些因素间的相关性也很高，会导致共线性问题，从而影响预测结果。当如果这些因素间的相关性高时，就选取其中具有代表性的因素来预测。这些因素往往是企业的目标，或者是企业较好控制的因素。人力资源需求不是企业的目标，没有企业盲目地追求人越多越好，因为人力资源需要成本，如果增加的收益不足以补偿增加的成本，就没有增加人员的必要。人力资源需要是为企业目标服务，根据企业未来的发展计划，制订出相应的人力资源需求方案。由于那些影响因素大多是企业目标，容易确定，只需要将其代入方程，即可得知对应需要多少人员。

示例 3-2：

假设某医院的护士人数与病床数有关，表 3-2 中有该医院过去几年的相关数据。求将病床数增加到 1 000 个所需要的护士人数。

表 3-2　　病床数和护士数的数据

病床数（个）	200	300	400	500	600	700	800
护士数（人）	180	270	345	460	550	620	710

将病床数设为自变量 x，护士数设为因变量 y，两者之间的线性关系可以表示为 $y=a+bx$，其中计算 a 和 b 的方法和趋势预测法中使用的方法一样。经过计算得出 $a=2.321$，$b=0.891$。回归方程如下：

$y=2.321+0.891x$

也就是说每增加一个床位，就要增加护士 0.891 人。该医院准备将病床数增加到 1 000 个，因此需要的护士数计算如下：

$y=2.321+0.891\times1\,000=893.321\approx894$（人）

（五）比率分析法

比率分析法是通过特殊的关键因素和所需人员数量之间的一个比率来确定未来人力资源需求的方法。该方法主要是根据过去的经验，将企业未来的业务活动水平转化为对人力资源的需要。

比率分析法的步骤如下：

第一，根据需要预测的人员类别选择关键因素。

第二，根据历史数据，计算出关键因素与所需人员数量之间的比率值。

第三，预测未来关键因素的可能数值。

第四，根据预测的关键因素数值和比率值，计算未来需要的人员数量。

选择关键因素非常重要，应该选择影响人员需求的主要因素，并且要容易测量、容易预测，还应该与人员需求存在一个稳定的、较精确的比率关系。由于选择的关键因素不同，可以将比率分析法再细分为两类，即生产率比率分析法和人员结构比率分析法。

生产率比率分析法的关键因素是企业的业务量，如销售额、产品数量等，根据业务量与所需人员的比率关系，可直接计算出需要的人员数量。假如要预测未来需要的销售人员数量、未来需要的生产工人数量、未来需要的企业总人数，可分别用下式计算：

$$销售收入=销售人员数量\times人均销售额$$

$$产品数量=生产工人数量\times人均生产产品数量$$

$$经营收益=企业总人数\times人均生产率$$

运用比率分析法的前提条件是生产率保持不变，如果生产率发生变动，则按比率计算出来的预测人员数量会出现较大的偏差。例如，一个工人一个月生产 800 个零件，计划下月生产 8 000 个零件，如果生产率不变，则下个月需要 10 个工人。如果下个月因为改进设备，每个工人的月产量提高成生产 1 000 个零件，那只需要 8 个人就够了。可见，如果生产率变动，则上述的方法将不再适用。为了扩大方法的适用范围，也就是为了更加符合现实情况，可以把生产率变化的影响考虑进公式，从而得到下式：

$$所需要的人力资源数量=\frac{未来的业务量}{目前人均的生产效率\times(1+生产效率的变化率)}$$

使用这种方法进行预测时，需要对未来的业务量、人均生效率及其变化做出准确的估计，这样对人力资源需求的预测才会比较符合实际，而这往往是比较难做到的。

第三节 人力资源供给预测

阅读案例 3-2

价格不定的青椒童子鸡

周经理近来很不顺心，各部门都向人力资源部门要人，可一时哪有那么多合适的人？这种情况在一年中已经出现了三次，周经理不明白是这些部门发了疯，还是自己的工作出了错。为了减轻工作压力，周经理独自来到熟悉的酒楼用餐，无意间听到了一段酒楼经理和顾客 A 的对话。

顾客 A 径直找到酒楼经理，一脸不悦地抱怨："前天我和家人来时，一致认为青椒童子鸡最好吃，当时青椒童子鸡是限量供应特色菜，今天我专门请同事来品尝，还特地赶了个早。不想今天青椒童子鸡成了特价供应菜，害得我被同事嘲笑了一番，说我赶早是为了请大家吃便宜菜。你听，他们还在包间里笑。"

显然酒楼经理和顾客 A 是认识的，酒楼经理不由诉起了苦："你也不是不知道，负责采购的经理也是股东之一，他要进什么菜我们也没数，前天你来是鸡订少了，今天又订多了，所以才临时把限量供应改成特价供应。不好意思，请您体谅。要不下次来前，您先打个电话问问当天的菜？"

顾客 A 颇为不满："嘿，你怎么不先问问下个星期的菜，提前挂出来？"

一旁的周经理不禁失笑，一个不知道外面供应什么，一个不知道自己供应什么，不出乱才怪。转念一想，自己不正也犯着同样的错误吗？一方面，不清楚公司内部的人员情况，每次缺人都措手不及；另一方面，也不清楚劳动力市场供给情况，常常一时招不到合适的人。

（资料来源：宋联可．人力资源案例：价格不定的青椒童子鸡［EB/OL］．（2014-11-25）［2016-11-10］．http://www.hr.com.cn/p/1423413901.）

一、人力资源供给预测的内容

人力资源供给预测是人力资源规划中的核心内容，是预测在未来某一时期，组织内部所能供应的（或经培训有可能补充的）及外部劳动力市场所提供的一定数量、质量和结构的人员，以满足企业为达成目标而产生的人员需求。首先，预测供给是为了满足需要，不是所有的供给都要预测，只预测企业未来需要的人员；其次，人员供给有内部和外部两个来源，因而必须考虑内外两个方面；再次，应当选择适合的预测技术，用较低的成本达到较高的目的；最后，需要预测出供给人员的数量和质量。

（一）外部供给预测

外部供给预测主要是对外部影响供给的因素进行判断，从而对外部供给的有效性和变化趋势做出预测。

（二）内部供给预测

人力资源的内部供给来自于企业内部，是指预测期内企业所拥有的人力资源，因此内部供给预测主要是对现有人力资源的存量以及未来的变动情况做出判断。内部供给预测主要有以下几种：

1. 现有人力资源的分析

人力资源不同于其他资源，即使外部条件都保持不变，人力资源自身的自然变化也会影响到未来的供给，如退休、生育等，因此在预测未来人力资源的供给时，需要对现有的人力资源状况做出分析。例如，企业现有 58 岁的男性员工 20 人；53 岁的女性员工 15 人，那么即使没有其他因素的影响，由于这些人 2 年后要退休，2 年后企业内部的人力资源供给就会减少 35 人。一般来说，现有人力资源的分析主要是对员工的年龄结构做出分析，因为人力资源自身的变化大多与年龄有关。此外，现有人力资源的分析还需要就员工的性别以及员工身体状况进行分析。

2. 人员流动的分析

人员流动主要包括人员由企业流出和人员在企业内部的流动两种。

（1）人员由企业流出。由企业流出的人员数量就形成了内部人力资源供给减少的数量，造成人员流出的原因有很多，如辞职、辞退等。

（2）人员在企业内部的流动。对这种流动的分析应针对具体的部门、职位层次或职位类别来进行。虽然这种流动对于整个企业来说并没有影响到人力资源的供给，但是对内部的供给结构却造成了影响。例如，当人员由 B 部门流入 A 部门时，对 A 部门来说，由于流入了人员，供给量增加，流入了多少人员，其内部的人力资源供给就增加了多少；而对 B 部门来说，由于流出了人员，供给量减少，流出了多少人员，其内部的人力资源供给就减少了多少。在分析企业内部的人员流动时，不仅要分析实际发生的流动，还要分析可能的流动，也就是说要分析现有人员在企业内部调换职位的可能性，这可以预测出潜在的内部供给。分析员工可能的流动性，主要的依据是绩效考核时对员工工作业绩、工作能力的评价结果。

3. 人员质量的分析

人员质量的变动主要表现为生产率的变化，生产效率提高，内部的人力资源供给相应就会增加；反之，生产效率降低，内部的人力资源供给则会减少。

二、人力资源供给预测的影响因素

企业的人力资源供给包含内部与外部两个部分，因此供给预测影响因素既有外部区域性的影响因素，也有企业自身的影响因素。

（一）区域性的影响因素

1. 外部劳动力市场的状况

外部劳动力市场的状况主要包括人口规模、人力资源素质结构、人力资源年龄结构等。外部劳动力市场紧张，外部供给的数量就会减少；相反，外部劳动力市场宽松，外部供给的数量就会增多。

2. 人力资源市场状况

人力资源市场状况主要包括地区的人才供需比例和行业人才供需状态、劳动力市场优化配置程度、企业所在地区的薪酬总体水平、行业薪酬水平。人才失业率和新增劳动力直接影响劳动力市场对企业的供给状况，只有当企业所提供的岗位条件与劳动力对岗位需求条件吻合才能保证双方达成共识，企业获得符合要求的人力资源。

3. 人们的就业意识

人才的就业心理偏好直接影响企业招聘的人员状态，不好的择业心理，会使企业不能很好地完成招募计划或保证招聘质量。如果企业所在的行业是人们择业时的首选行业，那么人力资源的外部供给量自然就会多，反之就比较少。

（二）企业自身的影响因素

如果企业对人们有吸引力的话，人们就愿意到这里来工作，这样企业的外部人力资源供给量就会比较多；反之，如果企业不具有吸引力的话，企业的外部人力资源供给量就会比较少。企业自身的企业文化、企业环境、企业前景等方面对人才的吸引度和满意度具有很大影响。对企业现阶段的人力资源供给具有现实意义的内部的影响因素主要有内部员工的自然流失、非自然流失以及企业内部人力资源的流转。

三、企业人力资源供给预测的步骤

人力资源供给预测分为内部供给预测和外部供给预测两部分。其具体步骤如下：

（1）进行人力资源盘点，了解组织员工现状。

（2）分析组织的职务调整政策和历史员工调整数据，统计出员工调整的比例。

（3）向各部门的人事决策人了解可能出现的人事调整情况。

（4）将（2）和（3）步的情况汇总，得出企业内部人力资源供给预测结论。

（5）分析影响外部人力资源供给的地域性因素，包括激励上的得失，从而及时采取相应的措施。

①组织所在地的人力资源的整体现状。

②组织所在地的有效人力资源的供求现状。

③组织所在地对人才的吸引程度。

④组织薪酬对所在地人才的吸引程度。

⑤组织能够提供的各种福利对当地人才的吸引程度。

⑥组织本身对人才的吸引程度。

（6）分析影响外部人力资源供给的全国性因素。其主要包括：

①全国相关专业的大学生毕业人数及分配情况。

②国家在就业方面的法规和政策。

③该行业全国范围的人才供需状况。

④全国范围从业人员的薪酬水平和差异。

（7）根据（5）和（6）的分析，得出企业外部人力资源供给预测结论。

（8）将组织内部人力资源供给预测和企业外部人力资源供给预测汇总，得出人力资源供给预测结论。

四、人力资源供给预测的主要方法

（一）外部供给预测的主要方法

1. 相关因素预测法

相关因素预测法是找出影响劳动力市场供给的各种因素，分析这些因素对劳动力市场变化的影响程度，预测未来劳动力市场的发展趋势的方法。

其步骤如下：

（1）分析哪些因素是影响劳动力市场供给的主要因素，选择相关因素。

（2）根据历史数据，找出相关因素与劳动力供给的数量关系。

（3）预测相关因素的未来值。

（4）预测劳动力供给的未来值。

人力资源供给的主要影响因素包括组织因素和劳动生产率等。以组织因素为例，在组织中，顾客数量、销售量、产量等都可以作为预测用的组织因素。根据企业特性选择合适的组织因素，一般而言，选取的组织因素必须满足两个条件：第一，组织因素应该与组织的基本特性直接相关，企业可以根据这一因素来制订计划；第二，组织因素应该与所需员工数量成比例。

找准相关因素后，关键的任务是确定相关因素与人力资源供给之间的数量关系。首先，找到相关因素的历史数据，因为历史原因，有的数据的统计方法不同，有的数据发生了突然变动，这时需要先对这些数据进行修正；其次，利用数学手段分析数据，寻找出相关因素之间的函数关系；最后，将相关因素的预测值代入等式，就可以得到人力资源供给的预测值。

2. 市场调查预测法

市场调查预测法是指运用科学的方法和手段，系统地、客观地、有目的地收集、整理、分析与劳动力市场有关的信息，在此基础上预测劳动力市场未来的发展趋势的方法。

其步骤如下：

（1）确定问题和预测目标。

（2）制订市场调查计划。

（3）收集信息。

（4）整理、分析信息。

（5）提出结论，预测未来劳动力市场发展趋势。

在进行市场调查前，一定要明确调查的目的是什么以及与目的相关的问题有哪些。由于这是为预测供给而开展的调查活动，因此调查的结果要能为预测提供依据。然而，并非所有的人力资源供给都需要通过市场调查预测法进行预测，因为这种方法的成本很高。

（二）内部供给预测的主要方法

1. 人力资源盘点法

人力资源盘点法是对现有的人力资源数量、质量、结构进行核查，掌握目前拥有的人力资源状况，对短期内人力资源供给做出预测。这种方法主要是确定目前的人力资源状况，颇有盘点的意味。掌握现有的人力资源情况是基础性工作，能否清楚地、正确地认识现有的人力资源情况将影响到其他的人力资源管理工作。人力资源盘点法非常重要，在供给预测中，它起着基础性作用，但很难单独成为有效的预测法。

其步骤如下：

（1）设计人事登记表。

（2）在日常人力资源管理中，做好记录工作。

（3）定期核查现有的人力资源状况。

（4）预测未来内部的人力资源供给状况。

人事登记表不是简单地记录个人的人事信息，而是一份为供给预测服务的登记表（见表 3-3）。首先，人事登记表要包括员工的个人基本信息，这是盘点的基础。其次，人事登记表要体现员工调动工作的意愿，在人员变动时作为参考，让员工从主观上胜任未来岗位。最后，人事登记表要反映出员工的工作能力和发展潜力，评估其调动的可能性，在客观上确认员工能胜任未来岗位。

表 3-3　人事登记表

姓名：	性别：	出生年月：	婚姻状况：	填表日期：
部门：	科室：	工作职称：	工作地点：	到职日期：
教育情况				
起讫年月	学校		专业	学位种类
培训情况				
起讫年月日	培训机构	培训主题		

表3-3(续)

技能情况			
获取证书时间	技能种类	证书	
个人意向			
是否愿意担任其他类型的工作?		是	否
是否愿意调到其他部门工作?		是	否
是否愿意接受工作轮换?		是	否
是否愿意调换工作地点?		是	否
如可能，认为目前可以承担什么工作?			
如可能，愿意将来承担什么工作?			
认为目前最需要什么培训?			
期望以后参加哪些方面的培训?			

2. 替换图法

替换图法是通过绘制替换图，预测未来替换空缺职位的人力资源供给情况的方法。这种方法在企业中得到广泛运用，但由于该方法较为复杂，因此主要运用于预测重要岗位的人员供给。

其步骤如下:

(1) 根据组织结构图绘制替换图的框架。

(2) 评价每个人的当前绩效和提升潜能。

(3) 预测职位空缺可能。

(4) 预测替换这些空缺职位的人力资源供给情况。

(5) 综合分析整个企业的人员替换情况，建立人力资源替换模型（此步骤是替换图法的延伸，如有此步骤，则该方法变为人力资源供给预测中的替换计划法)。

(6) 当职位出现空缺时，根据多张替换图预测出一系列的人员变动。

图 3-2 是一张人员替换图。如果总经理一职空缺，a1 是最佳人选，因为他当前绩效优秀，并且可以提升。a1 提升后，A 部门的职位又将空缺，c1 和 d1 都可以提升，但是 d1 的当前绩效更好，优先考虑提升 d1。d1 提升后，D 部门又有新的职位空缺，再继续用替换图寻找合适的候选人。

已绘制好的替换图可以为企业变动人员提供重要参考，当岗位出现变动时，需要及时更新替换图。既然这是一个预测工具，当然希望能对未来变动进行预测，因此许多企业会在此基础上预测职位空缺情况。职位空缺的原因很多，如离职、辞退、调动、业务扩大等原因。有些空缺是容易预测的，如退休、有计划的调动、预期的业务扩大等，这些变动可以事先预测到，企业能掌握主动。有些空缺则是难以预测的，如辞职、临时调动、业务突然变化等，不确定性很高，企业显得较被动。对于前者，可以通过各项计划较准确地预测；对于后者，可以通过过去的经验粗略估计。将两者相加，便

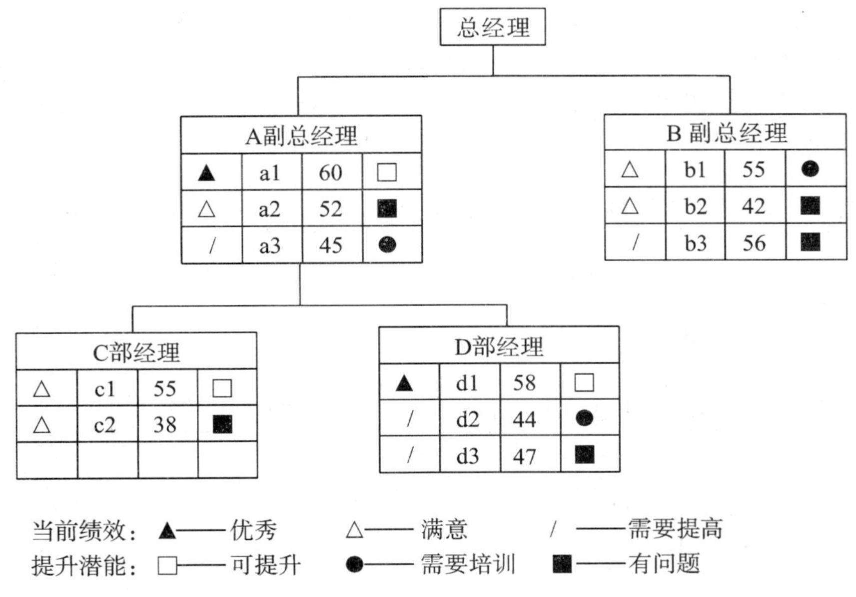

图 3-2　管理人员替换图

可得到一个大致的职位空缺预测情况。

3. 人力资源水池模型

人力资源水池模型是在预测企业内部人员流动的基础上来预测人力资源的内部供给，它与人员接替有些类似，不同的是人员接替是从员工出发来进行分析，而且预测的是一种潜在供给；水池模型则是从职位出发进行分析，预测的是未来某一时间现实的供给。这种方法一般要针对具体的部门、职位层次或职位类别来进行，由于其要在现有人员的基础上通过计算流入量和流出量来预测未来的供给，就好比是计算一个水池未来的蓄水量，因此称为水池模型。

以下通过一个职位层次分析的例子来介绍水池模型的运用。

首先，可以使用以下公式来预测每一层次职位的人员流动情况：

未来供给量=现有人员的数量+流入人员的数量-流出人员的数量（见图 3-3）

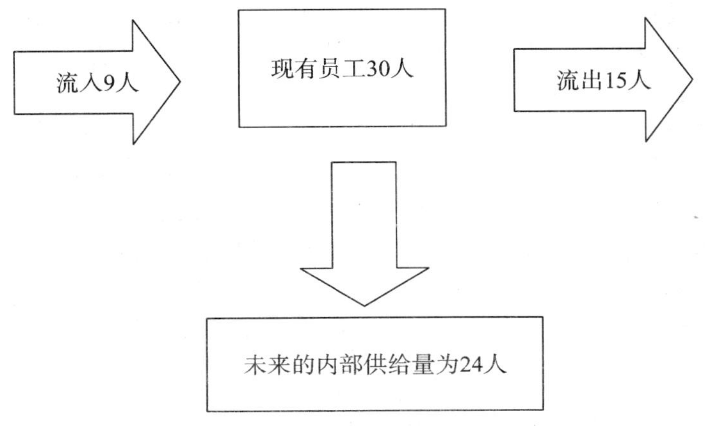

图 3-3　某一层次职位的内部人力资源供给图

对每一职位来说，人员流入的原因有平行调入、向下降职和向上晋升；人员流出的原因有向上晋升、向下降职、平行调入和离职。

在分析完所有层次的职位后，将它们合并在一张图中，就可以得出企业未来各个层次职位的内部供给量以及总的供给量（见图3-4）。

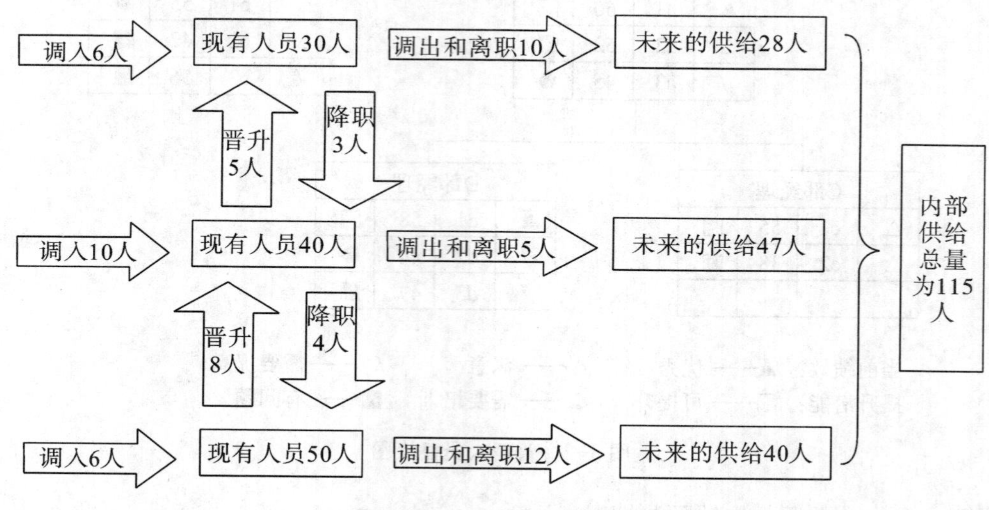

图3-4　人力资源水池模型

4. 马尔科夫模型

马尔科夫模型是根据历史数据，预测等时间间隔点上的各类人员分布状况。此方法的基本思想是根据过去人员变动的规律，推测未来人员变动的趋势。因此，运用马尔科夫模型时，假设未来的人员变动规律是过去变动规律的延续。也就是说，转移率要么是一个固定比率，要么可以通过历史数据以某种方式推算出。

其步骤如下：

（1）根据历史数据推算各类人员的转移率，得出转移率的转移矩阵。

（2）统计作为初始时刻点的各类人员分布状况。

（3）建立马尔科夫模型，预测未来各类人员供给状况。

运用马尔科夫模型可以预测一个时间段后的人员分布，虽然这个时间段可以自由定义，但较为普遍的是以一年为一个时间段，因为这样最为实用。在确定转移率时，最粗略的方法就是以今年的转移率作为明年的转移率，这种方法认为最近时间段的变化规律将继续保持到下一时间段。虽然这样很简便，但实际上一年的数据过于单薄，很多因素没有考虑到，一个数据的误差可能非常大。因为以一年的数据得出的概率很难保证稳定，最好运用近几年的数据推算。在推算时，可以采用简单移动平均法、加权移动平均法、指数平滑法、趋势线外推法等，可以在试误的过程中发现哪种方法推算的转移率最准确。在推算时，可以尝试用不同的方法计算转移率，然后用这个转移率和去年的数据来推算今年的实际情况，最后选择与实际情况最相符的计算方法。转移率是一类人员转移到另一类人员的比率，计算出所有的转移率后，可以得到人员转移率的转移矩阵。

$$i\text{类人员的转移率}=\frac{\text{转移出}\,i\,\text{类人员的数量}}{i\,\text{类人员原有总量}}$$

人员转移率的转移矩阵：

$$P=\begin{vmatrix} P_{11} & P_{12} & \cdots & P_{1K} \\ P_{21} & P_{22} & \cdots & P_{2K} \\ P_{31} & P_{32} & \cdots & P_{3K} \\ \vdots & \vdots & & \vdots \\ P_{K1} & P_{K2} & \cdots & P_{KK} \end{vmatrix}$$

该方法一般是以现在的人员分布状况作为初始状况，因此只需要统计当前的人员分布情况即可。这是企业的基本信息，人力资源部门可以很容易地找到这些数据。

建立模型前，要对员工的流动进行说明。流动包括外部到内部流动、内部之间流动、内部到外部的流动，内部之间的流动可以是提升、降职、平级调动等。由于推测的是整体情况，个别特殊调动不在考虑之内。马尔科夫模型的基本表达式如下：

$$N_{i(t)} = \sum_{j=1}^{k} N_{i(t-1)} P_{ji} + V_{i(t)}$$

式中：$i, j = 1,2,3,\cdots,k$；

$t = 1,2,3,\cdots, n$；

k 为职位类数；

$N_{i(t)}$ 为 t 时刻的 i 类人员数；

P_{ji} 为 j 类人员向 i 类人员转移的转移率；

$V_{i(t)}$ 为在$(t-1,\ t)$时间内 i 类人员所补充的人员数。

只要知道各类人员的起始数量、转移率、未来补充人数，就可以运用上式预测出各类人员的分布情况。马尔科夫模型可以非常清楚地推算出未来的各类人员数量，在企业中得到广泛运用。为了使计算过程看上去更为直观，一些企业用表格来表示预测的过程。假设一企业今年的人员分布及计算出的转移率如表 3-4 所示，可预测出明年的人员分布情况如表 3-5 所示。

表 3-4　　今年各类人员数量及其转移率

初始人数（人）	人员类别	管理人员	技术人员	一般人员	离职
20	管理人员	0.9			0.1
30	技术人员	0.1	0.7		0.2
100	一般人员	0.1	0.1	0.6	0.2

表 3-5　　预测明年各类人员数量分布　　单位：人

初始人数	人员类别	管理人员	技术人员	一般人员	离职
20	管理人员	18			2
30	技术人员	3	21		6
100	一般人员	10	10	60	20
预测人员供给量		31	31	60	28

第四节 人力资源供求平衡对策

企业人力资源供求达到平衡（包括数量和质量）是人力资源规划的目的。企业要经过人力资源供给与需求预测，结合企业的发展实际，了解现有人力资源状况，明确企业目前人力资源是富足还是短缺、是供不应求还是供过于求，并通过平衡分析，获得企业人员的净需求量，进而采取有效措施，以达到企业人力资源供需的相对平衡。

实际上，企业在整个发展过程中，人力资源状况始终不可能自然地处于供求平衡状态，而总是处于一种动态的供需失衡的状态，具体情况如表 3-6 所示。人力资源规划就是要根据企业人力资源供求预测结果，制定相应的政策措施，使企业未来人力资源供求实现平衡。

表 3-6 企业发展过程中的人力资源供需状态

企业发展时期	人力资源供需状况描述	人力资源状态
扩张阶段	企业人力资源需求旺盛，人力资源供给不足	供不应求，人员短缺
稳定发展阶段	企业的人力资源可能会达到表面上的稳定，但仍存在离职、退休、晋升、职位调整等情况	供需平衡，可能存在结构性失调的状况
萧条阶段	人力资源需求不足，供给变化不大	供过于求

一、人力资源需求大于供给时的组织对策

当预测企业的人力资源在未来可能发生短缺时，要根据具体情况选择不同方案以避免短缺现象的发生。

第一，将符合条件而又处于相对富余状态的人调往空缺职位。

第二，如果高技术人员出现短缺，应拟订培训和晋升计划，在企业内部无法满足要求时，应拟订外部招聘计划。

第三，如果短缺现象不严重，并且本企业的员工又愿意延长工作时间，则可以根据相关法律法规，制订延长工时且适当增加报酬的计划，这只是一种短期应急措施。

第四，提高企业资本技术有机构成，提高工人的劳动生产率，形成机器替代人力资源的格局。

第五，制订聘用非全日制临时用工计划，如返聘已退休者，或者聘用小时工等。

第六，制订聘用全日制临时用工计划。

总之，以上这些措施虽然是解决组织人力资源短缺的有效途径，但最为有效的方法是通过科学的激励机制以及培训提高员工生产业务技能，改进工艺设计等方式，来调动员工积极性，提高劳动生产率，减少对人力资源的需求。

二、人力资源需求小于供给时的组织对策

企业人力资源过剩是当前我国企业面临的主要问题之一，是我国现有企业人力资

源规划的难点问题之一。解决企业人力资源过剩的常用方法如下：

第一，永久性辞退某些劳动态度差、技术水平低、劳动纪律观念差的员工。

第二，合并和关闭某些臃肿的机构。

第三，鼓励提前退休或内退，对一些接近而还未达退休年龄者，应制定一些优惠措施，如提前退休者仍按正常退休年龄计算养老保险工龄；有条件的企业，还可一次性发放部分奖金（或补助），鼓励提前退休。

第四，提高员工整体素质，如制订全员轮训计划，使员工始终有一部分在接受培训，为企业扩大再生产准备人力资本。

第五，加强培训工作，使企业员工掌握多种技能，增强竞争力。鼓励部分员工自谋职业，同时可拨出部分资金，开办第三产业。

第六，减少员工的工作时间，随之降低工资水平，这是西方企业在经济萧条时经常采用的一种解决企业临时性人力资源过剩的有效方式。

第七，采用由多个员工分担以前只需要一个或少数几个人就可以完成的工作和任务，企业按工作任务完成量来计发工资的办法。这与上一种方法在实质上是一样的，即都是减少员工工作时间，降低工资水平。

三、人力资源供求结构不匹配时的组织对策

企业人力资源供求完全平衡的情况极少见，甚至不可能，即使是供求总量上达到平衡，也会在层次、结构上发生不平衡。对于结构性的人力资源供需不平衡，企业应依具体情况制定供求平衡规划。

第一，进行人员内部的重新配置，包括晋升、调动、降职等，来弥补那些空缺的职位，满足这部分的人力资源需求。

第二，对现有人员进行有针对性的专门培训，使他们能够从事空缺职位的工作。

第三，进行人员的置换，清理那些企业不需要的人员，补充企业需要的人员，以调整人员的结构。

在制定平衡人力资源供求的政策措施的过程中，不可能是单一的供大于求或供小于求，往往可能出现的是某些部门人力资源供过于求，而另外几个部门则可能人力资源供不应求，也许是高层次人员供不应求，而低层次人员却供给远远超过需求。因此，企业应具体情况具体分析，制定出相应的人力资源部门或业务规划，使各部门人力资源在数量、质量、结构、层次等方面达到协调平衡。

第五节　人力资源规划实务

一、东通公司人力资源现状分析

东通公司自 2012 年成立以来，坚持以人为本的管理思想，重视人力资源开发，采取了一系列的举措和政策，稳定人才，培养人才，吸引了许多中高级人才的加盟，基本满足了东通公司发展对人才的需求，初步形成了一支素质较好、层次较高的人才队伍。但随着东通公司规模的发展壮大和业务范围的不断拓展，其对于人才的要求也逐

渐强烈，如何始终确保一支素质好、层次高的中高层管理队伍困扰着东通公司人力资源的建设。

东通公司现有的人力资源状况从员工数人数、员工年龄与性别结构、员工学历结构、员工职称结构等方面进行分析。

（一）员工总人数

截至2015年12月31日，东通公司有在职管理员工39人（其中返聘1人，临时聘用2人）。

（二）员工年龄与性别结构

男员工32人，女员工7人。其中，25岁以下的员工7人；26~30岁的员工12人；31~35岁的员工10人；36~40岁的员工3人；41~45岁的员工1人；46~50岁的员工3人；51~55岁的员工1人；56~60的员工2人（见表3-7）。

表3-7　　公司员工年龄、性别情况表

公司名称	男女比例		年龄结构（岁）							
	男员工数	女员工数	≤25	26~30	31~35	36~40	41~45	46~50	51~55	55以上
东通公司(人)	32	7	7	12	10	3	1	3	1	2
比例(%)	82	18	18	31	26	7	3	7	3	5

（三）员工学历结构

硕士学历5人，本科学历23人，大专学历8人，中专(技校)学历3人（见表3-8）。

表3-8　　公司员工学历情况表

	学历结构				
公司名称	硕士	本科	大专	中专（技校）	函授及其他
东通公司（人）	5	23	8	3	0
比例（%）	13	59	20	8	0

（四）员工职称结构

截至2015年12月31日，东通公司员工有高级职称的4人，中级职称的6人，初级职称的18人（见表3-9）。

表3-9　　公司员工职称情况统计表

	职称结构			
公司名称	高级	中级	初级	无
东通公司	4	6	18	11
比例（%）	10	15	46	29

（五）东通公司现状分析

（1）从东通公司目前的管理人员的数量来看，基本能够满足东通公司生产的需要，可以东通公司目前的各项管理工作，但人员的数量较为精简，人员的工作负荷程度较高。

（2）东通公司目前的管理人员的年龄结构基本合理，高层管理人员有5人分布在31~50岁的范围，较为均匀。东通公司应重视对于年轻干部的培养，26~35岁的人员中基本集中了东通公司的中层干部，是东通公司的中坚力量。

（3）从东通公司目前的管理人员的资质来看，管理人员本科及以上学历占到72%，资质较高，但是受境外管理成本、岗位编制限制等客观因素影响，人员水平差别较大，单纯靠境外人员储备、培养等手段实现中高层人才梯队建设“AB角”配备较为困难，不利于队伍建设。

（4）人员结构需要进一步优化，高级职称人员只占10%，中级职称人员只占15%，东通公司整体的技术含量偏低，应进一步增加高级、中级职称的人员数量。

（5）东通公司目前的薪资水平相对还是比较有竞争力的，但是需要进行全面系统的绩效考核设计，充分发挥激励因素，调动员工积极性。

二、东通公司三年人力资源规划

（一）东通公司人力资源理念

人是一切物质和精神财富的创造者，是企业发展振兴的力量源泉，企业的一切管理活动，始终遵循以人为本的管理思想。企业应倡导终身学习，不断为员工创造实现职业理想的机会，使员工掌握终生就业的本领。企业应为开拓者搭建成功的阶梯，为进取者提供创业的舞台，创造条件成就员工的理想，为员工创造施展才华的机会，提供充分发挥自身潜能和实现自我价值的空间。

（二）东通公司人力资源战略和策略

根据东通公司的人力资源现状，结合面向未来的发展战略，东通公司的人力资源战略如下：

（1）一定时期内，公司机制的作用大于人的作用；要建立发展、发挥大多数人能力的机制。

（2）关键人才继续以内部培养为主，适当引进职业化人才；同时考虑更有效地利用外部人力资源。

（3）强化协作，营造团队文化，鼓励团队绩效、团队能力。

（4）侧重非经济性激励，适当提升经济性激励的水准和有效性。

（5）重视长期绩效，短期效益服从于长期绩效；强调对人的素质开发和培养。

（三）东通公司人力资源规划

1. 公司人员定编规划

目前东通公司人员的数量较为精简，人员的工作负荷程度较高，随着东通公司发展精细化程度越来越高，该人员数量无法满足东通公司发展需要。东通公司要在保证关键岗位基础上，招聘、培养管理、使用属地化人员。

东通公司现有管理员工 39 人，3 年内中方管理人员编制 35 人，减少 4 人，属地化管理人员配备 10 人以上，分布至各部门、项目部。

2. 宏观定编制

现状：高层（领导层，即总经理助理及以上）6 人，占 15. 38%；中层（部门经理、部门副经理、高级业务主管、项目经理）23 人，占 58. 97%；基层（业务主管及以下、项目其他管理人员）10 人，占 25. 64%。

规划：截至 2018 年 12 月 31 日，高层（领导层，即总经理助理及以上）占 10%；中层（部门经理、部门副经理、高级业务主管、项目经理）占 20%；基层（业务主管及以下、项目其他管理人员）占 70%，该数据含属地化管理人员。

三、东通公司人员配置规划

员工职位确认后，职位调整应按规定统一调整，职位调整遵循员工个人业绩及素质倾向的原则。

（一）人员职位晋升

按职位层级规划，每年调整一次。各部门同类职位工作人员间按比例调整，绩效优异的低层级的员工向上晋升。

（二）人员职位降级

按职位层级规划，每年调整一次。各部门同类职位工作人员间按比例调整，绩效评价差的低层级的员工向下降级。

（三）人员职位异动调整

职位异动是指不同类职位间的调整，不同类职位间的调整统一采取竞争上岗的办法。

四、东通公司教育培训规划

（一）第一阶段

2016 年完成培训系统建设，搭建健全的培训管理体系，实现培训工作的全面科学管理，为迈向学习型组织做好基础性工作；通过培训提升员工技能，提高工作绩效，提升员工竞争能力。

（二）第二阶段

截至 2017 年 12 月 31 日，进行文化建设，塑造东通公司的学习文化，形成良好的学习氛围。

（三）第三阶段

截至 2018 年 12 月 31 日，效益优化，实现学习文化的价值转化，达到文化和效益的结合。

五、东通公司招聘选拔规划

（一）2016 年人员需求招募计划

总需求：××人。
预计流失人员：××人。
预计需招募人员：××人。

（二）2017 年人员需求招募计划

总需求：××人。
预计流失人员：××人。
预计需招募人员：××人。

（三）2018 年人员需求招募计划

总需求：××人。
预计流失人员：××人。
预计需招募人员：××人。

六、东通公司整体人员规划

东通公司整体人员规划如表 3-10 所示。

表 3-10　　东通公司整体人员规划　　单位：人

名称	2015 年年底（现状）	2016 年年底	2017 年年底	2018 年年底
总人数	39	35	35	35
预计回国人数（境外机构）	2	17	1	1

七、东通公司重点岗位三年内人员规划

东通公司重点岗位三年内人员规划如表 3-11 所示。

表 3-11　　东通公司重点岗位三年内人员规划　　单位：人

岗位	2015 年年底（现状）	2016 年年底	2017 年年底	2018 年年底
总经理	1	1	1	1
常务副总经理	1	1	1	1
副总经理	0	1	1	1
三总师	2	2	2	2
总经理助理	1	1	1	1
三副总师	0	1	1	1
部门经理	4	5	5	5
项目经理	10	8	8	8
项目总工	2	3	3	3
商务经理	1	1	1	1

八、东通公司各专业序列三年内人员规划

东通公司各专业序列三年内人员规划如表 3-12 所示。

表 3-12　　东通公司各专业序列三年内人员规划　　单位：人

岗位	2015 年年底(现状)	2016 年年底	2017 年年底	2018 年年底
市场经营人员	3	3	3	3
商务人员	5	5	5	5
财务管理人员	2	2	2	2
审计人员	5（兼）	5（兼）	5（兼）	5（兼）
工程技术人员	1	2	2	2
材料管理人员	4	4	4	4
人力资源管理人员	1	1	1	1
综合管理人员	1	1	1	1
法律管理人员	0	1（兼）	1（兼）	1（兼）

【本章小结】

人力资源规划是企业建立战略型人力资源管理体系的前瞻性保障，通过对企业人力资源的供需分析，可以预见人才需求的数量和质量要求，以此确定人力资源工作策略。人力资源规划咨询服务从企业战略出发，详尽分析企业所处行业和地域等外部环境，透彻了解企业现有的人力资源基础，结合强大的数据基础，准确预测企业未来发展所需的各类人力资源的数量、质量、结构等方面的要求，结合市场供需确定企业人力资源工作策略，制订切实可行的人力资源规划方案。人力资源规划是组织发展战略的重要组成部分，同时也是实现组织战略目标的重要保证。

本章主要阐述了人力资源规划的含义与作用、人力资源规划的程序、影响人力资源需求与供给的因素，重点介绍了人力资源需求预测与供给预测的方法以及人力资源供需平衡的对策等。

【简答题】

1. 什么是人力资源规划？人力资源规划有哪些作用？
2. 如何进行人力资源规划？
3. 影响人力资源需求的因素有哪些？
4. 人力资源需求预测的方法有哪些？
5. 人力资源供给预测的方法有哪些？
6. 应当怎样平衡人力资源的供给和需求？

【案例分析题】

万科五年人力资源规划（2011—2015 年）

一、万科概述

万科企业股份有限公司（以下简称万科）成立于 1984 年 5 月，是目前中国最大的专业住宅开发企业。1988 年万科进入住宅行业，1993 年万科将大众住宅开发确定为公司核心业务，2006 年万科的业务覆盖以珠三角地区、长三角地区、环渤海地区三大城市经济圈为重点的 20 多个城市。经过多年努力，万科逐渐确立了在住宅行业的竞争优势：“万科”成为行业第一个全国驰名商标。

以理念奠基、视道德伦理重于商业利益，是万科的最大特色。万科认为，坚守价值底线、拒绝利益诱惑，坚持以专业能力从市场获取公平回报，致力于规范、透明的企业文化建设和稳健、专注的发展模式是万科获得成功的基石。凭借公司治理和道德准则上的表现，万科载誉不断。

近年来，随着中国经济的持续发展、政府政策的不断支持、各项法规的逐步完善、住宅消费群体的日益成熟，中国的住宅产业日渐繁荣。面临良好的市场机遇，未来 5 年，凭借一贯的创新精神及专业开发优势的万科将以上海、深圳、广州为核心城市，选择以上海为龙头的长三角地区和以广州为龙头的珠三角地区进行区域重点发展，同时还将选择以沈阳为中心的东北地区，以北京、天津等核心城市和成都、武汉等腹地区域经济中心城市作为发展目标，进一步扩大万科在各地的市场份额，实现成为行业领跑者的目标。

二、万科人力资源战略目标

深入分析企业人力资源面临的内外部环境，发现问题和潜在的人员流失风险，提出应对措施。合理预测企业中长期人力资源需求和供给，规划和控制各部门人力资源发展规模，建立完善的人力资源管理体系。规划核心人才职业生涯发展，打造企业核心人才竞争优势，持续培养专业化、富有激情和创造性的职业经理队伍，加强对专业性人才的培养和引进。规划员工队伍发展，提高员工综合素质，培养最出色的专业和管理人才，并为其提供最好的发展空间和最富竞争力的薪酬待遇。

三、万科未来五年人力资源需求预测

由于社会经济的高速发展，人们对于住宅的不同种需求近几年呈现上升态势，万科结合市场和企业发展的因素，加大了市场的开发力度，近几年的员工数量呈现上升态势。万科的员工数量从 2006 年的 15 914 人上升到 2010 年的 18 190 人（见表 3-13）。

表 3-13　　万科员工人数　　单位：人

年度	2006	2007	2008	2009	2010
员工人数	15 914	16 464	17 034	17 614	18 190

根据表 3-13 显示的信息，对于万科 2011—2015 年的人员需求计算如下：

通过分析 2006—2010 年的员工数量，运用一元线性回归分析法：$y=a+bx$，求得

2011 年人员需求为 18 765 人，2012 年人员需求为 19 340 人，2013 年人员需求为19 915 人，2014 年人员需求为 20 490 人，2015 年人员需求为 21 065 人。由于未来的不确定性，人员需求数量定位（预测数字的增减）100 人上下浮动。

四、万科的部门体系及人员招聘

万科的部门体系如图 3-5 所示。

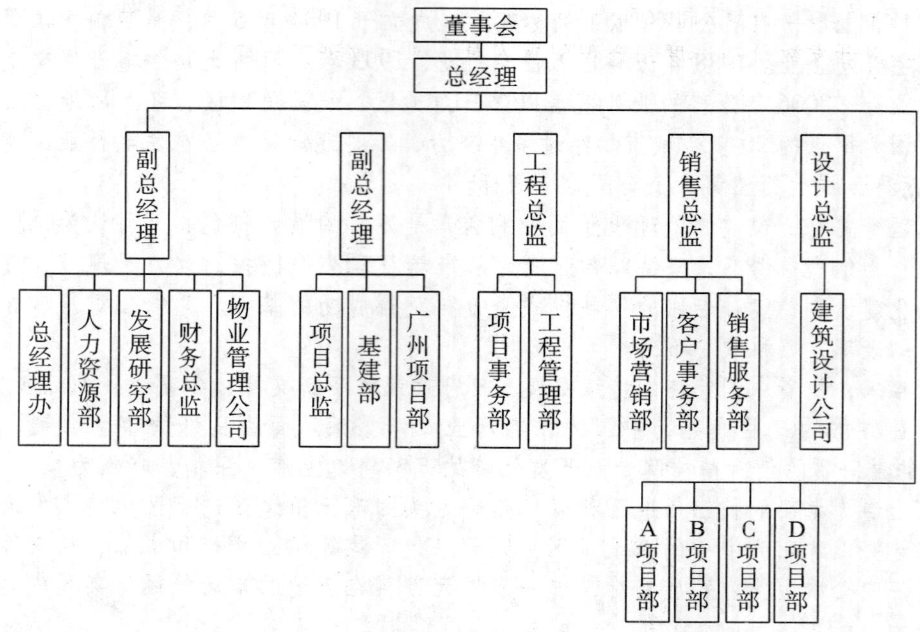

图 3-5 万科的组织结构图

2011—2015 年，由于市场投资环境的变化和企业的发展，员工可能需要承受的各方面压力加大，为了帮助员工更好地调节自己，企业需要设立员工心理咨询协会等类似部门。而市场又是不能完全预测的，为了规避不必要的风险和获取更多的利润，企业可能会成立投资管理部、企业发展部等类似部门，新增部门的人员或多或少地会得不到满足。这些空缺的职位首先向集团内员工提供，以此满足员工个性化的发展要求，鼓励员工流动到更能发挥自己能力的岗位，其次通过招聘等一系列工作来填补岗位的空缺。

万科内部人员流动矩阵如表 3-14 所示。

表 3-14 万科内部人员流动矩阵

职位 层次	人员流动概率				
	高层领导	中层领导	基层领导	员工	离职
高层领导	0.95				0.05
中层领导	0.05	0.80			0.15
基层领导		0.10	0.75		0.15
员工			0.10	0.70	0.20

综合表3-14的数据我们可以看出，在任何一年中，平均95%的高层领导仍在万科，而5%的高层领导会退出；75%的基层领导会留在原来的岗位，10%的基层领导会晋升为中层领导，15%的基层领导会离职。根据这些数据和目前的岗位人数，我们就可以推算出未来的人员变动（供给量）状况，从而制订有效的招聘计划。

五、万科人力资源规划政策的实施

（一）员工招聘：控制人员规模，提升人员质量，加强雇主品牌建设

按项目开发数量和进度，合理配置人员，通过改进工作模式，提升工作效率，严格控制人员规模；加强新进人员质量控制，在专业能力基础上更加重视培养潜质和职业态度；通过专业外包及劳务派遣方式，逐步优化减少物业地产服务人员队伍；加强对于市场人才状况的了解，拓宽人才吸纳渠道，有针对性地获取高级人才；加强在市场及高校中的雇主品牌建设，以吸引更多的优秀人才。对于内部空缺岗位，在满足内部流动和晋升的前提之下开展招聘工作，在员工招聘方面需重点考察个人素质，或者说是“Soft Skills”（软性技能），比如诚信、有责任心、有激情、常常保持好奇心、具备团队协作精神等，这些特征需与万科的核心价值观一致。

（二）培训与文化策略：加强战略及文化价值观宣导落地，建立贴近业务的培训体系

对于新入职的员工，开展新人入职培训，由万科承认的专业培训师对新入职人员进行全方位的培训，包括企业文化、核心价值观、企业宗旨等各个方面，以便于新入职员工能够快速融入万科。对于新入职的员工，万科安排优秀的老员工对其进行职场领导，同时加强公司战略的宣导，使员工明确战略导向，并指导工作；加强万科企业文化的固化和提炼宣传，防止规模扩张对文化的稀释；推进价值观的行动化，在行动中深化价值观；建立贴近业务的培训体系，推进新方法、新工艺的实际应用，提升员工工作能力和管理效能；打造学习型组织，提升员工及组织的学习总结能力，从而加强优秀经验转化，提升工作能力。

（三）薪酬策略：提高基层薪酬吸引力，加强绩优员工保有和激励

提升公司薪酬吸引力，保持在市场的75%~90%分位线；建立并完善系统全面的薪酬体系，适应公司多元化的人才结构，起到有针对性的激励作用；依据为卓越加薪的方针，持续加强对绩优员工的激励和保有。倡导“健康丰盛的人生”，致力于保持员工、企业双赢的关系。在薪酬体系方面，实行浮动的薪酬体系，结合地区、职务级别和绩效等多方面因素进行考核；在奖惩制度方面，对万科具有巨大贡献的员工实行丰厚的奖励制度。对于企业员工，万科提供在职发展培训，对于优秀员工，万科在给予奖励的同时优先考虑其晋升。同时，万科可以根据每一年的公司收益，不断完善公司的薪酬福利制度，让绩效与市场化的薪酬相匹配，最大力度地保留和激励员工。对于一些有潜力的员工，万科可以采取内部晋升的方式，从而最大力度地保留和激励员工。

（四）组织绩效策略：落实适应未来的组织变革，推进有效的绩效管理体系

建立与公司规模发展相匹配的公司组织架构模式和授权体系；推进片区化项目管理模式落实，并在此基础上进一步建立高效项目管理架构；建立系统全面的绩效管理体系，推进公司战略分解执行，并通过绩效监控，确保组织目标实现；建立系统完善的奖惩体制，全面应用绩效激励。

（五）优才培养策略：加速人才梯队培养，提供切实有针对性的职业发展指导

建立全面系统的优才体系，加强人才梯队的培养，为满足规模扩张做储备；建立系统的优才培养制度，为各层级的优才提供有针对性的培养；加强对优才的关注和职业发展辅导，以帮助其尽快成长。

（六）员工关怀策略：加强服务贴近前线，深化网状员工关系体系作用

关注基层员工，人力资源服务贴近前线，并能及时快速地帮助员工解决问题；加强系统的员工关怀网络建设，以确保各级管理人员都能及时了解员工动向，采取相应的激励对策；营造和谐、富有激情的工作环境，提升员工的敬业度和忠诚度。

思考题：

1. 万科公司人力资源规划工作的具体程序是怎样的？

2. 万科公司人力资源规划有哪些值得借鉴的地方？又有哪些需要完善和改进的地方？

【实际操作训练】

实训项目：人力资源规划。

实训目的：在学习相关理论知识的基础上，进一步掌握人力资源规划的制定，能够编制出规范的人力资源战略规划方案。

实训内容：

1. 到某企业实地调查，了解其现有人力资源配备情况，收集企业组织结构、内外环境、人力资源现状等资料。

2. 对相关部门的领导进行访谈，了解企业整体战略规划和发展目标。

3. 根据前期收集的资料进行汇总和分析。

4. 根据调研获得的数据和资料，选用所学的方法，对企业人力资源需求和供给进行预测。

5. 编制该企业的人力资源规划方案。

第四章 招聘与配置

开篇案例

ABC 集团的招聘哲学

ABC 塑化集团（以下简称 ABC 集团）的董事长王某白手创业，对人才的引进非常重视，并形成了自己的一套招聘哲学。ABC 集团在刚刚起步时，在报纸上刊登公开向社会招聘高级技术管理人才的广告。一时间，200 余名专业技术人员前来报名，自荐担任 ABC 集团的经理、部门主管、总工程师、总会计师等职位。在应聘人员中，有搞了几十年机床设计的高级工程师，也有搞飞机制造、船舶动力装置设计的高级工程师，还有化工、物理、电器等专业的技术人员。王某专门从北京大学聘请来人力资源管理方面的专家组成招聘团，并由自己亲自主持招聘。随后，招聘团对应聘者进行了笔试、口试等选拔测试。经过几轮激烈竞争的考试，自荐者各自显示出自己的才干。答辩中，原某化工公司的高级工程师黄某对 ABC 集团的某型号产品得到质量金牌未有赞词，却提出了居安思危、改进产品的新设想。他说："目前塑料制品的生产技术欧美居于领先地位，我们要将别人的技术加以消化吸收，形成自主开发、独立设计、制造新产品的能力，争取开创世界一流水平。"黄某的一番话给招聘团员留下了深刻的印象，王某高兴地说："我在这里看到了人才流动将会给集团输送多少优秀的管理人才和技术人才啊！"最后经过多方面的考察和调查，包括黄某在内的一批人才被 ABC 集团高薪聘用。

这次公开招聘人才的尝试，确实给 ABC 集团带来了新的生机和活力。新招聘的高级技术管理人员到任不久，便与 ABC 集团领导、技术人员、工人们密切合作，开发出许多新产品，使 ABC 集团在亚洲市场的竞争中取得了优势，ABC 集团迅速成长壮大为国际知名的企业集团。

人才是企业兴衰的关键，因此大多数企业都争相到企业外去招揽人才。王某不完全同意这种做法，他认为人才往往就在身边，因此求才应首先从企业内部去寻找。他说："寻找人才是非常困难的，最主要的是企业内部管理工作先要做好；管理上了轨道，大家懂得做事，单位主管有了知人之明，有了伯乐，人才自然就被发掘出来了。企业内部管理先行健全起来，是条最好的寻人之道。"

如今企业家求才若渴，大多到外边寻找人才，却大叹求才之难。对此，王某指出："企业家对企业内有无人才浑然不知，对人才不给予适才适用的安置，有人才也是枉然。身为企业家，应该知道哪个部门为何需要此种人才。"基于这个道理，ABC 集团每当人员缺少时，往往并不对外招聘，而是调任本企业内部的其他部门的人员。

问题与思考：

1. ABC 集团为什么要选择内部招聘？
2. 在此案例中，ABC 集团的内部招聘采取了哪种方式？

第一节　招聘概述

随着社会经济的发展，企业之间的竞争愈发激烈，这种竞争从根本上来说还是人才的竞争。能否招聘并选拔出合适的员工使得企业拥有富有竞争力的人力资本是一个企业兴衰成败的关键。作为人力资源管理的一项基本职能活动，招聘与配置是人力资源进入企业或具体职位的重要入口，招聘与配置的有效实施不仅是人力资源管理系统正常运转的前提，也是整个企业正常运转的重要保证。

一、招聘的内涵

（一）招聘的概念

招聘，即人员招聘，是人力资源管理工作的一项基本活动。从字面上理解，“招聘”可以分为“招”和“聘”两个部分。“招”就是征召，“聘”就是选择。

本书认为，招聘是指企业根据自身发展需要，按照人力资源规划和工作分析的要求，寻找候选人，并从中选出合适人员予以录用的过程。企业通过发布招聘信息和进行科学的甄选，使企业获取所需的合格人选，并把他们安排到合适的岗位上去工作。

准确地理解招聘的含义，需要把握以下两点：一是员工招聘的基础工作是人力资源规划和工作分析。通过人力资源规划，管理者可以了解企业的岗位需求；而进行工作分析则可以帮助管理者了解什么样的人应该被招聘进来填补这些空缺。只有做好这两项工作，企业才能发布准确的招聘信息，根据岗位要求选拔候选者。二是企业招聘的目标人才不一定是最优秀的，而应该是最适合的、最恰当的。

（二）招聘的影响因素

企业在招聘的过程中会受到多种因素的影响，这些因素分为外部环境因素、组织因素和应聘者因素。

1. 外部环境因素

（1）宏观政策和法规。国家的政策和法律法规从客观上界定了人力资源招聘的选择对象和限制条件，是约束企业招聘和录用行为的重要因素。例如，《中华人民共和国劳动法》规定企业在招聘员工时必须遵循平等就业、相互选择、公开竞争、照顾特殊群体、禁止未成年人就业等原则。又如，很多国家的法律规定，在招聘信息中不能有优先招聘哪类性别、种族、年龄、宗教信仰等人员的表述，除非这些人员是因为工作岗位的真实需要。

（2）地域特征。我国经济发展不平衡，在很大程度上造成各地区人才分布的不均衡。经济发达地区人才相对充足，为人员招聘提供了更多的机会，而经济欠发达地区环境艰苦、人才匮乏，增加了人员招聘的难度。

（3）劳动力市场。劳动力市场是开展招聘工作的主要场所和条件，企业招聘工作的成败会受到劳动力供给数量与质量的双重影响。就现阶段而言，招聘岗位所需的技能要求越低，劳动力市场的供给就越充足，招聘工作越容易；反之，招聘岗位所需的技能要求越高，劳动力市场的供给就越紧缺，招聘难度越大。

（4）经济因素。经济因素对招聘的影响包括两个方面：一方面是宏观经济形势。当经济发展速度放慢时，各类企业对人员的需求减弱；而当经济高速发展时，各类企业对人力资源的需要量会大幅度增加。另一方面是产业发展形势。例如，进入21世纪后，劳动力市场对信息、金融、经管类的人才的需求急剧上升。

（5）技术进步。技术进步对就业者的基本素质提出了新的、更高的要求。技术进步改变了对职位技能的要求，对应聘者的任职资格提出了更高的要求。对企业而言，技术进步导致生产率提高，而生产率提高又导致员工数量的减少，同时也催生了许多新兴行业和职业。

2. 组织因素

（1）企业的声望。企业是否在应聘者心中树立了良好的形象以及是否具有强大的号召力，将从精神方面影响着招聘活动。例如，一些知名的大公司，以其在公众中的声望，就能很容易地吸引大批的应聘者。

（2）组织的发展战略。组织发展战略规定了组织在一定时期内的发展方向和发展目标，对人力资源招聘与配置工作会产生很大影响。实施成长性战略的企业，为不断增强自身的力量，必须加大招聘力度，吸引更多人才；实施稳定性战略的企业，在有限度引进人才的同时，更加关注做好内部员工的调配工作；实施紧缩性战略的企业，其规模和经营领域等都有所减少，因而面临裁员的问题。

（3）企业的招聘政策。企业的招聘政策影响着招聘人员选择的招聘方法。例如，对于要求较高业务水平和技能的工作，企业可以利用不同的来源和招聘方法，这取决于企业高层管理者是喜欢从内部还是从外部招聘。目前，大多数企业倾向于从内部招聘上述人员，这种内部招聘政策可以向员工提供发展和晋升机会，有利于调动现有员工的积极性。其缺点是可能将不具备条件的员工提拔到领导岗位或重要岗位。

企业内的用人是否合理、是否有良好的上下级关系、升迁路径的设置如何、进修机会的多少等，对有相当文化层次的人员来说，在一定程度上比工资待遇更重要。

（4）招聘的成本。由于招聘活动必须付出一定的成本，因此企业的招聘预算对招聘活动有着重要的影响。充足的招聘资金可以使企业选择更多的招聘方法，扩大招聘的范围；有限的招聘资金会使企业进行招聘时的选择大大减少，对招聘效果产生不利的影响。

3. 应聘者因素

（1）应聘者的求职强度。应聘者的个人背景和经历、个人的财政状况等会影响其求职强度。通常，人们的求职强度和个人的财政状况成负相关的关系。有研究表明，在职人员寻找新工作的时间比没有工作的人要少；人们每星期找工作的次数与无工作时的收入之间的关系成反比；经济压力大的人，求职动机会更强烈。此外，求职强度高的应聘者容易接受应聘条件，应聘成功率高；求职强度低的应聘者对应聘条件较挑剔，应聘成功率低。

（2）应聘者的职业兴趣。职业兴趣也是影响人们求职的一大重要因素。有研究表明，员工离职的原因中，除了经济因素外，职业兴趣是导致员工离职的重要原因。人们在职业生涯发展初期受非职业兴趣的影响较大，而随着职业生涯的不断成熟，对于职业兴趣的考量越来越重视，尤其是在自己有充分选择余地的情况下，职业兴趣成为求职动机的最重要的影响因素。

（三）招聘的原则

1. 效率优先原则

效率优先原则，即以尽可能少的招聘成本录用到合适的人员。这一原则要求选择最适合的招聘渠道、考核手段，在保证任职人员质量的基础上，节约招聘费用，避免长期职位空缺造成的损失。

2. 能岗匹配原则

人的能力有大有小，而工作也有难有易。招聘工作不一定要招聘到最优秀的人才，应量才录用，做到人尽其才，用其所长，职得其才，这样才能持久、高效。招聘到最优秀的人才不是最终目的而是手段，最终目的是每一个岗位上用的都是最适合、成本又最低的人员，达到组织整体的效益最优。

作为中国最有影响力企业之一的华为公司，在招聘中有独到的心得。华为公司认为，看一个企业的招聘是否有效，主要体现在以下三个方面：一是能否及时招到所需人员以满足企业需要；二是能否以最少的投入招到合适的人才；三是把所录用的人员放在真正的岗位上是否与预想的一致、适合公司和岗位的要求。

3. 公开公正原则

人员招聘首先必须公开，公示招聘信息、招聘方法。一方面，给予社会上的人才以公平竞争的机会，达到广招人才的目的；另一方面，使招聘工作置于社会公众的监督之下，防止不正之风。在人员招聘过程中，要努力做到公平公正，以严格的标准、科学的方法对候选人进行全面考核，公开考核结果，择优录取。

4. 全面考核原则

全面考核原则不仅指要全面考核应聘者的知识能力、品德等，而且指在做出决策前，决策者对应聘者各方面的素质条件进行综合分析和考虑，从总体上对应聘者做出判断，选拔那些德才兼备的人。

二、招聘的基本流程

招聘流程是指企业从出现空缺岗位到候选人正式进入组织工作的整个过程。这是一个系统连续的程序化操作过程，同时涉及人力资源部门及企业内部各个用人部门及相关环节。员工招聘可以通过确定招聘需求、制订招聘计划、发布招聘信息、甄选、录用和评估招聘效果六个环节来完成。一个完整的人员招聘流程如图 4-1 所示。

（一）确定招聘需求

确定招聘需求是整个招聘工作的起点。人力资源部根据人力资源规划和工作分析的内容以及各部门提出所缺岗位人员的信息，识别、认定是否存在岗位空缺，存在多少岗位空缺，这些空缺岗位需要什么样的人来填补。确定招聘需求不仅要了解人力资源的现实需求，还要及时发现潜在的人员需求。

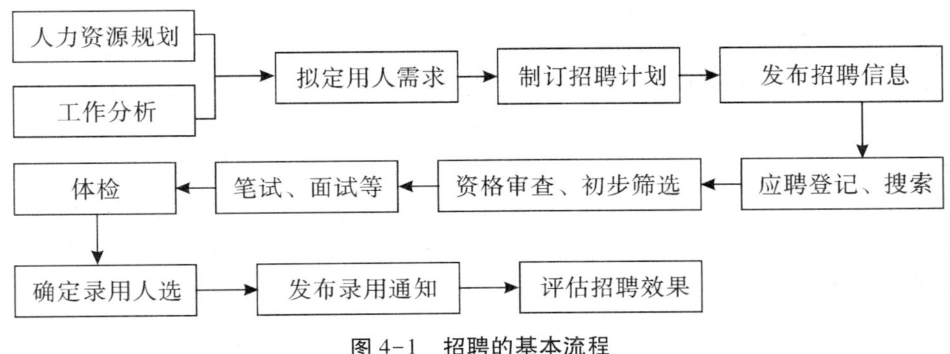

图 4-1 招聘的基本流程

(二) 制订招聘计划

招聘计划是组织根据发展目标和岗位需求对某一阶段招聘工作所做的安排，是进行招聘的基础，在招聘工作中居于首要的地位。要想吸引优秀的人才，取得良好的招聘效果，就要制订好招聘计划。具体来讲，员工招聘计划包括以下内容：

(1) 招聘的岗位、人员需求量、岗位的具体要求。

(2) 招聘信息发布的时间、方式、渠道与范围。

(3) 招聘对象的来源和范围。

(4) 招聘方法。

(5) 招聘测试的实施部门。

(6) 招聘成本预算及预付薪资。

(7) 招聘结束时间与新员工到位时间。

在制订招聘计划时，人力资源部门需要对招聘时间、招聘成本和招聘规模进行精确的估算，以提高招聘的效率。

1. 确定招聘时间

招聘时间是指整个招聘活动的大体时间。招聘时间的确定主要考虑两个因素：一是人力资源需求因素，二是人力资源供给因素。从人力资源需求因素考虑，时间的估算如下：

招聘日期=用人日期-准备周期=用人日期-培训周期-招聘周期

其中，培训周期是指对新招员工进行上岗培训的时间，招聘周期是指从开始报名、确定候选人名单、面试，直到最后录用的全部时间。

此外，需要安排招聘各个环节的进度，并据此制定招聘时间表。例如，从公布招聘信息到报名截止时间为 7 天；选择一部分人，向他们发出初次面试通知的时间间隔为 4 天；发出通知后 5 天开始面试；等等。

2. 确定招聘预算

招聘预算是人力资源管理总预算的一部分。招聘单位成本的计算可以使用以下公式：

招聘单位成本=招聘总费用÷雇用人数

一般来说，招聘总费用包括：

(1) 人事费用，即招聘工作人员的薪酬、福利、差旅费、生活费补助和加班费等。

（2）业务费用，即招聘广告预算、招聘测试预算、体检预算及其他预算等。这几项费用的比例一般为 4∶3∶2∶1。

（3）一般开支，即设备租用费、办公室用具设备、水电及物业管理费等。

3. 确定招聘规模

招聘规模是指企业准备通过招聘活动吸引多少数量的应聘者。招聘活动吸引的人员数量要控制在一个合适的规模。一般来说，企业是通过招聘录用的金字塔模型来确定招聘规模的。假设某公司的人员招聘和选拔过程分为报名、确定名单、初试、确定候选名单和选拔聘用五个阶段，如果该公司希望录用 50 名员工，候选与录用的比例为 2∶1，则需要 100 名候选人；初试与候选人的比例为 3∶2，则参加初试的人应有 150 人，以此类推，如图 4-2 所示。

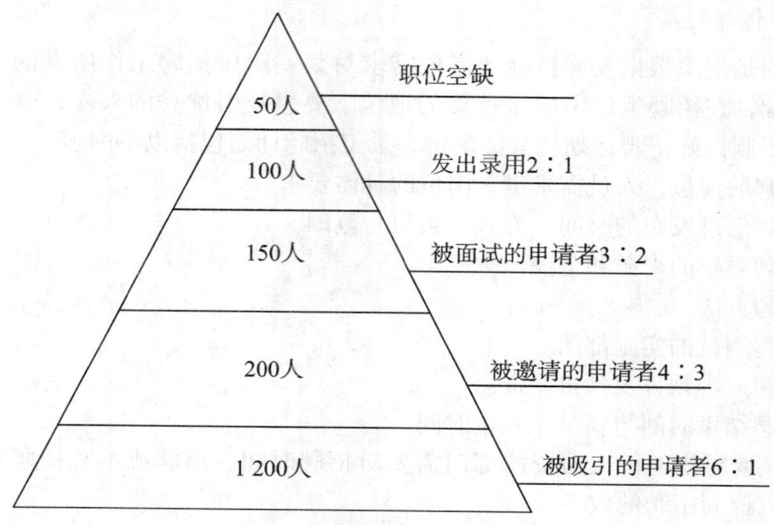

图 4-2　招聘录用金字塔模型

（三）发布招聘信息

发布招聘信息是一项十分重要的工作，直接关系到招聘任务完成的质量。企业要将招聘信息通过多种渠道向社会发布，向社会公众告知用人计划和要求，确保有更多符合要求的人员前来应聘。发布招聘信息要注意以下三个问题：

1. 信息发布面要广泛

发布信息覆盖面越广，接收到信息的人就越多，招聘到合适人选的概率也就越大，企业可以通过多样化的渠道，如网络、报纸、校园等来获得较大的覆盖面。

2. 信息发布时机要及时

在条件许可的情况下，招聘信息应该尽早向外界发布，这样可以使更多的人在第一时间获得招聘信息，企业也可以尽快地发现所需人才，加快招聘进程。

3. 信息发布要有针对性

企业在发布信息时，要注意招聘岗位的要求和特点，有针对性地向特定人群发布招聘信息。例如，招聘岗位对工作经验的要求比较高，那么招聘信息的发布应该通过社会招聘而不是校园招聘。

（四）甄选

甄选是指组织运用适当的标准和方法从应聘者中挑选合适人才的过程。员工甄选直接关系到组织今后人力资源的质量，因而是整个招聘过程中最为重要的一个环节。甄选的过程一般包括对应聘者情况进行初步审查和筛选、笔试、面试等，以确定最终的录用者。

（五）录用

对经过筛选合格的应聘者，应做出录用决策。通知被录用者可以通过电话或信函进行联系，联系时要讲清企业向被录用者提供的职位、工作职责和月薪，并强调报到时间、报到地点以及报到应注意的事项等。对决定录用的人员，在签订劳动合同后，要有3~6个月的试用期。如果录用者试用合格，试用期满便按劳动合同规定享有正式合同工的权利和责任。

（六）评估招聘效果

在一次招聘工作结束后，需要对整个过程进行一个总结和评价，以期提高下一次招聘的工作效率。对招聘效果的评估，一般从以下几个方面进行：

1. 招聘的时间

针对在招聘计划中对招聘时间所做的估计，在招聘活动结束后要将招聘过程中各个阶段所用的时间与计划的时间进行对比，对计划的准确性进行评估和分析，为以后更加准确地确定招聘时间奠定基础。

2. 招聘的成本

对招聘成本的评估包括两个方面：一方面是将实际发生的费用与预算的费用进行对比，以便下次更准确地制定预算；另一方面是计算各种招聘方法的招聘成本，从而找出最优的招聘方法。其他条件相同时，招聘成本越低，说明这种招聘方法越有效。

$$招聘成本=招聘费用\div 应聘者人数$$

除此之外，还需要对招聘成本所产生的效果进行分析，包括招聘总成本效用分析、招聘成本效用分析、人员选拔成本效用分析和人员录用成本效用分析等。

$$总成本效用=录用人数\div 招聘总成本$$

$$招聘成本效用=应聘人数\div 招募期间的费用$$

$$人员选拔成本效用=被选中人数\div 选拔期间的费用$$

$$人员录用成本效用=正式录用的人数\div 录用期间的费用$$

3. 应聘比率

这是对招聘效果数量方面的评价，其计算公式如下：

$$应聘比率=应聘人数\div 计划招聘人数\times 100\%$$

4. 录用比率

这是对招聘效果质量方面的评价，其计算公式如下：

$$录用比率=录用人数\div 招聘人数\times 100\%$$

阅读案例 4-1

宝洁公司的校园招聘程序

宝洁公司良好的薪金制度和巨大的发展空间让其成为大学生向往的企业。宝洁公司完善的选拔制度也得到商界人士的肯定。

宝洁公司的校园招聘程序如下：

（1）前期的广告宣传。

（2）邀请大学生参加其校园招聘介绍会。

（3）网上申请。从 2002 年开始，宝洁公司将原来的填写邮寄申请表改为网上申请。应届毕业生通过访问宝洁公司的网站，点击“网上申请”来填写自传式申请表及回答相关问题。这实际上是宝洁公司的一次筛选考试。

（4）笔试。笔试主要包括三部分：解难能力测试、英文测试、专业技能测试。

（5）面试。宝洁公司的面试分两轮。第一轮为初试，一位面试经理对一个求职者面试，一般都用中文进行。面试人通常是有一定经验并受过专门面试技能培训的公司部门高级经理。一般这个经理是应聘学生所报部门的经理，面试时间大概在 30~45 分钟。通过第一轮面试的学生，宝洁公司将出资请应聘学生来广州宝洁中国公司总部参加第二轮面试，也是最后一轮面试。为了表示宝洁公司对应聘学生的诚意，除免费往返机票外，面试全过程在广州最好的酒店或宝洁公司中国总部进行。第二轮面试大约需要 60 分钟，面试官至少是 3 人，为确保招聘到的人才真正是用人单位（部门）所需要和经过亲自审核的，复试都是由各部门高层经理来亲自面试。如果面试官是外方经理，宝洁公司还会提供翻译。

（6）发出录用通知书给本人及学校。通常，宝洁公司的校园招聘时间大约持续两个周期左右，而从应聘者参加校园招聘会到最后被通知录用大约有 1 个月左右的时间。

第二节　招聘的渠道和方法

企业在制订招聘计划时，需要考虑从何处获取人力资源。而在招聘的过程中，招聘的渠道和招聘的方式在很大程度上影响着企业吸引到合适应聘者的数量及质量。按照招聘渠道的不同，招聘工作一般分为内部招聘和外部招聘。

一、内部招聘

内部招聘，即内部选拔，是员工招聘的一种特殊形式，是指在组织内部，通过内部晋升、工作调配和内部人员的重新培养等方式挑选出组织所需人员的一种方法。一个企业出现空缺岗位后，一般首先看该企业内部是否有合适的人员来填补空缺。实际上，社会组织中大多数工作岗位的空缺都是由组织的现有员工来填充的。因此，组织内部是最大的招聘来源。《基业长青》一书在总结了众多企业共同的特点和规律后指出，很多人认为在选择首席执行官时，从各界择优引进明星式领袖才是最好的办法，其实优秀企业自行培养选拔的首席执行官占绝大多数。

（一）内部招聘的方法

内部招聘常用的方法主要有以下几种：

1. 职位公告

这是最常用的一种内部招聘方法，是通过向员工通报现有工作岗位空缺，从而吸引有才能、有意愿的员工来申请竞聘这些空缺岗位。

企业采用此种方法进行内部选拔应注意要提前将公告信息向员工发布，一般而言，组织至少在内部招聘前一周发布岗位空缺和需要招聘人员的信息；确定保留时间、张榜的时间长度，通知竞争者做选择的时间限制，保证所有申请人收到有关申请书的反馈信息，尽可能地以书面形式将决定通知所有竞争者。信息的覆盖面应包含组织的全体员工，使每位员工都有平等竞争的机会。在发布的公告中，应包括空缺职位的名称、工作内容、资格要求、工作时间和薪资待遇等信息。

示例 4-1

内部职位公告

公告日期：　年　月　日

结束日期：　年　月　日

在本公司的＿＿＿＿部门有一个全日制职位＿＿＿＿可供申请。此职位对/不对外部候选人开放。

薪酬支付水平：

最低：＿＿元。中间点：＿＿元。最高：＿＿元。

职责：参见公告所附职务描述。

该职位所要求的技术或能力（候选人必须具备此职位所要求的所有技术和能力，否则不予考虑）如下：

（1）在现在/过去的工作岗位上表现出良好的工作绩效，其中包括有能力完整、准确地完成任务；能够及时地完成工作并能够坚持到底；有同其他人合作共事的良好能力；能进行有效的沟通；可信、良好的出勤率；比较强的组织能力；积极的解决问题的态度和正确的解决问题的方法；积极的工作态度，如热心、自信、开放、乐于助人和献身精神。

（2）可优先考虑的技术和能力（这些技术和能力将使候选人更具有竞争力）＿＿＿＿＿＿＿＿＿＿＿＿＿＿＿＿＿＿＿＿＿＿＿＿＿＿＿＿＿＿。

员工申请程序如下：

（1）电话申请请打号码＿＿＿＿，每天上午×点至×点，下午×点至×点。

（2）确保在同一天将已经填好的内部职位申请表连同截至目前的履历表一同交到（寄到）＿＿＿＿＿＿＿＿。

（3）申请者也可以通过公司内部网络进行申请，申请表可以从网上下载。

机会对每个人都是一样的。我们将根据上述的资格和能力要求对所有提交申请者进行初步审查。

该项工作由人力资源管理部负责，联系人：＿＿＿＿。

2. 内部晋升

内部晋升是从企业内部提升员工来填补高一级的职位空缺，晋升促使企业的人力资源垂直流动，激发组织内其他员工的士气，保持组织的工作效率不断提高。当某个职位需要那些熟悉组织人员、工作程序、政策及组织特性的人去做时，或者企业内部员工更有能力胜任空缺岗位时，可以采取内部晋升的方式来选拔人员。在企业内部进行有效的晋升，可以激励员工更好地工作，从时间和经济两个方面来看，内部晋升更为经济。

但是，在采用内部晋升的方式进行选拔时，要注意严格审查候选人的任职资格。内部晋升有可能会挑选不到最胜任工作的人，而且会引发内部冲突以及目光短浅等弊端。如果一个组织有内部晋升政策，它必须对候选人进行鉴定、筛选并施加压力。内部晋升一般适用于中层管理人员。

阅读案例4-2

索尼公司的内部选拔

有一天晚上，索尼公司董事长盛田昭夫按照惯例走进职工餐厅与职工一起就餐、聊天。他长期来一直保持着这个习惯，以培养员工的合作意识以及与员工的良好关系。这天，盛田昭夫忽然发现一位年轻职工郁郁寡欢，满腹心事，闷头吃饭，谁也不理。于是，盛田昭夫就主动坐在这名员工对面，与他攀谈。几杯酒下肚之后，这名员工终于开口了："我毕业于东京大学，有一份待遇十分优厚的工作。进入索尼公司之前，我对索尼公司崇拜得发狂。当时，我认为我进入索尼公司，是我一生的最佳选择。但是，我现在才发现，我不是在为索尼公司工作，而是为课长干活。坦率地说，我的这位科长是个无能之辈，更可悲的是，我所有的行动与建议都得不到科长批准。我自己的一些小发明与改进，科长不但不支持、不解释，还挖苦我。对我来说，这名课长就是索尼公司。我十分泄气，心灰意冷。这就是索尼公司？这就是我的索尼公司？我居然要放弃了那份优厚的工作来到这种地方！"这番话令盛田昭夫十分震惊，他想，类似的问题在公司内部员工中恐怕不少，管理者应该关心他们的苦恼，了解他们的处境，不能堵塞他们的上进之路，于是产生了改革人事管理制度的想法。之后，索尼公司开始每周出版一次内部小报，刊登索尼公司各部门的"求人"公告，员工可以自由而秘密地前去应聘，他们的上司无权阻止。另外，索尼公司原则上每隔两年就让员工调换一次工作，特别是对于那些精力旺盛、干劲十足的人才，不是让他们被动地等待工作，而是主动地给他们施展才能的机会。在索尼公司实行内部招聘制度以后，有能力的人才大多能找到自己较中意的岗位，而且人力资源部门可以发现那些"流出"人才的上司所存在的问题。

3. 工作调动

工作调动主要是指企业内人员的横向流动，在职务级别保持不变的前提下，调换员工的工作岗位。工作调动不仅能填补岗位空缺，而且能够为员工提供一个更为全面了解企业的机会。参加过工作调换的员工能将相关岗位的知识技能结合起来，从而更有效地工作。知识的丰富化和系统化还能激发员工的创造力，使其为企业创造更多的价值。当员工不适合现任职位时，也可以通过职位调动做到人尽其用。

4. 工作轮换

工作轮换是指派员工在不同阶段从事不同工作。工作调动一般是永久性的，而工作轮换是临时性的。工作轮换有助于丰富员工的工作经验，培养员工的技术水平。

由于工作轮换的临时性，因此通常适用于一般员工，既可以使有潜力的员工在各方面积累经验，为晋升做准备，又可以减少员工因长期从事某项工作而带来的枯燥与无聊，减轻员工的工作压力。例如，海尔集团提出“届满轮流”的人员管理思路，即在一定的岗位上任期满后，由集团根据总体目标并结合个人发展需要，将员工调到其他岗位上任职。

5. 档案记录

人力资源部门可以根据员工的档案资料，了解员工的教育、培训、经验、技能等方面的信息。人力资源部门通过对员工档案进行审查，可以发现员工现在所从事的工作与其教育水平或技能水平之间的关系，哪些人的工作技能是低于现任岗位的，哪些人的工作技能是高于现任岗位的，哪些人又具备从事某空缺岗位工作的背景要求。人力资源部门利用档案信息可以在组织内发掘合适的候选人，节约成本和时间。但这种方法要求档案信息要准确、可靠、全面。这一方法常常和其他方法结合使用。

6. 重新召回原有员工

这种方法是将那些暂时离开工作岗位的人员重新召回到原有的工作岗位。这种方法支出的费用较少，适用于周期性特征显著的行业。由于重新召回的员工较新员工更为熟悉组织的工作流程，了解组织的文化，有更丰富的工作经验，因而更容易适应工作环境及新的工作。通常，原有员工比新进员工更加忠诚、稳定、流动性低。

（二）内部招聘的优点

内部招聘主要具有以下优点：

1. 较强的激励作用

企业通过内部选拔能够给员工提供晋升的机会，使员工的成长与企业的成长同步，给予员工美好的愿景，鼓舞员工的士气，形成积极进取、追求成功的氛围。获得晋升的员工能为其他员工做出榜样，发挥带头作用，增加其对企业的忠诚度和归属感。

2. 员工的适应性更强

现有的员工对企业的运作模式、企业文化和领导风格更加了解，因而能够快速适应新的岗位和工作环境，迅速“上岗”，减少由于陌生而必须缴纳的各种“学费”，包括时间、进度和可能的失误等。

3. 降低招聘成本

一次大规模的公开招聘，需要消耗相当多的时间和金钱。内部招聘可以减少企业的费用开支，使人才获取的费用大幅度降低。内部招聘不需要大量的广告费、招聘人员的差旅费等直接支出，还节约了新员工的上岗培训费等间接开支。此外，从内部选拔的人员对企业现有的薪酬体系不会提出太大的异议，其工资待遇要求更符合企业的实际。

4. 保持企业内部的稳定性

从外部招聘新员工可能会引起企业文化、价值观和政策等方面的碰撞，其结果可能会扰乱企业的日常秩序和运作，从而出现不稳定。而通过内部招聘，将优质的人力资源补充到合适的岗位，不会出现剧烈的波动，可以保持企业内部的稳定性，避免由于人员更替而带来的不良影响。

5. 规避识人用人风险

对于从企业内部选拔的员工，企业对其能力、业绩以及个性都有较长时间的了解，从而可以做到识人、用人的准确性，有效地规避识人、用人的风险。日本企业长期采用内部谨慎而缓慢的晋升制度，其主要作用是尽量多地规避用人失误的风险，尽量少地承受由于识人、用人失误带来的损失。

（三）内部招聘的缺点

虽然内部招聘有诸多的优点，但任何事物都有两面性，企业在获取内部招聘所带来的收益的同时，也要警惕内部招聘的弊端。内部招聘的缺点主要体现在以下几个方面：

1. 引发组织内部成员的矛盾和斗争

内部招聘需要竞争，而竞争的结果必然有成功与失败，而且成功的人可能只占少数。竞争失败的员工有可能会心灰意冷、士气低落，甚至会产生怨恨。另外，内部竞争也可能会出现不公正的现象，如按资历或人际关系来选拔人才，而不是按业绩和能力来选拔人才，这样的结果容易造成内部矛盾，削弱企业的竞争力。

2. 近亲繁殖，缺乏创新

同一组织内的员工有相同的文化背景和思维习惯，可能会产生近亲繁殖、群体思维等现象，这些可能会抑制个体创新，给组织带来灾难性的后果。尤其是当组织内重要的职位由基层员工提拔，进而僵化思维意识，不利于组织的长期发展。

3. 滋生裙带关系

内部招聘有可能是按资历、人际关系或领导喜好行事，而非员工的业绩与能力。这种招聘的结果会滋生组织中的小团体，出现裙带关系等不良现象，从而引发组织内的斗争，降低组织效率，也给有能力的员工的职业生涯发展设置障碍，导致优秀人才被埋没或外流，最终削弱企业的竞争力。

4. 失去外部的优秀人才

有的企业为了规避识人、用人的风险，会选择内部招聘。当企业高速发展时，这种由内部晋升的方法不仅不能满足工作的需要，而且“以次充好”的现象将十分严重，使企业失去从外部获取优秀人才的机会，从而大大降低企业的竞争力。

二、外部招聘

当企业在内部补充机制不能及时、完全地满足组织对人力的需求时，就需要考虑从外部劳动力市场进行招聘。外部招聘是组织根据一定的标准和程序，从组织外部寻找可能的人员来源，吸引他们到组织应征的过程。

（一）外部招聘的方法

由于外部招聘的来源都是在组织的外部，因此招聘方法的选择显得非常重要，否则应聘者就无法获知企业的招聘信息。外部招聘的方法主要有以下几种：

1. 广告招聘

广告招聘是通过广播电视、报刊、网络等媒体，向公众传送企业就业需求信息的一种招聘方法。广告招聘是应用非常广泛的一种方法，它可以比较容易地从劳动力市场中招聘到所需的人才。由于阅读广告的不仅有应聘者，还有潜在的工作申请人以及客户和一般大众，因此企业的招聘广告代表着企业的形象。在进行广告招聘时，企业需要重点考虑广告媒体的选择和招聘广告的内容。一份优秀的招聘广告要充分显示组织对人才的吸引力和组织的自身魅力。例如，使用鼓励性、刺激性的用语，清晰明了地说明招聘的岗位、人数、待遇等。

示例 4-2

创意招聘广告

致未来小伙伴的一封信：有没有一种无力感，我们就此过完这一生吗？

小时候的梦想，如何才能实现？是否只有在梦中？

梦想总是遥不可及，是不是应该放弃？生活就像一把无情的刻刀，改变了我们模样。你的脑海中是不是会想起这首歌？未曾绽放就要枯萎吗？

听听我们的独白，或许你也曾和我们一样迷茫过。

我们是谁？

我们是一支还在路上的创业小团队，我们需要未来的你有冒险家的精神。我们这里有从华尔街回来的首席执行官（CEO），但大多时候我们喊他潘哥。

如果你喜欢艺术，我们的首席运营官（COO）或许会和你聊聊他对艺术的看法。工作以外的时间，他自称是一位艺术家。

如果你印象中的“码农”是不修边幅，脑子里只有“if…else…”那我们的首席技术官（CTO）铁定会让你大跌眼镜，你可以和他随意聊王朔、聊哲学，只有你想不到的，没有他不知道的。据小道消息报道，他还是一位作家。

在这里，你会遇到各种“文艺范儿”的小伙伴，画家、诗人、游者……在这里，你会看到世界另外一种样子。

我们寻求多元化的个性，你可以尽情地发挥你的多元化，但我们需要你在工作上全力以赴。

未来的你将会有各种机会参与公司核心层面的讨论，发挥核心的价值。在你所在的岗位，你将获得最前沿的行业动态，获得高效的成长。我们共同的梦想是在我们自己的手中让“米袋”慢慢变大。

如果你愿意，请将简历、应聘岗位以及生活照发给我们，以便有助于我们更快速、全面地认识你。

如果你有激情、有能力，想在创业公司实现自身的价值，就来加入我们吧！

加分项：

（1）曾经在互联网金融公司、广告公司和媒体公司任职。

（2）你可以“热幽默”，也可以“冷幽默”，但需要你的文笔风趣，惹人喜爱。

（3）正经营或曾开过固定博客，至少有个活跃度高的个人微博。

（4）社交广泛，相信一个朋友多的人资讯能力一定不会差，情商高。

2. 员工推荐

企业将有关工作空缺的信息告诉企业的现有人员，让他们向企业推荐潜在的应聘者。员工推荐既可用于内部招聘，也可用于外部招聘。一些组织会提供少量报酬以激励雇员推荐合适的应聘者，尤其是在劳动力短缺的条件下，采用这种方法会省时、省力，并能取得较好的效果。研究表明，这种方法在缺乏某种技术人员的企业中会十分有效。通过内部员工推荐进入企业的新员工和推荐人往往保持着良好的人际关系，因此在工作中会具有一定的团队合作基础。此外，新应聘者进入企业后也能较快地进入角色，缩短启动和开始发挥作用的时间。但是，采取这种方法时，我们也要注意裙带关系和利益关系给企业带来的弊端。美国微软公司40%的员工都是通过内部员工推荐的方式获得的；思科公司有40%~45%的人也是通过内部员工的介绍加入公司的。

3. 就业中介机构

就业中介机构是为用人单位和求职者之间方便联系而建立的服务机构。其基本功能是为用人单位推荐用人，为求职者推荐工作，同时也举办各种形式的人才交流会等。就业中介机构的作用是帮助企业选拔人员，节省企业的时间，特别在企业没有设立人力资源部门或需要立即填补空缺时，可以借助中介机构。企业通过与合适的、专业的中介机构接触，告知所需工作的任职资格，专业机构承担寻找和筛选求职者的工作，并向企业推荐优秀的求职者以便进一步筛选。一般来讲，通过就业中介服务机构帮助获得的求职者，主要是蓝领工人或低层次的管理者，很难获得专业技术人员和高级人才。

现在有些企业已将自己的招聘工作外包给专业的中介机构来完成，但是这种方法也存在一定的弊端。由于中介机构对企业的情况并不是完全熟悉，招聘的人员可能会不完全符合企业的要求，而且这些机构往往收费较高，会增加招聘成本。

4. 猎头公司

猎头公司的全称是经理搜寻公司，最早出现于二战后的美国。猎头公司是一种特殊的职业中介，专门帮助雇主搜寻符合特定职位的中高级管理人员和特殊技术人员。猎头公司在找到合适的人选后，会用各种方式与目标接近和沟通，并根据了解到的个人情况，投其所好地许诺为他们提供优厚的待遇条件或宽松的发展环境等，最终达到使他们离开原来公司到客户公司工作的目的。猎头公司可以帮助企业的最高管理者节省很多招聘和选拔高级人才的时间。但是，猎头公司的收费都比较高，企业在选择猎头公司招聘时，应该做好衡量。

5. 校园招聘

校园招聘是指企业直接从应届专科生、本科生、硕士研究生、博士研究生中招聘企业所需的人才。作为储备和培养人才的重要手段，校园招聘越来越受到企业特别是实施投资人力资源战略的企业的重视。校园招聘的优点较多：一是针对性强，企业可以根据自己的需要，选择学校、专业等；二是选择面大，学校是培养人才的基地，可供选择的人数多，具备各种专长的人才也大有人在；三是形式灵活，运作方便，成本低；四是成功率高。

每年的 11 月至次年 5 月，很多企业会直接派出招聘人员到各个高校去公开招聘，派出的招聘人员一般要对校园生活、校园环境、大学生的心理状态有一定的了解，便于直接联系和沟通。此外，有些企业还会和学校联手定向培养人才，这些培养的人才具有非常强的针对性，毕业后基本都会去参与培养的企业工作，这种方式通常用于某些特殊专业的专门人才。

企业采用校园招聘的方式选拔人才，通常都会由人力资源部门来拟定专门的流程。一般来说，校园招聘的流程如下：

（1）准备工作。准备好宣传册和现场演示资料、文件和相关设备，选择进入招聘的学校和专业，并组成招聘小组。

（2）准备面试题。面试题主要是测试学生的知识面、应变能力、素质和潜力。

（3）与校方联系，确定招聘的时间和地点。

（4）在校园内提前进行企业招聘的宣传，吸引更多的应届生到招聘现场。

（5）进行现场演示，介绍企业的历史、文化、发展前景、薪资福利等情况。

（6）请应聘者递交简历。

（7）对简历进行初步筛选，通知并组织面试。

（8）向学校相关部门了解应聘学生的在校表现。

（9）初步决策，与学生签订意向性协议。

阅读案例 4-3

麦当劳公司的校园招聘

麦当劳公司是世界著名的餐厅品牌和世界零售食品服务业的领先者，在全球100多个国家和地区拥有超过32 000家餐厅，每天为约6 000万顾客提供优质食品，务求成为顾客最喜爱的用餐场所及用餐方式。

招聘流程：在线或当场简历申请→测评中心→岗位体验→二次面试→录用

特色：招聘程序全面、严谨；招聘严格；招聘富有人性化

科学的评估体系。在二次面试之前有一个岗位体验的流程，与一般的企业不同，麦当劳公司的招聘评估体系趋向全面深入，更为科学和更有针对性。麦当劳公司改变了招人看证书，凭印象来判断的表面考核制度，从深层次、多方位考核应聘人，以事实为依据来考核应聘者的综合素质和能力。

招聘范围广，力度大。麦当劳公司在全国多所高校进行校园宣讲会，几乎包含全国各个城市。麦当劳公司网罗所有应届毕业生，将其宣传做到位，吸引足够多的学生参加招聘会。

招聘亮点1：快速发展计划。

刚毕业两年的大学生，对自己的职业发展有何期许？在麦当劳（中国）公司全国校园招聘中，推出了一项“快速发展计划”，面向全国招募200名餐厅见习经理，在短短2年时间内将他们培养成为餐厅总经理。在热闹纷繁的校园招聘季中，这一独特的职业发展计划一经推出，受到了追求成长和发展的90后大学生们的关注和热议。

招聘亮点2：企业文化——永远年轻。

麦当劳公司的企业文化是一种家庭式的快乐文化，强调其快乐文化的影响，和蔼可亲的麦当劳大叔、金色拱门、干净整洁的餐厅、面带微笑的服务员、随处散发的麦当劳优惠券等消费者所能看见的外在的麦当劳文化。麦当劳公司的创始人雷·克洛克认为，快餐连锁店要想获得成功，必须坚持统一标准，并持之以恒地贯彻落实。

6. 网络招聘

现今，互联网的高速发展和普及，使得招聘方式有了新的变化，很多企业发现，利用网络进行招聘会更加快捷和高效。网络招聘有两种方式：一种方式是由人才交流公司或人力资源组织代办完成网上招聘；另一种方式是企业直接上网招聘。现在，越来越多的求职者、用人单位通过网络来进行接触和沟通，市场上也应运而生了很多专业的招聘网站，如智联招聘、中华英才网等网站。

对于用人单位来说，网络招聘的优势非常明显。首先，网上发布的招聘信息可以让不同地域的更多的求职者阅读，从而提高找到合格人才的概率。其次，企业可以在线接收简历，并通过相关的软件对简历进行分类、保存和筛选，建立企业的人才数据库。通过人才数据库，用人单位可以节省大量的时间和成本，避免重复的工作。最后，在网站上发布的招聘信息一般不受篇幅的限制，企业可以提供除职位外的企业介绍、发展历程等内容，使求职者对企业的了解更加清晰明了。但是，我们也要看到网络招聘的不足之处，如信息可靠性不高、保密性不好、网络复制现象严重、双方缺乏感性认识、成功率低等。

（二）外部招聘的优点

外部招聘主要具有以下优点：

1. 为组织带来新鲜血液，有利于组织创新

组织的内部员工经过长期的磨合，已经被组织文化同化，他们既看不出组织有待改进之处，也缺乏自我提高的意识和冲动。如果组织的成员长期保持稳定的队伍，将渐渐失去竞争的意识和氛围。从外部招聘的员工对现有组织文化有自己的理解和认识，他们可以给企业带来新的观念、新的思想方法、新的价值观以及新的人群和社会关系，会给企业带来思想的碰撞和新的活力，这对于需要创新的企业来说非常关键。同时，根据“鲶鱼效应”，组织从外部招聘的优秀人才会对现有员工形成压力，激发他们的工作积极性。

2. 有利于了解外部信息，树立企业形象

外部招聘是一种有效地与外部进行信息交流的手段，通过与候选人的面试沟通，可以帮助企业了解外部市场的行情、企业的动态、招聘岗位的市场薪资状况等。同时，外部招聘会起到了广告的作用，可以让更多的人认识企业、了解企业，树立良好的企业形象，从而形成良好的口碑。

3. 选择面广，有利于得到更多更好的人才

外部招聘一般是根据岗位的标准和要求，通过严格的初审、考核、面试等程序，从一定数量的候选人中认真甄别和挑选出来的，因此引进的人才已经基本上具备了任职的资格和条件。特别是那些通过猎头公司选拔的人才，一般具有较丰富的实践经验和较高的专业技术水平，从而使企业节约了大量的培训费用，相对缩短和减少了在岗锻炼培养的时间和领导精力的投入。

（三）外部招聘的缺点

外部招聘的缺点主要有以下方面：

1. 招聘成本高

无论是招聘高层次人才，还是中低层次人才，均要支付相当高的招聘费用，包括招聘人员的费用、广告费、专家顾问费等。

2. 给现有员工不安全感

从外部获取的新员工会使老员工产生不安全感，致使工作热情下降，影响员工队

伍的稳定性。

3. 筛选时间长，决策难度大

由于应聘者众多，组织又希望能比较准确地测量应聘者的能力、性格等素质，从而预测他们在未来工作岗位上是否能达到组织所期望的要求，因此组织耗费在筛选、审查上的时间将会增加，同时决策也比较困难。

4. 新员工进入角色慢

新入职员工需要花较长的时间来进行培训和定位，才能了解组织的岗位职责、工作流程和运作方式。从外部招聘的人员有可能出现“水土不服”的现象，进而导致人际关系复杂，工作不顺利。

5. 新聘员工缺乏对组织的忠诚度

外聘人员与组织内部价值观、政策等的融合度不高，相较于内部员工，更容易流动，从而影响企业的稳定性。

第三节　甄选

一、甄选的主要方法

人员甄选是指通过运用一定的工具和手段对已经招募到的求职者进行鉴别和考察，区分它们的人格特点与知识技能水平、预测他们的未来工作绩效，从而最终挑选出企业所需要的、合适的职位空缺填补者。

人员甄选是为企业把好关的一项工作，是整个招聘过程的关键环节。研究表明，同一职位上最优秀的员工比最差的员工效率高出 3 倍，可见甄选工作对组织运作效率的提高有至关重要的作用。近年来，随着人事测评技术的应用于发展，员工甄选的方法也在不断地完善和丰富，主要有简历与求职申请表、笔试法、面试法、心理测试法和评价中心等。

（一）简历与求职申请表

在招聘过程中，绝大多数企业都需要应聘者提供书面的申请材料和个人简历，这样可以了解应聘者的知识经验是否满足岗位的最低要求；了解应聘者的背景和基本情况，作为基本审查的材料。为了保证选拔的效果，甄选工作首先要对人员进行初步筛选。初步筛选是对应聘者的简历和求职申请表进行评价与初步的资格审查，为下一步的甄选提供人选。

1. 简历

简历是求职者用来向企业提供其背景资料和进行自我情况陈述的一般方法，没有严格、统一的规格。简历一般由求职者自动递交给企业，由人力资源部或招聘部门进行评价。个人简历的形式灵活多样，有利于求职者充分进行自我表达，但由于缺乏规范性，简历的内容比较随意，不能系统、全面地提供企业所关注的所有信息。此外，由求职者自己制作的简历还可能存在自我夸大的倾向，需要招聘企业对所提供的信息予以核查。

2. 求职申请表

为了避免个人简历的弊端，越来越多的企业都会制作一份申请表，让求职者填写，这样不仅能够得到企业所需要的信息，还可以提高筛选效率。

一张完整的申请表应该包含以下信息：

（1）申请人的客观信息，如姓名、年龄、性别、受教育情况等。

（2）申请人过去的成长与进步情况，如申请人的工作经历、过去工作所取得的成绩、所担任的工作岗位、所获得的奖励与肯定。

（3）申请人的工作稳定性和求职动机，如工作迁移的次数、离职的原因。

（4）可以帮助企业了解求职者实际工作绩效的信息。

员工求职申请表的设计要以职务说明书为依据，每一栏目均有一定的目的，不要烦琐、重复。另外，申请表的设计还需要符合国家的法规与政策。例如，美国的法律规定种族、肤色、宗教、性别等项目不得列入求职申请表。

示例 4-3

员工求职申请表如表 4-1 所示。

表 4-1 员工求职申请表

<table>
<tr><td colspan="2">求职职位：</td><td colspan="2">填表日期：</td><td colspan="2">希望薪酬：</td><td colspan="3">可入职日期：</td></tr>
<tr><td>姓　　名</td><td></td><td>性别</td><td></td><td>出生年月</td><td></td><td>婚否</td><td></td><td rowspan="3">相片</td></tr>
<tr><td>籍　　贯</td><td></td><td>身高</td><td></td><td>政治面貌</td><td></td><td>民族</td><td></td></tr>
<tr><td>最高学历</td><td></td><td>专业</td><td></td><td>毕业时间</td><td></td><td>职称</td><td></td></tr>
<tr><td>家庭电话</td><td colspan="3"></td><td>户 籍 地</td><td colspan="4"></td></tr>
<tr><td>联系手机</td><td colspan="3"></td><td>现居住地</td><td colspan="4"></td></tr>
<tr><td rowspan="4">学习与培训经历</td><td>起止时间</td><td colspan="2">学　校　名　称</td><td>专　　业</td><td>所获证书</td><td colspan="3">证明人姓名或电话</td></tr>
<tr><td></td><td colspan="2"></td><td></td><td></td><td colspan="3"></td></tr>
<tr><td></td><td colspan="2"></td><td></td><td></td><td colspan="3"></td></tr>
<tr><td></td><td colspan="2"></td><td></td><td></td><td colspan="3"></td></tr>
<tr><td rowspan="4">工作简历</td><td>起止时间</td><td colspan="2">所在企(事)业名称</td><td>职　　位</td><td>离职薪酬</td><td>离职原因</td><td colspan="2">原单位电话</td></tr>
<tr><td></td><td colspan="2"></td><td></td><td></td><td></td><td colspan="2"></td></tr>
<tr><td></td><td colspan="2"></td><td></td><td></td><td></td><td colspan="2"></td></tr>
<tr><td></td><td colspan="2"></td><td></td><td></td><td></td><td colspan="2"></td></tr>
<tr><td colspan="9">您从事工作（实习）的成绩与感受：</td></tr>
<tr><td rowspan="3">家庭主要成员</td><td>姓　名</td><td>关系</td><td>年龄</td><td colspan="2">工　作　单　位</td><td>职务</td><td colspan="2">联 系 电 话</td></tr>
<tr><td></td><td></td><td></td><td colspan="2"></td><td></td><td colspan="2"></td></tr>
<tr><td></td><td></td><td></td><td colspan="2"></td><td></td><td colspan="2"></td></tr>
<tr><td colspan="9">本人保证：
1. 本人与以前工作过的单位已经全部解除劳动合同，如未解除所引起的法律责任，由本人全部承担。
2. 以上所填资料属实，如有虚假情况，××公司有权单方面解除劳动合同，不予支付任何补偿。
保证人签名：　　　　　　　　日期：</td></tr>
</table>

3. 筛选简历

在筛选简历的过程中，应注意以下几个问题：

（1）分析简历的结构。简历的结构在一定程度上反映了求职者的组织和沟通能力，结构合理的简历一般不超过两页，重点内容一目了然，语言表述通俗易懂。

（2）审查客观内容。简历内容可以分为主观内容和客观内容两个部分，主观内容往往存在夸大或虚假成分，招聘者应对此多加分析和判断。对于客观内容，招聘者应更加关注，这些内容主要包括个人信息、受教育经历、工作经历和个人成绩等几个方面。

（3）判断是否符合岗位技术和经验要求。从简历中的一些信息可以看出求职者的专业资格和经历是否符合岗位要求，如果不符合，就不需要再浏览其他内容，可以直接筛选掉。

（4）审查简历的逻辑性。简历的逻辑性可以反映求职者的思维能力，也可以帮助招聘者从中挖掘出一些矛盾的信息。

4. 求职申请表筛选

求职申请表更加规范和系统，可以帮助招聘者更为有效地进行筛选。在筛选申请表时，应注意以下几点：

（1）判断求职者的态度。对于那些填写不完整和字迹潦草难以辨认的申请表，可以直接排除，因为申请表的填写反映了求职者的求职态度。

（2）关注与职业相关的问题。与应聘岗位相关的以往所任职务、技能、知识等信息可以有效地反映出求职者的工作状态，帮助招聘者快速判断求职者是否符合职位要求。

（3）注明可疑之处。简历和申请表中的信息或多或少存在虚假夸大的成分，在筛选时，应把可疑之处标出来，以便在面试时将此作为重点对求职者进行提问。

（二）笔试法

笔试法作为一种重要的考试方法，其主要作用是测试求职者在基础知识、专业知识、管理知识、相关知识及综合分析文字表达能力等方面的差异。

笔试法在甄选中有许多优点，具体如下：

（1）试卷的评比客观公正。

（2）题目编制经过长时间的积累和推敲，有较高的信度和效度。

（3）可大范围进行，成本较低，效率较高。

（4）涵盖知识点更加广泛。

但是，由于笔试一般不是面对面的，因此招聘者无法考察求职者的工作态度、应变能力和操作能力等，容易出现高分低能的现象。

在运用笔试法进行甄选时，最为重要的是笔试试卷的设计。笔试的目的是选择合适的员工，因此在设计试题时，要始终围绕这个目的来进行。一般来说，专业知识考试（如机电知识、会计知识）和一般知识考试（如英语、计算机知识），往往采用笔试的形式。笔试法主要适用于一些专业技术要求很强和对录用人员素质要求很高的大型企事业单位。

（三）面试法

面试是一种在特定的场景下，经过精心设计，以主考官与应试者双方面对面的观察、交谈为主要手段，使主考官了解求职者的素质特征、能力状况及求职动机等的一种甄选方法。面试给企业和求职者提供了双向沟通的机会，能使企业和求职者之间相互了解，从而双方都可以准确地做出聘用与否、受聘与否的决定。由于面试法是企业挑选员工的一种重要方法，因此本书将面试作为单独的内容在后面进行讲解。

（四）心理测试法

心理测试也称心理素质测试，是通过客观、标准化的测量程序与方法，了解不同个体间的心理特征差异。在过去几十年，心理测试技术得到了很大的发展，在社会生活的各个领域都有广泛的应用。近年来，心理测试越来越受到招聘企业的重视，有调查表明，心理测试在企事业单位招聘和甄选决策中的应用频率高达83%。

在员工甄选的过程中，最为常用的心理测试通常有以下三种类型：

1. 能力测试

能力是指人们顺利完成某种活动所必需的那些心理特征，是个性心理特征的综合表现。一个人的能力大小会影响一个人的工作业绩以及他能否胜任工作。能力测试是一种用于测定某项工作所具备的某种潜在能力的一种心理测试。能力测试分为一般能力测试（如智力测试）、特殊能力测试和能力倾向测试。

2. 性格测试

个性包括性格、兴趣、爱好、气质、价值观等，是由多方面内容组成的。因此，一次测试或一种测试无法把人的所有个性都了解清楚，需要对个性的不同方面分别进行测试，以准确全面地了解一个人的整体个性。在招聘中，可以通过个性测试了解一个人个性的某一方面，再结合其他指标来考虑他适合担任哪些工作。个性测试的方法有很多，如萨维尔和霍尔兹沃恩的职业个性问卷（OPQ）、明尼苏达多项人格量表（MMPI）、加利福尼亚心理调查表（CPI）、爱德华个人爱好量表（EPPS）等。

3. 兴趣测试

兴趣揭示了人们对工作的喜好，可以从中发现求职者的工作动机和工作态度。兴趣会影响人们对工作的投入程度，如果求职者的职业兴趣与应聘的职位不相符，就会影响其工作热情。如果能准确掌握求职者的职业兴趣，并依次进行人事配置，则可最大限度地发挥求职者的潜力。兴趣测试可以表明一个人最感兴趣的并最可能从中得到满足的工作是什么，用于了解一个人的兴趣方向以及兴趣序列。兴趣测试常用的方法有斯庄格职业兴趣表（SVIB）和库得兴趣记录（KPR）等。

（五）评价中心

评价中心最早起源于德国心理学家哈茨霍恩等人在1929年建立的一套用于挑选军官的多项评价程序，这种技术是对候选军官的整体能力而不是单项能力做出评价。评价中心技术实际上是把应聘者放置到一个模拟的工作环境中，采用多种评价方法，考察和评价应聘者在模拟的工作环境中的行为表现。其目的是测评应聘者是否具备从事应聘岗位工作的能力，预测应聘者的潜力，从而预测应聘者职业生涯发展的趋势。评价中心技术比较注重实践性和操作性，重点考察和评价应聘者的各项工作能力。常用的测评方法包括文件筐测验、无领导小组讨论、角色扮演、事实判断、案例分析、管理游戏和演讲等。

二、面试

面试是企业在招聘过程中使用最为广泛的一种选拔方法。有调查显示，70%的企业在招聘录用中使用了某种形式的面试方法。在招聘中，面试官可根据应聘者的回答情况，考察其知识的掌握程度和分析问题的能力；也可根据应聘者的行为表现，观察其衣着外貌、风度气质，最终判断应聘者是否符合岗位的任职标准和要求。

（一）面试的流程

面过的流程一般包括以下五个环节：

1. 面试前的准备

在面试前，招聘人员需要明确面试的目的，认真阅读应聘者的求职申请表，确定招聘岗位所需的知识、技能和能力，制定面试提纲。提纲应主要围绕企业想要了解的主要内容、需要证实的疑点和问题而展开，针对不同的对象应有所侧重。招聘人员要制定面试评价表，确定面试的时间、地点、人员及组织形式。

2. 面试初始阶段

在面试初始阶段，面试者要努力创造一种和谐的面谈氛围，使面谈双方建立一种信任、亲密的关系，解除应聘者的紧张和顾虑。常用的方法是寒暄、问候，从介绍自己的情况开始，或从应聘者可以预料到的问题开始发问。面试者要解释面试的目的、流程、时间要求，让应聘者把握时间，从而对面试活动进行控制。

3. 正式面试阶段

这一阶段主要围绕考察目的，对应聘者的情况进行实际性考察。在这一阶段中，发问与聆听是成功的关键。提问尽量采用开放性的题目，避免应聘者用“是”或“否”来回答问题。问题的内容尽量与应聘者的过去行为有关，尽量让应聘者充分表达自己的认识与想法，尽量让应聘者用言行实例来回答，避免引导性的提问和带有提问者本人倾向的问题。

示例 4-4

表 4-2 列举了一些在面试中的常用问题。

表 4-2　　常用的面试问题

类别	问题
个人情况	简单介绍一下自己？ 你有什么优缺点？ 请你告诉我你的一次失败的经历？
工作经验	你现在或最近所做的工作的职责是什么？ 你认为你在工作中的成就是什么？ 你以前在日常工作中主要处理什么问题？
应聘动机与期望	你为什么选择来我公司，对我公司有哪些了解？ 你喜欢什么样的领导和同事？ 你最喜欢的工作是什么？为什么？ 你喜欢什么样的公司？

表4-2(续)

类别	问题
工作态度	你如何看待超时和节假日加班? 你在工作中喜欢与主管沟通吗? 你认为公司管得松一点好还是紧一点好?
人际关系	你喜欢和什么样的人交朋友? 从一个熟悉的环境转入陌生环境,你怎样去适应?需要多久? 你喜欢独立工作还是与别人合作?

在正式面试阶段,面试官在提问的时候应该注意一定的技巧。在面试中问、听、观、评是面试官几项重要而关键的基本功。

(1)开放式提问:让应聘者自由地发表意见或看法,以获取信息,避免被动。开放式提问分为无限开放式提问和有限开放式提问。无限开放式提问没有特定的答复范围,目的是让应聘者说话,有利于应聘者与面试官进行沟通。有限开放式提问要求应聘者的回答在一定范围内进行,或者对回答问题的方向有所限制。

(2)封闭式提问:让应聘者对某一问题做出明确的答复。封闭式提问比开放式提问更加深入、直接。封闭式提问可以表示两种不同的意思:一是表示面试官对应聘者答复的关注,一般在应聘者答复后立即提出一些与答复有关的封闭式问题;二是表示面试官不想让应聘者就某一问题继续谈下去,不想让应聘者多发表意见。

(3)清单式提问:鼓励应聘者在众多选项中进行优先选择,以检查应聘者的判断力、分析与决策能力。

(4)假设式提问:鼓励应聘者从不同角度思考问题,发挥应聘者的想象能力,以探求应聘者。

(5)重复式提问:让应聘者知道面试官接收到了应聘者的信息,检验获得信息的准确性。

(6)确认式提问:鼓励应聘者继续与面试官交流,表达出对信息的关心和理解。

(7)举例式提问。这是面试的核心技巧,又称行为描述提问。在考察应聘者的工作能力、工作经验时,可针对其过去工作行为中特定的例子加以询问。基于连贯性原理,所提问题应涉及工作行为的全过程,而不应当集中在某一点上,从而能较全面地考察一个人。当应聘者回答该问题时,面试官可以通过应聘者解决某个问题或完成某项特定任务所采取的方法和措施,鉴别应聘者所谈问题的真假,了解应聘者解决实际问题的能力。面试中一般可让应聘者列举应聘职务要求的且与其过去从事的工作相关的事例,从中总结和评价应聘者的相应能力。

4. 面试结束阶段

在面试结束前,面试人员应给应聘者一个机会,主动询问应聘者是否有问题要问,准确把握面试时间,及时结束面试,并对应聘者表示感谢。不论应聘者是否会被录取,面试均应在友好的气氛中结束。不必急于对第一次面试做出结论,还可以根据情况安排第二次面试。最后,面试人员应整理好面试相关的资料。

5. 面试评价

面试结束后,面试人员要根据面试记录对应聘者进行评估。评估既可采用评语式评估,也可采用评分式评估。

示例 4-5

面试记录表如表 4-3 所示。

表 4-3　　**面试记录表**

<table>
<tr><td colspan="10">第一轮　初试面试测评表</td></tr>
<tr><td>姓名</td><td></td><td>性别</td><td></td><td>应聘部门</td><td></td><td>应聘岗位</td><td></td><td>应聘日期</td><td></td></tr>
<tr><td colspan="5">受教育情况（学历、专业）</td><td colspan="5"></td></tr>
<tr><td colspan="5">工作经验(专长、相同岗位工作经验)</td><td colspan="5"></td></tr>
<tr><td colspan="5">仪表及态度</td><td colspan="5">差　1　2　3　4　5　优</td></tr>
<tr><td colspan="5">精神面貌与健康状况</td><td colspan="5">差　1　2　3　4　5　优</td></tr>
<tr><td colspan="5">沟通及语言表达能力</td><td colspan="5">差　1　2　3　4　5　优</td></tr>
<tr><td colspan="5">分析和解决问题的能力</td><td colspan="5">差　1　2　3　4　5　优</td></tr>
<tr><td colspan="5">过去雇用的稳定性</td><td colspan="5">（　）非常稳定　（　）比较稳定　（　）经常变动</td></tr>
<tr><td colspan="5">个性气质类型</td><td colspan="5">（　）外向　（　）偏外向　（　）中性　（　）偏内向
（　）内向</td></tr>
<tr><td colspan="5">应聘的动机</td><td colspan="5">（　）应届毕业　（　）寻求发展　（　）提高收入
（　）人际关系　（　）其他，需说明：</td></tr>
<tr><td colspan="5">优势（自述）：</td><td colspan="5">不足（自述）：</td></tr>
<tr><td colspan="5">目前待遇（工资、职位）：</td><td colspan="5">可到岗时间：</td></tr>
<tr><td colspan="10">初试面试人评语及签字：　☐ 建议聘用　☐ 拟予复试　☐ 不予考虑</td></tr>
<tr><td colspan="5">行政人事部意见：

日期：</td><td colspan="5">用人部门意见：

日期：</td></tr>
<tr><td colspan="10">第二轮　复试面试测评表</td></tr>
<tr><td colspan="4">与所招聘岗位的综合符合度</td><td colspan="6">☐差　☐一般　☐良好　☐优秀</td></tr>
<tr><td colspan="4">岗位所需专业技能掌握程度</td><td colspan="6">☐差　☐一般　☐良好　☐优秀</td></tr>
<tr><td colspan="4">所希望待遇与公司薪资符合度</td><td colspan="6">☐比公司薪资标准低　☐符合　☐比公司薪资标准高</td></tr>
<tr><td colspan="10">复试面试人评语及签字：　☐ 建议聘用　☐拟予终试　☐ 不予考虑

日期：</td></tr>
<tr><td colspan="10">第三轮　终试面试测评表</td></tr>
<tr><td colspan="10">终试面试人评语及签字：　☐聘用　☐ 不予考虑

常务副总：＿＿＿＿＿＿＿＿　总经理：＿＿＿＿＿＿＿＿
日期：</td></tr>
</table>

（二）面试的类型

按照不同的标准，面试可以划分为不同的类型。

1. 根据面试的结构的规范化程度不同，面试可分为结构化面试、非结构化面试和半结构化面试

（1）结构化面试。结构化面试是指依据预先确定的内容、程序、分值结构进行的面试形式。面试过程中，主试人必须根据事先拟定好的面试提纲逐项对被试人测试，不能随意变动面试提纲，被试人也必须针对问题进行回答，面试各个要素的评判也必须按分值结构合成。也就是说，在结构化面试中，面试的程序、内容以及评分方式等标准化程度都比较高，使面试结构严密、层次性强、评分模式固定。

（2）非结构化面试。非结构化面试是指在面试中事先没有固定的框架结构，也不使用有确定答案的固定问题的面试。非结构化面试没有应遵循的特别形式，面试官和应聘者可以随意交谈，谈话可向各方面展开，面试官可以根据求职者的最后陈述进行追踪提问。这种面试的主要目的在于给应聘者充分发挥自己能力的机会，面试官通过观察应聘者的知识面、价值观、谈吐和风度，了解其表达能力、思维能力、判断力和组织能力等。这是一种高级面试，需要主持人有丰富的知识和经验，对招聘的工作岗位非常熟悉，并掌握高度的谈话技巧。这种方法适用于招聘中高级管理人员。

（3）半结构化面试。半结构化面试只对重要问题提前做出准备并记录在标准化的表格中。这种面试要求面试人能够制订一些计划，但是允许在提出什么样的问题及如何提问方面保持一定的灵活性。这种面试所获得的信息虽然在不同的面试官间的信度不如结构性面试高，但所获得的信息会更丰富，而且与工作的相关性更强。

2. 根据面试对象不同，面试可分为单独面试和小组面试

（1）单独面试。单独面试是一位面试官和一位应聘者进行一对一的交谈。其优点是面谈双方可以直接就很多问题交换意见，互相征询，从中确定对应聘者的评价。这种方法效率高、应聘者压力小，但容易出现舞弊行为。

（2）小组面试。小组面试是由多位应聘者同时面对面试官的情况，如无领导小组讨论。

3. 根据面试的进程不同，面试可分为一次性面试和分阶段面试

（1）一次性面试。一次性面试是指用人单位对应聘者的面试集中于一次进行。

（2）分阶段面试。分阶段面试可分为两种类型，一种是依序面试，另一种是逐步面试。依序面试一般分初试、复试与综合评定三步。逐步面试是由用人单位面试小组成员按照由低到高的顺序，依次对应聘者进行面试。

4. 根据面试的风格不同，面试可分为压力面试和非压力面试

（1）压力面试。压力面试是将应聘者置于一种人为的紧张气氛中，让应聘者接受如挑衅性的、刁难性的刺激，以考察其应变能力、压力承受能力、情绪稳定性等的一种面试方法。在面试开始时，主面试官会给应聘者提出一个意想不到的问题，问题通常带有“敌意”或“攻击性”，给应聘者以意想不到的一击，主面试官以此观察应聘者的反应。采用这种方法可以识别应聘者的敏感性和压力承受力。因此，压力面试多用于选拔公关人员和销售人员等，有些工作不需要具备这些能力，则不可滥用。

（2）非压力面试。非压力面试是指在没有压力的情景下考察应聘者有关方面的素质。

示例 4-6

压力面试问题示例

（1）你自我感觉不错，但我们没有录取你，你会怎么想？

（2）你周围的同事对你的评价如何，指出你最大的缺点是什么？

（3）这就是你的简历吗？怎么这么差？

（4）我对你的着装（打扮）很不满意，你为什么要这样着装（打扮）？

（5）如果这是一份非常艰苦的工作，你能承受吗？

（6）如果你和你的上级（同事）意见不一，你怎么协调？

（7）你怎样看待付出了却没有得到相应成果的问题？

（8）你觉得你努力了，但并没有得到别人的认可怎么办？你觉得问题可能出在哪里？

（9）你认为自己的哪项技能需要加强？

（10）你觉得什么人在工作中难以相处？

5. 根据面试内容设计的重点不同，面试可分为常规面试、情景面试和综合性面试

（1）常规面试。常规面试是指面试官和应聘者面对面以问答形式为主的面试。

（2）情景面试。情景面试突破了常规面试中面试官和应聘者那种一问一答的模式，引入了无领导小组讨论、公文处理、角色扮演、演讲、答辩、案例分析等人员甄选中的情景模拟方法。

（3）综合性面试。综合性面试兼有前两种面试的特点，而且是结构化的，内容主要集中在与工作职位相关的知识技能和其他素质上。

第四节　录用配置

在经过一系列的筛选、笔试、面试、测评后，招聘人员对应聘者的胜任能力和综合素质有了全面的了解。此时，招聘就要进入录用阶段。这一阶段的工作包括录用决策、背景调查、体检、办理入职手续、签订试用合同等。在这个阶段，招聘者和应聘者都要做出自己的决策，以达成个人和工作的最终匹配。员工的录用流程如图 4-3 所示。

一、背景调查

背景调查是指通过从外部求职者提供的证明人或以前的工作单位那里收集资料，核实求职者的个人资料的行为，是一种能直接证明求职者情况的有效方法。背景调查可以提供候选人的教育和工作经历、个人品质、人际交往能力、工作能力以及过去或现在的工作单位重新雇用候选人的意愿等信息。在做出初步的录用决定后，人力资源部门要对候选人进行背景调查。调查的目的主要是进行验证，帮助企业确认找到了能为其创造价值的人才，同时避免被追究法律责任。对录用人员，特别是对关键岗位人员、重要人员进行背景调查不仅是必要的，而且是必需的。

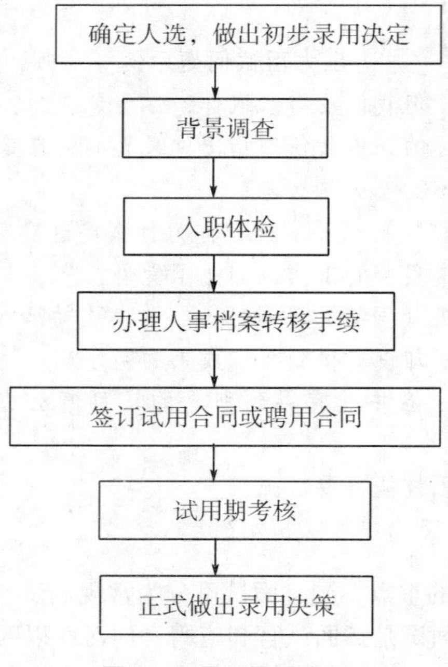

图 4-3　员工录用流程

阅读案例 4-4

ABC 广告公司在业内赫赫有名，发展迅速，万总计划开拓上海周边城市业务。最近，ABC 公司苏州分公司刚刚成立，事情特别多，万总几乎每周两头跑，万总的主要精力放在苏州分公司市场开拓上，令他最不放心的是 ABC 公司在上海的广告业务。因为 ABC 公司的广告业务以前都是万总亲自抓，为了 ABC 公司的顺利发展，万总决定引入一位市场总监来管理 ABC 公司在上海的业务。在年初的招聘会上，万总百里挑一，相中了业务及管理能力突出的张某。开始的 6 个月，张某在岗位上表现出色，万总非常满意。可是，让万总非常意外的是，工作满 6 个月的张某毅然提出辞职，原因是觉得在 ABC 公司的发展不适合自己。万总觉得理由很牵强，于是苦苦挽留，但张某还是走了，万总非常惋惜。让万总震惊的是张某离职后的 3 个月，ABC 公司几个重要客户流失了。经过调查了解，是张某带走的，张某被另一家广告公司以更高的薪酬和提成挖走了。经过对张某的进一步了解，万总发现原来张某的简历造假，在 3 个公司的工作经历都没有满 6 个月，而这些经历都没有在简历上体现出来，而是通过延长其他工作经历的时间来掩盖这个事实，张某在其他的公司也有类似的行为。万总后悔莫及，责怪自己面试时太大意了。另一边是流失了重要客户，一边是职位空缺而自己分身术，忙不过来。

（一）背景调查的内容

背景调查的内容主要有候选人的职位、工作时间、担任的职务、工作内容和业绩表现；简历的真伪、学历（证书）真假、离职原因、薪资待遇、家庭情况；候选人的优缺点、职业道德情况，有无与原公司发生劳动纠纷、与原公司上下级的关系状况、个性、管理风格等。

1. 候选人的学历（证书）调查

对学历（证书）的调查，比较容易，现在很多学历（证书）从网上都可以查证。一般采取证书编号网上查询或直接找其毕业学校请求配合调查的方法。除非是一些年代比较久远的学校或是已经不存在的学校，一般学校的档案馆都会存放学生的学历证明，通过调查很快会得出结论。

2. 任职时间调查

有不少经理人喜欢在任职时间上造假，一般表现形式是虚报任职时间。很多经理人知道，频繁的跳槽对于应聘新的岗位是个很大的障碍，因为频繁的跳槽给人的感觉是能力不够、心浮气躁，或是忠诚度不高等。因此，为了留下好的印象，部分经理人对其任职时间进行了修改。

3. 任职职位调查

职位不实这个现象是最普遍的。第一种表现是给自己“升职”。例如，任职是经理，说成是总监；任职是总监，说成是副总经理或总经理。第二种表现是捏造任职经历。例如，不曾在某公司任职过，但对该公司比较了解，就谎称在该公司任职。

4. 具体工作内容调查

候选人之前担任职务应该负责的工作有哪些，一定要调查清楚。例如，有的候选人可能在前一个公司刚刚提拔为经理，大部分时间是主管，却在简历上写担任经理职位两年的时间。通过背景调查，可以挖掘出一些不真实的信息。

5. 工作表现调查

候选人之前的业绩如何，与其他同事比较起来表现如何，应看看了解到的情况是否和简历中的描写一致。在调查中，调查人员还应了解候选人之前的上司和下属对候选人的评价，因为他们对候选人的工作表现是最了解的。有些候选人喜欢吹嘘，使决策者做出错误的判断，通过调查，可以避免这些失误。

6. 人际关系调查

候选人与之前同事相处得如何，是喜欢单打独斗，还是喜欢团队合作？是和同事相处融洽，还是关系紧张？人际关系技能对于从事管理类工作的候选人是非常重要的，对于这类职位的候选人，要做好调查。

7. 离职原因调查

候选人真实的离职原因是什么，若有机会他的原上级或公司是否还愿意雇用他。调查人员应看看调查结果与候选人自己说的是否一致，也许能发现候选人在某些地方有掩饰。

8. 个性和诚信上的表现调查

调查人员应调查候选人的个性怎样，是内向还是外向，是热情还是冷淡，是否待人真诚，诚信方面有无问题，是否发生过经济问题。诚信是所有企业经营发展的基础。一个不讲诚信的人无论在什么样的企业都是不受欢迎的。对个人诚信品格的调查非常重要，对不讲诚信的人，无论能力多强，企业都是不能聘用的。

（二）调查的方式

1. 电话调查

一般会要求候选人提供2~3名证明人，明确证明人的姓名、联系方式、职位等信息。调查人员通过电话的方式与证明人取得联系，在确认身份的情况下，按部就班地咨询相关问题。由于候选人一般会和证明人事先说明，因此通过电话调查的方式，也能够取得证明人的信任。

2. 书面调查

人力资源部门作为官方的调查渠道，在进行调查时，肯定是要和候选人原服务单位的人力资源部门打交道的。一般来说，原单位的人力资源部门都愿意配合调查。人力资源部门的要求一般是书面的正式函件，通过这样的调查效果往往较好。

3. 实地调查

针对一些重要的工作岗位，有必要采用上门拜访的方式，对候选人原先所在的公司情况进行调查，并多方面地对候选人的情况进行访问。这种方式往往能获得大量的一手信息。

4. 其他方式调查

利用人际关系网络，从比较熟悉、了解候选人，并且能保守秘密的朋友进行调查；从候选人的亲朋好友中进行调查；从候选人的同学、老师中进行调查。

背景调查表如表4-4所示。

表4-4 背景调查表

项目		记录情况
工作起止时间	他在贵公司工作的日期是____年__月到____年__月	
岗位名称	他的岗位/职务是什么（工作名称与描述）	进入公司______ 离开公司______
汇报关系	他的直接上级是______，他的下属有______位， 分别为______岗位	
工资收入	他离开公司时的月薪/年薪是____________，是否属实？	
离职原因	导致他离开公司最根本的原因是什么？ ◇ 发展或提升的机会 ◇ 工作本身 ◇ 公司／产品前景 ◇ 与上级之间的关系 ◇ 与同事之间的关系 ◇ 薪金水平 ◇ 福利待遇 ◇ 工作条件 ◇ 其他原因（请注明）________________	
性格特点	他的个性、优缺点是什么？	
工作态度	他是否服从和接受上级领导工作安排，对安排的工作是否感兴趣，工作是否需要督促？	
敬业精神	他是否有团体观念，集体荣誉感是否强烈，是否怕困难工作，是否勤奋肯干？	

表4-4(续)

项目		记录情况
工作/技术水平 工作/领导能力	他对分配的工作完成质量如何，能否满足本部门的需要，能否达到所期望的水平？他在能力方面有什么差距或不足，工作效率如何？	
团队合作 沟通协作	他与同事关系相处得如何？他与周边同事交流沟通，合作是否愉快，是否乐于接受和容易得到别人帮助？他的上级及下属如何评价他？	
劳动纪律	他是否严格要求自己，是否自觉地遵守各项管理规定，是否主动按业务规范标准工作？	
犯罪背景和 安全意识	他是否发生过有意或无意泄露信息的行为？ 他是否发生过电脑中木马病毒的事件？ 他是否有治安拘留/犯罪记录？	
其他信息	进一步补充说明的内容	

二、入职体检

在企业做出初步的录用决定并进行了背景调查之后，就要通知候选人按照一定的程序进行入职体检。入职体检旨在保证员工的身体状况适合从事该专业工作的要求，在集体生活中不会造成传染病流行，不会因其个人身体原因影响他人。

三、办理人事档案转移手续

在经过前面的背景调查、体检合格通过后，候选人就要到企业办理入职手续，关于员工的入职，每个企业都有自己的规定与流程。

四、签订试用合同或聘用合同

新员工入职后还要和企业签订试用合同或聘用合同，以保证员工在工作期间的合法权利和履行义务。企业在拟定试用合同或聘用合同的条款时，要遵循法律法规的规定。《中华人民共和国劳动法》第十九条规定：“劳动合同应当以书面形式订立。”这明确了劳动合同要采用书面的形式，而不允许口头订立劳动合同。劳动合同的内容包括：劳动关系主体，即订立劳动合同的双方当事人的情况；劳动合同客体，即劳动合同的标的，是指订立劳动合同双方当事人的权利义务指向的对象，这是当事人订立劳动合同的直接体现，也是产生当事人权利义务的直接依据；劳动合同的权利义务，即劳动合同当事人享有的劳动权利和承担的劳动义务。

同时，在拟定劳动合同时，应根据企业生产经营的特点对劳动合同的期限做出规定，保证企业既有相对稳定的职工队伍，又有合理流动的劳动人员，相互作用与补充。

第五节　招聘与配置实务

一、总则

（一）适用范围

本流程适用于公司基层及管理层的招聘管理。

（二）基本原则

公开招聘、择优录用。

二、招聘职责

（一）人力资源部职责

根据公司各部门用人需求制订招聘计划，进行招聘过程的组织与实施。

（二）用人部门职责

提出人员需求计划，参与面试甄选并提出录用建议。

三、招聘实施管理

（一）汇总招聘需求

人力资源部根据公司发展需要汇总公司整体用人需求。

（二）制订招聘计划

人力资源部对各部门人员需求进行汇总，制订招聘计划，确定招聘方式，用人员需要传递表传送到招聘部。

（三）发布招聘信息

招聘部根据岗位类别选择合适的渠道（网络、招聘会、报纸、内部举荐）形式发布招聘信息，并填写招聘网站统计表（见表4-5）备案。

表 4-5　**招聘网站统计表**

渠道 / 岗位	网络		招聘会		内部举荐	报纸	中介猎头	户外社区广告
	51job、智联	其他（QQ群、论坛）	社会招聘	校园招聘				
销售岗位	√	√	√	√	√	√	—	√
管理岗位	√	—	—	—	√	—	√	—
技术岗位	√	√	√	—	√	—	—	—

（四）简历筛选及面试通知

通过简历筛选初步符合岗位需求的应聘者，招聘部下发面试通知书，告知应聘者面试时间、地点及携带相关证件。

（五）面试

1. 招聘评审小组成员构成

招聘评审小组成员构成如表 4-6 所示。

表 4-6 招聘评审小组成员表

岗 位	第一轮（初试）	第二轮（复试）	第三轮（测评）
基层岗位	招聘经理	部门经理、人资经理	人资经理、招聘经理
主管岗位	招聘经理	总经理、人资经理	人资经理、招聘经理
经理岗位	招聘经理	总经理、董事长	人资经理、招聘经理

2. 人员面试甄选流程

（1）基层岗位人员面试流程。

① 初试流程。

第一，单独面试：适用于社会招聘实施环节。

面试通知→面试接待→填写应聘人员登记表→公司岗位说明→进入单独初试环节。

公司岗位说明流程如图 4-4 所示。

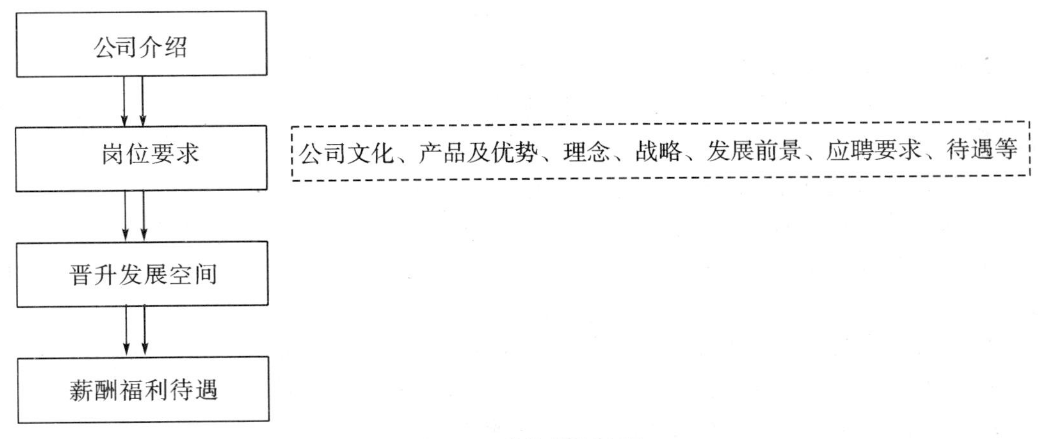

图 4-4 岗位说明流程

首先，由招聘经理进行初试，了解应聘者基本信息和能力信息。

- 应聘者自我介绍：考察语言表达及逻辑思维能力。
- 社会背景：了解家庭状况、生活环境，考察价值取向、工作动力。
- 工作经历：了解以往工作内容、业绩表现、离职原因、工作经历连续性，考察工作适应度和稳定性。
- 岗位能力：通过提问了解应聘者基本素质能力，包括责任心、上进心、抗压性、专业技能，考察岗位胜任力。

• 职业取向：了解应聘者的求职意向、兴趣爱好、个人规划，考察岗位与职业取向匹配度。

其次，对应聘者提出的问题给予解答。

最后，第一轮初试结束后，由面试官进行综合评定，给出初试意见，确定是否进入第二轮复试，并填写初试结果评价表传送人力资源部，由人力资源部依据初试结果安排复试。

第三，集体面试：适用于校园招聘实施环节。

校园宣讲会→简历收取→面试通知→面试接待→进入集体面试环节。

校园宣讲会流程如图 4-5 所示。

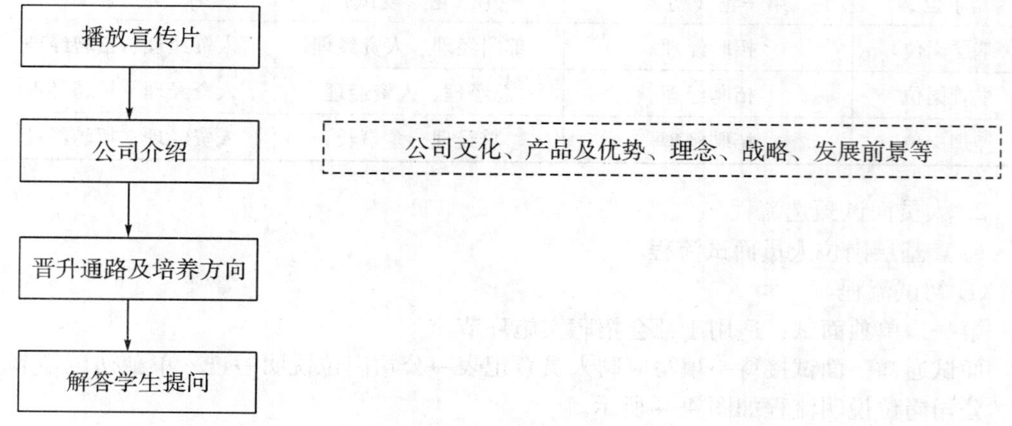

图 4-5 校园宣讲会流程

首先，人力资源部组成评审小组进行初试环节，将应聘学生分组。

其次，面试官进行集体提问，由应聘者进行一一回答，了解应聘者基本信息和能力信息。

• 应聘者自我介绍：考察语言表达及逻辑思维能力。

• 家庭情况：了解家庭成员、生活环境，考察个人性格、价值取向。

• 学校和社会实践活动：了解学生在校生活状态，考察其主动性、独立性、个性能力。

• 兴趣、爱好：了解业余生活状态，考察个人目标、工作动力、抗压性。

• 职业方向：了解求职意向、个人规划，考察潜在的稳定性及岗位匹配度。

再次，面试官解答学生所关注的企业或岗位信息的问题。

最后，面试结束后，由面试官进行综合评定，给出初试意见，确定是否录用，并填写初试结果评价表传送人力资源部，由人力资源部依据初试结果安排到岗日期。

② 复试流程。

测评：由人力资源部门和用人部门经理根据岗位需求安排求职者进行相应测评，具体岗位测评如表 4-7 所示。

表 4-7 测评表

岗位	测评方式	测评时间	备注
基层岗位	压力测试	20 分钟	适用于销售及销售支持类岗位
	团队角色测试		
	DISC 测试		
校园招聘	笔试、压力测试	40 分钟	适用于基层岗位校园招聘
技术专业类岗位	实际操作测评	20 分钟	适用于维修、喷漆、钣金、财会岗位
	团队角色测试		
行政类岗位	团队角色测试、笔试	40 分钟	秘书另须速记测试
管理类岗位	职业性向测试	40 分钟	适用于管理层招聘

专业化面试如下：

- 人力资源部组织用人部门参加并分发专业知识测试题和面试评分表。
- 人力资源部向各位面试官讲解评分细则，并介绍参加复试者基本情况。
- 各部门根据应聘岗位专业化面试提问分别进行打分。
- 提问结束后，由用人部门进行问题补充。
- 人力资源部对应聘者提出的问题给予解答。
- 面试结束后，人力资源部和用人部门进行综合评定给出复试意见，确定录用部门及岗位，并填写复试结果评价表备案。

（2）管理岗位人员面试流程。

① 初试流程。

由招聘经理进行初试后给出意见，确定复试人选，并填写初试结果评价表传送人力资源部，由人力资源部依据初试结果安排复试。

② 复试流程。

主管岗位由总经理、人力资源部经理、部门总监组成评审小组进行复试，做出录用决策。

经理岗位由总经理和董事长进行复试，做出录用决策。

所有复试结束后均应填写复试结果评价表传送人力资源部备案。

以上复试录用结果在当日内由人力资源部通知招聘部。

（六）发出录用通知

招聘部在复试通过后 2 个工作日内，以电话、邮件形式向符合要求的人员发出录用通知书。录用通知书应包括报道时间、地点及携带证件、物品等。关键岗位人员在发出录用通知前须进行背景调查和验证，并填写背景调查报告书上交人力资源部。

（七）办理录用手续

招聘部负责把录用者的相关表格传递给人力资源部，并出具新员工入职手续办理传递单由人力资源部负责办理入职手续。

（1）填写员工简历表。

（2）签订新员工入职须知及员工入职承诺书。

（3）提交以下相关材料及资质证明文件：

① 身份证原件、复印件（A4 纸复印）。

② 最高学历证明原件、复印件。

③ 与原单位终止、解除劳动合同的证明文件。

④ 近期免冠 1 寸的彩色照片 3 张。

⑤ 关键岗位人员必须提供职称证、结婚证、户口本等原件及复印件。

三、入职管理工作

（一）入职前需要沟通确认的事情

1. 集团概况

（1）企业简介：公司性质、成立时间、资产规模、产业结构、公司业绩与荣誉。

（2）企业文化：企业精神、核心价值观、企业宗旨。

（3）其他：组织结构、领导简介、远景规划、战略目标。

2. 工作内容

（1）部门定位与职能。

（2）岗位工作职责。

（3）部门岗位设置与人员配置情况。

3. 入职管理

（1）背景调查时间与方式。

（2）入职体检流程与要求。

（3）入职手续办理流程。

（4）准备学历证书、身份证、职称证书等证件原件。

（5）提供原单位离职证明与工作交接手续。

4. 入职培训

（1）入职培训。

（2）在职培训。

5. 绩效管理

试用期转正考核流程与注意事项。

6. 薪酬福利

（1）试用期开始时间、试用期期限。

（2）试用期工资待遇。

（3）转正后工资待遇。

（4）通信费。

（5）住宿安排。

（6）工作餐安排。

（7）办公条件。

（8）名片印制。

（9）公司班车路线。

（10）购房优惠。

（11）节假日津贴（节假日补助、带薪休假）。

（12）发放抚恤金（结婚、丧葬、生育等）。

7. 劳动关系管理

（1）就业协议签订。

（2）劳动合同签订。

（3）工作关系调入流程。

（4）户口、档案、党团关系办理流程。

（5）“五险一金”、缴费比例、转缴手续。

8. 休假管理

（1）作息时间。

（2）每周休息时间。

（3）法定节假日休息时间。

9. 其他

（1）员工行为规范。

（2）奖惩制度。

（二）入职体检

（1）对于面试通过的应聘者，在正式办理入职手续之前 3 个工作日内，由用人单位人力资源管理部门组织应聘者在指定医院进行体检。

（2）体检结束后，由人力资源管理部门负责从医院取回应聘者体检结果，并在取回体检结果一天内向应聘者反馈。体检合格者，寄送员工录用通知书，通知前来办理入职手续；体检不合格者，不予录用。

（3）新接收的应届毕业生报到后，由公司人力资源部统一安排体检，体检不合格者不予录用。

（4）员工入职前体检所发生的费用，在试用期转正之后，员工可凭体检单据在其所在单位的财务部门报销。

（三）员工报到应准备的材料

（1）公司人力资源部开具的员工录用通知书。

（2）与原单位解除劳动合同的凭证。

（3）毕业证书、学位证书、职称证书、身份证等原件。

（4）彩色免冠照片，建立员工内部人事档案使用。

（5）工作生活用品。

四、试用期管理工作

第一，各用人单位引进的人员原则上必须经过 3~6 个月的考核、试用，经考核合格后，方可转为正式员工。

第二，试用期间，由用人单位指定引导人对新员工进行指导。新员工引导人的确定及职责履行，由用人单位人力资源管理部门负责协调落实。

第三，所有的新入职员工在试用期内，都要进行新员工入职培训，否则不得转正。

第四，试用期间，由用人单位对新员工进行严格试用期考核。

第五，新员工试用期满，由个人提交转正申请（转正申请中包括并不仅限于：试用期培训和学习的内容与成果；试用期主要工作内容、完成情况、创新及改进情况、岗位适应情况；目前本人存在的问题及下一步的打算；其他需要说明的问题），人力资源管理部门与其本人、直接领导、同事、下属进行详细的沟通，并出具考核报告，并将转正审批表报送本单位总经理，审批合格者，按期给予转正。

第六，新员工试用期满，经考核评价后不能达到所应聘岗位的任职资格要求的，可以根据情况延长试用1~3个月或调换岗位重新试用，延长试用后，经考核评价仍不合格者予以辞退。

【本章小结】

员工的招聘与配置是人力资源管理的一项重要内容，招聘工作作为吸引人才的必要途径，越来越受到企业的重视。企业规模的扩大，需要引进大量的人才，而随着市场环境的变化，员工的离职率越来越高，招聘工作的重要性也就越来越突出。

本章介绍了人员招聘的概念、影响因素、原则和基本流程；分析阐述了内部招聘和外部招聘的渠道和方法，并对这两种招聘进行了比较；在甄选阶段，介绍了人员甄选的方法，主要有简历与求职申请表、笔试法、面试法、心理测试法和评价中心等，重点介绍了面试法，这是企业在人员选拔中使用的最为广泛的一种方法；在录用配置环节中，用示例阐述了背景调查、入职流程以及签订试用合同等问题。

【简答题】

1. 试比较内部招聘和外部招聘的优缺点。
2. 面试中有哪几种提问的方式？
3. 内部招聘有哪几种方式？
4. 外部招聘有哪几种方式？
5. 结构化面试有什么特点，适用什么情况？
6. 什么是压力面试？其有什么特点？
7. 背景调查需要调查哪些内容？
8. 入职申请表和简历有什么区别？

【案例分析题】

天洪公司是一家发展中的公司，在15年前创立，现在拥有10多家连锁店。在近几年的发展中，天洪公司从外部招聘来的中高层管理人员大约有50%的人不符合岗位的要求，工作绩效明显低于天洪公司内部提拔起来的人员。在过去的两年中，天洪公司外聘的中高层管理人员中有9人不是自动离职就是被解雇。

从外部招聘来的商业二部经理因年度考评不合格而被免职之后，终于促使董事长召开了一个由行政副总裁、人力资源部经理出席的专题会议，分析这些外聘的管理人员频繁离职的原因，并试图得出一个全面的解决方案。

人力资源部经理先就招聘和录用的过程进行了一个回顾。天洪公司是通过职业介绍所或报纸上刊登招聘广告来获得职位候选人的。人员挑选的工具包括一份申请表、3份测试卷（一份智力测试卷和两份性格测试卷）、有限的个人资历检查以及必要的面试。

行政副总裁认为，他们在录用某些职员时，犯了判断上的错误，一部分人的履历表看起来不错，他们说起来也头头是道，但是工作了几个星期之后，他们的不足就明显暴露出来了。

董事长则认为，根本的问题在于没根据工作岗位的要求来选择适用的人才。“从离职人员的情况来看，几乎我们录用的人都能够完成领导交办的工作，但他们很少在工作上有所作为，有所创新。”

人力资源部经理提出了自己的观点，即公司在招聘中过分强调了人员的性格和能力，并不重视应聘者过去在零售业方面的记录。例如，在7名被录用的部门经理中，有4人来自与其任职无关的行业。

行政副总裁指出，大部分被录用的职员都有共同的特征，如他们大都在30岁左右，而且经常跳槽，曾多次变换自己的工作；他们雄心勃勃，并不十分安于现状；在加入公司后，他们中的大部分人与同事关系不是很融洽，与直属下级的关系尤为不佳。

会议结束后，董事长要求人力资源部经理：“彻底解决公司目前在人员招聘中存在的问题，采取有效措施从根本上提高公司人才招聘的质量。”

思考题：

1. 天洪公司在人员招聘中存在什么问题？
2. 你对改善这些问题有什么更好的建议？

【实际操作训练】

实训项目：人力资源招聘。

实训目的：学会运用招聘面试的方法，设计企业实际岗位的招聘流程。

实训内容：在掌握招聘与甄选相关知识的基础上，能运用人员甄选的方法与技术，设计招聘流程，举办企业模拟招聘会。

要求：

1. 制订企业招聘计划。
2. 设计企业招聘广告。
3. 准备招聘启事展板及相关招聘材料。
4. 确定甄选方法及流程。
5. 拟定面试提问要点。
6. 组织招聘会。

第五章　员工培训

开篇案例

迪士尼乐园的员工培训

到东京迪士尼去游玩，人们不大可能碰到迪士尼乐园的经理，门口卖票和剪票的人员也许只会碰到一次，碰到最多的还是扫地的清洁工。因此，东京迪士尼乐园对清洁员工非常重视，将更多的训练和教育大多集中在他们的身上。

一、从扫地的员工培训起

有些东京迪士尼乐园的扫地员工是在暑假工作的学生，虽然他们只工作两个月时间，但是培训他们扫地要花3天时间。

（一）学扫地

第一天上午要培训如何扫地。扫地有3种扫把：一种是用来扒树叶的；一种是用来刮纸屑的；一种是用来掸灰尘的。这三种扫把的形状都不一样。怎样扫树叶，才不会让树叶飞起来？怎样刮纸屑，才能把纸屑刮得很干净？怎样掸灰，才不会让灰尘飘起来？这些看似简单的动作却都要严格培训。而且扫地时还另有规定，如开门时、关门时、中午吃饭时、距离客人15米以内等情况下都不能扫地。这些规范都要认真培训，严格遵守。

（二）学照相

第一天下午学照相。十几台世界上最先进的数码相机摆在一起，各种不同的品牌，每台都要学，因为客人会叫员工帮忙照相，可能会带世界上最新的照相机，来这里度蜜月、旅行。如果员工不会照相，不会操作照相机，就不能照顾好顾客，因此学照相要学一个下午。

（三）学包尿布

第二天上午学怎么给小孩子包尿布。孩子的妈妈可能会叫员工帮忙抱一下小孩，但如果员工不会抱小孩，动作不规范，不但不能给顾客帮忙，反而增添顾客的麻烦。抱小孩的正确动作是：右手要扶住臀部，左手要托住背，左手食指要顶住颈椎，以防闪了小孩的腰，或弄伤颈椎。员工不但要会抱小孩，还要会替小孩换尿布。给小孩换尿布时要注意方向和姿势，应该把手摆在底下，尿布折成十字形，这些都要认真培训，严格规范。

（四）学辨识方向

第二天下午学辨识方向。有人要上洗手间，“右前方，约50米，第三号景点东，那个红色的房子”；有人要喝可乐，“左前方，约150米，第七号景点东，那个灰色的房子”；有人要买邮票，“前面约20米，第十一号景点，那个蓝条相间的房子”……顾客会问各种各样的问题，因此每一名员工要把整个迪士尼乐园的地图都熟记在脑子里，对迪士尼乐园的每一个方向和位置都要非常明确。

训练3天后，员工领取3把扫把，开始扫地。在迪士尼乐园里面碰到这种训练有素的员工，人们会觉得很舒服，下次会再来迪士尼乐园。

二、会计人员也要直接面对顾客

有一种员工是不太接触顾客的，那就是会计人员。迪士尼乐园规定：会计人员在前两三个月中，每天早上上班时，要站在大门口，对所有进来的顾客鞠躬、道谢。因为顾客是员工的衣食父母，员工的薪水是顾客给予的。感受到什么是顾客后，会计人员再回到会计室中去做会计工作。迪士尼乐园这样做，就是为了让会计人员充分了解顾客。

三、其他重视顾客、重视员工的规定

（一）怎样与小孩讲话

迪士尼乐园有很多小孩，这些小孩要跟大人讲话。迪士尼乐园的员工碰到小孩在问话，统统都要蹲下，蹲下后员工的眼睛跟小孩的眼睛要保持一个高度，不要让小孩抬着头去跟员工讲话。因为那是未来的顾客，将来都会再回来的，所以要特别重视。

（二）怎样送货

迪士尼乐园里面有喝不完的可乐、吃不完的汉堡、买不完的糖果，但从来看不到送货的。因为迪士尼乐园规定在客人游玩的地区是不准送货的，送货统统在围墙外面。迪士尼乐园的地下像一个隧道网一样，一切食物、饮料统统在围墙的外面下地道，在地道中搬运，然后再从地道里面用电梯送上来，因此客人永远有吃不完的东西。这可以看出，迪士尼乐园多么重视客人，于是客人就不断地去迪士尼乐园。去迪士尼乐园玩10次，大概也看不到一次经理，但是只要去一次就看得到迪士尼乐园的员工在做什么。这就是顾客站在最上面，员工去面对顾客，经理站在员工的底下来支持员工，员工比经理重要，顾客比员工重要。

（资料来源：东京迪士尼乐园员工培训案例［EB/OL］.（2005-04-06）［2016-11-10］. http://bbs.chinahrd.net/thread-68756-1-1.html.）

问题与思考：

1. 迪士尼乐园在员工培训方面做了哪些工作？
2. 培训在企业发展中的地位和作用如何？

第一节　员工培训概述

企业要想跟上时代发展的步伐，要想在激烈的竞争中脱颖而出，就必须不断地更新管理理念，运用现代管理方法，更加注重人力资源的作用，不断开发人力资源的潜力，充分发挥人力资源的优势。因此，很多企业逐渐重视并努力开展员工的培训工作。

一、员工培训的内涵

培训就是为了企业利益而有组织地提高员工工作绩效的行为。培训的最终目的是使员工更好地胜任工作，进而提高企业的生产力和竞争力，从而实现组织发展与个人发展的统一。

员工培训是指企业有计划地实施有助于员工学习与工作相关能力的活动。这些能力包括知识、技能和对工作绩效起关键作用的行为。

二、员工培训的具体流程

培训工作具体可分为四个步骤进行，即培训需求分析、培训计划制订、培训实施、培训效果评估。

（一）培训需求分析

培训需求分析是指在规划与设计每项培训活动之前，由培训部门、主管人员、工作人员等采取各种方法和技术，对各种组织及其成员的目标、知识、技能等方面进行系统的鉴别与分析，以确定是否需要培训及培训内容的一种活动或过程。培训需求信息的收集多采用问卷调查、个人面谈、团体面谈、重点团队分析、观察法、工作任务调查法。

（二）培训计划制订

培训计划是指对企业组织内培训的统筹安排。企业培训计划必须密切结合企业的生产和经营战略，从企业的人力资源规划和开发战略出发，满足企业资源条件与员工素质基础，考虑人才培养的超前性和培训效果的不确定性，确定职工培训的目标，选择培训内容、培训方式。

（三）培训实施

制订好培训计划后，接下来的工作就是计划的实施，即培训实施。要做好这项工作，需注意以下几点：

（1）领导重视。

（2）要让员工认同培训。

（3）做好外送培训的组织工作。

（4）培训经费上的大力支持。

（5）制定奖惩措施。

在培训实施方面，国内外的研究者关注得比较多的是采取怎样的培训方式进行培训，认为多样化的培训方式比传统的讲授式培训能够达到更好的效果。

（四）培训效果评估

培训效果评估是研究培训方案是否达到培训的目标，评价培训方案是否有价值，判断培训工作给企业带来的全部效益（经济效益和社会效益）以及培训的重点是否和培训的需要相一致。科学的培训评估对于分析企业培训需求、了解培训投资效果、界定培训对企业的贡献非常重要。目前使用得最广泛的培训效果评估方法是柯克帕特里克的培训效果评估体系。成本—收益分析也是一个比较受推崇的方法，这种方法可将培训的效果量化，让企业可以直观地感受培训的作用。

第二节　员工培训工作的主要内容

一、培训需求分析

培训需求分析必须在组织中的三个层次上进行，首先培训需求分析必须在工作人员个体层次上进行，第二个层次是组织层次，第三个层次是战略层次。

1. 培训需求分析的个体层次

培训需求分析的个体层次主要分析工作人员个体现有状况之间的差距，在此基础上确定谁需要和应该接受培训及培训的内容。

不同的组织以及组织内部的不同单位，培训需求分析的主体是不一样的，但是一般说来，任何组织和单位都要通过培训部门、主管人员、工作人员来进行。

（1）培训部门。培训部门通常是选择谁需要和谁会获得培训的关键参与者。培训部门经常要负责绩效测试，这种测试是引起新增培训的工作分配或技能提高过程的一部分。为了未来的发展，需求分析中心可以选择一些有潜力的经理人员与行政人员参加培训。

培训部门经常负责检查和执行委托培训项目，虽然培训部门不是单独为此类活动负责，但其一般起主要作用。

培训部门同主管人员与工作人员相互作用，来指导、劝告、通知和鼓励。培训部门发布布告和清单，与个体工作人员会谈讨论各项选择，与面临各种问题的主管人员一起工作。复杂的培训部门都有针对每个工作人员的培训详细目录，在其中记载了每一个工作人员曾经参加的培训，并且提出了未来培训和开发的可能性。

（2）主管人员。主管人员也是确定谁会获得培训的关键参与者。主管人员能够使培训决策成为绩效评价系统的一部分。绩效评价本身是需求分析与缺失检查的一种类型，为培训决策的制定提供了警告性参数。

作为分析和开发过程的一部分，主管人员应该鼓励工作人员提出员工开发计划，或者强调过去培训和开发的员工任务完成报告。员工开发计划需要工作人员详细指明改进知识、技能及能力和策略，而不管其现有水平。

主管人员能够制订出包括单位内多数或所有工作人员在内的部门性培训计划表。主管人员有责任考虑呈现于工作人员之中的精选的知识、技能和能力是否能够解释疾病、磨损及意想不到的工作的增加。交叉培训工作人员是帮助主管人员确信不同的工作人员了解一种工作或一系列技能的一项技术。

（3）工作人员。工作人员通过评估他们自己的需要，经常急于改进与其工作有关的技能、知识、能力，并积极寻找培训机会。工作人员需要组织内外的培训规划，他们或者是用公司时间，或者是用个人时间参加培训活动。

2. 培训需求分析的组织层次

培训需求的组织分析主要是指通过对组织的目标、资源、环境等因素的分析，准确找出组织存在的问题，即现有状况与应有状况之间的差距，并确定培训是否是解决这类问题的最有效的方法。

培训需求的组织分析涉及能够影响培训规划的组织的各个组成部分，包括详细说明组织目标、组织培训气候的确定、组织资源的分析等方面。

（1）详细说明组织目标。明确、清晰的组织目标既对组织的发展起决定性作用，也对培训规划的设计与执行起决定性作用，组织目标决定培训目标。

当组织目标不清晰时，设计与执行培训规划就很困难，详细说明在培训过程中应用的标准也不可能。

（2）组织培训气候的确定。组织培训气候是指一个单位或部门所存在的群体培训气氛。正像描述组织目标所呈现出的复杂性一样，仅仅确定组织目标还不能产生任何作用。

组织培训气候对培训具有重要作用，当培训规划和工作环境不一致时，培训的效果很难保证。

阅读案例5-1

路乐尔和戈德斯丁进行了一项研究，他们通过拥有和经营102家快餐店的特许权来研究他们的模型。该研究主要是分别考查每一个组织单位的转换气候和分配给各个组织单位的受训者的转换行为。受训者都是一些助理经理人员，他们都完成了9个星期的培训规划，然后被随机分配到102家快餐店中的任意一家中去。被分配到具有正转换气候的单位的受训者，在工作中往往表现出更多的转换行为。而且正如期望的一样，在培训中学得较多的受训者，在工作中表现得更出色，但是转换气候同培训之间的相互作用并不明显。这就提供了一个证据，即不受培训者在培训规划中学习程度影响的正转换气候的程度，影响到所学行为方式转换到工作中去的程度。可见，转换气候是组织应该考虑的促进培训转换的强有力工具。

（3）组织资源的分析。资源分析应该包括组织人员安排、设备类型、财政资源等的描述。更为重要的是，人力资源需求必须包括反映未来要求的人事计划。1983—1989年，美国在更新设备上的投资每年以15%的速度增长，同时这些技术也被大量地应用于培训规划。因此，如果一个组织计划实施这些技术，其就需要进行一个资源分析，以确定其是否有人能参加培训来应用这些技术。

3. 培训需求分析的战略层次

传统研究中，人们习惯于把培训需求分析集中在个体需求方面和组织需求方面，并以此作为设计培训规划的依据。实践表明，一味地集中过去和现在的需求将会引起资源的无效应用。因此，一个新的重点被放置在围绕着未来需求的战略方法上，这些未来需求代表了与过去倾向的显著分离。培训需求的未来分析，即战略分析，越来越受到人们的重视。

在战略分析中，有三个领域需要考虑到，即改变组织优先权、人事预测和组织态度。

（1）改变组织优先权。引起组织优先权改变的因素主要有以下几点：

①新的技术的引进。例如，资料处理能力的提高使各种组织的结构、功能、性质等发生革命性改造。

②财政上的约束。由于面临财政上的紧缺问题，各种层次的组织都将其规划削减

到前所未有的程度，或者完全终止规划。

③组织的撤消、分割或合并。

④部门领导人的意向。新任部门领导人的处事方式与前任不同，可能引起组织变革。

⑤各种临时性、突发性任务的出现。外界环境的变化，需要建立新的组织或改变原有组织，以解决这些问题。

以上几点说明，培训部门不能仅仅考虑现在的需要，必须具有前瞻性，即必须决定未来的需要，并为之做准备，尽管这些需要同现在的需要可能完全不同。

（2）人事预测。人事预测主要包括三种类型：短期预测，指对下一年的预测；中期预测，指 2~4 年的预测；长期预测，指 5 年或 5 年以上的预测。

人事预测的内容有需求预测与供给预测。需求预测主要考查一个组织所需要的人员数量以及这些人员必须掌握的技能。对于稳定性组织，过去的倾向无疑是未来需求的指示灯。然而，对于经历巨大变革的组织来说，其应将过去的倾向和其他预测技术结合起来以确定未来需求。供给预测不但要考查可能参加工作的人员数量，而且也要考查其所具有的技能状况。

（3）组织态度。在培训需求的战略分析中，收集全体工作人员对其工作、技能以及未来需求等的态度和满意程度是有用的。首先，对态度的调查帮助查出组织内最需要培训的领域；其次，对态度与满意程度的调查不但可以表明是否需要培训以外的方法，而且也能确认那些阻碍改革和反对培训的领域。

了解工作人员态度及满意度的调查应瞄准利益领域，以便使各种反应比较集中。这些领域包括工人、领导者、团队和组织等。

二、培训对象的确定

企业培训可以根据对象、内容和形式的不同而划分为不同的类型。

（一）按培训对象划分

按培训对象划分，培训可以分为基层员工培训和管理人员培训。

1. 基层员工培训

基层员工培训的目的是培养员工有一个积极的工作心态，掌握工作原则和方法，提高劳动生产率。培训的主要内容包括追求卓越工作心态的途径、工作安全事故的预防、企业文化与团队建设、新设备操作、人际关系技能等。基层员工的培训应该注重实用性。

2. 管理人员培训

管理人员培训又可以根据管理层次的不同而分为基层管理人员培训、中层管理人员培训和高层管理人员培训。

基层管理人员的工作重点主要在第一线从事具体的管理工作，执行中层、高层管理人员的指示和决策。因此，为基层管理人员设计的培训内容应注重管理工作的技能、技巧，如怎样组织他人工作、如何安排生产任务、如何为班组成员创造一个良好的工作环境等。基层管理人员的技能培训、人际关系培训和解决问题的能力培训的比例为 50∶38∶12（Katz，1955）。

中层、高层管理人员的培训应注重对其发现问题、分析问题和解决问题的能力，用人能力，控制和协调能力，经营决策能力以及组织设计技巧的培养。

中层管理人员对于本部门的经营管理必须十分精通，除了熟悉本部门工作的每个环节和具体工作安排以外，还必须了解与本部门业务有关的其他部门的工作情况。按照罗伯特·卡茨的理论，中层管理人员的技能培训、人际关系培训和解决问题的能力培训的比例为 35：42：23。

高层管理人员的工作重点在于决策，因此他们所要掌握的知识更趋向于观念技能，如经营预测、经营决策、管理、会计、市场营销和公共关系等。罗伯特·卡茨将高层管理人员的技能培训、人际关系培训和解决问题的能力培训的比例定为 18：43：39。

不同层级管理人员的培训内容比例如图 5-1 所示。

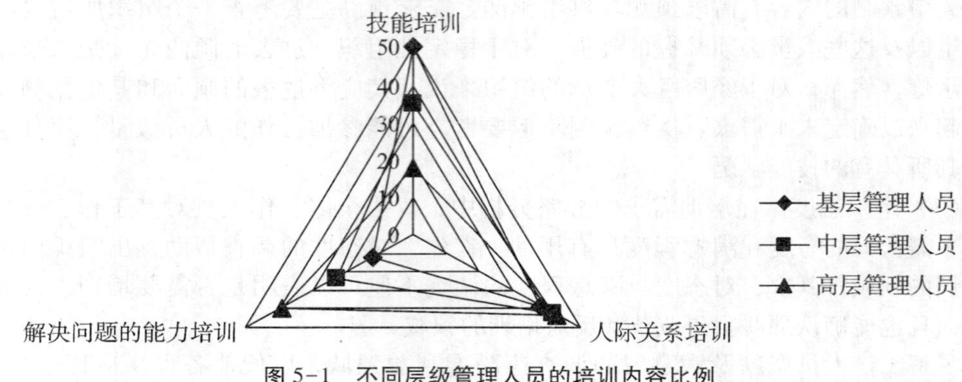

图 5-1　不同层级管理人员的培训内容比例

（二）按培训内容划分

按培训内容划分，培训可以分为知识培训、技能培训以及态度和观念培训。

1. 知识培训

知识培训的主要任务是对员工所拥有的知识进行更新，其主要目标是要解决“知”的问题。

现代社会是一个知识爆炸的社会，各种知识都随着时间的推移飞速更新。企业要在这个不断改变的社会中得以生存，员工就必须不断更新已有的知识。员工知识老化的速度超过更新的速度时，企业就会落伍，甚至会出现经营困难的问题。只有员工知识更新的速度超过老化的速度时，企业才能保持在行业领先的地位。因此，终身学习被现代社会所认同和提倡。

2. 技能培训

随着时代的进步，各行各业都会有新的技术和能力要求。另外，随着现代产业结构的不断调整，大量的旧行业和岗位消失，新行业和岗位兴起，员工需要学习新的技能才能从事新行业和岗位。

3. 态度和观念培训

员工通过培训习得对人、对事、对己的反应倾向。这会影响员工对特定对象做出一定的行为选择。例如，要热情、周到地对待客户咨询与投诉，并在 24 小时内回复来电或来函，售后服务部门员工必须接受相关的业务培训。

（三）按培训形式划分

按培训形式划分，培训可以分为入职培训、在职培训、脱岗培训和轮岗培训。

1. 入职培训

入职培训，即新员工入职培训，帮助新员工熟悉企业的工作环境、文化氛围和同事，让新员工能够迅速投入新工作，缩短新员工与老员工的工作磨合期。

2. 在职培训

在职培训，即员工不需要脱离工作岗位的情况下参加培训。在职培训通常利用员工的工余时间进行，是在完成本职工作的基础上开展的培训活动。这类培训的内容重在补充员工当前岗位、工作或项目所需要的知识、技能和态度。

3. 脱岗培训

与在职培训相对，脱岗培训是指员工暂时脱离岗位接受培训。在培训期间，将本职工作放在一边，以培训为重心。脱岗培训更注重提高员工的整体素质和未来发展需求，而不是根据当前岗位工作或项目的情况来确定培训内容。

4. 轮岗培训

轮岗培训，即员工被安排到企业的其他部门或者分公司一边工作一边进行培训，与在职培训有相同之处。两者都是工作与培训同步进行。两者的区别在于在职培训包括轮岗培训，而轮岗培训的最大特点是调离原本的岗位，在其他岗位上进行工作和学习，存在岗位空间和环境上的变化。

阅读案例5-2

宝洁公司的全方位和全过程培训

第一，入职培训。新员工加入宝洁公司后，会接受短期的入职培训。其目的是让新员工了解宝洁公司的宗旨、企业文化、政策及各部门的职能和运作方式。

第二，技能和商业知识培训。宝洁公司内部有许多关于管理技能和商业知识的培训课程，如提高管理水平和沟通技巧、领导技能的培训等，它们结合员工个人发展的需要，帮助员工成为合格的人才。宝洁公司独创了“宝洁学院”，通过宝洁公司高层经理讲授课程，确保宝洁公司在全球范围的管理人员参加学习，并了解他们所需要的管理策略和技术。

第三，语言培训。英语是宝洁公司的工作语言。宝洁公司在员工的不同发展阶段，根据员工的实际情况及工作的需要，聘请国际知名的英语培训机构设计并教授英语课程。新员工还会参加集中的短期英语岗前培训。

第四，专业技术的在职培训。从新员工进入宝洁公司开始，宝洁公司便派一名经验丰富的经理悉心对其日常工作加以指导和培训。宝洁公司为每一位新员工制订个人培训和工作发展计划，由其上级经理定期与员工回顾，这一做法将在职培训与日常工作实践结合在一起，最终使新员工成为本部门和本领域的专家能手。

第五，海外培训及委任。宝洁公司根据工作需要，选派各部门工作表现优秀的年轻管理人员到美国、英国、日本、新加坡、菲律宾和中国香港等地的宝洁公司分支机构进行培训和工作，使他们具有在不同国家和地区工作的经验，从而得到更全面的发展。

三、培训计划制订

大多数公司一般在年底会制订下一年整年的培训计划，培训计划是公司在战略基础上，在调查培训需求之后结合公司现有资源而制订的。培训计划主要包括如下内容：

（一）培训目标

培训目标，即希望员工培训后达到什么效果，如掌握什么岗位技能、学会什么知识、学会操作什么机器等。

制定培训目标时，最好遵循SMART原则，如果泛泛而谈地说要改善什么、提高什么，这样虚无的目标，落地后效果基本都不好。当然，培训有个很实际的问题是衡量培训效果非常难。例如，进行了一个职业心态培训以后，很难说接下来的产能提升就是这个培训的效果。因此，进行了某项培训以后，主管的作用非常重要，如何敏感地注意到工作中员工的关键事件，并且在合适的时候提及培训，去最大化地转化培训的效果，这样培训才有意义。例如，公司刚给员工做了一个技能提升的培训，如果主管发现员工在实际工作时并没有使用这个新技能，发现后要马上提醒，一而再再而三地强化，而且可以举办一个小小的技能竞赛，让员工尽量多用这个技能，只有这样，培训学到的东西才会真的有用。

（二）培训课程

培训课程主要为新员工入职培训、在职岗位技能培训、管理技能培训、心态培训等。

培训课程的设计应该是在做好培训需求的基础上而设计的，不应该是领导拍脑袋或者跟风看别人做什么就做什么。培训课程设计还应该系统，如管理人员培训分为基层、中层、高层等，每个课程都针对学员特点来设计。

（三）培训对象

培训对象可以自己提需求，部门主管可以为下属提培训需求，人力资源主管可以为公司全体员工包括高层提培训需求。

每项课程的培训对象都应该是有针对性的，什么培训适合什么人参加，人力资源主管应该有明确的界定。现在外在培训资源非常丰富，有些人喜欢看到培训就让老板去参加，结果老板听课回来后不管公司现状强制推行，反而起了反作用。

（四）培训讲师

培训讲师可选择内部讲师和外部讲师。内部讲师和外部讲师各有各的优势，内部讲师熟悉企业情况，讲起课来更有针对性，而且费用方面也好协商；但是正所谓“外来的和尚会念经”，很多理念，外部讲师讲的学员就愿意接受，因此有些课程还是要请外部讲师，当然费用自然不菲。如何激励内部资深员工多和新员工分享、多出来授课也是很多企业头痛的问题。企业最好建立内部讲师制度，让内部讲师不仅能享受到更多的福利，还能提升自身技能，学到东西。只有这样，企业才能建立起学习型氛围。

（五）培训类型

培训一般分为内训或外训。企业外部有很多的外训机构，企业在选择外训机构时，可以先让其发一些简短的视频课程或者电子演示稿来看，了解一下讲师的情况，并且了解外训机构在授课以后有无跟进服务，让培训更好地落地。

（六）培训费用

企业每年都有培训预算，培训中可能要涉及的成本如表5-1所示。

表5-1　　培训费用

类别	具体费用
薪金和福利	受训者、培训者、顾问、培训方案设计者的工资、奖金、福利等
材料费	向教师与学员提供的原材料费用及其他培训用品
设备和硬件费	培训过程中使用教室、设备和硬件的租赁费或购置费
差旅费	教师与学员及培训部门管理人员的交通、住宿费及其他差旅费
外聘教师费	从企业外部聘请教师所支付的授课费、差旅费与住宿费
项目开发或购买	员工培训项目的开发成本或购买的员工培训项目
设施费	一般性的办公用品、办公设施、办公设备以及相关费用
薪资	培训部门管理人员与工作人员的薪资以及支持性管理人员和一般人员薪资
间接费	学员参加培训而损失的生产费（或临时工成本）

（七）培训时间

有些企业担心培训影响生产和工作，会把培训安排在周末或者晚上，而有些企业习惯于将培训安排在上班时间。如果是从员工积极性角度来看，培训安排在上班时间当然更理想，下班时间如果不算加班还安排员工参与培训，确实有可能遭到员工的抵触。如何安排培训时间取决于什么时间是最好的培训时间？所选的培训时间能否与工作配合？要考虑培训是否会影响正常工作？在培训期间离岗对其他员工是否会造成影响？

（八）培训方式

培训的方式主要有授课、案例讨论、外训、拓展、录像、学徒、工作轮换等。培训不等于讲课，培训方式应考虑到怎样调动学员的积极性，采用各种丰富有趣的方式来进行。例如，给新员工介绍公司规章管理制度时，可以采用一些有趣的公司员工自拍的小视频片段来介绍怎样才是符合公司规定的做法；为了培养员工团队精神，可以把他们带出去进行拓展训练；为了提升干部的管理技能，可以找几个案例让他们实践模拟；等等。培训可以在会议室进行，也可以在户外进行，既可以通过电子演示稿讲授来进行，也可以通过远程教学来进行。企业需要根据自己的资源和学员的特点采用各种有趣的方式，尽量避免"填鸭式"的培训。

（九）考核方式

对培训效果进行考核，可以采用试卷、技能考核、讲授、总结等形式。培训效果考核是培训最难的环节之一，因为数据难以获得，而且得出了数据也难以辨别是否就是培训的效果。但是，我们也可以通过一些方式来尽量获取信息，以检验培训效果。例如，在课程结束后调查学员的满意度和建议，在培训结果落地时通过技能考核或者总结等来检验课程内容的实践性，在培训结束后收集企业的生产效率、产能、员工流失率等等数据来查验。企业还可以通过培训积分制来对员工培训参与度进行管理，把培训积分与绩效考核、薪酬、晋升等挂钩。

四、培训方法选择

（一）直接传授型培训法

直接传授型培训法适用于知识类培训，主要包括讲授法、专题讲座法和研讨法等。

1. 讲授法

讲授法是指讲课教师按照准备好的讲稿系统地向受训者传授知识的方法。讲授法是最基本的培训方法，适用于各类学员对学科知识、前沿理论的系统了解。讲授法主要有灌输式讲授、启发式讲授、画龙点睛式讲授三种方式。讲课教师是讲授法成败的关键因素。

讲授法的优点包括：传授内容多，知识比较系统、全面，有利于大量培养人才；对培训环境要求不高；有利于讲课教师能力的发挥；学员可以利用教室环境相互沟通，也能够向讲课教师请教疑难问题；员工平均培训费用较低。

讲授法的局限性包括：传授内容多，学员难以完全消化、吸收；单向传授不利于教学双方互动；不能满足学员的个性需求；讲课教师水平直接影响培训效果，容易导致理论与实践脱节；传授方式较为枯燥单一。

2. 专题讲座法

专题讲座法形式上和课堂教学法基本相同，但在内容上有所差异。课堂教学一般是系统知识的传授，每节课涉及一个专题，接连多次授课；专题讲座是针对某一个专题知识，一般只安排一次培训。这种培训方法适合于对管理人员或技术人员进行了解专业技术发展方向或当前热点问题等的培训。

专题讲座法的优点包括：培训不占用大量的时间，形式比较灵活；可随时满足员工某一方面的培训需求；讲授内容集中于某一专题，培训对象易于加深理解。

专题讲座法的局限性包括：讲座中传授的知识相对集中；内容可能不具备较好的系统性。

3. 研讨法

研讨法是指在教师引导下，学员围绕某一个或几个主题进行交流，相互启发的培训方法。

（二）实践型培训法

实践型培训法是通过让学员在实际工作岗位或真实的工作环境中，亲身操作、体验，掌握工作所需的知识、技能的培训方法。实践型培训法适用于难以掌握技能为目的的培训，适用于从事具体岗位所应具备的能力、技能和管理实务类培训。

实践法优点包括：经济，受训者边干边学，无需准备教室及培训设施；实用、有效，受训者通过实践来学习，使培训内容与从事的工作紧密结合，受训者在实践中能得到关于他们工作行为的反馈和评价。

实践法常用方式有工作指导法、工作轮换法、特别任务法等。

工作指导法又称教练法、实习法，是指由一位有经验的工人或直接主管人员在工作岗位上对受训者进行培训的方法。

工作轮换法是指让受训者在预定时期内变换工作岗位，使其获得不同岗位的工作经验的培训方法。

特别任务法是指企业通过为某些员工分派特别任务对其进行培训的方法，常用于管理培训。

（三）参与型培训法

参与型培训法是调动培训对象积极性，让其在培训者与培训对象双方的互动中学习的方法。参与型培训法的主要形式有案例研究法、头脑风暴法、模拟训练法、敏感性训练法、管理者训练法。

1. 案例研究法

案例研究法是一种双向性交流信息的培训方式，它将知识传授和能力提高两者融合到一起，可分为案例分析法、事件处理法两种。

（1）案例分析法又称个案分析法，是围绕一定的培训目的，把实际中真实的场景加以典型化处理，形成供学员思考分析和决断的案例，通过独立研究和相互讨论的方式，提高学员的分析及解决问题的能力的一种培训方法。

（2）事件处理法是指让学员自行收集亲身经历的案例，将这些案例作为个案，利用案例研究法进行分析讨论，并用讨论结果来警戒日常工作中可能出现的问题。这种培训方法参与性强，被动接受变为主动参与，将解决问题能力的提高融入知识传授中，教学生动具体，直观易学，学员通过案例分析达到交流的目的。

2. 头脑风暴法

头脑风暴法又称研讨会法、讨论培训法。其特点是培训对象在培训活动中相互启迪思想、激发创造性思维。头脑风暴法能最大限度地发挥每个参与者的创造能力，提供解决问题的更多、更好的方案。头脑风暴法的关键是要排除思维障碍，消除心理压力，让参加者轻松自由、各抒己见。

3. 模拟训练法

模拟训练法以工作中实际情况为基础，将实际工作中可利用的资源、约束条件和工作过程模型化，学员在假定的工作情境中参与活动，学习从事特定工作的行为和技能，提高其处理问题的能力。模拟训练法使学员在培训中工作技能将会获得提高，通过培训有利于加强员工的竞争意识，可以带动培训中的学习气氛。

4. 敏感性训练法

敏感性训练法又称 T 小组法，简称 ST 法，要求学员在小组中就参加者的个人情感、态度及行为进行坦率、公正的讨论，相互交流对自己的行为的看法及其引起的情绪反应。

敏感性训练法适用于组织发展训练、晋升前的人际关系训练、中青年管理人员的人格塑训练、新进人员的集体组织训练、外派工作人员的异国文化训练等。敏感性训练法常采用的活动方式有集体住宿训练、小组讨论、个别交流等。

5. 管理者训练法

管理者训练法简称 MTP 法，是企业界最为普及的管理人员培训方法。其旨在使学员系统地学习、深刻地理解管理的基本原理和知识，从而提高他们的管理能力。

（四）态度型培训法

态度型培训法主要针对行为调整和心理训练，具体包括角色扮演法和拓展训练法。

1. 角色扮演法

角色扮演法是在一个模拟真实的工作情境中，让参加者身处模拟的日常工作环境之中，并按照其在实际工作中应有的权责来担当与实际工作类似的角色，模拟性地处理工作事务，从而提高处理各种问题的能力。这种方法的精髓在于以动作和行为作为练习的内容来开发设想。

2. 拓展训练法

拓展训练法又称体验式培训，是通过亲身经历来实现学习和掌握技能的过程，分为场地拓展训练和野外拓展训练。拓展训练是一项旨在协助企业提升员工核心价值的训练过程，通过训练课程能够有效地拓展企业人员的潜能，提升和强化个人心理素质，帮助企业人员建立高尚而有尊严的人格；同时让团队成员能更深刻地体验个人与企业之间、下级与上级之间、员工与员工之间唇齿相依的关系，从而激发出团队更高昂的工作热情和拼搏创新的动力，使团队更富有凝聚力。

阅读案例 5-3

“魔鬼”训练，为员工描绘学习蓝图，将素质教育日常化

有人称国际商业机器公司（IBM，下同）的新员工培训是“魔鬼训练营”，因为培训过程非常艰辛。除行政管理类人员只有为期两周的培训管理外，IBM 所有销售、市场和服务部门的员工全部要经过 3 个月的“魔鬼”训练。其内容包括：了解 IBM 内部工作方式，了解自己的部门职能；了解 IBM 的产品和服务；专注于销售和市场，以模拟实践的形式学习 IBM 怎样做生意以及团队工作和沟通技能、表达技巧；等等。这期间，十几种考试像跨栏一样需要新员工跨越，包括做讲演、笔试产品性能、练习扮演客户和销售市场角色等。全部考试合格，才可成为 IBM 的一名新员工，有自己正式的职务和责任。之后，负责市场和服务部门的人员还要接受 6~9 个月的业务学习。

事实上，在 IBM，培训从来都不会停止。在 IBM，不学习的人不可能待下去。从进入 IBM 的第一天起，IBM 就给员工描绘了一个学习的蓝图。课堂上、工作中，培训经理和师傅的言传身教、员工自己通过公司内部的局域网络自学、总部的培训以及到别的国家和地区工作与学习等，庞大而全面的培训系统一直是 IBM 的骄傲。鼓励员工学习和提高，是 IBM 培训文化的精髓。如果哪个员工要求涨薪，IBM 可能会犹豫；如果哪个员工要求学习，IBM 肯定会非常欢迎。

IBM 非常重视素质教育，基于此，IBM 设置了师傅和培训经理这两个角色，将素质教育日常化。每个新员工到 IBM 都会有一个专门带他的师傅，而培训经理是 IBM 专门为照顾新员工、提高培训效率而设置的一个职位。

五、培训成果转化

培训作为企业行为，目的在于改变员工的思维方式和行为习惯，提高组织绩效，建立企业竞争优势。但真正影响培训和开发效果的不是培训人员，而是员工经培训后在实际生产经营环节中对培训成果的转化。为了巩固培训效果，可采取以下方法：

（一）建立学习小组

无论是从学习的规律还是从转移的过程来看，重复学习都有助于受训者掌握培训中所学的知识和技能，对一些岗位要求的基本技能和关键技能则要进行过度学习，如紧急处理危险事件程序等。此外，建立学习小组有助于学员之间的相互帮助、相互激励、相互监督。理想的状态是同一部门的同一工作组的人员参加同一培训后成立小组，并和培训师保持联系，定期复习，这样就能改变整个部门或小组的行为模式。培训人员可为学习小组准备一些相关的复习资料。

（二）制订行动计划

在培训课程结束时可要求受训者制订行动计划，明确行动目标，确保回到工作岗位上能够不断地应用新学习的技能。为了确保行动计划的有效执行，受训者上级应提供支持和监督。一种有效的方法是将行动计划写成合同，双方定期回顾计划的执行情况，培训人员也可参与行动计划的执行，给予受训者一定的辅导。

（三）多阶段培训方案

多阶段培训方案经过系统设计，分段实施，每个阶段结束后，培训人员给受训者布置作业，要求受训者应用课程中所学技能，并在下一阶段将运用中的成功经验与其他受训者分享，在完全掌握此阶段的内容后，进入下一阶段的学习。此种培训方法较适合管理培训。由于此种方法历时较长，易受干扰，因此需要和受训者的上级共同设计，以获得支持。

（四）应用表单

应用表单是将培训中的程序、步骤和方法等内容用表单的形式提炼出来，便于受训者在工作中的应用，如核查单、程序单。受训者可以利用他们进行自我指导，养成利用表单的习惯后，就能正确地应用所学的内容。为防止受训者中途懈怠，可由其上级或培训人员定期检查或抽查。此种方法较适合技能类的培训项目。

（五）营造支持性的工作环境

许多企业的培训没有产生效果，往往是缺乏可应用的工作环境，使学习的内容无法进行转移。缺乏上级和同事的支持，受训者改变工作行为的意图是不会成功的。有效的途径是由高层在企业内长期倡导和学习，将培训的责任归于一线的管理者，而不仅仅是培训部门。短期内可建立制度，将培训纳入考核中去，使所有的管理者有培训下属的责任，并在自己部门中建立一对一的辅导关系，保证受训者将所学的知识应用到工作环境中。

六、培训效果评估

很多企业都充分意识到企业现在和将来需要员工掌握的技能，重视对员工的培训以提高企业的竞争力。但员工经过培训后所学到的知识、技能有多少被转化到工作中？培训的质量和效果如何评估？这往往是企业管理者所忽视的问题。所谓培训效果评估，就是指针对特定的培训计划及实施过程，系统地搜索资料，并给予适当的评价，以作为筛选、修改培训计划等决策判断的基础。

那么如何才能让企业乐于培训并切实看到培训给企业带来的经济效益呢？科学的培训效果评估体系的建立，对于企业了解培训投资带来的经济效益、界定培训对企业的贡献、证明职工培训做出的成绩是非常重要的。下面本书介绍几种培训效果评估方法：

（一）闭卷考试法

闭卷考试法是培训过程中最普遍采用的评估方法，简便且易于操作，主要通过闭卷形式测试学员对知识的了解和吸收程度以及叙述技能的操作要点与程序的能力。这种方法有一定的实际意义，但也有一定的局限性，因为在工作中太多的能力与技巧是无法用试卷“考”出来的，常常出现培训考试成绩不错的员工，回到工作岗位后的工作绩效并没得到明显改善的现象。因此，这种方法只适用于培训时间较短，如 1~2 天的培训，否则评估效果不会令人十分满意。

（二）现场评估法

现场评估法是指培训结束后，针对培训活动内容、讲师授课技巧、课堂活跃气氛、组织工作等进行现场问卷调查的方法（如表 5-2 所示）。由于这种方法简便实用，因此得到普遍应用。这种方法不会给学员带来麻烦，可以在很短的时间内将培训的效果评价出来，学员没有压力且乐于配合。

表 5-2 员工培训效果评估表

培训主题				培训讲师	
培训对象		培训时间		培训地点	

1. 本次培训内容对您的工作是否有帮助？
   A. 有帮助　B. 没有帮助　C. 不适用　D. 不知道
2. 您觉得本次培训对您的帮助体现在哪些方面？
   A. 增加知识　B. 提高技能　C. 管理能力　D. 没有帮助
3. 您最感兴趣的内容是什么？
   A. 第一部分　B. 第二部分　C. 第三部分　D. 其他
4. 本次培训是否满足了您的培训需求？
   A. 还需要深入的培训　B. 正好满足　C. 不知道　D. 没有这方面需求
5. 您对本次课程设计有何看法？
   A. 重点突出　B. 课程设计一般　C. 主题不明确　D. 混乱
6. 您对讲师授课方式有何看法？
   A. 活泼生动　B. 与主题配合良好　C. 感觉一般　D. 提不起兴趣
7. 您对讲师授课时间的把握有何看法？
   A. 很好　B. 长短适宜　C. 还可增时　D. 应该减时
8. 您对本次培训设备的安排感到如何？
   A. 很好　B. 尚可　C. 一般　D. 差
9. 您认为本次培训会有效果吗？
   A. 效果很好　B. 会有一点效果　C. 没有效果　D. 浪费时间
10. 您会将本次培训的内容向其他人传达吗？
   A. 我会向我的部下传达，组织他们学习
   B. 我自己掌握就够了，不需要传达
   C. 内容不好，不想传达
   D. 没有必要传达
11. 您对培训工作的任何提议，都是我们的宝贵财富，请多提宝贵意见：
   ____

（三）柯克帕特里克培训四级评估模型

1. 反应层，即学员反应

在培训结束时，培训机构通过调查，了解学员培训后的总体反应和感受。培训机构可通过问卷、面谈、座谈、电话调查等形式要求学员对培训内容、讲师、方式、场地、报名等程序进行总体评价。

2. 学习层，即学习效果

这一层面要确定学员对原理、技能等培训内容的理解和掌握程度。培训机构可采用闭卷考试、演示、讲演、讨论、角色扮演等方式考核学员对所学内容的掌握情况。这一层面的评估对学员有一定的压力，会督促他们认真学习。这一层面的评估对讲师也有压力，这样会督促他们认真准备每一节课。

3. 行为层，即行为改变

这一层面要确定学员培训后在实际工作中行为的变化，如培训结束后在工作岗位的工作态度、工作热情、工作效率的变化以判断其所学知识、技能对实际工作的影响。这一层面的评估可以通过对学员的调查跟踪，如观察学员培训后的表现，主管领导及同事、下属对该培训学员培训前后的评价，来了解学员对培训内容的掌握及应用情况。

4. 结果层，即产生的效果

培训机构可以通过一些指标来衡量培训效果。例如，在培训结束后的 3 个月至半年左右的时间里，将企业关心的产品质量、数量、安全、事故率及工作积极性、顾客满意度等指标与培训前进行对照，拿出令人信服的调查数据，以此来评估培训效果。

四个层面的评估结果汇总可以形成培训评估总结报告，它主要由三个部分组成：一是培训项目概况，包括培训目的、培训时间、培训主题、培训内容、参加人员、培训地点等；二是受训员工的培训结果，包括合格人数和不合格人数及不合格原因分析与处置建议；三是培训项目的评估结果及处置办法，效果好的项目被保留，效果不好的项目被取消。最好将此评估报告送给受训学员及其直接领导、培训讲师、培训机构管理层传阅，这样有利于今后培训工作的改进。

第三节　员工培训工作的类型

每一个新员工上岗之前都应该进行岗前培训，这关系到员工进入工作状态的快慢和对自己工作的真正理解以及对自我目标的设定。这种培训一般由人事主管和部门主管进行，除了对工作环境的介绍和同事间的介绍之外，最重要的是对企业文化的介绍，包括企业的经营理念、企业的发展历程和目标。

一、新员工入职培训

成功的新员工培训可以起到传递企业价值观和核心理念，并塑造员工行为的作用，为新员工迅速适应企业环境并与其他团队成员展开良性互动打下了坚实的基础。

（一）新员工培训的内容

1. 企业概况

企业业务范围、创业历史、企业现状以及在行业中的地位、未来前景、经营理念与企业文化、组织机构及各部门的功能设置、人员结构、薪资福利政策、培训制度等。

2. 员工守则

企业规章制度、奖惩条例、行为规范等。

3. 财务制度

费用报销程序与相关手续办理流程以及办公设备的申领使用。

4. 实地参观

参观企业各部门以及工作娱乐等公共场所。

5. 上岗培训

岗位职责、业务知识与技能、业务流程、部门业务周边关系等。

（二）新员工培训的形式

新员工培训的形式一般包括企业普通知识培训、部门内工作引导和部门间交叉培训。

1. 普通知识培训

普通知识培训是指对员工进行有关工作认识、观念方面的训练以及培养员工掌握基本的工作技巧。新员工普通知识培训一般由人力资源部门及各部门行政人员共同组织，由人力资源部门负责实施。人力资源部门向每位正式报到的新员工发放员工手册，并就企业发展历程、企业文化、管理理念、组织结构、发展规模、前景规划、产品服务与市场状况、业务流程、相关制度和政策以及职业道德教育展开介绍、讲解和培训，使得新员工可以全面了解、认识企业，加深认识并激发员工的使命感。

2. 部门内工作引导

部门内工作引导是在新员工普通知识培训结束后进行，由所在部门的负责人负责。部门负责人应代表部门对新员工表示欢迎，介绍新员工认识部门其他人员，并协助新员工较快地进入工作状态。部门内工作引导主要包括介绍部门结构、部门职责、管理规范以及薪酬福利待遇，培训基本专业知识技能，讲授工作程序与方法，介绍关键绩效指标等。部门负责人要向新员工详细说明岗位职责的具体要求，并在必要的情况下做出行为示范，并指明可能的职业发展方向。

3. 部门间交叉培训

对新员工进行部门间交叉培训是企业所有部门负责人的共同责任。根据新员工岗位工作与其他部门的相关性，新员工应到各相关部门接受交叉培训。部门间交叉培训主要包括部门人员介绍、部门主要职责介绍、部门之间联系事项介绍、部门之间工作配合要求介绍等。

新员工培训的形式多种多样，企业可以根据实际情况选择采用。对于企业基本情况的介绍，可以采用参观、讲解、亲身体验等形式；对于职业基本素质的培训，可以由企业内部领导、老员工与新员工座谈，现身说法，也可以采用演讲的形式；对于团队与沟通的培训，可以采用游戏、户外拓展等方式，让每一个参与的人能够有切身感受；对于融洽新老员工的气氛的培训，可以采用文娱、体育等多种形式；对于岗位工作的培训，部门负责人可以采用讲解、演示、示范操作等形式进行。

阅读案例5-4

英特尔公司的新员工培训

英特尔公司（Intel，下同）的新员工培训基本上不涉及技术方面的内容，在开始的课程中可能会告诉员工薪金的情况以及Intel的基本情况。这个过程有一个星期，是封闭式培训，也叫新员工整体培训。培训的课程包括Intel的成立过程，整个公司的架构，亚太区、中国区的架构。培训的课程很大部分是讲Intel的文化，5天课程可能有2天在讲Intel的文化，详细介绍Intel的方向是什么、战略是什么。

Intel还给员工安排了一个执行层和员工的对话机制（Executive Staff Member，ESM）。Intel从亚太区派来两位副总裁级别的人来中国跟新员工见面对话。一般这样的对话会是在新员工在Intel工作6~9个月后，这些高级副总裁来回答新员工的一些问题。

Intel管理新员工的经理还会从公司拿到一套资料，这套资料是非常明确地告诉经理每个月教新员工干什么事情。Intel要求经理对新员工进行一对一交流的内容是什么、培训是什么，都写得很清楚。经理对新员工每个人的情况都有记录，保证每个新员工得到相同的对待。培训是每个管理新员工的经理主要的内容，在经理行为的评估时，30%的比重是看他们在管理员工方面的表现。

Intel在新员工培训方面有明确的预算，而其他培训基本上是根据需要进行，没有明确的预算。Intel从来不拿培训当奖励员工的方式，培训是根据工作的要求来进行，不能够因为某些员工工作表现好，就送他们去美国培训一个星期。

好的开始等于成功的一半！新员工进入公司最初阶段的成长对于员工个人和企业都非常重要。Intel在这方面给了我们很多启示：从蓝图的勾画、内容的设计、形式的选择、人员的保障，再到费用预算的支持和考评指标的设立，新员工培训的成功离不开每一个细节的精心筹划。成功的新员工培训是人力资源管理的重要一环，为员工顺利融入企业，进而选择长期发展奠定了坚实的基础。

二、在岗培训

在岗培训就是在职培训，又称工作现场培训，是人力资本投资的重要形式，对已具有一定教育背景并已在工作岗位上从事有酬劳动的各类人员进行的再教育活动。在岗培训要注意整个体系和架构的设计安排。要做好在岗培训，最好在企业内部建立培训体系。

（一）提出各项职位需要的专业技能

要建立在岗培训体系必须先由部门经理提出现在部门中各岗位需要的专业技能，如成本概念、对大客户的管理等，提出这些培训课程让人力资源部门进行规划。

（二）确定重点培训对象

在岗培训要确定核心部门或核心人员，因为资源可能有限，也许还有成本问题，所以在培训对象上要抓住重点。例如，某公司急需扩大市场的覆盖面，营销人员的培训就变成了第一要务，企业的资源就要重点运用在营销人员的培训上。

（三）有关培训师的遴选

1. 外部聘用

公司内部可以胜任培训师一职的人才必须通过一套机制慢慢挑选出来，花的时间相对较长，如果需要马上对员工进行培训，那么最节省时间的方法还是外聘培训师。但外聘培训师讲解的深度可能不及从公司内部选拔的培训师。

2. 内部培养

公司可以对内部部门经理是否愿意担任培训师进行调查，逐渐找到比较好的可以在公司内部担任培训师的人才。有的课题必须进行在职培训，这些课程就变成了公司的必修课程。例如，营销部门关于营销的技巧、客户抱怨的处理等课程都是营销体系在岗培训的内容。如果这些课程有自己的培训师，就能为公司在这些方面的在岗培训提供便利。

（四）培训课程的排序

对培训课程进行排序时，一定要把最急需的课程排在前面。非人力资源部门经理要告诉人力资源部门或公司的是行业的最新资讯及部门急需的培训内容。

如果人力资源部门不熟悉部门专业，就很可能不太清楚最新的动态。例如，对于计算机技术，人力资源部门并不了解，这就需要由专业部门为人力资源部门提供信息，甚至专业部门亲自寻找培训师进行培训，人力资源部门只负责行政工作。因此，对在岗培训的安排，部门经理对信息的掌控是最重要的。

（五）调动员工的学习意愿

怎样调动学习意愿也是很多部门经理非常头痛的事情，这也是建立培训体系的一个关键所在，因为员工的学习意愿决定着他的学习效果。

1. 培训是否等于福利

把培训当成福利是非常错误的观念，而很多企业都这么认为，这是非常危险的。任何培训除了对员工有好处之外，对企业也是有好处的，因为这个投资是双赢。通过培训，员工的知识增长了，企业则因为有了增长了知识的员工，会获得较高的效率。因此，部门经理要调动员工的培训意愿，不要只强调培训是福利，而应该强调培训可以与哪些事物挂钩。例如，培训与绩效考核挂钩，考核的时候要求员工的培训必须在他的工作上有所表现；培训与职业生涯规划挂钩，规定要从一般员工提升为经理，必须学习一些课程，让一般员工很清楚自己的发展途径，就会很认真地看待这样的培训。通过这样的设计让员工知道，一年中有几个月是要学习的，也知道何时开始学习，员工就会很乐意地做这些工作。

2. 培训是否随时参加

比较遗憾的事情是员工因工作忙碌而无法参加企业安排的培训或培训效果大打折扣。在岗培训的目标是让专业技能得到提高，一定要选择好上课的时间、对象，不能来上课的不要勉强，不需要每次培训都来很多人，那样效果并不好。符合需要的人来上课，他的学习意愿比较强，也能与老师和其他学习者做好互动。非人力资源部门经理安排人员去接受在岗培训是希望参训人员培训回来之后能够在工作上有很好的表现。因此在整个设计流程中要帮助员工选择最好的课程、对员工最有帮助的课程，整个在岗培训要先从重点课程开始，然后再到一般的课程。

阅读案例 5-5

培训投资少不了

据美国权威机构监测，培训的投资回报率一般在33%左右。对美国大型制造业公司的分析表明，公司从培训中得到的回报率大约可达20%~30%。摩托罗拉公司向全体雇员提供每年至少40小时的培训。调查表明，摩托罗拉公司每1元培训费可以在3年以内实现40元的生产效益。摩托罗拉公司认为，素质良好的公司雇员们已通过技术革新和节约操作为公司创造了200多亿元的财富。摩托罗拉公司的巨额培训收益说明了培训投资对企业的重要性。

三、转岗培训

转岗培训是指为转换工作岗位，使转岗人员掌握新岗位技术业务知识和工作技能，取得新岗位上岗资格所进行的培训。转岗培训的对象一般具有一定的工作经历和实践经验，但转移的工作岗位与原工作岗位差别较大，需要进行全面的培训，以掌握新知识、新技能。

（一）转岗培训的方式

转岗培训的方式如下：

（1）与新员工一起参加拟转岗位的岗前培训。

（2）接受现场的一对一指导。

（3）外出参加培训。

（4）接受企业的定向培训。

（二）转岗培训的程序

因组织原因和个人不能胜任工作而需要转岗培训，可按以下程序进行：

（1）确定转换的岗位。员工的领导根据员工的具体条件并在征求员工的意见后提出建议，由人事部门确定。

（2）确定培训内容和方式。培训内容根据员工将要从事的岗位的具体要求确定，培训方式则根据培训内容和受训人数等因素确定。

（3）实施培训。转岗培训与岗前培训在内容上的差别是转岗培训更偏重专业知识、技能、管理实务的培训。

（4）考试、考核。培训结束后应对受训者进行考试或考核，考试、考核合格，人力资源部门办理正式转岗手续。

四、专业技术人员培训

国内外经验证明，现代化建设的关键是科学技术的现代化，没有充分的科技力量和大量的有文化、有技术的专门人才，实现经济增长是根本不可能的。科学技术进步又是突飞猛进的，随着知识爆炸，新技术、新发明、新开发层出不穷，科技人员要赶上并超越科技进步的潮流，没有经常性的培训学习是不行的。因此，专业技术人员的培训属于继续教育，一般是进行知识更新和补缺的教育。专业技术人员的培训要有计划性，每隔几年都应该有进修的机会。进入高等院校进修、参加各种对口的短期业务学习班、组织专题讲座或者报告、参加对外学术交流活动或者实地考察等都是提高技术人员业务水平的有效途径。

五、管理人员培训

管理人员管理水平的提升带来的劳动生产率的提高比普通劳动者和固定资产投资带来的劳动生产率的提高快得多。管理者在组织内是基于经营战略、方针、计划的指挥者，管理者是以组织的经营战略方针、计划为基础实现其目的的。因此，对组织来说，管理人员的培训更为重要。管理人员的培训主要有三个目标：第一个目标是掌握新的管理知识；第二个目标是训练担任领导职务所需要的一般技能，如做出决定、解决问题、分派任务等以及其他一些管理能力；第三个目标是训练处理人与人之间关系的能力，使管理者与员工的关系融洽。培训方法有管理手段学习培训、研讨会培训、参加短期学习班等。

第四节　员工培训实务

本节以某企业为例，从培训需求调查开始，介绍员工培训工作的展开过程。

一、调查的范围

本次培训需求调查的范围是管理序列以及专业公司，图 5-2 是对调查范围的简单图解。

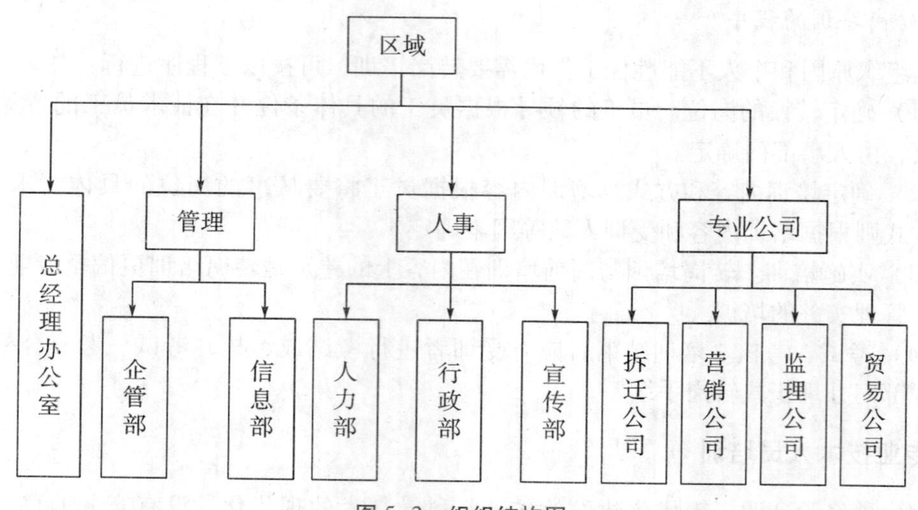

图 5-2　组织结构图

二、调研方式

本次调研的方式为调查问卷式加访谈式，对所有基层员工采用了问卷的形式进行调查，对部分领导级别人员进行了访谈式调查。本次调研几乎涵盖了所有员工，员工们也都积极配合，因此本次调研的结果是真实有效的。

三、调研问题

问卷式的调查主要涵盖了四个方面的问题，分别是对公司培训的认同感、对公司培训组织安排的想法、培训需要的调查以及对公司目前培训的意见以及建议。

访谈式的调查问题设置得比较随意，根据领导的工作性质主要了解了领导们对目前培训的一些建议以及提供好的培训资源等。

四、培训需求调查分析

本部分内容分两方面对征集的意见与建议进行分析，第一部分是对问卷调查的内容进行系统的分析，第二部分是将访谈法的意见进行整理和归纳。

（一）调查问卷的分析

对于调查问卷的分析分为两个部分进行，一部分是以图表的形式呈现，另一部分是将员工对培训的意见与建议加以归纳。

1. 图形分析

图 5-3 反映的分别是员工认为公司对培训的重视程度以及员工对公司培训的迫切需求程度。我们可以看出，员工非常清楚公司对培训非常重视，其比例已经高达 73%；54%的员工对于培训的需求程度非常迫切，33%的员工对于培训的需求程度比较迫切，两项相加的比例是 87%，有如此高比例的人对于公司的培训是迫切需要的，希望通过培训实现自我提升。

从图 5-3 中可以看到企业想提升员工的各方面素质以及员工想通过培训提升自身价值，这两者的想法得到了完美的契合，双方对于培训都很重视。

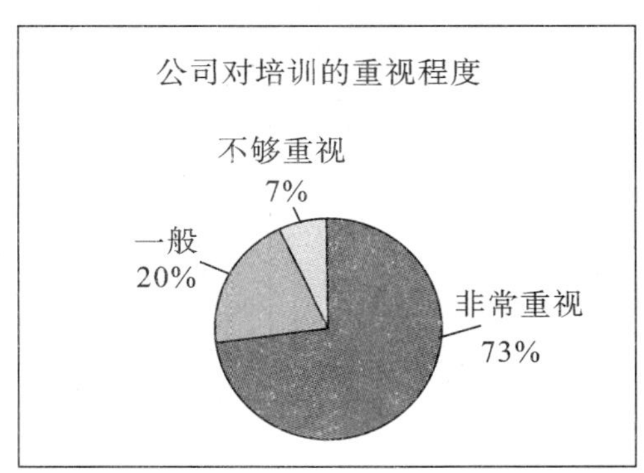

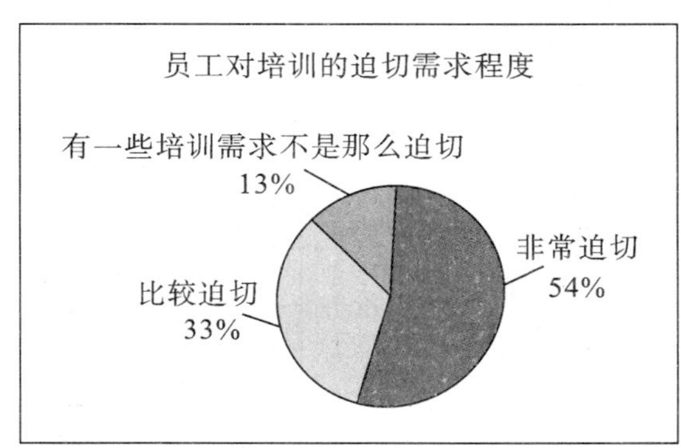

图 5-3 调查结果之一

图 5-4 分别是员工对培训是否有帮助和平时是否经常学习这两个问题的调查结果的体现。我们可以看出，认为培训非常有帮助的占了相当大的比重，也有一少部分人

认为培训多少有点帮助。我们也可以看到，接受调查的员工中没有人认为培训是没有用的。这说明员工对培训是不排斥的而且态度还是很积极的。关于平时是否经常学习的调查结果的各个比例比较分散，说明自主性学习还是因人而异，没有统一学习的效果好。

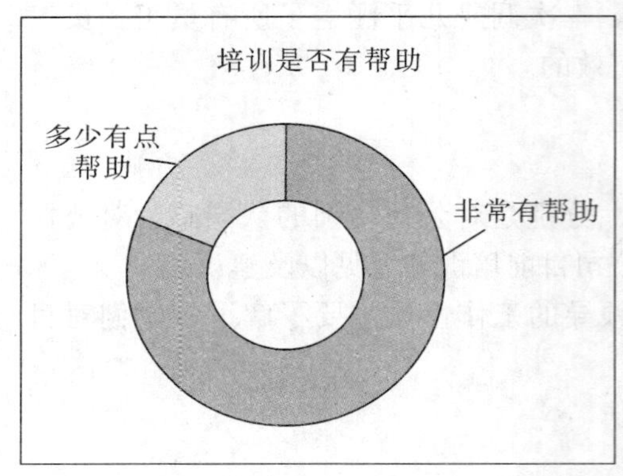

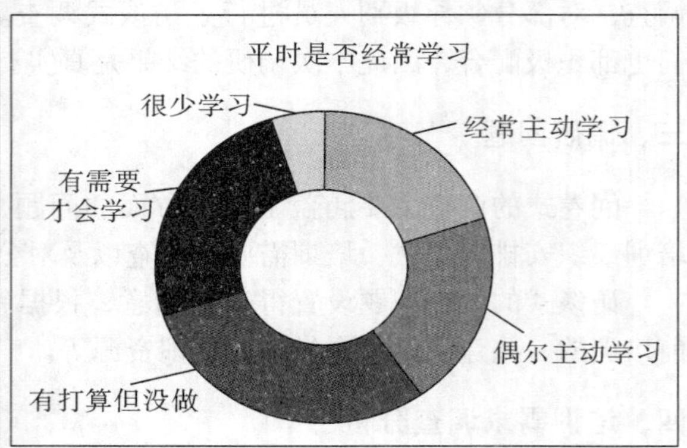

图 5-4　调查结果之二

从图 5-5 可以看出，对于目前培训的数量这一问题员工的看法不是很统一，所占比重最多的是认为“还可以”，之后是认为“不够”和“足够”，没有人认为“绰绰有余”，有一部分人认为“非常不够”。单单从这一统计结果上还很难下定论，但是似乎

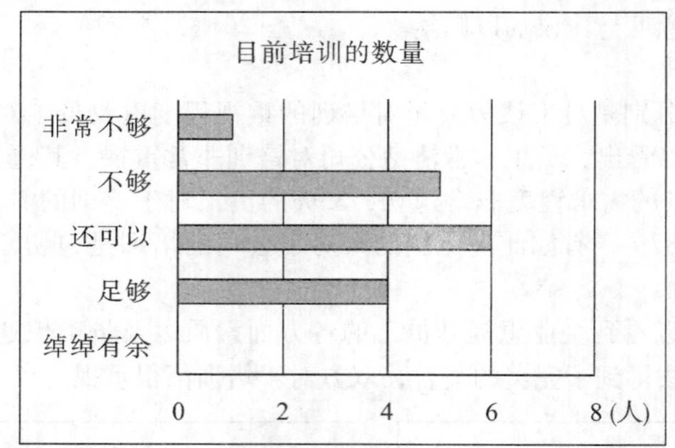

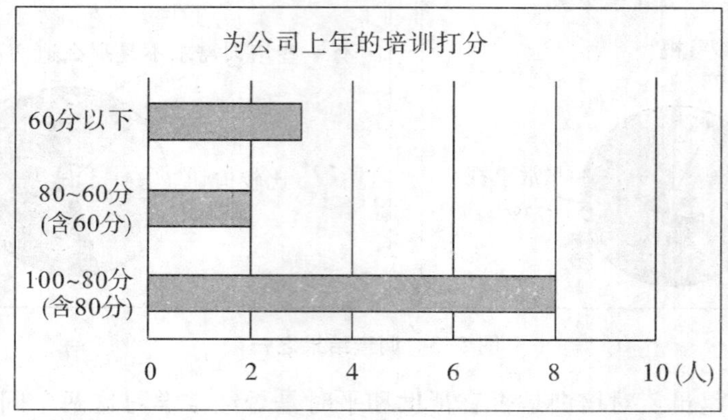

图 5-5　调查结果之三

大家对于目前的培训数量没有太大的意见。我们可以看出，多数人认为公司上年的培训工作已经做得很好了，但也有少数人认为公司上年的培训工作是不及格的。从主流上看，公司上年的培训工作大家还是很认可的，今年的培训工作会继续遵循上年的好的方面，并在此基础上继续创新，争取做到更好。

图 5-6 显示的是员工认为的最有效的培训方法与教学方式。其中，员工认为的最有效的培训方法中内部选拔讲师、去外部培训与聘请外部讲师三项占有的比重是最多的，几乎占了 80%的比重，以后的培训工作应当多从这三方面展开。员工认为最有效的教学方式中案例分析占的比重稍微高一点，说明员工是比较喜欢理论与实践相结合的教学方式的。剩下的如课堂讲授、模拟及角色扮演、多媒体、游戏竞赛与研讨会的比重几乎差不多，也有着一定的比重，说明员工不喜欢单调的教学方式，喜欢多种多样的教学方式。

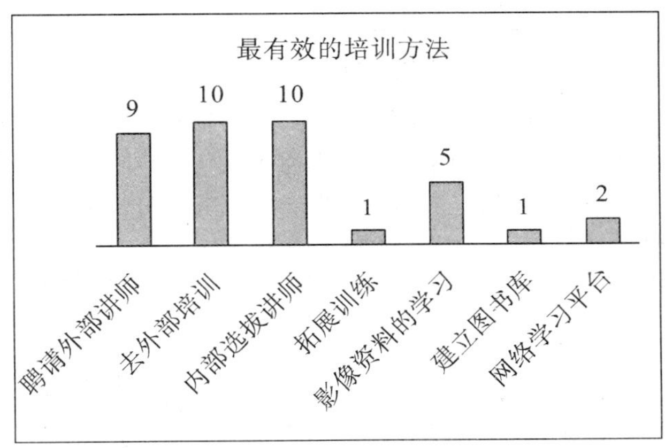

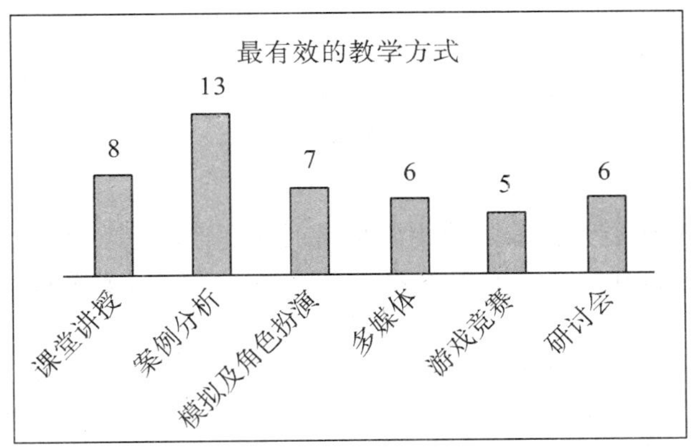

图 5-6　调查结果之四（单位：人）

从图 5-7 可以看出，员工认为公司的培训在培训形式多样化上存在较大的问题，说明现在的培训形式太过于单一；公司的培训在实用性的方面也存在问题，很多员工在接受了培训以后没有用到实际工作当中；培训时间安排也不尽合理，员工对讲师的水平也有一定的质疑，在接下来的培训工作中应当注意这几个问题。对于新一年培训的重点，员工认为应该主要是岗位专业技能，也有员工认为重点应该是提高个人能力以及职业生涯规划。企业文化选项很少有员工选择，说明企业文化的学习方面的工作做得还是比较到位的。

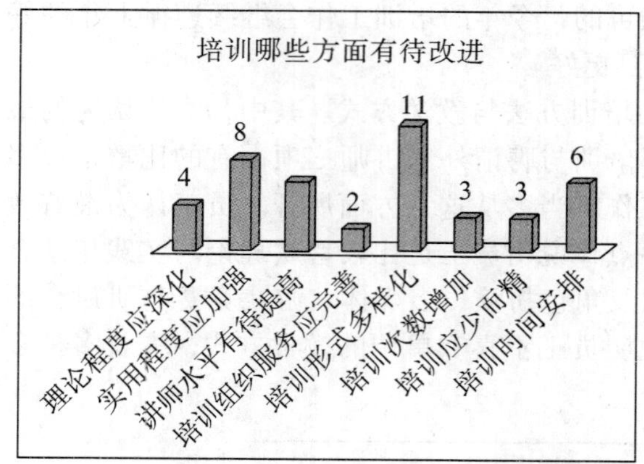

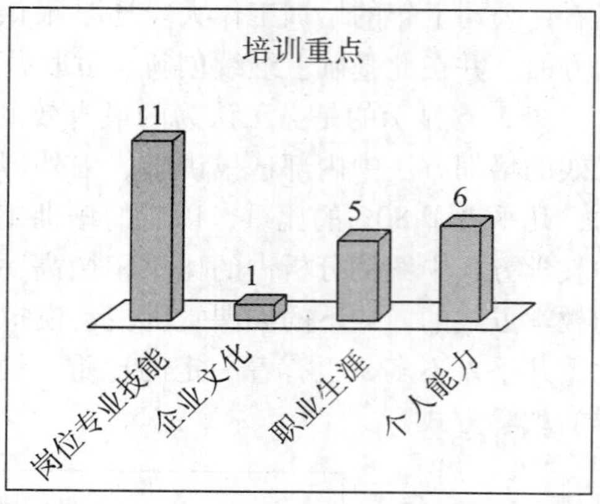

图 5-7　调查结果之五（单位：人）

图 5-8 反映了员工希望的培训频率与时长。在培训频率方面，员工希望每个月 1~2 次为最佳状态；在培训时长方面，员工认为每次 1~2 小时最佳。这样的频率和时长正是平时培训的正常频率和时长。由此可见，在频率与时长上无需有大的变动。

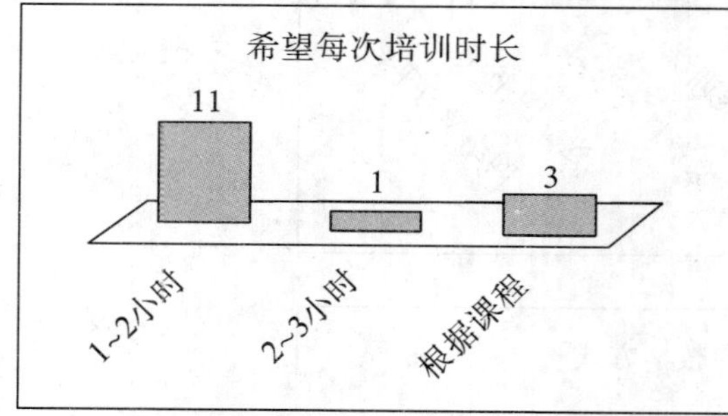

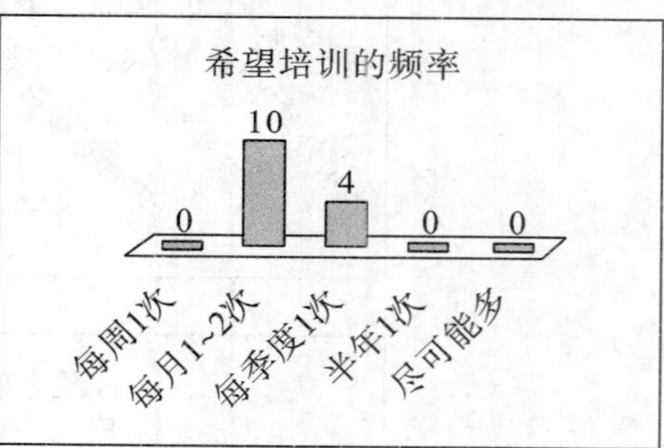

图 5-8　调查结果之六（单位：人）

2. 意见与建议

（1）管理类。管理类人员最多的建议是培训要理论联系实际，在培训中多增加案例，培训的形式要多样化，培训的内容要丰富，培训的时间要掌握好，培训的课程要注意实用性等。

（2）营销公司。营销公司的员工提交上来的问卷对培训的建议基本上比较统一，希望增强培训的实用性，多一点专业性的知识，在培训中多增加一些案例，还有些人希望能够参加一些素质拓展训练。

（3）监理公司。监理公司的员工的建议主要分为几类：一是希望时间的安排更加合理。监理公司工作的性质决定了他们的主要工作时间，他们平时的工作比较繁忙，希望尽量减少培训的时间与次数；他们冬季的时间比较充足，这时候可以组织大量的培训，此时培训的效果也是最显著的。二是希望培训的时候多增加案例，理论联系实际。监理工作的时效性很强，因此他们希望培训完以后就能够将所学内容应用到工作中去。

（4）拆迁公司。拆迁公司的员工提出的建议也相对比较统一，他们普遍希望多组织业务类的培训，培训的实用性要强一些。

（5）贸易公司。贸易公司的员工对于培训的建议也相对集中，就是希望在培训时多增加一些专业知识的培训以及专业技能的培训

（二）访谈法结果的分析

我们对负责的几大模块的领导分别进行了访谈式调查，更加有针对性地分析了部门的需求与建议。

1. 管理类

总经理办公室想除了日常的培训之外多进行一些外训，借鉴施工单位的大企业的管理方法，尤其是开展如何控制子公司以及质量管理控制相关的培训课程。管理方面的两个部门对内训和外训都有提及，内训主要是提升相关的业务能力，外训也是想借鉴大企业的相关管理办法。人事方面的三个部门中，人力部会进行子公司综合员的业务培训以及对地产行业公司人力资源方向的接触与参观；行政部内训方面是对公文、福利、印章相关制度的培训以及对办公用品的管理的培训，其中对公文、福利制度的培训比较重要，外训方面主要还是去大企业学习；宣传部的培训主要有专业方面的培训，如采访写作、摄影、后期编辑等，还要对相关文件进行学习，开展对通讯员的培训，进行影像资料相关的培训等。

2. 专业公司

贸易公司的培训是针对专业知识与技能展开，还有就是对企业文化的学习。拆迁公司会将学习相关的法律法规作为重要的学习内容。营销公司希望多开展一些实用性强的培训。监理公司希望对相关的法律法规加以学习，希望能够请到政府的相关人员进行讲解。

五、培训举措

鉴于以上员工对培训的意见与建议，培训应该主要围绕以下三个方面展开：

（一）专业技能类培训

专业技能类的培训多数适用于入职时间不长的员工，这样的员工学习能力很强但实践性不强，无法很好地将理论运用到实践中去，他们需要比较专业的培训才能够完全胜任岗位的工作。

另外，就目前公司的发展情况来看，公司的员工普遍需要接受专业技能的培训。在上面的需求分析中也可以看出，员工们多数都有这样的需求，如监理公司、拆迁公司等。因此，当前乃至以后的工作中，专业技能的培训都要作为一项重要的工作开展。

在开展工作中应结合自身的实际情况，分序列地展开培训，将培训工作做到实处，对于技能类的培训要严格把控，培训后要及时考核，实时监督培训效果。

（二）通用类培训

通用类培训是指开展的全员适用的通识类知识、技能和态度培训，如电脑使用、时间管理、沟通技巧、团队建设等。

总经理办公室与企管部、信息部、行政部、人力部、宣传部以及子公司综合员是行驶管理职能的，对于管理知识以及办公软件的学习可以使用此种培训类型。

除管理部门需要进行通用类培训外，在本次调查中员工们也普遍反映希望接受通用类的培训。由于时间与精力的限制，这样的培训可以由部门或子公司自行组织，培训部监控。

通用类培训由培训部负责统筹策划、内容设置、组织实施和评估工作。

（三）素质拓展培训

素质拓展培训是一种以提高心理素质为主要目的，兼具体能和实践的综合素质教育，以运动为依托，以培训为方式，以感悟为目的。

此种培训主要适用于以下三类培训：

1. 新员工培训

以前的新员工培训主要是对公司的制度和企业文化的讲解，中间也会做一些有意义的游戏，但是比较有局限性，效果也不是很好。本年度的新员工培训计划争取将户外素质拓展作为一个必备项加入其中。

2. 营销公司培训

营销公司的实践性很强，并且需要很强的团队协作精神和创新精神，对于整个集团而言营销公司也是关键。在本次的问卷调查中，营销公司的员工提出了希望接受素质拓展培训的需求。因此，对于营销公司的员工的培训应作为培训工作的重点展开。

3. 部门团队建设培训

团队凝聚力不仅是维持团队存在的必要条件，而且对团队潜能的发挥有很重要的作用。一个团队如果失去了凝聚力，就不可能完成组织赋予的任务，其自身也就失去了存在的条件。在部门里，团队凝聚力的重要性是不言而喻的。因此，如果条件允许，部门内部员工参加素质拓展培训也是很有必要的。

【本章小结】

从狭义上讲，培训是指企业向新员工或者现有员工传授其完成本职工作、提高工作能力所必须掌握的各种知识和技能（如与工作相关的知识、技能、价值观念、行为规范等）的过程。从广义上讲，培训应该是创造智力资本的途径。智力资本包括基本技能、高级技能、对客户和生产系统的了解以及自我激发创造力。

培训对企业的作用主要包括：第一，促进员工个人素质的全面提高；第二，推动企业文化的完善与形成；第三，优化人才组合；第四，增强企业的向心力。

培训对员工的作用主要包括：第一，提高员工的自我认识水平；第二，提高员工的知识和技能水平；第三，转变员工的态度和观念。

【简答题】

1. 什么是培训与开发？请举例说明培训与开发的区别？
2. 企业为什么要重视培训与开发工作？
3. 如何确定员工培训需求？培训需求分析为什么至关重要？
4. 培训需求信息收集的方式有哪些？

5. 如何编制一份培训计划?
6. 培训的方法有哪些?
7. 培训评价的四个层次分别是什么?
8. 培训工作有哪些类型?

【案例分析题】

我们可以选择卓越——新员工培训记

8月7日至8日，在松鹤酒店宴会厅，两场别开生面的商务礼仪和职业成长规划培训课程在80余名公司新员工持续不断的掌声和欢笑声中圆满结束。两次职场培训突出了一个鲜明的主题——要塑造新员工的一种由主动性通往卓越的成功行为模式和一种主动进取、忠诚敬业的高贵的职业品格。培训结束后，记者采访了新员工，从新员工若有所思的表情与满意的笑容和言谈中可以看出，两次职场培训是成功的，新员工的确学有所获，主动进取、忠诚敬业的职业人理念将在他们心中牢牢地扎下坚实的根基。

一、商务礼仪培训——黄金法则：你希望别人怎样对待你，你也应该怎样对待别人

商务礼仪培训由许琪女士主讲，她的培训的主题是打造职业形象，在商务运作中展示才能。与一般的授课方式不同，许琪女士在培训课程开始之前，就已经进入了角色。她以独有的职业人形象走入宴会厅，向新员工致意问好，不少新员工立即展现了良好的素质——有礼貌地回应，并将她引至正厅。

一场“随风潜入夜，润物细无声”的商务礼仪培训开始了。许琪女士一语惊人：“形象重于一切!”

不少新员工开始窃窃私语，表示对这一观点有不同意见，还有人站起来说：“形象固然重要，但一个人的内在素质才是最主要的。”

许琪女士鼓励这种讨论，但同时表示：“什么是形象呢？形象是一个人内在修养素质的外在综合表现。它是能够引起人们美感和好感的形态和姿态，也是别人对你的印象和评价，更是宣传、效益、服务和生命。它不仅表现着你的修养、素质，体现你的受教育程度、家庭环境、个性、学识、悟性、阅历、对事物的认知水平等文化底蕴的东西，还从你的衣着、仪态、语言、服饰、礼节等表现你的独特的气质。‘神孕育了形，形展示了神。’没有文化底蕴和修养，就没有良好的形象，因此形象重于一切!”这段精辟的论述获得热烈的掌声。

接着，许琪女士从仪容、仪态、语言、服装、饰品、人际交流、礼节等方面向新员工言传身教，更从身体卫生、心理卫生、皮肤护理、发型、化妆等细节娓娓道来，举手投足，无不洋溢着职业人高雅的气质。她提出：“作为一个专业的职业人，要具备三个基本素质：一是懂得礼仪；二是注重自我形象；三是善于人际交流，懂得怎样说话、怎样表现自己。”为使学员便于掌握，许琪女士现场做了递交名片、行、站、坐、问好、弯腰拣物、握手的示范，并请全体员工现场模仿练习，会场很快展现出良好的精神风貌和气氛。

在完成上述讲授之后，许琪女士又是出语惊人：“客户决定你怎样做!”

她说："作为企业中的职业人，必须要明确：企业的生命寄于客户，而你的命运和企业连在一起，客户是你的衣食父母，客户是真正的老板，决定你怎样做。因此，我们要有强烈的责任感，要有无怨无悔的心态，要有让客户认可的愿望，要真心实意地让客户满意。你在服务中要找到这样的感觉：你热爱这份工作；你愿意和人打交道；你能在工作中发挥自己的能力；在这项工作中你能做得最棒。于是，你会全身心地投入，势必会做出成绩，有了成绩就有回报，有了回报，你会下决心做得更好，这就形成了一个良性的循环，你的人生价值得到体现，你的悟性得到修炼，你的人生境界得到升华，你的人生幸福有了更丰富的内涵。"

接下来，许琪女士从商务活动、商务电话、赠送礼品三个层面详细讲解了怎样拜访客户、在汽车上位置的安排、如何引领客户、如何介绍别人、电话礼貌用语、赠送礼品的标准和忌讳、吃西餐应注意的事项等问题。

培训结束后，有新员工感慨地说："这次培训，让我知道了书本里学不到的知识，比如香水洒在手腕和耳后效果最佳；走进无人电梯是客户后进先出，而有服务员的电梯则是客户先进先出；陪上级或客户坐汽车，他们应当坐在司机的后面；介绍客人应该尊者（客户）在后；通过打商务电话，客户就可以从电话用语中辨别这是作坊企业还是大企业……这些细节关乎企业形象和商业文化品位，不能不引起我们的重视。"

二、职业成长规划培训——一种由主动性通往卓越的成功模式

职业成长规划培训由公司聘请的前程无忧公司专业讲师主讲，他讲授的主题是如何成为企业人——企业人在企业中的行事规则。也许正应了清初戏剧学家李渔所说的话："开卷之初，当以奇句夺目，使之一见而惊，不敢弃去。"（《闲情偶寄》）此项课程的讲授，在前程无忧公司专业讲师那里，一开始就迸发出字字珠玑的智慧和先进理念，紧紧抓住了学员的注意力。

讲师说："这是一个张扬个性和维护私人权利的时代，不要服从、谋求自我实现是天经地义的。然而，遗憾的是很多人没有意识到——个性解放、自我实现与主动性、敬业、忠诚绝不是对立的，而是相辅相成、缺一不可的。有的员工以玩世不恭的姿态对待职责，对公司报以嘲讽，频繁跳槽；有的员工推诿塞责、固步自封、吊儿郎当，有这样员工的企业简直是灾难！他们觉得在别人的企业中自己是在出卖劳动力，他们蔑视敬业精神，嘲讽忠诚，视之为老板盘剥、愚弄下属的伎俩，对能偷懒沾沾自喜，消极懒惰，自毁前程。他们最大的愚蠢就是不懂人类社会的最基本行为法则——互惠的交换，即投入才有回报，忠诚才有信任，主动才有创新。我们绝大多数人都必须在社会组织中为职业生涯奠基，只要你还是公司的一员，就应当抛开任何借口，投入自己的忠诚和责任，一荣俱荣一损俱损！当你把身心彻底融入公司，尽职尽责，处处为公司着想，对投资人承担风险的勇气报以钦佩，理解企业主的压力，那么任何一个老板都会视你为公司的支柱。忠诚带来信任，你将被委以重任，获得梦寐以求的广阔舞台。"

每个企业都在呼唤和寻找能够"把信送给加西亚"的人。这位讲师拿出由美国出版家阿尔伯特·哈伯德（Elbert Hubband）撰写的《把信送给加西亚》，当场请一名员工朗读这则故事，并强调美国总统把一封写给加西亚的信交给罗文，而罗文接过信之后，并没有问："他在什么地方?"像罗文这样的人，我们应该为他塑造铜像，放在所有的大学里，以表彰他的精神。年轻人所需要的不仅仅是从书本上学习来的知识，也不仅仅是他人的种种教诲，而是要造就一种精神：忠于上级的托付，迅速地采取行动，全力以赴地完成任务。没有任何推诿，而是以其绝对的忠诚、责任感和创造奇迹的主动性完成这件“不可能的任务”——“把信送给加西亚”。这个故事100多年来在全世界广为流传，激励着千千万万的人以主动性完成职责，无数的公司、机关、系统都曾人手一册，以期塑造自己团队的灵魂。“送信”早已成为一种象征，成为人们忠于职守、履行承诺、敬业、忠诚、主动和荣誉的象征。这个故事传达的理念影响力之大是不可想象的，足以超越任何理论说教，不局限于个人、企业、机关和一个国家，甚至于贯穿了人类文明。正如阿尔伯特·哈伯德所说：“文明，就是充满渴望地寻找这种人才的一个漫长的过程。”

所有的组织，无论是企业、机关的管理者还是老板，看到这本书都会深有体会地发出这样的感慨——到哪里能找到“把信送给加西亚”的人？因为公司要想获得成功，其员工的主动性、责任感和忠诚度都是至关重要的，“送信的人”是老板梦寐以求的栋梁之材。

这位讲师说：“约翰·A.汉娜（John A Hannah）说过，这样的话：‘如果一个人不对他赖以生存，给他以更多益处的体制心怀忠诚，那么他就不配担当这个民族公民之名，忠诚允许必要的改革，但必须是在一定的范围内。’”

基于这个观点，讲师向公司新员工提出以下10点企业人工作的基本守则：

守则一：比上司期待的工作成果做得好。

守则二：懂得提升工作效能与效率的办法。

守则三：一定在指定的期限内完成工作。

守则四：工作时间，集中精神，专心工作。

守则五：任何工作都要用心去做。

守则六：对上司交办的工作要注意有反馈。

守则七：要有防止犯错的警觉心。

守则八：做好整理整顿，及时清理公务。

守则九：要有不断改进工作的意识。

守则十：养成节约费用的习惯。

在讲述了企业的本质和组织、企业人意识、工作程序、基本守则、职业人自我盘点、个人发展的定位和阶段之后，讲师分发彩笔和纸张，要求每组新员工设计一幅职业生涯设计图。

会场热闹起来，大家热烈地讨论，分工合作。很快，8幅图挂在会场四周的墙壁上。8幅图的创意令人吃惊、令人欣喜。其中，7幅图都画有全球地图，图名都含有占据全球市场的鲜明意念。比如第四组“让××占领全球市场”，设计者在图中央画了一个地球，地球上方一边是××企业的标志图案，另一边是高高的山峰，山峰上插着一个字母“V”（赢）的旗帜，山边贴满组员的职业生涯设计；地球下方一边是一台电脑，另一边是一群白领男女。策划者接过麦克风解释说：“在蔚蓝色的美丽的地球，有一个光辉的××企业，其研发出世界最先进的产品和系统，在卓越的××人团队努力下，走上了行业的最高峰，并最终获得了胜利，赢得了全球市场。”山上贴满的个人职业生涯设计，如做一名尽职尽责的公司员工、做一名打造公司品牌的高级设计师等，则代表着公司每一个员工的努力和拼搏。

第八幅图别有趣味，图上画着一棵大树，树上的树叶是组员个人的职业生涯设计，树下也飘落着几个组员的职业生涯设计。策划者说："这棵大树就是公司，我们每一个人都是公司的一片树叶，在树上的树叶象征我们都在努力为公司奋斗，树下的落叶则象征我们老了，退休了，但仍要将自己的身躯化作腐土，培养公司这棵大树。"策划者真可谓有"落红不是无情物，化作春泥更护花"的无私奉献精神了。

三、职场培训后的反思：为什么培训？

日本松下电器公司有一句颇为企业界所推崇和赞赏的名言："出产品之前先出人才。"其创始人松下幸之助更强调："一个天才的企业家总是不失时机地把对职员的培养和训练摆上重要的议事日程。教育是现代经济社会大背景下的'杀手锏'，谁拥有它谁就预示着成功，只有傻瓜或自愿把自己的企业推向悬崖峭壁的人才会对教育置若罔闻。"

摩托罗拉公司前培训部主任比尔·维根毫恩说："我们有案可查，由于培训员工掌握了统计过程控制法和解决问题的方法，我们节约了资金。我们的（培训）收益大约是所需投资的30倍——这就是为什么我们会得到高层经理大力支持的原因。"

上述言论应该不是标新立异或故作惊人之举，而有其深层的理性依据。在我国目前供过于求严重、竞争白热化、消费者日益成熟、企业家不断求索的宏观经济背景下，企业迟早要走到"向素质要效益、向管理要利润"的路子上来，而且这种认同不能仅仅停留在意识、言语、口号或形式上，必须切实转化为管理的决策和实践。

公司新员工职场培训的圆满成功昭示着公司正在不断输入新鲜血液和朝气蓬勃的企业精神与理念，昭示着公司正在建设现代企业制度的过程中转换思路——"向素质要效益、向管理要利润"。

明天，我们可以选择卓越，我们可以卓越！

（资料来源：李剑宏. 我们可以选择卓越——新员工培训记［EB/OL］.（2006-02-20）［2016-11-25］. http://www.docin.com/p-1717895424.html.）

思考题：

1. 如何理解培训中礼仪的重要性？
2. 通过案例请回答企业为什么培训？培训工作如何实施？
3. 此次培训的效果如何考核以及如何转化？

【实际操作训练】

实训项目：班干部培训方案设计。

实训目的：在学习理论知识的基础上，通过实训，能进一步掌握培训需求调研及培训方案设计的步骤与方法，以班干部为对象，设计一份培训方案。

实训内容：

1. 设计培训需求调研问卷及访谈提纲。
2. 通过问卷调查和访谈，收集、整理、分析相关资料与数据。
3. 根据调查结果，总结班干部的培训需求。
4. 设计班干部培训方案。

第六章 职业生涯规划

开篇案例

有两兄弟，他们一起住在一幢公寓楼里。一天，他们一起去郊外爬山。傍晚时分，等他们爬山回来，回到公寓楼的时候，发现一件事：大厦停电了。这真是一件令人沮丧的事情。为什么呢？因为很不巧，这两兄弟住在大厦的顶楼——80楼。虽然两兄弟都背着大大的登山包，但看来是别无选择了。哥哥对弟弟说："我们爬楼梯上去吧。"于是，他们就背着大大的登山包开始往上爬。

到了20楼的时候，他们觉得累了。于是弟弟提议："哥哥，登山包太重了，不如这样吧，我们把它放在20楼，我们先上去，等大厦恢复电力，我们再坐电梯下来拿吧。"哥哥一听，觉得这主意不错："好啊。弟弟，你真聪明呀。"于是，他们就把登山包放在20楼，继续往上爬。卸下了沉重了包袱之后，两个人觉得轻松多了。他们一路有说有笑地往上爬。但好景不长，到了40楼，两人又觉得累了。想到只爬了一半，竟然还有40层楼要爬，两人就开始互相埋怨，指责对方不注意停电公告，才会落到如此下场。他们边吵边爬，就这样一路爬到了60楼。

到了60楼，两人筋疲力尽，累得连吵架的力气也没有了。哥哥对弟弟说："算了，只剩下最后20层楼，我们就不要再吵了。"于是，他们一路无言，安静地继续往上爬。

终于，80楼到了。到了家门口，哥哥长出一口气，摆了一个很酷的姿势："弟弟，拿钥匙来！"弟弟说："有没有搞错？钥匙不是在你那里吗？"

钥匙还留在20楼的登山包里。

问题与思考：

1. 此案例对我们有何启发？
2. 规划对我们的人生来说有何重要作用？

第一节 职业生涯规划概述

阅读案例6-1

25岁的小丽大专毕业3年了，现在从事助理工作，主要负责客户服务。小丽性格活泼可爱，工作非常认真负责，领导对她的评价也不错。但是，小丽对自己的工作越来越厌倦了，她非常羡慕上司大牛的工作状态。

大牛负责全国的市场销售工作，对客户充满了热情，对工作也充满了期待。小丽看到大牛的工作表现，觉得大牛在工作中应该是很快乐的。于是，小丽就自己要不要跳槽？自己到底应该跳到什么样的岗位才能感觉更快乐呢？

其实，刚入职场的很多人都会产生和小丽一样的困惑。但是，事实真的如小丽所想的一样，大牛对自己的职业生涯感觉很好吗？

一、职业生涯规划的相关概念

（一）职业生涯

职业生涯是一个人一生中所有与职业相联系的行为、活动以及相关的态度、价值观、愿望等的连续性经历的过程，也是一个人一生中职业、职位的变迁及工作理想的实现过程。

简单来说，职业生涯就是一个人终生的工作经历。一般可以认为，我们的职业生涯开始于任职前的职业学习和培训，终止于退休。我们选择什么职业作为我们的工作，这对于我们每个人的重要性都是不言而喻的。首先，我们未来的衣、食、住、用、行等各种需要，包括许多年轻人梦想的出国旅游、买房、买车，几乎都要通过我们的工作来满足。同时，现代人大部分时间是在社会组织中度过的。在毕业后到退休前的几十年中，我们几乎每天都要和我们的工作打交道，因此我们从事的工作，我们自己是否喜欢、是否适合、是否觉得这份工作很有意义，对我们同样非常重要。我们在选择职业的时候，应该慎重对待。中国的一句古话“男怕入错行，女怕嫁错郎”，在一定程度上反映了职业对于我们每个人的重要性。

（二）职业生涯规划

职业生涯规划也叫职业生涯设计，是指个人和组织相结合，在对一个人职业生涯的主客观条件进行测定、分析、总结研究的基础上，对自己的兴趣、爱好、能力、特长、经历及不足等各方面进行综合分析与权衡，结合时代特点，根据自己的职业倾向，确定最佳的职业奋斗目标，并为实现这一目标做出行之有效的安排。

（三）职业生涯管理

在人力资源管理中，所谓员工职业生涯管理，是指将个人职业发展需求与组织的人力资源需求相联系做出的有计划的管理过程。这个过程在与组织的战略方向和业务需要一致的情况下，帮助具体的员工个人规划他们的职业生涯，通过员工和企业的共同努力与合作，使每个员工的职业生涯目标与企业发展目标一致。每个组织都有自己的经营目标，但目标能否实现则取决于内部人力资源的发挥。组织最大限度地利用员工的能力，并且为每一位员工提供一个不断成长、挖掘个人潜能和建立职业成功的机会，也正是在这样一个渐进的过程中，组织和个人实现了双赢。组织从能力很强且具有高度奉献精神的员工那里得到了绩效上的改善，而员工从自身能力提高及绩效改善中获得了更大的成就。因此，组织协调员工做好职业生涯规划显得尤为重要。

二、职业生涯规划的重要意义

（一）优化组织人力资源配置，提高人力资源利用效率

组织的长久发展必须依托相应的人力资源，在一定时期内，内部员工提升、外部

招聘等多种手段会在企业内部形成一定的人力资本存量。这种存量在组织内部的存在是否合理直接决定着组织内人力资源的利用效率。这需要对人力资本的存量进行规划，形成一个职位升降资格图。这样一旦组织中出现空缺职位，就马上可以找到替代者，从而减少外部招聘的成本和时间。组织通过员工职业生涯规划，可以清晰地知道哪些职位会出现空缺、哪些人才可以迅速弥补，这无疑提高了人力资源的利用率。

（二）提高员工满意度，降低员工流动率

组织通过对员工的潜能评价、辅导、咨询、规划和培训等为员工提供了更大的发展空间，使员工的发展更有目的性。这样员工在理解企业人力资源战略的情况下结合自身特点提高自身素质，会把自身利益与企业发展更紧密地结合起来，岗位的适应性也能大大提升一个人的满意度，从而能使员工的流动性降低。

（三）使组织和个人共同发展，应对变革和发展的需要

处于动态复杂环境下的企业常常面临兼并、收购重组或精编性裁员等不期而遇的变化，这时组织结构就会变化，员工的职务也会变化，通过职业生涯规划，员工的能力和自信心得到提升，就能更好地应对这些变化。

三、影响职业生涯的主要因素

影响职业生涯发展的因素有很多，总体上讲主要有个人、社会、家庭三类。这些方面直接关系到我们能否制定好适合个人发展的职业生涯规划，从而影响前途。

（一）影响职业生涯发展的个人因素

影响职业生涯发展最重要的因素就是个人因素，个人因素主要包括个人特质、教育背景。

1. 个人特质

个人特质一般是指人在性格、气质等方面表现出来的特性，跟职业生涯关系比较密切的主要是兴趣、意志、能力、人生目标。

（1）兴趣。兴趣是职业生涯选择的重要依据，当一个人对某种职业产生兴趣时，他就能积极地感知和关注该职业的动态。兴趣可以提高人的工作效率，兴趣可以调动人的全部精力，使人以敏锐的观察力、高度的注意力、丰富的想象力投入工作，进而大大提高工作效率。人们不仅需要有能力去从事什么样的工作，更重要的是需要知道自己对哪类工作感兴趣，只有将能力和兴趣结合起来考虑，才能规划好职业生涯并取得职业生涯的成功。

（2）意志。意志是一个人自觉地确定目标，支配与调节自己的行动，克服各种困难，从而达到预期目标的心理状态。没有坚强的意志，人就会在顺境中得意忘形，在逆境中消沉颓废，最终不能实现自己的职业生涯规划。意志强弱对于一个人的职业生涯规划来说有着重大的影响。

（3）能力。能力是掌握和运用知识技能，直接影响活动效率，使个人活动顺利完成的个性心理特征。个人能力决定了个人在职业生涯的道理上能够走多远，因为不同的职业、同一职业发展的不同阶段对个人能力的要求都是不同的，所以无论选择了什么职业，向前发展都会受到能力的限制。在此意义上而言，个人能力比职业选择更加

重要，能力足够强的个人，即使选择了非最优的职业道路，一样可以取得理想的结果。

(4) 人生目标。人生目标是一个人终生所追求的固定的目标，生活中的一切事情都围绕着它而存在。终极目标能激发人的热情和活力，会给人带来长久的幸福、安宁和富裕，它是一项人们注定会去做的事情。目标越高，人们的动力就越大，眼界就越高，考虑问题就越全面；目标越低，人们越易于安于现状、产生惰性。

2. 教育背景

教育是赋予个人才能、塑造个人人格、促进个人发展的社会活动，它奠定了一个人的基本素质，对人生有着巨大的影响。有时候一个企业会拒绝未达到某一教育水准的人。有些人拥有的技术已过时或者过于专业化，结果因为市场对他们的才能需求削减，他们在职业上的处境就将较为不利了。人们的专业、职业种类对于其职业生涯有着重大的影响，即使人们转换职业，也往往与其所学专业有一定联系。

(二) 影响职业生涯发展的社会因素

社会是人才得以活动及发挥才干的舞台，也是影响人们成长与成功的重要条件和因素。社会的政治经济形势、涉及人们职业权利方面的管理体制、社会文化与习俗、职业的社会体系等社会因素决定着社会职业岗位的数量与结构，决定着社会职业岗位出现的随机性与波动性，从而决定了人们对不同职业的认定和步入职业生涯、调整职业生涯的决策。用人单位对员工的培养、自身的亲戚朋友交际网、在职业发展过程中所能获得的帮助、提高素质所需的学习机会和图书资料、与职业生涯发展方面有关的制度与政策等也对社会职业结构的变迁、人的职业生涯变动的规律性产生影响。

社会因素中不得不提的还有机遇。机遇是一种随机出现的、具有偶然性的事物。一个人在一生当中会遇到许多偶然的机会，有利的偶然机会就是机遇。如果社会上出现了给一个人提供个人发展、向上流动的职业环境，对于职业发展而言，那就是出现了机遇，这对一个人的职业生涯规划有积极的推动作用。把握机遇的前提是完善自我、提高素质、具备职业发展的潜质。不具备这种前提，那机遇就不会青睐这种人，这种人就会与机遇擦肩而过。具备了这种前提，还要善于发现机遇，如果漠视机遇，那这种人只能是英雄无用武之地，找不到职业发展的方向。抓住机遇是关键，只有抓住了机遇，才能有一个施展才华、快速成长的机会。机遇对于任何人都是平等的，但机遇总是降临于素质高、有准备的人的身上，谁素质高、准备充分，谁就能够抓住机遇，获得成功。

(三) 影响职业生涯发展的家庭因素

家庭是人们生活的重要场所，一个人的家庭也是造就其素质以至于影响其职业生涯的主要因素之一。父母通常对子女会有一种期望，这种期望会在人的幼年时期留下印象，并随时间的推移而强化，比较高的期望会有激励作用。父母从事的职业是孩子观察社会职业的开始，父母对其职业的认同与否，对孩子将来是否愿意从事这种职业有很大的影响。父母及亲戚平日表现得比较多的行为，孩子易于接受并熟悉，这会影响孩子职业理想的确立和职业选择的方向、种类。一个家庭经济条件较好，会使孩子在将来所受教育的程度较高，职业选择方面空间较大；一个家庭经济条件较差，会使孩子受教育培训的机会减少，而且会使孩子感到肩上负担着沉重的家庭责任，在是否读书深造、工作单位离家远近及效益好坏方面思虑颇多。

四、职业生涯的发展阶段

职业生涯是一个人长期的发展过程，在不同的发展阶段，个人有着不同的职业需求和人生追求。职业生涯发展阶段的划分是职业生涯规划研究的一个重要内容。对于具体阶段的划分，不同的专家学者有不同的观点，最常见的、应用得最广泛的，则是萨珀（Supper）的生涯发展阶段理论。

萨珀集差异心理学、发展心理学、职业社会学以及人格发展理论之大成，通过长期的研究，系统地提出了有关职业生涯发展的观点。1953 年，萨珀根据其生涯发展形态研究的结果，将人生职业生涯发展划分为成长、探索、建立、维持和衰退五个阶段。

（一）成长阶段（0~14 岁）

成长阶段属于认知阶段。在这个阶段，孩童开始发展自我概念，学会以各种不同的方式来表达自己的需要，并且经过对现实世界不断地尝试，修饰他自己的角色。这个阶段发展的任务是发展自我形象，发展对工作世界的正确态度，并了解工作的意义。这个阶段共包括以下三个时期：

一是幻想期（4~10 岁）。这一时期以“需要”为主要考虑因素，在这个时期幻想中的角色扮演很重要。

二是兴趣期（11~12 岁）。这一时期以“喜好”为主要考虑因素，喜好是个体抱负与活动的主要决定因素。

三是能力期（13~14 岁）。这一时期以“能力”为主要考虑因素，能力逐渐具有重要作用。

（二）探索阶段（15~24 岁）

探索阶段属于学习打基础的阶段。该阶段的青少年，通过学校的活动、社团休闲活动、打零工等机会，对自我能力及角色、职业进行了一番探索，因此选择职业时有较大弹性。这个阶段发展的任务是使职业偏好逐渐具体化、特定化并实现职业偏好。这个阶段共包括以下三个时期：

一是试探期（15~17 岁）。考虑需要、兴趣、能力及机会，制定暂时的决定，并在幻想、讨论、课业及工作中加以尝试。

二是过渡期（18~21 岁）。进入就业市场或进行专业训练，更重视现实，并力图实现自我观念，将一般性的选择转为特定的选择。

三是试验承诺期（22~24 岁）。生涯初步确定并试验其成为长期职业生涯的可能性，若不适合则可能再经历上述各时期以确定方向。

（三）建立阶段（25~44 岁）

建立阶段属于选择、安置阶段。由于经过上一阶段的尝试，不合适者会谋求变迁或进行其他探索，因此该阶段较能确定在整个职业生涯中属于自己的职位，并在 31~40 岁开始考虑如何保住该职位并固定下来。这个阶段发展的任务是统筹、整合、稳固并求上进。这个阶段共包括以下两个时期：

一是尝试期（25~30岁）。个体寻求安定，也可能因为生活或工作上若干变动而尚未感到满意。

二是稳定期（31~44岁）。个体致力于工作上的稳固，大部分人处于最具创意时期，由于资深往往业绩优良。

（四）维持阶段（45~64岁）

维持阶段属于升迁和专精阶段。个体仍希望继续维持属于他的工作职位，同时会面对新的人员的挑战。这一阶段发展的任务是维持既有成就与地位。

（五）衰退阶段（65岁以上）

衰退阶段属于退休阶段。由于生理及心理机能日渐衰退，个体不得不面对现实从积极参与到隐退。这一阶段个体往往注重发展新的角色，寻求不同方式以替代和满足需求。

阅读案例6-2

我的职业生涯感悟

我的职业生涯经历了六个阶段：建立基础阶段、积累经验阶段、进入发展阶段、高速发展阶段、进入中年危机阶段、自我实现阶段。俗话说："四十不转行。"40岁转行对职业发展非常不利，而我却这么做了——从企业界出来转做培训师，从叱咤风云的领域转到完全陌生的行业，从零开始。我之所以这么做，是因为思考了一些事情。

1. 40岁之前做该做的事，40岁之后做想做的事

我从40岁就开始思考：我到底是想过神的生活，还是仙的生活？

神被人供在庙里，天天坐在一个地方不能动，接受信众的朝拜，有一个宏伟的环境。实际上，这就是企业家的生存状态。企业家天天上班，有辉煌的业绩，但最大的遗憾就是没有自由。

仙没有庙宇，没有光环，没有人们追求的荣华富贵，他跟着感觉走，活得非常快乐。如同济公一样，虽然"鞋儿破、帽儿破、身上的袈裟破"，但是每天非常自由快乐。这是自由人的生存状态，也是我真正想要的生活。有一次，我到卧佛寺时，发现自己跟弥勒佛特别像。弥勒佛的人生观是：大肚能容，容天下难容之事；笑口常开，笑天下可笑之人。我的人生观也是如此。

2. 追求幸福与幸福追求

一个人的人生观往往跟环境有很大的关系。人生不是一场比赛，而是一场旅行。比赛在乎结局和终点，而旅行在乎的是沿途的风景。我需要的是幸福追求，而不是追求幸福。

幸福就是结果。追求幸福就像爬山一样，爬山时可能会花费很长的时间，到山顶后却只停留一小会儿，甚至不到10分钟。爬山时期待着风光一片美好，站在山顶时却发现不过如此而已。也就是说，山上10分钟的幸福需要几个小时的时间去争取，追求幸福就是用90%的痛苦和挣扎换来10%的幸福。

幸福追求意味着幸福指数，就是认真体会过程，快乐地欣赏沿途的风景。当人生观建立在幸福追求上时，心态就慢慢平和下来了。这时就会发现，人生是由一串一串

的经历组合成的。

3. 40岁之前做加法，40岁之后做减法

我在40岁时调整了自己的人生轨迹：40岁之前做加法，40岁之后做减法。在40岁之前，我追求的是事业的高度，也就是追求成长、成就、成功。因为在40岁之前，体力和精力都处于上升期，所以一定要全力往上爬。在40岁以后，体力和精力都开始走下坡路，我就开始追求生命的长度，学会调整，学会放下。

第二节 职业生涯规划的实施

一、职业生涯规划的内容

职业生涯规划主要是员工计划在企业职业生涯中的职业选择、职业生涯目标以及职业生涯发展通道。

（一）职业选择

职业是指人们为获取一系列的需要的满足而从事的连续的、相对稳定的、专门类别的社会工作，是人的社会角色的重要方面。对于大多数人来说，在职业生涯中只选择一种职业，但也有人可以选择两种或两种以上的职业，如大学教师+培训师。职业选择就是要为职业目标与自己的潜能以及主客观条件谋求最佳匹配的选择。良好的职业选择和定位是以自己的最佳才能、最优性格、最大兴趣、最有利的环境等信息为依据的，要考虑性格与职业的匹配、兴趣与职业的匹配、特长与职业的匹配、专业与职业的匹配等。

（二）职业生涯目标

在选定的职业领域要取得的成绩或达到的高度便是职业生涯目标。其中，最高目标可以成为人生目标；在迈向人生目标的过程中会设定阶段性目标。一般来说，职业生涯规划应有目标的计划内容，可以是岗位目标、技术等级目标、收入目标、社会影响目标、重大成果目标、社会地位目标等。

为了保证职业生涯目标的实现，必须要找到自己的职业锚。职业锚的概念是由美国学者埃德加·施恩教授提出的。他认为，职业规划实际上是一个持续不断的探索过程，在这一过程中，每个人都在根据自己的天资、能力、动机、需要、态度和价值观等慢慢地形成较为明晰的与职业有关的自我概念。随着一个人对自己越来越了解，这个人就会越来越明显地形成一个占主要地位的职业锚。所谓职业锚，就是指当一个人不得不做出选择的时候，其无论如何都不会放弃的职业中的那种至关重要的东西或价值观。正如“职业锚”这一名词中“锚”的含义一样，职业锚实际上就是人们选择和发展自己的职业时所围绕的中心。一个人对自己的天资和能力、动机和需要以及态度和价值观有了清楚的了解之后，就会意识到自己的职业锚到底是什么。施恩根据自己在麻省理工学院的研究指出，要想对职业锚提前进行预测是很困难的，这是因为一个人的职业锚是在不断发生着变化的，它实际上是一个不断探索过程所产生的动态结果。

有些人也许一直都不知道自己的职业锚是什么，直到他们不得不做出某种重大选择的时候。一个人过去的所有工作经历、兴趣、资质等才会集合成一个富有意义的模式（或职业锚）。这个模式或职业锚会告诉此人，对其个人来说，到底什么东西是最重要的。施恩根据多年的研究，提出了以下五种职业锚：

1. 技术或功能型职业锚

具有较强的技术或功能型职业锚的人往往不愿意选择那些带有一般管理性质的职业。相反，他们总是倾向于选择那些能够保证自己在既定的技术或功能领域中不断发展的职业。

2. 管理型职业锚

有些人则表现出成为管理人员的强烈动机，承担较高责任的管理职位是这些人的最终目标。当追问他们为什么相信自己具备获得这些职位所必需的技能的时候，他们回答说，他们之所以认为自己有资格获得管理职位，是由于他们认为自己具备以下三个方面的能力：

（1）分析能力（在信息不完全以及不确定的情况下发现问题、分析问题和解决问题的能力）。

（2）人际沟通能力（在各种层次上影响、监督、领导、操纵以及控制他人的能力）。

（3）情感能力（在情感和人际危机面前只会受到激励而不会受其困扰和削弱的能力以及在较高的责任压力下不会变得无所作为的能力）。

3. 创造型职业锚

有些人有这样一种需要：建立或创设某种完全属于自己的东西——一件署着他们名字的产品或工艺、一家他们自己的公司或一批反映他们成就的个人财富等。

4. 自主与独立型职业锚

有些人在选择职业时似乎被一种自己决定自己命运的需要所驱使着，他们希望摆脱那种因在大企业中工作而依赖别人的境况，因为当一个人在某家大企业中工作的时候，其提升、工作调动、薪金等诸多方面都难免要受别人的摆布。这些人中有许多人还有着强烈的技术或功能导向。然而，他们却不是到某一个企业中去追求这种职业导向，而是决定成为一位咨询专家，要么是自己独立工作，要么是作为一个相对较小的企业中的合伙人来工作。

5. 安全型职业锚

还有一部分人极为重视长期的职业稳定和工作的保障，他们似乎比较愿意去从事这样一类职业：这些职业应当能够提供有保障的工作、体面的收入以及有保障的未来生活。这种未来生活通常是由良好的退休计划和较高的退休金来保证的。对于那些对地理安全性更感兴趣的人来说，如果追求更为优越的职业，意味着将要在他们的生活中注入一种不稳定或保障较差的地域因素的话，那么他们会觉得在一个熟悉的环境中维持一种稳定的、有保障的职业对他们来说是更为重要的。对于另外一些追求安全型职业锚的人来说，安全则意味着所依托的组织的安全性。他们可能优先选择到政府机关工作，因为政府公务员看起来还是一种终身性的职业。这些人显然更愿意让他们的雇主来决定他们去从事何种职业。

阅读案例6-3

某大学企业管理本科毕业生郝翔进入赛鸣集团下属的威盛工厂，现在车间做技术员。由于他在工作中能吃苦、勤学好问，不久就掌握了产品的生产工艺，也得到了工人们的认可。2年后，郝翔被任命为车间主任。

工作后2年，郝翔觉得自己想从事人力资源管理工作，但是由于大学期间没有学过人力资源管理方面的课程，所以他决定在职攻读工商管理硕士学位。2012年9月，郝翔成为某大学的工商管理硕士培训班学员。2012年年初，郝翔被任命为厂长助理。

2012年年底，同一集团不同工厂的厂长建议郝翔担任另一工厂的厂长。郝翔婉言谢绝，希望在有机会时从事人力资源管理工作。2013年4月，赛鸣集团原人力资源部经理离职，郝翔在竞聘中表现出色，最终如愿以偿。2013年11月，郝翔被提升为赛鸣集团人力资源部经理。

（三）职业生涯发展通道

员工职业生涯目标的实现还有赖于具有顺畅的职业生涯发展通道，因此企业一定要对构建员工职业生涯发展通道的工作引起重视，确保员工职业生涯目标的实现。就当前业界的普遍情况来讲，员工职业生涯发展通道主要分为三大类型：第一类是纵向职业发展通道，即职位上的晋升。这一类通道多用于管理人员职业的发展上，如从主管到经理再上升到总监就是一条典型的纵向型职业发展通道。第二类是横向职业发展通道。这就是传统意义上的轮岗和非行政级别的职业发展。这一类职业发展通道多用于技术性人员职业发展上。横向职业发展通道主要包括丰富工作内容和岗位轮换这两种方式，其对于在组织结构日趋扁平化的趋势下，如何丰富员工的工作内容、实现员工的职业成长具有重要的借鉴意义。第三类是双阶梯职业发展通道。这是指设计多条平等的晋升通道，满足各种类型员工的职业发展需求。双阶梯职业发展通道的一个重要标志就是职级上升，但行政级别并不变更。总体说来，对于这三类发展通道，企业必须依据不同的人员进行差异化的设计，但有一个前提是企业必须能够提供这些发展通道的职位。

二、职业生涯规划的步骤

（一）自我评估

自我评估也就是要全面了解自己。有效的职业生涯规划必须是充分且正确认识自身条件与相关环境的基础上进行的，要审视自己、认识自己、了解自己，做好自我评估。自我评估包括两个方面：一是评估自己的兴趣、特长、性格、学识、技能、智商、情商、思维方式等；二是评估自己的优势和劣势。人要弄清自己想干什么、自己能干什么、自己应该干什么、在众多的职业面前自己会选择什么等问题，从而为后面的职业定位和职业目标的设定打下基础，帮助自己选定适合自己发展的职业生涯路线。

（二）确立目标

确立目标是定制职业生涯规划的关键，目标通常有短期目标、中期目标、长期目标和人生目标之分。长期目标需要个人经过长期的艰苦努力、不懈奋斗才有可能实现，确立长期目标要立足现实、慎重选择、全面考虑，使之既有现实性又有前瞻性。短期目标更具体，对人的影响也更直接。

（三）职业生涯计划评估

职业生涯规划还要充分认识与了解相关的环境，评估环境因素对自己职业生涯发展的影响，分析环境条件的特点、发展变化情况，把握环境因素的优势与限制，了解本专业和本行业的地位、形势以及发展趋势。只有充分了解这些环境因素，才能在复杂多变的环境中做到趋利避害，帮助自己实现职业生涯的成功。人们可以使用 SWOT 分析中的对外界机会和威胁的分析思路来评估职业生涯中的机会。

（四）职业定位

职业定位就是要为职业目标与自己的潜能以及主客观条件谋求最佳匹配。良好的职业定位是以自己的最佳才能、最优性格、最大兴趣、最有利的环境等信息为依据的。职业定位过程中要考虑性格与职业的匹配、兴趣与职业的匹配、特长与职业的匹配等。职业定位应注意：

（1）依据客观事实，考虑个人与社会、单位的关系。

（2）比较鉴别。比较职业的条件、要求、性质与自身条件的匹配情况，选择条件更合适、更符合自己特长、更感兴趣、经过努力能很快胜任、有发展前途的职业。

（3）扬长避短。注重主要方面，不要追求十全十美的职业。

（4）审时度势，及时调整。要根据情况的变化及时调整择业目标，不能固执己见，一成不变。

（五）职业生涯策略的制定

有效的职业生涯设计需要有切实能够执行的职业生涯策略方案。没有行动，职业目标只能是一种梦想，实现职业目标要有具体的行为措施来保证，要制订周详的行动方案。制订行动方案是指把目标转化成具体的方案和措施。这一过程中比较重要的行动方案有职业生涯发展路线的选择、相应的工作、教育和培训计划的制订等。

职业目标确定后，向哪一条路线发展，此时要做出选择，这就是职业生涯发展路线的选择。是向行政管理路线发展，是向专业技术路线发展，还是向市场营销路线发展。在具体的岗位方面也需要做出选择，比如是行政管理、市场营销、技术研发，还是服务支持。确定职业生涯发展路线后，如何制订切实可行的行动方案呢？拿一名希望成为律师的员工来说，其应该考虑如下五个问题：

（1）自己需要参加哪些培训、学习、考核才能够有资格成为一名律师？

（2）自己在成为律师的发展道路上需要排除哪些来自内部和外部的障碍？

（3）如何求得自己目前的上司和同事、亲友在这方面给自己需要的帮助？

（4）如何在自己所处的组织中找到有利于自己目标实现的机会？

（5）一个律师应具有怎样的经验水平和年龄层次？自己怎样做才能符合这个范围？

（六）职业生涯规划的调整

职业生涯规划是一个动态的变化过程。影响职业生涯设计的因素很多，有些因素是可以预测的，有些因素则是难以预见的。当今社会处于激烈的变化之中，职业生涯规划难以预见个人发展将要遇到的种种现实状况，因此原定职业生涯目标在策略实施过程中往往会出现偏差，成功的职业生涯规划需要时时审视内外部环境的变化，在实施中去检验自己的方案，及时诊断职业生涯规划各个环节出现的问题，根据反馈的情况，及时反省、修正规划目标并调整规划方案。

阅读案例 6-4

张艺谋的职业生涯规划

经过奥运会开闭幕式的洗礼，张艺谋已经成为中国电影的一面旗帜。张艺谋导演拍摄的电影不仅好看，他的职业发展历程也值得大家借鉴。

一、解析：张艺谋的发展历程

（一）“前半生”——从农民到摄影师和演员

1968 年初中毕业后，张艺谋在陕西乾县农村插队劳动，后在陕西咸阳国棉八厂当工人。1978 年，张艺谋进入北京电影学院摄影系学习。1982 年，张艺谋毕业后任广西电影制片厂摄影师。1984 年，张艺谋作为摄影师拍摄了影片《黄土地》，崭露头角。1987 年，张艺谋主演影片《老井》，颇受好评。

（二）“后半生”——从《红高粱》到奥运会开闭幕式总导演

1987 年，张艺谋导演的一部《红高粱》，以浓烈的色彩、豪放的风格，颂扬中华民族激扬振奋的民族精神，融叙事与抒情、写实与写意于一炉，发挥了电影语言的独特魅力，广获赞誉。正是这部电影，让张艺谋成功地实现了从演员到导演的转型，并以一个成功导演的角色进入公众视野，奠定了张艺谋成功导演的地位。

从此，张艺谋便一发不可收拾，在经过一段艺术片的成功后，他又转向了商业大片，《英雄》《十面埋伏》《满城尽带黄金甲》等一部部商业大片的红火为他带来了巨大的声誉，并最终带他走到了中国电影旗帜的位置。

2008 年北京奥运会，张艺谋又以其独特的大手笔，面向全世界展示了一部中国的完美“大片”，也使得张艺谋站上了生涯的巅峰。

二、揭秘：张艺谋的成功轨迹

插队劳动的农民-工人-学生-摄影师-演员-导演，一次次巨大的职业跳跃和转型才最终造就了一个成功的导演。让我们共同来探析张艺谋导演的职业规划过程。

（一）职业准备期

特殊的历史环境使得年轻时的张艺谋未能上高中就插队当了农民和工人，很多人像他一样没有选择，但能像他一样坚持自己梦想的却不多。终于，在 1978 年，张艺谋以 27 岁的“高龄”去学习自己钟爱的摄影，为自己未来的转型进行积累。

（二）职业转型期

重新进入课堂学习后，张艺谋老老实实地当起了摄影，虽然他的志向是导演，但他显然十分清楚自己要做什么。这个时候的他仍在学习，不是在课堂上，而是在实践中学习。

（三）职业冲刺期

在《黄土地》获奖后，张艺谋有两个选择：继续作为一个已经很成功的摄影师或者转型开始当导演。然而，出人意料之外，张艺谋却做出了其他的选择——当一名演员，并且也获得了一定的成功。不过也可以说，这实在是最明智的选择。要当导演，特别是要想成为较有建树的导演的话，当然最好能亲身体验过当演员的感受，这样才能在拍片的时候和演员们够契合。

（四）职业发展期

《红高粱》成功以后，张艺谋拍了一段时间的文艺片，在全国大众都熟悉了他的名字后，张艺谋敏锐地捕捉到了商业片的市场价值，并与中国电影市场的需求相契合。张艺谋开始转向了商业大片，开始了自己的大片之旅，并一直延续到现在。尤其是借助2008年北京奥运会开闭幕式的无形宣传，张艺谋导演一时风头无人能及。

张艺谋导演的成长历程告诉我们，清晰的职业规划是成功的保障。

（资料来源：学习张艺谋成功的职业规划［EB/OL］.（2011-07-08）［2016-11-28］. http://www.360doc.com/content/11/0708/17/395329_132377721.shtml.）

第三节　职业生涯管理

一、组织职业生涯管理的步骤

组织职业生涯管理的目标是帮助员工真正了解自己，在权衡组织本身内外环境的优势与劣势、限制等基础上，为员工设计出合理且可行的职业生涯发展目标，在协助员工实现个人目标的同时，实现组织目标。

（一）对员工进行分析与定位

组织应帮助员工进行比较明确的自我评估，对员工所处的相关环境进行深层次的分析，并根据员工自身特点设计相应的职业发展方向和目标。这一阶段的主要任务是开展员工个人评估、组织对员工进行评估和环境分析三项工作。

1. 员工个人评估

职业生涯规划始于员工对自己的能力、兴趣、职业生涯需要及目标的评估。员工的自我评估便是进行自我暴露和剖析，其重点在于分析自己的条件，特别是性格、兴趣、特长与需求等。其中，性格是职业选择的前提，不同的工作需要不同性格的人；兴趣是工作的动力和最好的老师，如果工作与兴趣相匹配，那么工作则是一种享受；特长是自己的能力与潜力，兴趣本身并不等于特长；需求是自己的职业价值观，弄清自己究竟要从职业中获得什么。

员工自我评估是组织职业生涯管理的基础，组织为员工提供指导，如提供问卷、量表等，以便员工能够更容易地对自己进行评估。有的企业根据企业的实际情况，为员工制定了专门的个人评估手册。

2. 组织对员工进行评估

组织对员工进行评估主要是为了确定员工的职业生涯目标是否现实。通常，组织可以借助如下四种渠道来对员工进行评估：

（1）利用招聘甄选时获得的信息进行评估，包括能力测试、兴趣爱好、受教育情况、工作经历等。

(2) 利用当前的工作状况，包括绩效考核结果、晋升记录、加薪情况、参与的各种培训等。

(3) 利用员工个人评估结果。

(4) 利用评估中心技术或构建自己的评估中心，帮助确定组织员工可能的发展道路，同时帮助员工知道自己的优势与劣势，以便更好地设定自己的职业发展目标。

3. 环境分析

人的本质在于其社会性，人是社会的人，生活在一个特定的组织环境中。环境为每个人提供了活动空间、发展条件和成功机遇。社会的快速变迁、科技的高速发展、市场的竞争加剧，对员工的发展产生了巨大的影响。环境分析通过对社会环境、经济环境、组织环境等有关问题的分析与讨论，弄清环境对职业发展的作用、影响及要求，以便更好地进行职业选择与职业规划。

(二) 帮助员工确立职业生涯目标

目标对行为起到一种导向作用。职业发展必须有明确的方向与目标，目标的选择是职业发展的关键。帮助员工确定职业生涯目标主要包括职业的选择和职业生涯路线的选择。职业的选择是事业发展的起点，选择正确与否直接关系到事业的成败，组织应该开展必要的职业指导活动，通过对人员的分析与对岗位的分析，帮助员工选择合适的岗位，实现人事匹配。职业生涯路线是指员工选定职业后，从什么样的方向实现自己的职业发展目标，是向专业技术方向发展还是向管理方向发展。职业生涯路线的选择是组织通过对职业生涯路线选择要素进行分析，帮助员工确定职业生涯路线，并画出职业生涯路线图。

(三) 帮助员工制定职业生涯策略

职业生涯策略是指为了争取职业目标的实现而积极采取的各种行动和措施。职业生涯策略包括参加公司的各类人力资源开发与培训活动，构建人际关系网络；参加业余时间的课程学习，掌握额外的技能与知识；平衡职业目标、生活目标与家庭目标。

在人生的不同年龄阶段，员工的志趣、价值取向等会有所转变，组织应该根据员工的不同情况采取不同的职业生涯策略。鉴于年轻人喜欢不断地进行自我探索，寻找适合自己发展的道路，可以向新加入组织的年轻人提供富于挑战性的工作。鉴于中年人对家庭、工作保障及社会地位等考虑更多，可以考虑在绩效考核的基础上，提拔他们；为弥补职位空缺不足的缺憾，可以安排他们对年轻员工进行传、帮、带，使他们认识到自己的重要性；鼓励或资助他们经常“充电”，防止知识老化，使其掌握更多的工作技能，增强他们的就业保障感。对已有一定地位但不可能继续晋升的员工，可以通过工作轮换来提高他们的活动兴趣。对即将退休的员工，可以为他们创造一些机会或提供一些条件来培养他们对有益于身心健康的娱乐活动的兴趣，营造一个充满人情味的组织氛围，从而使组织获得员工的“忠诚”。

(四) 进行组织职业生涯评估与修正

职业生涯规划的本质仍然是一种计划，是基于过去与现在的事实以及对未来的预测基础之上，对未来职业生涯的谋划。但是未来是不确定的，比如经济不景气、企业遇到经营危机、企业经营业务转变、员工个人条件变化或志向改变等。因此，必须在职业规划实施一段时间后，有意识地回顾员工的工作表现，检验员工的职业定位与职业方向是否合适。在进行组织职业生涯评估与修正的过程中评估现有的职业生涯规划，组织可以修正对员工的认知与判断，通过反馈与修正，纠正最终职业目标与分阶段职业目标的偏差，增强员工实现目标的信心。

二、组织职业生涯管理的方法

（一）举办职业生涯研讨会

职业生涯研讨会是一种有计划的学习和练习活动，一般是由人力资源管理部门统一组织。组织一般希望通过这种活动的安排，让员工主动参与，包括自我评估和环境评估、与成功人士进行交流和研讨、进行适当的练习活动，从而帮助员工制定职业生涯规划，即选定职业方向，确立个人职业目标，制定职业生涯发展路径。国外的很多实践都证明，企业通过为员工举办职业生涯研讨会，可以大大提高员工参与职业生涯管理的比率，提高职业生涯管理的效率和效果。因此，定期举办职业生涯讨论会是职业生涯管理的重要内容和形式之一。

（二）填写职业生涯计划表

职业生涯计划表，如表6-1所示，其中包含的内容，一般可以粗略地划分为以下三个方面：

1. 职业

职业是典型的职业生涯计划的内容之一。对于绝大多数人来说，往往只选择一种职业，但也有的人可以选择两种或两种以上的职业，从事兼职。处于探索阶段的年轻人可以先不忙着进行职业选择，其职业生涯计划中可先缺失职业这一项。

2. 职业生涯目标

在选定的职业领域要取得的成绩或高度便为职业生涯目标。其中，最高目标可以称为人生目标，在迈向人生目标过程中可以设定阶段性目标。

3. 职业生涯通道

一般来说，组织有四种职业生涯通道模式：传统职业通道、行为职业通道、横向职业通道、双重职业通道以及多重职业通道。职业通道是组织中职业晋升和职业发展的路线，是员工实现职业理想和获得满意工作，达到职业生涯目标的路径。

（1）传统职业通道。传统职业通道是员工在组织中从一个特定的职位到下一个职位纵向向上发展的一条路径。这种模式将员工的发展限制于一个职能部门内或一个单位内，通常是由员工在组织中的工作年限来决定员工的职业地位。

传统职业通道的最大优点是清晰明确、直线向前，员工知道自己向前发展的特定工作职位序列。传统职业通道有一个很大的缺陷，就是它是基于组织过去对成员的需求而设计的，实际上随着组织的发展、技术的进步、外部环境的变迁、企业战略的改变都会影响企业的组织流程和组织结构，会影响组织对人力资源的需求，原有职业需求已不再适应企业发展的需求。

表 6-1　员工职业生涯规划表

填表日期：　　　　　　　　　　　　　　　　　　填表人：

<table>
<tr><td colspan="2">姓名：</td><td>出生日期：</td><td>入职日期：</td></tr>
<tr><td colspan="3">部门：</td><td>岗位名称：</td></tr>
<tr><td rowspan="3">教育状况</td><td colspan="2">最高学历：</td><td>毕业时间：</td></tr>
<tr><td colspan="2">毕业学校：</td><td>所学专业：</td></tr>
<tr><td colspan="3">已涉足的主要领域：</td></tr>
<tr><td rowspan="3">职业生涯目标</td><td>短期目标（1~3 年）</td><td colspan="2"></td></tr>
<tr><td>中期目标（3~5 年）</td><td colspan="2"></td></tr>
<tr><td>长期目标（5 年以上）</td><td colspan="2"></td></tr>
<tr><td rowspan="3">收入目标</td><td>短期收入目标（1~3 年）</td><td colspan="2"></td></tr>
<tr><td>中期收入目标（3~5 年）</td><td colspan="2"></td></tr>
<tr><td>长期收入目标（5 年以上）</td><td colspan="2"></td></tr>
<tr><td colspan="4">达到短期目标所需的知识和技能</td></tr>
<tr><td colspan="4"></td></tr>
<tr><td colspan="3">需要掌握但目前尚欠缺的知识和技能</td><td>所需培训的课程名称</td></tr>
<tr><td colspan="3"></td><td></td></tr>
<tr><td colspan="4">需要公司提供的非培训方面的支持</td></tr>
<tr><td colspan="4"></td></tr>
<tr><td colspan="4">职业发展辅导人意见</td></tr>
<tr><td colspan="4">签章：　　　　　　日期：</td></tr>
<tr><td colspan="4">部门负责人意见</td></tr>
<tr><td colspan="4">签章：　　　　　　日期：</td></tr>
</table>

填写指导：

1. 本表对照员工职业生涯规划调查表，经员工本人、其职业发展辅导人和部门负责人充分沟通后填写。

2. 每年进行职业生涯规划总结后，如果内容有更改，则本表需及时修正。

（2）行为职业通道。行为职业通道是一种建立在对各个工作岗位上的行为需求分析基础上的职业发展通道设计。行为职业通道要求组织首先进行工作分析来确定各个岗位上的职业行为需要，然后将具有相同职业行为需要的工作岗位化为一族（这里的族，是指对员工素质及技能要求基本一致的工作岗位的集合），然后以族为单位进行职业生涯设计。员工可以在族内进行职业流动。

对员工来讲，这种职业发展设计首先为员工带来了更多的职业发展机会，尤其是当员工所在部门的职业发展机会较少时，员工可以转换到一个新的工作领域中，开始新的职业生涯。这种职业发展设计也便于员工找到真正适合自己的工作，找到与自己兴趣相符的工作，实现自己的职业目标。对组织来讲，这种职业发展设计增加了组织的应变性。当组织战略发生转移或环境发生变化时，能够顺利实现人员转岗安排，保持整个组织的稳定性。

（3）横向职业通道。前两种职业途径都被视为组织成员向较高管理层的升迁之路，但组织内并没有足够多的高层职位为每个员工都提供升迁的机会，而长期从事同一项工作会使人倍感枯燥乏味，影响员工的工作效率。因此，组织也常采取横向调动来使员工的工作具有多样性，使员工焕发新的活力。虽然没有加薪或晋升，但是员工可以增加自己对组织的价值。

按照这种思想所制定的组织职业通道就是横向职业通道，它进一步打破了行为职业通道设计对员工行为和技能要求的限制和约束，实现了员工在组织内更加自由的活动。这种设计一般也是建立在工作行为需求分析基础之上的。

（4）双重职业通道。传统的职业通道是组织中向较高管理层的升迁之路，而双重职业通道主要用来解决某一领域中具有专业技能、并不期望或不适合通过正常升迁程序调到管理部门的员工的职业发展问题。这一职业通道设计的思路是专业技术人员不是被提拔到管理岗位上，而是体现在报酬的变更和地位的提升上，并且处于同一岗位上不同级别的专业人员的报酬是可比的。

双重职业通道有利于激励在工程、技术、财务、市场等领域中有突出贡献的员工。实现双重职业通道能够保证组织既聘请到具有高技能的管理者，又雇佣到具有高技能的专业技术人员。专业技术人员实现个人职业生涯发展可以不必走从管理层晋升的道路，避免了从优秀的技术专家中培养出不称职的管理者这种现象。这无疑有助于专业技术人员在专业方面取得更大的成绩。

（5）多重职业通道。由于双阶梯模式对专业技术人员职业生涯发展阶梯的定义过于狭窄，因此如果将一个技术阶梯分成多个技术轨道，双阶梯职业生涯发展模式也就变成了多阶梯职业生涯发展模式。例如，美国一家化工厂将技术轨道分三种：研究轨道、技术服务和开发轨道、工艺工程轨道。深圳某高技术公司将技术人员的职业发展轨道分成六种：软件轨道、系统轨道、硬件轨道、测试轨道、工艺轨道与管理轨道，不同的轨道又分成8~10种不同的等级。

阅读案例6-5

华为公司的职业通道设计

要鼓励员工不断提高职业技能，首先要让他们明确知道自己职业发展的上行通道。

华为公司在借鉴英国模式的基础上，设计了著名的五级双通道模式。

华为公司先梳理出管理和专业两个基本通道，再按照职位划分的原则，将专业通道进行细分，衍生出技术、营销、服务与支持、采购、生产、财务、人力资源等子通道。这些专业通道的纵向再划分出五个职业能力等级阶梯。例如，技术通道就由助理工程师、工程师、高级工程师、技术专家、资深技术专家五大台阶构成，而管理通道是从三级开始，分为监督者（三级）、管理者（四级）和领导者（五级）。

在这个多通道模型中，每个员工至少拥有两条职业发展通道。以技术人员为例，在获得二级技术资格之后，根据自身特长和意愿，既可以选择管理通道发展，也可以选择技术通道发展。由于两条通道的资格要求不同，如果技术特点突出，但领导或管理能力相对欠缺的话，就可以选择在技术通道上继续发展，一旦成长为资深技术专家，即使不担任管理职位，也可以享受公司副总裁级的薪酬与职业地位，企业也得以充分保留一批具有丰富经验的技术人才。很多员工还可以选择两个通道分别进行认证，企业采取“就高不就低”的原则来确定员工的职等待遇。

作为一名技术部门的管理者，一旦失去管理职位后，凭借其相应的技术等级资格，可以再转回到技术通道上发展，这就解决了管理队伍新老接替中“下岗干部”无法安置的问题。

为了大致区分棋力的高下，围棋运动中将职业选手和非职业选手分为若干个段位。通过职业发展通道设计、职业能力等级标准制定和职业等级认证三个方面的制度设计，企业中不同类型的员工，也可以拥有自己的职业“段位”以及不断提升“段位”的机会。

（三）编制职业生涯手册

通过职业生涯讨论会，绝大多数员工在职业生涯计划的制订中都不会有多大困难，但仍然会有部分员工可能会有某些不是非常明白的地方。此外，更常见的情况是，在职业生涯发展中，员工需要不断得到书面指导，以解决许多自我职业生涯发展中遇到的问题，或者反思职业生涯设计，进而职业修改生涯计划。因此，一本随手可得的职业生涯设计与职业生涯发展参考书——职业生涯手册是十分必要的。

职业生涯讨论会和职业生涯手册都是职业生涯管理的有效手段，两者相辅相成。职业生涯讨论会依靠集中活动，创造出一个教学环境和会议式环境，从而可以使员工在短时间内强烈地感受到有关知识和方法的冲击，形成特定氛围，有助于员工迅速形成职业生涯规划。职业生涯手册则作为一个常备指导工具，经常性地帮助员工进行职业生涯反思，进而能够自己解决职业生涯计划不同阶段出现的问题，对职业生涯发展中发生的冲突做出协调和重新设计。

在员工的职业生涯发展过程中，有些员工仅仅依靠职业生涯手册可能仍不能解决他们的所有问题，此时就需要具体的人员作为咨询专家来解答他们提出的各种职业生涯问题，指导他们扬长避短，实现职业生涯计划。

（四）开展职业生涯咨询

员工在职业生涯规划和职业生涯发展过程中，会不断产生一些职业生涯方面的困惑和问题，需要管理人员或资深人员为其进行问题的诊断，并提供咨询。

职业生涯咨询可以是正式的也可以是非正式的。事实上，中层和高层的经理、技术专家以及其他成功人士都可以自愿对有进取心的员工的职业生涯规划提出忠告和建议，解释员工们提出的各种问题。

第四节　职业生涯规划实务

一、职业生涯规划模板

（一）自我评估

（1）自身性格特点分析。
（2）自我性格认知。
（3）兴趣爱好分析。
（4）职业兴趣分析。
（5）职业能力分析。
（6）工作中的优势与劣势。
（7）自我认知小结。

（二）环境分析

（1）社会环境分析。
（2）学校环境分析。
（3）家庭环境分析。
（4）环境分析小结。

（三）职业定位

（1）毕业求职意向分析。
（2）就业形势思考。
（3）人生整体规划。

（四）职业目标及生涯规划

（1）职业目标总原则。
（2）职业生涯总规划。
（3）职业生涯准备期。
（4）职业生涯实践期。

（五）职业生涯规划调整

（1）调整环境背景。
（2）调整原则。
（3）备用方案。
（4）调整方案小结。

二、某大学生职业生涯规划范例

（一）自我评估

本人于 2013 年 9 月考入××学院，将在 2017 年 7 月毕业。本人为人诚恳，性格温和，有主见，富有创造能力，积极进取；喜欢能让自己静下心来的工作环境和工作；喜欢一切有关计算机方面的知识。结合所学专业及课程，本人希望从事自动化、电子、电气设备以及计算机控制系统设计、协调、运行等相关领域的职业。

（二）环境分析

环境分析如表 6-2 所示。

表 6-2　　环境分析

优势（Strengths）	劣势（Weakness）
1. 做事比较认真、踏实，有浓厚的学习兴趣和一定的实力，尤其在计算机方面有着浓厚的兴趣	1. 性格较内向，并不善于与人交往和沟通
2. 乐观积极的生活态度，善于发现事物和环境乐观积极的一面	2. 办事不够细腻，有时考虑问题不全面
3. 富有极强的责任心、爱心，并且喜欢做相关的工作	3. 做事不够果断，尤其事前做决定的时候老是犹豫不决
4. 对一切问题有寻根究底的兴趣，一定要将事情想清楚，并喜欢思考问题，有一定的分析能力	4. 组织能力和管理人员的能力和经验欠缺
5. 有较强的竞争意识，能充分主动地利用环境资源，即与环境的交互能力强	5. 做事有时拖拉，不够雷厉风行
6. 有一定的书面表达能力，逻辑思维性和条理性较强	6. 工作、学习有些保守，冒险精神不够，没有结合长远目标，并且创新能力有待提高
机会（Opportunities）	威胁（Threats）
1. 改革开放 30 多年来，我国的经济飞速发展，国家发展的同时对人才的需求也大为增长，因此我对大学生的就业前景是乐观的	1. 距离毕业还有不到一年的时间，而找工作的时间则更紧迫，并且找工作的时候并不是用人单位用人高峰期，就业的机会不是很多
2. 加入世贸组织后，中国面临的国际化形势给个人也提供了更多的机会，可以在更宽广的舞台上展现个人优势	2. 国际化的环境同时也意味着国际范围的竞争和挑战，对个人素质要求也就更高了
3. 在学校还有很多的学习机会，身边有很多优秀的同学和朋友，有很多向他们学习的机会，并且有构建良好的人际关系的条件	3. 公司及用人单位对毕业生的要求提高，更需要有经验的人才，而刚毕业的我没有任何工作和实践的经验
4. 就专业知识方面来说，现在是一个信息爆炸的时代，各种渠道获得的各种类型的信息浩如烟海，对很多人来说，海量的信息只会让他们感到无所适从，而这也就产生了对于信息进行组织和管理使之有序化的需求，因此从大的环境来说，这个专业方向是很有发展前景的	4. 当今比我优秀的人才很多，而机会不一定是均等的，这时就不单单是知识的比拼，更是对个人发现机会、展示自己并把握机会能力的考验

（三）未来5年职业生涯的目标

1. 探索阶段：学生

这个阶段的主要目标是发现兴趣，学习知识，开发工作所需的技能，同时也发展价值观、动机和抱负。

2. 进入阶段：应聘者

这个阶段的主要目标是进入职业市场，得到工作，成为单位的新雇员，从事自动化、电子、电气设备以及计算机控制系统设计、协调、运行等相关领域的职业。

3. 新手阶段：实习生、资浅人员

这个阶段的主要目标是了解单位，熟悉操作流程，接受组织文化，学会与人相处，并且承担责任，发展和展示技能与专长，迎接工作的挑战性，在某个领域形成技能，开发创造力和革新精神。

4. 发展阶段：任职者、主管

个人绩效可能提高、可能不变、可能降低。这个阶段的主要目标是选定一项专业或进入管理部门，力争成为专家或职业经理；或是转入需要新技能的新工作，开发更广阔的工作视野。

（四）未来5年内的行动计划

1. 探索阶段：学生

加强适应职业要求的专业素质，提高英语能力。多学习有关计算机和电子方面的专业知识，提高自己的专业素养和培养对该行业的浓厚兴趣。

2. 进入阶段：应聘者

积极参加各种招聘活动和各企业的宣讲会，制作一份精美的简历，为各种招聘活动进行充分的准备，以便找到一份既能跟个人爱好结合，又能有比较满意的薪酬的工作。

3. 新手阶段：实习生、资浅人员

要学会自己做事，被同事接受，学会面对失败、处理混乱和竞争、处理工作中的冲突，自主学习。根据自身的才干和价值观与组织中的机会和约束进行评估，如果不合适，可以重新评估选择，决定去留。

4. 发展阶段：任职者、主管

个人绩效可能提高、可能不变、可能降低。要保持竞争力，继续学习，提高个人绩效或是技术更新、培训和指导的能力。此时必须承担更大的责任，确认自己的地位，开发长期的职业计划，寻求家庭与事业间的平衡。

（五）评估与调整

职业生涯规划是一个动态的过程，未来是未知的，与时俱进地进行调整是职业生涯规划的必然要求。事情不会一成不变，我会对自己的规划进行适时的调整，并每半年做一次自我评估，评估的内容包括：第一，职业目标评估（是否需要重新选择职业）。假如一直顺利，那么我将继续前进。第二，职业路径评估（是否需要调整发展方向）。当出现意外的时候，我会认真考虑适时调整，按照实际情况做出职业目标和职业定位的重新确定。

【本章小结】

每个组织都有自己的经营目标，但目标能否实现取决于内部人力资源的发挥。组织最大限度地利用员工的能力，并且为每一位员工提供一个不断成长、挖掘个人潜能和建立职业成功的机会。也正是在这样一个渐进的过程中，组织和个人实现了“双赢”——组织从能力很强且具有高度献身精神的员工那里得到了绩效上的改善，而员工从自身能力提高及绩效改善中获得了更大的成就。因此，组织协调员工做好职业生涯规划显得尤为重要。

本章主要讲述了职业生涯规划的有关概念，包括职业生涯、职业生涯规划、职业生涯管理等，重点介绍了职业生涯规划的内容和步骤以及组织职业生涯管理的工作步骤和方法。

【简答题】

1. 什么是职业生涯？影响职业生涯的因素有哪些？
2. 什么是职业生涯规划？职业生涯规划有何重要作用？
3. 职业生涯规划主要有哪几个阶段？
4. 如何进行职业生涯规划？
5. 什么叫职业生涯通道？有哪几种形式？
6. 如何进行职业生涯管理？

【案例分析题】

弯路之后才找到真正的路

张梅是经济学本科毕业，她的工作背景并不复杂。张梅毕业后便留校当了两年经济学专业的教师，可是她却对那种论资排辈儿的形式十分反感，而且她也觉得自己并不适合在教育领域发展。之后张梅便跳槽到一家国有风险投资公司，主要负责客户投资顾问及产品销售业务，业绩十分亮眼。四年后因为家庭原因，张梅来到了北京，通过朋友介绍进入一家国有证券公司任职，除了负责以前的工作，她还负责部门内部的管理工作。这样的工作一直持续到现在。

国企的稳定性使张梅从根本上丧失了晋升的欲望和念头，甚至已经有近两年的时间失去了对工作的兴趣和激情，而且薪资根本就没有什么大的提升。许多同事早已跳槽，过得也都还不错，薪资也是张梅的两三倍，张梅觉得以自己的能力和资历绝不应该只拿这点钱。周围也有一些公司在向张梅示意，但除了薪资稍稍提高之外，工作内容并无大的改变。由于那些公司的规模比现在的公司的规模小，工作性质也没有什么质变，张梅拒绝了。张梅也趁着年关试探性地投出 20 多份简历，近两个月了都杳无音信。

张梅也想过跳槽，但是已经 35 岁的她对于自己还能否经受得起职场的大风大浪的考验时，就显得毫无信心。没有发展的困惑和寻求发展的理想以及害怕风险的本能使张梅感到职业发展前景一片渺茫，极大地磨灭了她寻求发展的信心。带着种种困惑，张梅找到了职业顾问，希望能够让自己跳槽的风险减到最低，获得最大的利益和职业生涯的发展。

她对自己做了优势分析：目标职业的任职要求是本科以上学历，3 年以上证券咨询服务、管理经验，有较深厚的专业分析背景和良好的沟通能力，具有团队合作精神，勇于创新，有证券投资分析执业证书等。张梅具备的资历包括具有财务、经济专业本科学位，8 年的证券行业业务管理经验；具有财务分析和市场营销的经验和能力，熟知客户服务、客户的开发和维护、证券交易、证券分析、资金运作、财务分析、市场信息管理等；具有证券经纪的从业资格和职业资格证书；参加过证券投资咨询及经纪人业务的培训。

为了能够让张梅快速进入发展跑道，职业顾问通过专业的分析系统，结合丰富的企业信息和行业信息资源，全程支持张梅去获取这个具有挑战性的机会。经过岗位搜索、企业筛选、信息过滤、技术支持等专业环节，张梅投出了 10 份简历就收到 6 个面试机会。在职业顾问极具针对性的面试辅导的帮助以及自身积极努力下，张梅一共得到了 3 个具有竞争力的岗位进行选择。和职业顾问深入沟通和讨论后，张梅选择了各方面都更令人满意的那个岗位。

在决定跳槽以谋求加薪、晋升的时候，首先要考虑的不是目标工作的薪水是否高、职务是否有晋升、公司规模是否比现在的公司规模大等因素，而是应该明确自己适合做什么、自己能够做什么以及自己想要做什么。如果不明确这三点的话，即使拿到高薪、高职务，也如昙花一现，稍纵即逝，一旦行业回调，公司变动，自己必然失去方向，竞争力的不足必将增加风险。

事实上，我们需要的是确保每一步的事业发展都少走弯路，在最短的时间内充分调动、挖掘自己的职业竞争力，以最快的速度完成职业目标。

思考题：

1. 张梅的故事说明一个人若能够尽早地规划自己的职业生涯，不仅不用担心行业回调的可能性，甚至无论行业发展是高潮还是低谷，他们都能够处乱不惊，从容应对。因此，我们该如何规划自己的职业生涯呢？

2. 规划职业生涯之后，我们又该如何准备适时出击呢？

【实际操作训练】

实训项目：个人职业生涯规划。

实训目的：在学习理论知识的基础上，通过实训，能进一步掌握职业生涯规划与管理的步骤与方法，能够结合自己的情况制定合理的职业生涯规划。

实训内容：

1. 进行自我评估。
2. 进行环境分析。
3. 在此基础上，确定职业目标及定位。
4. 进行职业生涯规划。
5. 职业生涯规划评估与调整。

第七章 绩效管理

开篇案例

唐僧的问题

有这样一则笑话：话说唐僧团队乘坐飞机去旅游，途中，飞机出现故障，需要跳伞，不巧的是，四个人只有三把降落伞，为了做到公平，师傅唐僧对各个徒弟进行了考核，考核过关就可以得到一把降落伞，考核失败，就自己跳下去。

于是，唐僧问孙悟空："悟空，天上有几个太阳?"孙悟空不假思索地答道："一个。"唐僧说："好，答对了，给你一把伞。"唐僧接着又问沙僧，"天上有几个月亮?"沙僧答道："一个。"唐僧说："好，也对了，给你一把伞。"猪八戒一看，心理暗喜："哈哈，这么简单，我也行。"于是，猪八戒摩拳擦掌，等待唐僧出题，唐僧的题目出来，猪八戒却跳下去了。为什么猪八戒毫不犹豫地跳下去了呢？因为唐僧的问题是："天上有多少星星?"猪八戒当时就傻了，直接就跳下去了。

过了些日子，师徒四人又乘坐飞机旅游，结果途中飞机又出现了故障，同样只有三把伞，唐僧如法炮制，再次出题考大家，先问孙悟空："新中国是哪一年成立的?"孙悟空答道："1949 年 10 月 1 日。"唐僧说："好，给你一把。"唐僧又问沙僧："中国的人口有多少?"沙僧说："13 亿人。"唐僧说："好的，答对了。"沙僧也得到了一把伞。轮到猪八戒，唐僧的问题是："13 亿人口的名字分别叫什么?"猪八戒当场晕倒，又一次以自由落体结束履行。

第三次旅游的时候，飞机再一次出现故障，这时候猪八戒说："师傅，你别问了，我跳。"然后，猪八戒纵身一跳。唐僧双手合十，说："这次有四把伞。"

（资料来源：张从忠. 猪八戒的三道考试题［EB/OL］.（2012-05-07）［2016-11-10］. http://chinahrd.net/forum.php? mod=viewthread&tid=620729.）

问题与思考：

1. 这个故事说明了什么样的管理问题?
2. 为什么猪八戒连最后的问题没有听就跳下去了？

第一节 绩效与绩效管理

绩效是企业经营者最为关心的问题之一，也是所有员工都特别关心的一个话题。绩效不仅关系着组织成员的前途，也影响着企业的发展和命运。随着信息时代的到来，人力资源的开发和利用在企业中起着越来越重要的作用。绩效管理也日益成为组织人力资源管理的重要手段，是帮助企业维持和提高生产力，实现企业战略任务和目标最有效的手段之一。

一、绩效的含义与特点

（一）绩效的含义

在企业中，我们常常听到这样的抱怨：

生产工人："人力资源部门的那帮人整天只知道拿绩效考核来管我们，我们干着最累的活，他们却坐在办公室里吹空调，还拿着和我们差不多的工资。不公平！"

人事专员："那些工人的工作就是在生产线上每天做重复的事情，多么简单，哪像我，整天要跑多个部门，记考勤，查档案，还要看人脸色，做各种杂七杂八的活，什么都要会，工资还那么少。不公平！"

为什么不同岗位的员工，对彼此的工作都会有抱怨呢？关键还是对绩效的理解不一样。

绩效的英文是"Performance"。在《韦氏词典》中，绩效是指完成、执行的行为，完成某项任务或达到某个目标，通常是有功能性或有效能的。对于企业而言，由于组织结构的层次性，绩效也呈现出多样性。管理学认为，绩效可分为组织绩效和员工绩效。组织绩效是指某一时期内组织任务完成的数量、质量、效率等状况；员工绩效是指员工在某一时期的工作结果、工作行为和工作态度的总和。从系统的观点来讲，组织绩效和员工绩效紧密相关。

对于绩效的含义，不同的学者提出了不同的理解，总结起来，主要有三种解释，即绩效产出说、绩效行为说、绩效综合说。

1. 绩效产出说

这是一种传统的观点，绩效产出说认为，绩效是员工行为的结果，是员工工作过程的产出。这是早期人们对绩效的理解，支持这个观点的学者有伯纳丁和凯恩等人。

伯纳丁认为，绩效应该定义为工作的结果，因为这些工作结果与组织的战略目标、顾客满意感以及所投资金最为密切。凯恩认为，绩效是一个人留下的东西，这种东西与目的相对独立存在。

绩效产出说的提出最早是以一线生产工人和体力劳动者为研究对象的。绩效产出说认为，绩效是工作所达到的结果。实际上，企业中常用的关键业绩指标（KPI）、目标管理（MBO）等考核方法就是以结果为导向的绩效考核。

2. 绩效行为说

随着人们对绩效研究的不断深入，近几十年，很多人发现，"产量"和"结果"不能完全代表绩效，或者说不能很好地代表绩效，于是产生了绩效行为论。支持这种观点的学者主要有墨菲、坎贝尔等。

墨菲认为，绩效是与一个人与其工作的组织或组织单位的目标有关的一组行为。坎贝尔认为，绩效是行为，应该与结果区分开，因为结果会受系统因素的影响。

绩效行为说认为，绩效不是行为的后果，而是行为本身。该观点认为，绩效不是工作成绩或目标的观点的依据如下：

（1）许多工作结果并不一定是个体行为所致，可能会受到与工作无关的其他影响因素的影响。

（2）员工在工作中的表现不一定都与工作任务有关。

（3）过分关注结果会导致忽视重要的过程和人际因素，不适当地强调结果会在工作中采取错误的方法要求员工。

3. 绩效综合说

越来越多的管理实践发现，绩效应该采用比较宽泛的概念。无论是结果还是行为，它们都构成了绩效的一部分。绩效综合说认为，绩效是产出和行为的综合。绩效作为产出，即行为的结果，是评估行为有效性的重要方法。但是行为会受到内外环境的影响，致使结果发生偏差。绩效综合说的代表学者有奥利安、莱恩斯。

综合以上观点，本书认为，绩效指的是产出和行为的综合。这些产出和行为指的是组织、部门或员工控制下的，与工作目标相关的行为及其产出。行为旨在促进产出的合理实现，产出旨在形成目标导向，二者不可偏废。

（二）绩效的特点

1. 多因性

绩效的多因性是指员工绩效的好坏受到了多种因素的影响，这些因素主要包括技能、激励、环境和机会四个方面。其中，技能和激励是内因，环境和机会是外因。绩效与影响绩效的因素之间的关系公式如下：

$$P=f\ (S,\ O,\ M,\ E)$$

其中，P 指绩效，O 指机会，S 指员工自身所具备的技能，M 指工作过程中受到的激励，E 指环境。

2. 多维性

多维性是指员工的绩效往往是体现在多个方面的，工作结果和工作过程都属于考核的范畴。我们一般从工作业绩、工作能力和工作态度三个维度来评价员工的绩效。

3. 动态性

动态性是指绩效会发生变动，这种动态性就决定了绩效的时限性，员工在不同的考评周期呈现出的表现和成绩是有所变化的。绩效往往是针对某一特定时期而言的。

二、绩效管理的内涵及原则

（一）绩效管理的内涵

绩效管理始于绩效评估。绩效评估有着悠久的历史，根据等德里斯（Deris）等人的考证，在公元3世纪，中国就已经开始应用正式的绩效评估。在西方工业领域，罗伯特·欧文斯最先于19世纪初将绩效评估引入苏格兰。美国军方于1814年开始采用绩效评估，美国联邦政府则于1842年开始对政府公务员进行绩效评估。

随着经济与管理水平的发展，越来越多的管理者和研究者意识到绩效评估的局限性和不足。绩效管理正是在对传统绩效评估进行改进和发展的基础上逐渐形成和发展起来的。绩效管理的概念最早提出于20世纪70年代。20世纪八九十年代，绩效管理逐渐成为一个被广泛认可的人力资源管理的过程。

对于绩效管理的理解，西方的管理学者提出了许多不同的观点。其中有代表性的主要有以下三种：

第一种观点认为，绩效管理是管理组织绩效的系统。这种观点是从对组织绩效进行管理的角度来解释绩效管理的，持有这种观点的代表是英国学者罗杰和布莱德普。这种观点并不考虑个体因素，即员工受到的技术、结构、作业系统等变革的影响。

第二种观点认为，绩效管理是管理员工绩效的系统。这种观点是从对员工个人绩效进行管理的角度来解释绩效管理的，其核心在于将绩效管理看成组织对一个人关于工作成绩以及其发展潜力的评估和奖惩。

第三种观点认为，绩效管理是综合管理组织和雇员绩效的系统，即组织和人员整合的绩效管理。这一观点强调的重点有两个。其一是更加强调组织绩效，绩效管理通过将每个员工或管理者的工作与整个工作单位的宗旨连接在一起，来支持公司或者组织的整体事业目标；其二是更加强调员工绩效，绩效管理的中心目标是挖掘员工的潜力，提高其绩效，并通过将员工的个人目标与企业战略结合在一起来提高公司的绩效。

综合以上几种观点，我们认为绩效管理是一个完整的管理过程，是管理者确保员工的工作活动以及工作产出能够与组织的目标保持一致的过程。绩效管理是以目标为导向的，管理者与员工在确定目标与任务要求以及努力方向达成共识的基础上，形成利益与责任共同体，促进组织与个人努力创造高业绩，成功地实现目标的过程。

（二）绩效管理的原则

1. 文化导向原则

完善的绩效管理制度可以让员工明确组织的期望。一个能持续促进企业发展的绩效管理制度，必须充分体现企业的目标和文化，使绩效管理真正发挥企业文化建设的价值导向作用。绩效管理要评价和肯定员工所创造的价值，这种价值评价要能在企业价值创造体系中发挥引导和激励作用。

2. 目标分解原则

绩效管理要以工作岗位分析和岗位实际调查为基础，以客观准确的数据资料和各种原始记录为前提，制定出全面具体、切合实际，并与企业战略发展目标相一致的考评指标和标注体系。员工越清楚地了解他们的任务和目标，绩效管理效果就越好。否则，不但会造成考评不公证，还会造成企业部门之间的不平衡，从而影响企业总体目标的实现。

3. 双向沟通原则

绩效管理的实质是通过持续动态的沟通真正改进绩效，实现企业的目标，同时促进员工的发展。通过有效的绩效沟通，管理者把工作内容、目标以及工作价值观传递给员工，双方达成充分的共识。考评结束后，管理者要肯定员工的业绩，指出不足，为其能力和业绩的不断提高指明方向。如果缺乏这种沟通，管理者与员工将对管理制度产生分歧。

4. 可操作性原则

企业在引进任何一种绩效管理工具时，都应该充分考虑其可操作性。绩效管理应该有明确的目标，清晰、制度化的操作流程，各层次人员要有清晰的职责分工。没有可操作性，再完美的绩效管理方案也难以实施。

（三）绩效管理与人力资源管理其他职能的关系

由于绩效管理在整个人力资源管理职能体系中居于核心的地位，其他职能或多或少都要与它发生联系。

1. 与工作分析的关系

工作分析是绩效管理的基础，工作分析的结果是设计绩效管理系统的重要依据，借助岗位说明书来设定绩效目标，可以让绩效管理工作更有针对性。同时，绩效管理又对工作分析起到积极的促进作用，两者是相辅相成的关系。

2. 与人力资源规划的关系

绩效管理对人力资源规划的影响主要表现在人力资源管理质量的预测方面，借助于绩效管理系统，组织能够对员工目前的知识和技能水平做出准确地评价，不仅可以为人力资源供给质量的预测提供有效的信息，而且可以为人力资源管理需求质量的预测提供有效的信息。

3. 与招聘录用的关系

组织通过对员工的绩效进行评价，能够对不同招聘渠道的质量做出比较，从而可以实现对招聘渠道的优化。此外，对员工绩效的评价也是检测甄选录用系统效度的一个有效手段。招聘录用也会对绩效管理产生影响，如招聘录用的质量比较高，员工在实际工作中就会表现出良好的绩效，这样就可以大大减轻绩效管理的负担。

4. 与培训开发的关系

绩效评价的结果为培训开发的需求分析提供了重要信息。人力资源部门可以根据绩效评价，不断改善培训开发方案。同时，培训开发是系统化的行为改变过程，可以改善员工的工作绩效，实现组织的战略目标。通过培训开发可以弥补绩效管理中发现的不足，进而重新制定或调整相应的绩效评价指标或权重。

5. 与薪酬体系的关系

绩效管理是薪酬管理的基础之一，建立科学的绩效管理体系是进行薪酬管理的首要条件。针对员工的绩效表现及时给予其不同的薪酬奖励，能够合理地引导员工的工作行为，确保组织目标与员工目标的一致性，同时提高员工的积极性，增强激励效果，促使员工绩效不断提升。

第二节　绩效管理的具体流程

绩效管理是由一系列活动组成的管理系统，这个系统是按照一定的过程步骤来实施的。一个完整的绩效管理系统应当是一个循环的过程，包括绩效计划、绩效辅导、绩效考核、绩效反馈与改进四个阶段。每经过一次循环，组织的绩效管理系统就能不断地提升和改进。只有连续不断的控制才会有连续不断的反馈，而只有连续不断的反馈，才能有连续不断的提升。

一、绩效计划

（一）绩效计划的含义

绩效计划是绩效管理的首要环节，也是绩效管理的核心。这个环节的工作质量将决定整个企业的工作是否围绕企业的目标而进行。如果这个过程没有做好，后面三个阶段就会迷失方向，最终导致整个绩效管理工作的失败。企业的战略要落地，首先应将战略分解成具体的任务或目标，落实到各个部门和各个岗位。绩效计划是一个确定组织对员工的绩效期望并得到员工认可的过程。绩效计划必须清楚地说明期望员工达到的结果以及为达到结果所期望员工表现出来的行为和技能。

绩效计划包括了三个方面的要素：绩效目标、绩效标准和实现目标的步骤。

绩效目标是管理者在结合组织战略目标的基础上，对员工提出的在未来一段时期的具体要求。绩效标准是针对特定的职务而言的，是要求员工在工作中应达到的基本要求。

绩效计划具有以下特点：

（1）绩效计划的主体是管理者与被管理者。

（2）绩效计划是关于工作目标和标准的契约。

（3）绩效计划是一个双向沟通的过程。

（4）绩效计划特别重视员工的参与和承诺。

（二）绩效计划的制订

1. 绩效计划的准备

绩效计划需要通过管理人员和员工的双向沟通来达成一致，为了取得预期的效果，在制订计划前，需要准备必要的信息。这些信息主要包括组织的信息、部门和团队的信息、个人的信息。

（1）组织的信息。为了使绩效计划能够与组织的目标结合在一起，在制订绩效计划前，管理者与被管理者都需要重新回顾组织目标，保证在进行沟通之前双方都熟悉了组织的目标。

（2）部门和团队的信息。每个部门和团队的目标都是根据组织的整体目标分解下来的。不仅是组织的经营型指标可以分解到生产、销售等部门，对于业务支持性的部门，其工作目标也必须与组织的经营目标紧密相连。

（3）个人的信息。员工个人的信息主要包括两个方面，一是所在岗位工作描述的信息，二是员工上一个绩效期间的绩效评估结果。

2. 绩效目标的确定

绩效目标为组织和个人提供了行动的方向和责任，是对行动的一种承诺。根据目标管理的思想，目标的确定采用层层分解的方式，由企业的总体战略目标分解确定部门目标，由部门目标分解确定个人或岗位目标。在分解确定目标的过程中，管理人员和员工要保持良好的双向沟通。管理人员应该鼓励员工参与讨论并提出建议，双方应就每项工作的目标、行动计划和所需的支持和资源进行讨论并达成一致。在确定绩效目标时，还要遵循SMART原则，即目标应该是明确具体的、可衡量的、可实现的、相关的以及有时间期限的。

3. 绩效计划的确认

在目标体系确定后，管理人员和员工还应该就以下问题达成共识：员工在本绩效周期内的工作职责是什么？员工要完成的工作目标及各自权重如何？员工绩效的好坏对整个企业或部门有什么影响？员工在完成工作时具备哪些权力？执行计划时会遇到什么困难？管理人员能为员工提供哪些支持和帮助？在绩效周期内，管理人员如何与员工进行沟通？

在双方达成共识后，要形成绩效协议书，管理人员和员工都要在协议书上签字认可。

示例 7-1

销售经理绩效计划书如表 7-1 所示。

表 7-1　　销售经理绩效计划书

职位：销售部经理 时间：2015 年 12 月 18 日		任职者签名　刘振飞	上级管理者签名 计划适用于 2015 年 12 月 18 日至 2016 年 12 月 18 日		
绩效目标	具体指标	重要性	衡量标准	指标权重（%）	评估来源
市场拓展情况	增加新客户； 客户保持率； 销售额	扩大企业的影响力和规模，为企业发展提供流动资金	新客户数量要达到 30 个； 客户保持率不低于 80%； 月销售额平均同比增长 15%	40	销售记录 财务部 客户调查
收回应收款项	收回上一年度的欠款； 减少坏账、呆账	减少企业坏账、呆账； 将企业的损失降到最低	款项回收率达 100%； 对未收回的款项进行定期跟踪	20	财务部
调整部门内组织结构	新的团队组织结构	可以使部门不断保持活力； 增加新思想	团队成员能够独当一面； 团队成员间的优势能够互补和发挥	20	上级评估 下属评估
销售费用控制	减少不必要的费用支出	形成一种严谨的公司文化； 每个员工都从公司的利益出发	销售费用率控制在 8% 以下	10	财务部
顾客投诉率	建立和顾客的良好关系； 及时了解客户需求	这是判断销售人员工作能力的重要指标	客户投诉率在 3% 以内	10	客户 售后部

注：本绩效计划若在实施过程中发生变更，应填写绩效计划变更表。最终的绩效评估以变更后绩效计划为准

二、绩效辅导

绩效辅导是连接绩效计划与绩效考核的中间环节，也是绩效管理中耗时最长、最

关键的一个环节，是体现管理者管理水平和管理艺术的关键所在。这个环节的好坏将直接影响绩效管理的成败。

（一）绩效辅导的含义

所谓绩效辅导，是指在绩效实施周期内，管理人员对员工完成工作目标的过程进行辅导，帮助员工不断改进工作方法和技能，及时纠正员工行为与工作目标之间可能出现的偏离，激励员工的正面行为，并对目标和进展进行跟踪和修改。在绩效计划制订之后，员工就要开始按照计划开展工作。在工作过程中，管理者要对员工的工作进行指导和监督，发现问题要及时解决，并随时根据实际情况对绩效计划进行调整。

绩效辅导是一个持续的绩效沟通过程，在这个阶段，管理者要对员工的工作表现进行观察和记录。

（二）绩效辅导的实施

绩效辅导分为三个步骤进行：绩效辅导准备、绩效辅导沟通、绩效辅导追踪。

1. 绩效辅导准备

在沟通之前，管理人员需要做一些准备工作，包括收集相关信息，预测可能出现的问题及相应的处理方法；选择并确定合适的绩效辅导方式、时间、地点；正式通知被辅导者。

辅导面谈前，管理者要对员工的绩效现状进行分析，明确员工存在的问题，准备初步的建议构想，可以从以下几个方面加以考虑：

（1）组织中是否缺乏标准化的操作程序。

（2）许多员工是否都存在同样的绩效问题。

（3）员工是否对工作目标不明确。

（4）员工对其工作完成情况是否清楚。

（5）员工过去是否曾经圆满地完成了工作任务。

（6）员工是否为这项工作受到过专门的培训。

2. 绩效辅导沟通

准备工作结束后，管理人员要开始正式的面谈。在沟通过程中，管理者要与下属进行充分的讨论，共同找出问题所在，并制订具体有效的行动计划。由于绩效沟通是绩效辅导工作的主要内容，因此沟通效果的好坏将决定这一环节的成败。这就需要管理人员具备一定的沟通技巧，并且选择有效的沟通方式。绩效管理中采用的正式沟通的方式主要有三种：书面报告、一对一沟通、会议沟通。非正式沟通的方式有走动式管理、开放式办公、工作间歇时的沟通和非正式会议。

3. 绩效辅导追踪

沟通结束后，管理人员要继续关注改进计划的执行情况，收集和记录下属工作表现的数据，并提供下属所需要的资源和帮助。

三、绩效考核

绩效考核是指在一个绩效周期结束时，组织选择相应的考核主体，采用科学的考核方法，收集相关的信息，对员工在特定绩效周期内完成绩效目标的情况做出分析与评价的过程。人力资源管理中许多环节的决策、调整和操作，都需要以考核结果作为依据。绩效考核的结果关系着员工的切身利益，是员工工作改进及谋求发展的重要途径。为了确保考核结果的准确、客观、公正和科学，企业应该注意以下几个问题：

第一，选取适当的考核方法。考核方法应当视考核内容和对象来确定。

第二，明确考核标准。考核应以岗位职责和工作规范为依据，能量化的尽可能量化，以便测量和记录。

第三，确保考核的公平与公正。由于考核结果关系到员工的利益和前途，因此员工特别看重。考评人员应按照考核的流程和标准客观地评价员工的工作表现，避免陷入心理误区。

绩效考核体系的构建包括选择考评者、设计考评指标及权重、建立考核标准、设置考核周期以及确定考核内容几个环节。

四、绩效反馈与改进

绩效反馈是通过考核者与被考核者之间的沟通，就被考核者在考核周期内的绩效情况进行面谈，在肯定成绩的同时，找出工作中的不足并加以改进。绩效反馈的目的是为了让员工了解自己在本绩效周期内的业绩是否达到所定的目标，行为态度是否合格，让管理者和员工双方达成对评估结果一致的看法。同时，双方还要就绩效未合格的原因进行共同探讨，并制订绩效改进计划。

阅读案例 7-1

亨利·法约尔曾做过一个试验：他挑选了20个技术相近的工人，每10人一组，在相同条件下，让两组同时进行生产。每隔一小时，他会检查一下工人们的生产情况。

对第一组，法约尔只是记录下他们各自生产的数量，但不告诉工人们其工作的进度。

对第二组工人，法约尔不但将生产数量记录下来，而且让每个工人了解其工作的进度。

每次考核完毕，法约尔会在生产速度最快的两个工人的机器上插上红旗，在速度居中的四个工人的机器上插上绿旗，在速度最慢的四个工人的机器上插上黄旗。如此一来，每个工人对自己的进度一目了然。

试验结果是第二组工人的生产效率远远高于第一组。

（一）绩效反馈的内容

1. 工作业绩

工作业绩的综合完成情况是管理者进行绩效面谈时最为重要的内容。在面谈时管理者应将评估结果及时反馈给下属，如果下属对绩效评估的结果有异议，则需要和下属一起回顾上一绩效周期的绩效计划和绩效标准，并详细地向下属介绍绩效评估的理由。通过对绩效结果的反馈，结合绩效达成的经验，找出绩效未能有效达成的原因，为以后更好地完成工作打下基础。

2. 行为表现

除了绩效结果以外，管理者还应关注下属的行为表现，如工作态度、工作能力等，对工作态度和工作能力的关注可以帮助员工更好地完善自我，提高员工的技能，也有助于帮助员工进行职业生涯规划。

3. 改进措施

绩效考核的最终目的是绩效的改进。在面谈过程中，针对下属未能有效完成的绩效计划，管理者应该和下属一起分析绩效不佳的原因，并设法帮助下属提出具体的绩效改进措施。

4. 新的目标

绩效面谈作为绩效管理流程中的最后环节，管理者应在这个环节中根据上一绩效周期绩效计划的完成情况，结合下属新的工作任务，和下属一起提出下一绩效周期中的新的工作目标和工作标准。这实际上是帮助下属一起制订新的绩效计划。

（二）绩效反馈面谈

绩效面谈是绩效反馈的一种正式沟通方式，是绩效反馈的主要形式，有效的绩效面谈是保证绩效反馈顺利进行的基础，是绩效反馈发挥作用的保障。

对于员工而言，通过绩效面谈，员工可以了解自身的绩效，发挥自身的优势，改进自身的不足，也可以将企业的期望、目标和价值观进行传递，形成价值创造的传导和放大。

对于企业而言，通过绩效面谈，企业可以提高绩效考核的透明度，突出以人为本的管理理念和传播企业文化，增强员工自我管理意识，充分发挥员工的潜力。成功的绩效面谈在人力资源管理中可以起到双赢的效果。

在进行绩效面谈时，管理者要注意以下说话的技巧：

第一，管理者可以用轻松简短的开场白来消除员工的紧张情绪，建立融洽的谈话氛围。

第二，管理者与员工确立平等的沟通关系，有助于双方沟通的顺畅与深入。

第三，在反馈中，语气要平和，不能掺杂个人情绪，不能引起员工反感。

第四，多使用正面鼓励或反馈，关注和肯定员工的长处。

第五，要给员工说话的机会，允许他们解释，发表不同的意见和看法，鼓励员工参与讨论。

第六，提前向员工提供其评估结果，强调客观事实，特别提请员工注意在目标设计中双方达成一致的内容承诺等。

（三）绩效改进

绩效改进是确认员工工作绩效的不足和差距，查明原因，确定并实施有针对性的改进计划和策略，不断提高企业员工竞争优势的过程。绩效改进是绩效管理的后续应用阶段，是连接下一个绩效周期制订计划目标的关键环节。绩效改进通常是通过制订并实施绩效改进计划来实现的。

绩效改进计划的制订，通常有以下几个步骤：

1. 确定绩效改进要点

对比考核周期内员工的实际工作表现，寻找工作绩效的不足和差距，分析不足表现在哪些地方，将此作为改进的要点。

2. 分析差距产生的原因

管理者和员工共同分析绩效差距产生的具体原因。

3. 制订具体的绩效改进计划或方案

制订绩效改进计划，实际上就是确定具体规划应该改进什么、如何去做、由谁来做及何时做的过程。绩效改进计划的内容主要包括四个方面：

（1）员工基本情况、直接上级的基本情况以及该计划的制订时间和实施时间。

（2）根据上个绩效周期的评估结果和绩效反馈的结果，确定该员工在工作中需要改进的方面。

（3）明确需要改进的原因，通常会附上该员工在相应评价指标上的得分情况和评价者对该问题的描述。

（4）明确员工现有的绩效水平和经过绩效改进后要达到的绩效目标。

绩效改进计划制订后，管理者还应通过绩效监控，实现对绩效改进计划实施过程的控制。监督绩效改进计划能否按预期的计划进行，并根据被评价者在绩效改进过程中的实际工作情况，及时修订和调整不合理的改进计划。绩效改进计划作为绩效计划的补充，始于上一个绩效周期的结束，结束于下一个绩效周期的开始。绩效改进计划的完成情况，常常反映在员工前后两次绩效考核结果的比较中。如果员工后一个绩效周期的考核结果又明显提高，说明绩效改进计划发挥了作用。

阅读案例 7-2

联想集团的考核体系

联想集团从 1984 年创业时的 11 个人、20 万元资金，发展到今天已拥有近万名员工，成为具有一定规模的贸、工、技一体化的中国民营高科技企业。当一大批优秀的年轻人被联想集团的外部光环吸引来的时候，人们不妨走入联想集团内部去看看联想集团的人力资源管理，尤其是其独具特色的考核体系。联想集团的考核体系结构围绕静态的职责和动态的目标两条主线展开，建立起目标与职责协调一致的岗位责任考核体系。

1. 静态职责分解

静态职责分解是以职责和目标为两条主线，建立以工作流程和目标管理为核心，适应新的组织结构和管理模式的大岗位责任体系。

（1）明确公司宗旨，即公司存在的意义和价值。

（2）在公司宗旨之下确立公司的各个主要增值环节、增值流程，比如市场—产品—研发—工程—渠道—销售等。

（3）确立完成这些增值环节、增值流程需要的组织单元，构造组织结构。例如，产品流程牵头部门为各事业部的产品部，服务流程牵头部门为技服部，财务流程牵头部门为财监部等。

（4）确立部门宗旨，依据公司宗旨和发展战略并在相应的组织结构下，阐述部门存在的目的和在组织结构中的确切定位。

2. 确立部门职责

部门职责是指部门为实现其宗旨而应履行的工作责任和应承担的工作项目，确定了部门在公司增值流程中的工作范围和职责边界。宗旨确定部门职责的方面和方向，职责是对宗旨的细化和具体演绎。职责不是具体的工作事项，而是同类工作项目的归总，一般从以下几个方面考虑：

(1) 部门在增值流程中所处的业务环节。

(2) 依据穿过该部门的若干业务主线确定部门涉及的主要职责。

(3) 依据与部门相邻的部门的输入与输出关系确定职责边界、工作模式的改进与创新。

部门职责能起到明确工作职责边界、减少部门之间工作职责交叉、确定部门岗位设置、制定工作流程的作用。

3. 建立工作流程

工作流程包括工作本身的过程、信息与管理控制的过程。工作流程是在部门内部，在独立的部门与部门之间、处与处之间，建立职责的联系、规章和规范。例如，一台电脑从开发到最终消费要经过需求调研产品规划—产品定义—产品开发—测试鉴定—工程转化—采购—生产准备—生产制造—品质测试—产品运输—市场准备—代理分销—用户服务—信息反馈诸多环节。电脑公司就是通过与这些环节建立同步的、覆盖各个工作环节的工作流程，并在全员范围内培训制定工作流程的方法，为部门协调、运作规范、揭示问题、持续改进、提升效率打下坚实的基础。

4. 制定岗位职责

在理清了由公司宗旨、部门职责以及部门为履行职责而应遵循的工作流程后，需要将具体职责最终落实到每个岗位上。岗位职责具体明确一个标准岗位应承担的职责、岗位素质、工作条件、岗位考核等具体规定。岗位职责是以《岗位指导书》的形式出现的。岗位职责来源于部门职责的细化和工作流程的分解。例如，一个部门经理的职责由三部分组成：一是由本人具体完成的职责；二是将一部分职责分解为下属承担的职责；三是由本部门牵头，并由几个部门共同承担的职责。

5. 考核评价

设定职责和目标后，联想集团利用制度化的手段对各层员工进行考核评价。

(1) 定期检查评议。以干部考核评价为例，联想集团干部每季度要写对照上月工作目标的述职报告、自我评价和下季度工作计划。述职报告和下季度工作计划都要与直接上级商议，双方认可。

(2) 量化考核、细化到人。例如，电脑公司的综合考核评价体系分部门业绩考核、员工绩效考核两部分。部门业绩考核的目的是通过检查各部门中心工作和主要目标完成情况，加强公司对各部门工作的导向性，增强公司整体团队意识，促进员工业绩与部门业绩的有机结合。员工绩效考核的目的是使员工了解组织目标，将个人表现与组织目标紧密结合，客观评价员工，建立有效沟通反馈渠道，不断改进绩效，运用考核结果实现有效激励，帮助组织进行人事决策。

第三节 绩效考核的内容与方法

一、绩效考核的内容

绩效考核是绩效管理的重要内容，系统、有效的绩效考核体系应该发挥出激励、控制、培训和开发人力资源的功能。组织对员工绩效考核的内容，体现了对员工的基本要求。绩效考核的内容是否科学、合理，将直接影响到绩效考核工作的质量。因此，企业在制定绩效考核的内容时，既要符合企业的实际情况，又要能够全面准确地评价员工的工作表现。

一般而言，完整的绩效考核的内容应该包括工作业绩、工作能力、工作态度和个人品德。

（一）工作业绩

工作业绩是指员工在特定的时间内所获得的工作成果或履行职务的结果，具体包括四个方面，即工作数量、工作质量、工作效率、工作改进与创新。工作业绩考评就是对组织成员贡献程度进行衡量，是所有工作关系中最本质的考评，是绩效管理的核心内容。管理人员通过业绩考评可以掌握员工的价值以及对企业贡献的大小，员工也希望通过考评业绩得到企业的认可。

（二）工作能力

工作能力是员工在工作中表现出来的能力。工作能力和工作业绩不一样，工作业绩是外在的，是可以测量和把握的；而工作能力是内在的，难以衡量和比较。这是能力考评的难点。我们不能因为工作能力难以衡量就忽视它，因为能力是客观存在的，是可以为人所感知和察觉的。工作能力可以通过心理测验、行为观察法等人才测评方法进行考核。我们要注意到，绩效管理中的能力考评和招聘中的能力测量是不同的，绩效管理中的能力考评重在考评员工在工作过程中显示和发挥出来的履职能力，如员工的判断预测是否准确、员工和上下级的关系是否融洽等。

（三）工作态度

工作态度是员工在工作过程中表现出来的行为倾向，包括纪律性、积极性、协调性、责任感等。工作态度是工作能力向工作业绩转换的“中介”，在很大程度上决定了能力向业绩的转换效果。一般情况下，能力越大，业绩也会越好，但是工作业绩的好坏不仅仅是由能力决定的，如果一个人的能力很强，但是工作不努力、不负责，也不可能有很好的工作业绩。

工作态度一般很难用数量来衡量，对于工作态度的考评主要是依靠考核人员的观察和判断，因此这类考评指标的主观性比较强。

（四）个人品德

个人品德是一个人的精神境界、道德品质和思想追求的综合体现。个人品德决定了一个人的行为方向、行为强弱和行为方式。个人品德的标准不是一成不变的，不同的时代、行业和层级对个人品德都有不同的标准。

当然，对于组织中不同的岗位、不同层级的人员，绩效考核的侧重点也会有所区别。例如，对于管理人员来说，考核主要侧重于品德、行为方面的指标；对于销售岗位的员工，考核则侧重于业绩方面的指标。

二、绩效考核的主要方法

绩效考核的方法非常多，可以分为控制导向型绩效考核方法、行为导向型绩效考核方法、特质导向型绩效考核方法、战略导向型绩效考核方法和360度评价法。

（一）控制导向型绩效考核方法

控制导向型绩效考核方法着眼于“干出了什么”，而不是“干了什么”。该方法在考核过程中，先为员工设立一个工作结果的标准，然后再将员工的实际工作结果与标准对照。工作标准是衡量工作结果的关键，一般应包括工作内容和工作质量两方面的内容。其考核的重点在于产出和贡献，而不关心行为和过程。常见的控制导向型绩效考核方法有比较法、强制分布法、评定量表法。该类方法共有的特点与适用性如表7-3所示。

表7-3　控制导向型绩效考核方法的优缺点及适用范围

优点	缺点	适用范围
简单、易操作； 成本低； 便于员工之间进行对比与排队	只注重结果，过分强调量化指标，会导致短期行为或引发不利于组织长期发展的事件； 对于行为、特质等难以量化的指标无法进行考核	适用于考核可量化的、具体的业绩指标； 适用于企业操作工人、销售人员等工作相对简单、业绩易于比较的人员的考核； 被考核者的人数较少时适用

1. 比较法

比较法是指通过比较，按考核员工绩效的相对优劣程度确定每位被考核者的相对等级或名次。常用的比较法有简单排序法、间接排序法与配对比较法。

（1）简单排序法。简单排序法是指将员工按工作绩效从好到坏依次排列，这种绩效表现既可以是整体绩效，也可以是某项特定工作的绩效。其优点是比较简单，便于操作。但这种方法是概括性的，是不精确的，所评出的等级或名次只有相对意义，无法确定等级差。例如，某公司只有5名员工，其排序结果举例可能如表7-4所示。

表7-4　简单排序法

顺序	等级	员工姓名
1	最好	王明然
2	较好	刘玉林
3	一般	张明东
4	较差	李　亮
5	最差	赵小凡

这种绩效排序考核方法仅适用于被考核对象比较少、组织比较小、任务单一的情况，当企业员工的数量比较多、职位工作差别性比较大的时候，以这种方法区分员工绩效就比较困难，尤其是对那些绩效中等的员工。

（2）间接排序法。间接排序法也称交替排序法，该方法基于个体所具有的认知感觉差异化选择性的特征，即人们可以比较容易地发现群体中最具差异化的个体。绩效考核中人们往往最容易辨别出群体中绩效最好的及最坏的被考核者。应用间接排序法进行绩效考核，先是把绩效最好的员工列在名单之首，把绩效最差的员工列在名单之尾；再从剩下的被考核者中挑选出绩效最好的列在名单第二位，把绩效最不好的列在名单倒数第二位……这样依次进行，不断挑选出剩余被考核者群体中绩效最好的和最不好的员工，直到排序完成。排序名单上中间的位置是最后被填入的。在实际绩效考核过程中，人情、面子都是影响绩效考核的因素，因此考核者往往不愿意对被考核者做出比较低的评价，容易造成趋中趋势的误差，以至分不出员工之间绩效的差别。

（3）配对比较法。配对比较法是将被考核者用配对比较的方法决定其优劣次序。比较时用排列组合法决定对数，对于每一对职工，比较其工作绩效，判断谁优谁劣，两两一一比较之后，以得优次数进行排序。配对比较法也被称为对偶比较法或两两比较法。

例如，某企业被考核的员工只有 A、B、C、D 四名员工，应用配对比较法进行考核，先将这四名员工进行逐一比较，其中较好的一方记“+”号，较差的一方记“-”号，最后按照获得“+”号的数量多少来排序。比较结果如表 7-5 所示。

表 7-5 应用配对比较法

姓名	A	B	C	D	+号合计数
A		+	-	+	2
B	-		-	+	1
C	+	+		+	3
D	-	-	-		0

从避免趋中现象出现及降低比较过程难度方面的角度衡量，配对比较法的优点是考虑了每一个员工与其他员工的绩效的比较，更加客观，准确度比较高。其缺点是操作繁琐，经过简单的数学思考，我们就能知道在需要同时评价的员工很多的情况下，这样的方法需要进行相当多次的比较。

2. 强制分布法

强制分布法是按照事物“两头小、中间大”的正态分布规律，先确定好各等级在总数中所占的比例，然后按照每个被考核者绩效的相对优劣程度，将其强制分配到其中相应的等级。使用这种方法，重点在于要提前确定准备按照一种什么样的比例将被考核者分别分布到每一个工作绩效等级上去（如表 7-6 所示）。

表 7-6　　强制分布法

绩效等级	被考核者绩效分布比例（%）
绩效最高的	15
绩效较高的	20
绩效一般的	30
绩效低于要求水平的	20
绩效很低的	15

3. 评定量表法

评定量表法是指将绩效考核的指标和标准制作成量表（即尺度），并依此对员工的绩效进行考核的方法。量表评定法也叫量表法，是应用最为广泛的绩效考核方法之一。

应用量表评定法进行绩效考核，通常要先进行维度分解，再沿各维度划分出等级，并通过设置量表来实现量化考核。量表的形式有多种，实际使用量表评定法时，要设计出一套具有可操作性的考核表格。设计过程具体包括下面三个步骤：

（1）选定考核维度并赋予权重。

（2）确定考核量表的尺度。

（3）界定量表等级。

量表法具有较全面、结果量化、可比性强等优点，但是由于维度分解、等级界定很难做到准确和明晰，考核结果的主观性仍然难以避免。

（二）行为导向型绩效考核方法

行为导向型绩效考核方法重点在于甄别与评价员工在工作中的行为表现，即工作是如何完成的。这类方法关注完成任务过程的行为方式是否与预定要求相一致，适合于那些绩效职位工作输出成果难以量化考核或者需要以某种规范行为来完成工作任务的岗位。

常见的行为导向型绩效考核方法有关键事件法、行为观察量表法、行为锚定法。其具体特点如表 7-7 所示。

表 7-7　　行为导向型绩效考核方法的优缺点及适用范围

优 点	缺 点	适用范围
提供确切的事实证据； 有利于绩效面谈； 有利于引导并规范被考评者行为	对基础管理要求较高； 评价标准制定难度大、操作成本较高	针对考核难以量化的、主观性的行为； 适合于对事务管理、行政管理等行为态度直接影响绩效结果的人员进行考核

1. 关键事件法

关键事件法是由考核者通过观察、记录被考核者的关键事件，而对被考核者的绩效进行考核的一种方法。关键事件是指那些会对企业或部门的整体绩效产生重大积极或消极影响的事件。关键事件一般分为有效行为和无效行为。

关键事件法的基本步骤如下：

（1）当有关键事件发生时，填在特殊设计的考核表上。

（2）摘要评分。

（3）与员工进行评估面谈。

2. 行为观察量表法

行为观察量表法是指描述与各个具体考核项目相对应的一系列有效行为，由考核者判断、指出被考核者出现各相应行为的频率，来评价被考核者的工作绩效。

行为观察量表法的关键在于界定特定工作的成功绩效所要求的一系列合乎希望的行为。行为观察量表的开发需要收集关键事件，并按照维度分类。使用行为观察量表考核时，考核者需要指出员工在所列举行为项上的实际的行为频率状况，进而来评定工作绩效。一个5分的量表被分为由"极少"或"从不是"到"总是"的5个等级，相应分值为"1"到"5"。通过将员工在每一行为项上的得分相加得到总评分，高的绩效分值意味着一个人经常表现出合乎期望的行为。

示例 7-2

行为观察量表如表 7-8 所示。

表 7-8　　行为观察量表

说明：通过判断被考核者在考核期内出现下列每个行为的频率状况，用下列评定量表在指定区间给出你的评分。 5＝总是　4＝经常　3＝有时　2＝偶尔　1＝极少或从不	
管理技能	
行为	打分
为员工提供培训与辅导，以提高绩效	
向员工清晰说明工作要求	
适度检查员工的表现	
认可员工重要的表现	
告知员工重要的信息	
征求员工的意见，让自己工作得更好	

3. 行为锚定法

行为锚定法是评定量表法和关键事件法的结合。使用这种方法，可以对源于关键事件的有效和非有效的工作行为进行更客观的描述。在使用过程中，通过一张登记表反映出不同的业绩水平，并且对员工的特定工作行为进行描述。熟悉一种特定工作的人能够识别这种工作的主要内容，然后他们对每项内容的特定行为进行排列和证实。因为行为锚定法的特点是需要有大量员工参与，所以该方法可能会被部门主管和下属更快地接受。

行为锚定法的特点在于通过评价等级量表，将关于特别优良或特别劣等绩效的叙述加以等级性量化，从而使综合了前述关键事件法和量表法的优点结合起来。因此，该方法具有较强的客观性与公平性。

示例 7-3

生产主管行为锚定等级标准如表 7-9 所示。

表 7-9　　生产主管行为锚定等级标准

等级	考核要素：计划的制订与实施
	行　为　锚
7 优秀	制订综合的工作计划，编制好文件，获得必要的批准，并将计划分发给所有的相关人员
6 很好	编制最新的工作计划完成图，使任何要求修改的计划最优化；偶尔出现小的操作问题
5 好	列出每项工作的所有组成部分，对每一部分的工作做出时间安排
4 一般	制定了工作日期，但没有记载工作进展的重大事件；时间安排上出了疏漏也不报告
3 较差	没有很好地制订计划，编制的时间进度表通常是不现实的
2 很差	对将要从事的工作没有计划和安排；对分配的任务不制订计划或者很少制订计划
1 不能接受	因为没有计划，并且对制订计划漠不关心，所以很少完成工作

（三）特质导向型绩效考核方法

特质导向型绩效考核方法主要是用于考核员工的个性特征和个人能力、特征等。该方法所选的内容主要是那些抽象的、概念化的个人基本品质。这种类型的考核对员工工作的最终结果关注不够。

常见的特质导向型绩效考核方法有混合标准尺度法、评语法。该方法的特点及适用范围如表 7-10 所示。

表 7-10　　特质导向型绩效考核方法的优缺点及适用范围

优　点	缺　点	适用范围
有利于引导员工注重潜能的开发； 利于对员工进行有计划的长期培养	很难提供确切、具体的事实依据	适用于能力等个性特征指标的考核 适用于以员工开发为目标的绩效考核和对高级管理人员的绩效考核

1. 混合标准尺度法

混合标准尺度法是指描述与各个绩效考核项目相对应的不同绩效等级的绩效表现，把各个描述混合起来并在考核表中进行随机排列，由考核者判断、选择出其中与被考核者行为特征相符合的选项，从而对被考核者进行绩效考核的一种方法。

混合标准尺度法属于行为导向的绩效考核方法，适用于对员工行为的考核。设计混合标准尺度的基本步骤为：首先，要分解出若干考核维度；其次，要准确表述与每一维度的好、中、差三个行为等级相对应的典型工作表现，形成不同的描述语句；最后，把前述所有描述语句打乱，呈现混杂无序排列，使考核操作者不易察觉各描述句是考核哪一维度或表示哪一等级，因而使其主观成分难以掺入。

2. 评语法

评语法也叫描述法，是指由考核者用描述性的文字表述员工在工作业绩、工作能力和工作态度方面的优缺点以及需要加以指导的事项和关键性事件，由此得到对员工的综合考核。

评语法主要适用于以员工开发为目的的绩效考核。评语法迫使考核者关注于讨论与被考核者绩效相关的特别事例，因此能够减少考核者的偏见和晕轮效应。由于考核者需要列举员工表现的特别事例，而不是使用量表评定法，因此也能减少趋中和过宽误差。

评语法明显的局限性表现为考核者必须对每一员工写出一篇独立的考核评语，需要花费较多的时间。另外，评语法描述的不同员工的成绩，无法与增长和提升相联系。这种方法最适合于小企业或小的工作单位，而且主要目的是开发员工的技能，激发员工的潜能。

（四）战略导向型绩效考核方法

战略导向型绩效考核方法着眼于企业发展战略，用于绩效管理的全过程，贯穿于绩效指标构建、执行、考核与评价的整个绩效管理流程，是绩效管理的重要方法。使用这类方法可以帮助企业更有效地确定各层级绩效目标，保证目标体系的战略导向性、衔接性和一致性。

常见的战略导向型绩效考核方法有平衡计分卡法、关键业绩指标法、目标管理法。该方法的特点及适用范围如表 7-11 所示。

表 7-11　　战略导向型绩效考核方法的优缺点及适用范围

优　点	缺　点	适用范围
支持组织战略目标的实现； 有利于保证各层级绩效目标的一致性； 提升整体管理水平	难度大、耗时耗力、成本高； 涉及面广，要求全员参与	注重组织战略发展的组织； 领导重视、员工素质高的组织； 管理基础好的组织

1. 平衡计分卡法

平衡计分卡法的核心思想是通过财务、客户、内部经营过程、学习与成长四个方面指标之间相互驱动的因果关系，实现绩效评估与绩效改进、战略实施与战略修正的目标。一方面，通过财务指标保持对组织短期绩效的关注；另一方面，通过员工学习、信息技术的运用以及产品、服务创新来提高客户的满意度，共同驱动组织未来的财务绩效，展示组织的战略轨迹。

平衡计分卡在传统的财务考核指标的基础上，还兼顾了其他三个重要方面的绩效反映，即客户角度、内部流程角度、学习与发展角度。平衡计分卡通过在企业的财务结果和战略目标建立联系来支持业务目标的实现。平衡计分卡法将企业战略置于被关注的中心，通过建立平衡计分卡，上层管理的远景目标被分解成一些评估指标。员工通过对照这些评估指标来规范自身行为，这样就使得首席执行官的远景目标与员工的具体工作结合了起来，实现个体与集体目标的统一。

2. 关键业绩指标法（KPI）

关键业绩指标（KPI），即完成某项任务、胜任某个岗位需具备的决定性因素，是基于岗位职责而设定并与员工工作任务密切相关的衡量标准，体现了各岗位的工作重点。关键业绩指标是基于企业经营管理绩效的系统考核体系。作为一种绩效考核体系设计的基础，我们可以从以下三个方面深入理解关键业绩指标的具体特征。

（1）关键业绩指标是用于考核和管理被考核者绩效的可量化的或可行为化的标准体系。

（2）关键业绩指标体现对组织战略目标有增值作用的绩效指标。

（3）通过在关键业绩指标上达成的承诺，员工与管理人员就可以进行工作期望、工作表现和未来发展等方面的沟通。

建立关键业绩考核指标要遵循 SMART 原则。进行考核时，从每个岗位的考核指标中选取 3~5 个与员工本阶段工作密切相关的重要指标，以此为标准，对员工进行绩效考核。关键业绩指标一般不能单独使用，在目前的企业考核方法中，有的企业将关键业绩指标和目标管理相结合，有的企业将关键业绩指标和平衡计分卡相结合。

3. 目标管理法

目标管理（MBO）是管理学家德鲁克于 1954 年在《管理的实践》一书中首先提出的，其被公认为是德鲁克对管理实践的主要贡献。目标管理法由员工与主管共同协商制定个人目标，个人目标依据企业的战略目标及相应的部门目标而确定，并与它们尽可能一致。该方法用可观察、可测量的工作结果作为衡量员工工作绩效的标准，以制定的目标作为对员工考评的依据，从而使员工个人努力目标与组织目标保持一致，减少管理者将精力放到与组织目标无关的工作上的可能性。

（五）360 度评价法

360 度评价法是近年来人力资源管理常用的一种评价方法，也称为 360 度反馈法或多源评价法。该方法是指在一个组织中，通过所有了解和熟悉被评价者的人，即由同事、上级、下属、顾客以及其他部门人员作为评价者来评价员工绩效，然后对来自多方位的信息进行综合分析和判断，形成最终评价结果。360 度评价法可以提供全面、公正、真实、客观、准确、可信的信息。从员工个人角度看，通过 360 度评价，可以了解自己在职业发展中存在的不足，从而激励个人努力工作，创造更好的业绩；从组织角度看，通过 360 度评价，可以从更多的渠道了解被评价者的绩效信息，对其做出客观的评价。360 度评价法的结果有多种用途，因为信息来源多，使得其评价结果比其他评价方法更准确、可信，可以被广泛应用在奖励、薪酬管理、职务晋升以及个人职业开发等各种管理实践中。

阅读案例 7-3

科龙公司的绩效评估

对几乎所有的公司来说，岁末年初，绩效评估（Performance Appraisal）总是备受关注，科龙公司也不例外。

科龙公司对具体员工的绩效评估最重要当然是其直接上司。直接上司的意见是该员工绩效评估报告中最关键的内容。此外，在有些部门中，对员工进行绩效评价的时候，还会考虑其他人的意见。这些人可能是该员工的同级，或者是下级，或者是间接上级，或者是其内部顾客（即该员工工作成果的使用者或合作者）。这也就是众所周知的所谓360度评价法或270度评价法。

员工的自我评价也是绩效评估的一个重要方面。有趣的是，我们发现，大多数员工的自我评价不是过高，就是过低。但通过综合各种意见，就可以使绩效评估结果趋向理性和客观。科龙公司的绩效评估工作自上而下分为三个层面。

1. 公司对部长的绩效评估

这主要是季度考评。在每个季度结束后，各部部长（业务部门叫总监）就填写一份科龙公司干部绩效季度评估表。表中内容主要有四部分：季度业绩回顾、综合素质评价、综合得分和评语。填写时，先由部长对上述四部分内容一一做出自我评价，然后再由其直接领导（总裁或副总裁）对上述内容做出评价，最后由领导填写评语。

2. 部门对科长或分公司经理的绩效评估

这是科龙公司绩效评估工作的重点和难点。不同的部门，职责不同，而且涉及的人数和范围都很广，有时还会有交叉考核或共同考核的情形。例如，在全国的30个分公司中，冰箱分公司经理和业务代表由冰箱营销本部考核，而分公司的财务经理则同时由财务部和冰箱营销本部考核。

部门对科室或分公司进行绩效评估的频率，基本上每月一次，而每季度、每半年和每年的绩效评估，也会与当月的月度评估同时进行。但是各部门评估方法和评估指标千差万别。下面以市场研究部和冰箱营销本部来举例说明。在每月月底，市场研究部根据月初确定的工作计划，对各个科室的各项工作进行一一检查，然后按照各项工作的质量、效率、工作量等指标进行评分；根据评分数据，产生每月、每季度、每年的“明星科室”“金牌科长”“需改进者”（后进员工）。该项工作由该部门自行开发的电脑软件和模板自动执行，可以在任一时刻查询任一科室和人员的绩效动态。

冰箱本部作为业务部门，其绩效评估的指标与作为职能部门的市场研究部相比有很大的不同。冰箱本部考核的对象有4个科室和30个分公司，其中分公司是重点。对分公司的考核指标主要有销量计划完成率、资金回笼完成率、库存量、渠道结构、零售网点数量、卖场管理、零售效率、市场份额等。根据不同的季节，或者根据营销策略的需要，其中有些指标会处于变动之中，有时又会增加一些指标，如在新产品上市阶段，往往会增加“出样商场数量”等指标。在对这些指标通过加权评分后，得出各分公司总的绩效评分。

3. 科室或分公司对其员工的绩效评估。

对具体员工的绩效考核频度，一般也是每月一次，但评估指标就简单得多。员工只对与其职责相关的指标负责。在总部，这项评估工作的执行者就是科长，而在分公司，执行者则是分公司经理。

以上是科龙公司绩效评估基本情况的简介，但在实际执行中，不但绩效评估指标经常处于动态变化之中，而且各种绩效评估的方法会交叉或同时使用，另外也会采取其他的一些评估手段，如360度评价法。采用这种评估方法的部门，员工不但要接受上级的评价，还要自评，同时也要接受下级对自己的评价。

第四节　绩效管理实务

一、绩效考核方案制度

（一）绩效考核的目的

（1）绩效考核为人员职务升降提供依据。通过全面严格的考核，对素质和能力已超过所在职位的要求的人员，应晋升其职位；对素质和能力不能胜任现职要求的人员，则降低其职位；对用非所长的人员，则予以调整。

（2）绩效考核为浮动工资及奖金的发放提供依据。通过考核准确衡量员工工作的“质”和“量”，借以确定浮动工资和奖金的发放标准。

（3）绩效考核是对员工进行激励的手段。通过考核，奖优罚劣，对员工起到鞭策、促进作用。

（二）绩效考核的基本原则

（1）客观、公正、科学、简便的原则。

（2）阶段性和连续性相结合的原则，对员工各个考核周期的评价指标数据积累要综合分析，以求得全面和准确的结论。

（三）绩效考核的周期

（1）中层干部绩效考核周期为半年考核和年度考核。

（2）员工绩效考核制度周期为月考核、季考核、年度考核。

（四）绩效考核的内容

1. 中层以上领导考核内容

（1）领导能力。

（2）部属培育。

（3）士气激发。

（4）目标达成。

（5）责任感。

（6）自我启发。

2. 员工的绩效考核内容

（1）德：政策水平、敬业精神、职业道德。

（2）能：专业水平、业务能力、组织能力。

（3）勤：责任心、工作态度、出勤。

（4）绩：工作质和量、效率、创新成果等。

（五）绩效考核的执行

（1）成立绩效考核委员会，对绩效考核工作进行组织、部署。

（2）中层干部的考核由其上级主管领导和人力资源部执行。

（3）员工的考核由其直接上级、主管领导和人力资源部执行。

（六）绩效考核的方法

（1）中层干部和员工的绩效考核在各考核周期均采用本人自评与量表评价法相结合的方法。

（2）本人自评是要求被考核人对本人某一考核期间工作情况做出真实阐述，内容应符合本期工作目标和本岗位职责的要求，阐述本考核期间取得的主要成绩、工作中存在的问题以及改进的设想。

（3）量表评价法是将考核内容分解为若干评价因素，再将一定的分数分配到各项评价因素，使每项评价因素都有一个评价尺度，然后由考核人用量表对评价对象在各个评价因素上的表现做出评价、打分，乘以相应权重，最后汇总计算总分。

（4）根据阶段性和连续性相结合的原则，员工月考核的分数要按一定比例计入季度考核结果分数中；季度考核的分数也应该按一定比例计入年度考核结果分数中。

（七）绩效考核的反馈

各考核执行人应根据考核结果的具体情况，听取有关被考核人对绩效考核的各方面意见，并将意见汇总上报人力资源部。

（八）绩效考核结果的应用

人力资源部对考核结果进行汇总、分析，并与各公司部门领导协调，根据考核结果对被考核人的浮动工资、奖金发放、职务升降等问题进行调整。

二、绩效考核方案范例

示例 7-4

第一章　总　则

第一条　为进一步规范公司的人力资源管理制度，建立一支高素质、高境界和高度团结的员工队伍，创造一种自我激励、自我约束和促进优秀人才脱颖而出的用人机制，为公司的快速成长和高效运作提供保障，特制订本方案。

第二条　本规定适用于公司所有被考核员工（不包括一线工人）。

第二章　绩效考核基础管理

第三条　为保证绩效考核的客观、公正，成立以总经理为核心的绩效考核管理小组，以对绩效考核的有效性进行监督和平衡。

绩效考核管理小组的主要职责为领导和指导绩效考核工作，听取各部门主管的初步评估意见和汇报，纠正评估中的偏差，有效地控制考核评估的尺度，确保绩效考核的客观公正。

绩效考核管理小组的人员分工如下：

主　任：总经理。

副主任：分管人力资源经理。

成　员：各部门负责人。

第四条　绩效考核的基本原则如下：

（1）坚持公开、公平、公正的原则。

（2）一级考核一级、上级考核下级的原则。

（3）工作目标的设置，坚持能量化的量化、不能量化的也要有相应的评分标准的原则。

（4）以岗位职责为主要依据，坚持上下结合、左右结合，定性与定量考核相结合的原则。

（5）考核人对考评对象应该坚持事前指导、事中支持、事后检查的原则。

（6）坚持被考核人的意见应当受到尊重，并具有申请复核权的原则。

第五条 绩效考核的目的如下：

（1）通过进行绩效考核，提高管理者“带队伍”的能力。

（2）通过进行绩效考核，加强管理者与被管理者之间的相互理解和信任。

（3）通过管理者与被管理者经常性、系统性的沟通，增强员工对公司的认同感和归属感，有效地调动员工工作积极性。

（4）为薪酬、福利、晋升、培训等激励政策的实施提供依据。

第六条 绩效考核管理的基础工作如下：

（1）进行岗位分析、设计制定每个员工的岗位职责说明书。

（2）员工每月、每周必须有工作计划和工作总结。

（3）形成有效的人力资源管理机制，让绩效考核与人力资源的其他环节（如培训开发、管理沟通、岗位轮换、晋升等）相互联结、相互促进。

第三章 绩效考核的实施细则

第七条 绩效考核的考核因素。

（1）对员工的考核因素主要分为工作业绩、岗位职责、报表和例外事件考核四部分。

工作业绩是考核的主要内容，采用目标管理方法，考核员工每月工作计划的完成情况。

岗位职责是指员工岗位责任书中规定的条款。

报表是指按管理制度的相关规定，必须定时上交的表格、报告等。

例外事件考核包括出勤、重大贡献、重大失误及其他项目的考核。

（2）考核因素的比重及计算方式如表 7-12、表 7-13 所示。

表 7-12 **考核因素比重表** 单位:%

工作业绩	岗位职责	报表	例外考核
70	20	10	另计

表 7-13 **评分比重表** 单位:%

自评	分管领导
30	70

月度考核奖金=工作业绩总得分×70%+岗位职责总得分×20%+报表总得分×10%+例外考核总得分

（3）工作业绩考核办法如下：

①员工每月 3 日前必须制订月度工作计划表。制订月度工作计划表的主要依据，

第一个来源是依据公司年初提出的工作计划和任务要求分解到各个部门的目标；第二个来源是根据岗位职责确定的考核指标。员工的月度工作计划表必须经过分管领导的同意才能生效。

②各部门员工在每月月底的最后一天填写当月月度工作目标完成情况汇报表，对照月度工作计划表，按完成工作量的情况，以100分为满分，先做自评，然后由分管领导进行评定。

（4）岗位职责的考核办法如下：

根据每个员工的岗位职责，分管领导要时常进行检查工作，对于没有在当月月度工作计划表中列出的项目，但仍属于该岗位的职责，也要进行考核，以100分为满分，员工先做自评，然后由分管领导进行评定。

（5）报表的考核办法如下：

①员工不填写某一份报表，此分全失。

②每份报表每拖延一天，扣5分，直至扣完100分为止。

（6）例外考核办法（每1考核分为10元人民币）。

①出勤考核办法如表7-14所示。

表7-14　　缺勤扣分表

缺勤种类	扣分标准
迟到	10分钟内警告，10分钟以上每迟到一次扣2分
早退	每早退一次扣2分
因私外出	每一次（超过10分钟）扣2分
事假	按相关制度执行
病假	按相关制度执行
无故缺席	按相关制度执行

②重大贡献、重大失误考核办法如表7-15、表7-16所示。

表7-15　　重大贡献考核奖励标准

奖励种类	奖励标准
公司全员大会，总经理表扬	每次加10~50分
提合理化建议	建议合理可行每次加5分，建议被采纳加10~50分
有学术文章或宣传公司的文章发表	每次5~30分
为公司挽回经济损失	500~2 000元，加10分； 2 000~10 000元，加20分； 10 000元以上，加50~100分
参加公司组织的培训成绩优秀	5~10分
有重大创新和突出贡献，由部门领导提议，公司总经理批准	100~10 000分

表 7-16　　重大失误惩罚标准

扣分种类	惩罚标准
违反公司的纪律，如无具体惩罚规定	每次扣 1~10 分
不服从领导安排的工作	每次扣 5~50 分
受到公司领导大会批评	每次扣 5 分
丢失重要文件、泄漏公司机密等	扣 5~1 000 分
由于工作失误，给公司带来经济损失	损失在 500~2 000 元，扣 10 分； 损失在 2 000~10 000 元，扣 20 分； 损失在 10 000 元以上，扣 50~100 分

③其他事项考核办法。例如，服务态度等，标准由人力资源部自行设定。如果客户针对服务态度每投诉一次，该员工月考核扣 10~100 分。

(7) 考核的时间。月度考核的时间为本月的 30 日至次月的 2 日；年度考核的时间在次年的 1 月 1 日至 5 日，若逢节假日，依次顺延。

第八条　考核定级。

依据考核总得分情况，将考核指标的好坏定为 5 级，具体定义如表 7-17 所示。

表 7-17　　指标完成情况定级及打分表

级别	对 应 标 准
A 级（杰出）	对于定量的目标，相当于完成任务 100% 以上
B 级（优秀）	对于定量的指标，相当于完成任务 90% 以上
C 级（良好）	也称保本级，相当于完成任务 80% 以上
D 级（合格）	对于定量的指标，相当于完成任务 70% 以上
E 级（低于要求）	对于定量的指标，相当于完成任务 60% 以上

第四章　绩效考核结果的管理

第九条　绩效考核结果的管理。

人力资源部做好统计和考评跟踪，并整理员工的绩效考核表，建立员工绩效考核档案，以备查、检索。

第十条　考核结果的运用。

(1) 绩效奖金分配。根据绩效考评的结果确定绩效考评等级程度，进行绩效奖金的分配。

(2) 表彰。对公司员工每月考评得分进行排序，第一名授予“杰出奖”，并通报表扬。

(3) 培训和人事调整。

①连续三个月考核结果为 A 的“杰出奖”获得者应列为重点培养对象，实施外派培训、轮岗培训等激励方式。

②一年内考评 2 次“低于要求”者，应予以降职、下岗直到辞退。

③人力资源部总结考核情况，分析考核的成效，提出公司员工的成长点、存在的不足和可以进一步提高的问题以及员工进一步的发展方向和可以发挥的潜力；同时，对绩效考核方案进行完善。

（4）每次绩效考核结束后，由人力资源部负责汇总计算考核奖金，报财务部计发当月工资。

第十一条　年度考核的内容主要为全年各月份的考核得分平均值。

第十二条　公司内凡有与本规定相抵触的规章制度，以本制度为准。

第十三条　本制度由人力资源部负责解释。

第十四条　本制度自下发之日起执行。

员工月度考核表如表 7-18 所示。

表 7-18　　　　　　　　　　　　员工月度考核表

姓名：　　　　　　　　　　　　所属部门：

考核时间：自　　年　月　日至　　年　月　日

<table>
<tr><th colspan="2">考核类别</th><th>考核描述</th><th>自我评分</th><th>领导评分</th><th>分项得分</th></tr>
<tr><td colspan="2">工作业绩</td><td></td><td></td><td></td><td></td></tr>
<tr><td colspan="2">岗位职责</td><td></td><td></td><td></td><td></td></tr>
<tr><td colspan="2">报表</td><td></td><td></td><td></td><td></td></tr>
<tr><td rowspan="5">例外考核</td><td>出勤</td><td></td><td></td><td></td><td></td></tr>
<tr><td>重大贡献</td><td></td><td></td><td></td><td></td></tr>
<tr><td>重大失误</td><td></td><td></td><td></td><td></td></tr>
<tr><td>其他情况</td><td></td><td></td><td></td><td></td></tr>
<tr><td colspan="4">例外考核总得分</td><td></td></tr>
<tr><td colspan="5">当月考核总得分</td><td></td></tr>
<tr><td colspan="5">当月考核等级（A、B、C、D、E）</td><td></td></tr>
</table>

说明：

分项得分＝自我评分×30%＋领导评分×70%

例外考核总分＝出勤得分＋重要贡献得分＋重要失误得分＋其他情况得分

当月考核总得分＝（工作业绩分×70%＋岗位职责分×20%＋报表分×10%）＋例外考核总得分

月度考核奖金＝（工作业绩总得分×70%＋岗位职责总得分×20%＋报表总得分×10%）÷100×考核奖金基数＋例外考核总得分×10 元/分

【本章小结】

绩效管理是人力资源管理的一个重要组成部分，在整个人力资源管理职能体系中居于核心的地位。绩效管理系统的有效与否，对人力资源管理的其他职能都会产生影响。

本章介绍了绩效的含义和特点、绩效管理的内涵及原则。绩效管理是一个不断循环的管理系统，包括绩效计划、绩效监控、绩效考核、绩效反馈与改进四个阶段。在系统有效的绩效管理体系下，每经过一个绩效管理周期，绩效就会有所提升。绩效考核是绩效管理的一个重要环节，是管理人员和员工都非常重视的一个环节。绩效考核主要是考察员工的工作业绩、工作能力、工作态度和个人品德四个方面。考核的方法主要分为控制导向型绩效考核方法、行为导向型绩效考核方法、特质导向型绩效考核方法、战略导向型绩效考核方法和360度评价法。

【简答题】

1. 绩效管理的原则是什么？
2. 绩效计划的特点？
3. 简述绩效管理和绩效考核的关系。
4. 谈谈绩效面谈的沟通技巧？
5. 什么是强制分布法？它有什么特点？
6. 什么是KPI？制定KPI要注意什么问题？
7. 什么是目标管理法？它与KPI有什么区别？
8. 什么360度评价法？它适用于什么场合？

【案例分析题】

韩国某企业集团是世界上著名的跨国公司，在全世界66个国家和地区拥有23万余名员工和340多个办事机构，其业务范围包括电子、机械、航空、通信、商业、化学、金融和汽车等领域。该公司在中国各地投资兴建了几十家生产和销售公司，由于各个公司投产的时间都不长，因此内部管理制度的建设还不完善，于是在绩效评估中采用设计和实施相对比较简单的强制分布评估方法对员工进行绩效评估。各个公司的生产员工和管理人员都是每个月进行一次绩效评估，评估的结果对员工的奖金分配和日后的晋升都有重要的影响。这家公司的最高管理层很快就发现这种绩效评估方法存在着许多问题，但是又无法确定问题的具体表现及其产生的原因，于是他们请北京的一家管理咨询公司对企业的员工绩效评估系统进行诊断和改进。

咨询公司的调查人员在实验性调查中发现该企业在中国的各个生产分公司都要求在员工绩效评估中将员工划分为A、B、C、D、E五个等级，其中A代表最高水平，而E代表最低水平。按照公司的规定，每次绩效评估中要保证4%~5%的员工得到A级评估，20%的员工得到B级评估，4%~5%的员工得到D级或E级评估，余下的大多数员工得到C级评估。员工绩效评估的依据是工作态度占30%，绩效占40%~50%，遵守法纪和其他方面的权重占20%~30%。被调查的员工认为在绩效评估过程中存在着轮流坐庄的现象，并受员工与负责评估工作的主管的人际关系的影响，结果使评估过程与工作绩效之间联系不够紧密。因此，对他们来说，绩效评估虽然有一定的激励作用，但是不强烈。评估的对象强调员工个人，而不考虑各个部门之间绩效的差别。因此，在一个整体绩效一般的部门工作，工作能力一般的员工可以得到A级或B级；而在一个整体绩效较好的部门工作，即使员工非常努力也很难得到A级或B级。员工还指出，他们认为员工的绩效评估是一个非常重要的问题，这不仅是因为评估的结果将影响到自己的奖金数额，更主要的是员工需要得到一个对自己工作成绩的客观公正的评估。员工认为绩效评估的标准比较模糊、不明确。在销售公司中，销售人员抱怨的是自己的销售绩效不理想在很多情况下都是由于市场不景气和自己负责销售的产品在市场上的竞争力不强造成的。这些因素都是自己的能力和努力无法克服的，但是在评估中却被评为C级甚至D级，因此他们觉得目前这种绩效评估方法很不合理。

思考题：

1. 指出该公司绩效评估体系存在的主要问题，并做简要分析。

2. 一个有效的绩效管理过程应包括哪些环节？

【实际操作训练】

实训项目：绩效管理考核方案设计。

实训目的：在理论学习的基础上，通过实训，进一步掌握绩效管理的方法，能够编制出特定岗位的绩效考评方案。

实训内容：

1. 分组讨论，以班主任为考评对象，确立对班主任进行考评的主体有哪些。

2. 讨论班主任工作性质特点，确定班主任岗位考评的主要内容、考评周期。

3. 学生个人根据小组讨论结果设计班主任绩效考核方案及绩效考核评价指标表。

第八章　薪酬福利管理

开篇案例

不要薪酬的实习生

罗杰是某大学四年级人力资源管理专业的学生。今年2月，他在一家物流企业开始实习工作。他的工作内容是对该企业的人力资源制度进行重新思考与构建。他在这个企业工作了3个月，工作做得有声有色，不仅指出了该企业人力资源管理工作中存在的一些问题，也为该企业的人力资源管理制度构建提出了切实可行的计划，因而受到了主管的好评。在实习期行将结束的时候，企业明确表达了希望罗杰能够留下来为企业工作的愿望。然而，在实习期间，企业除了给了罗杰一点午餐补贴外，其他什么也没给。

与此同时，罗杰的一个同学赵鑫在一个咨询公司从事培训营销工作。在实习期间，赵鑫先后为该公司发展了3个客户，为此赵鑫领到了1 500元的业务提成。此外，该公司还为赵鑫提供了专项的培训经费。

今年夏天，大三的王敏在一个职业运动队做媒介宣传工作。她发布新闻、整理剪报以及编写了一本75页的媒介指南。回家时，王敏带走了职业运动队的许多纪念品——咖啡杯、钥匙链、纪念衫——但没有一分钱。

现在，越来越多的毕业生提出了零薪酬就业。

问题与思考：

1. 雇佣双方从以上实习活动中得到了什么？
2. 零薪酬就业的动机是什么？你是否能接受这种理念？为什么？

第一节　薪酬管理概述

一、薪酬的概念

所谓薪酬，就是指雇员由于就业得到的所有各种货币收入以及实物报酬的总和。

薪酬由薪和酬组成。在现实的企业管理环境中，往往将薪和酬两者融合在一起运用。

薪是指薪水，又称薪金、薪资，所有可以用现金、物质来衡量的个人回报都可以称之为薪。也就是说，薪是可以数据化的。企业发给员工的工资、保险、实物福利、奖金、提成等都是薪。编制工资、人工成本预算时，企业预计的数额都是薪。

酬是指报酬、报答、酬谢，是一种着眼于精神层面的酬劳。有不少的企业，给员工的工资不低、福利不错，员工却还对企业有诸多不满，到处说企业坏话；而有些企业，给员工的工资并不高，工作量不小，员工很辛苦，但员工却很快乐。为什么呢?究其根源，还是在付酬上出了问题。当企业没有精神、没有情感时，员工感觉没有梦想、没有前途、没有安全感，就只能跟企业谈钱，员工跟企业间变成单纯的交换关系，这样的单纯的给付关系是不让员工产生归属感的。

二、薪酬的构成

（一）基本工资

基本工资是指根据劳动者所提供的劳动的数量和质量，按事先规定的标准和时间周期付给劳动者的相对稳定的劳动报酬。基本工资主要反映员工所承担职位（或岗位）的价值或者员工所具备的技能或能力的价值。在国外，基本工资往往有小时工资、月薪、年薪等形式，如从事管理工作和负责经营的人员按月或年领取的固定薪金（英文称为 Salary），一线的操作工人按件、小时、日、周或月领取的固定薪金（英文称为 Wages）。

（二）绩效工资

绩效工资是指根据员工的年度绩效评价的结果而确定的对基础工资的增加部分，并将调整的结果作为下一考核周期内的基本工资。绩效工资与奖金的最大差别在于绩效工资不是一次性支付的，而是具有累积性的。一般做法是，根据员工的绩效评价等级（卓越、优秀、合格、基本合格、不合格）而将员工的基本工资上下浮动 10%左右。有的企业规定，如果员工连续 3 年以上年度绩效评价获得“卓越”，则基本工资永久性上调 1~2 级。绩效加薪也是对员工优良绩效的一种激励，由于绩效提薪具有对基本工资的附加性，而且一旦增加就成为基本工资的永久性部分，不再具有可变性、激励性，也发挥不了奖金的作用，因此宜将绩效加薪纳入基本工资的范畴。

（三）奖金

奖金是指为了奖励那些已经（超标准）实现某些绩效标准的完成者，或为了激励追求者去完成某些预定的绩效目标，而在基本工资的基础上一次性支付可变的、具有激励性的报酬。奖金的最大特点是激励性、灵活性，随企业绩效而上下浮动，不会增加企业的固定成本。其中，向个人高绩效支付的一次性报酬，称为个人奖金，如佣金、超时奖、建议奖、节约奖、绩效奖、特别奖、特殊贡献奖等；以团队或部门为基础的奖励，称为团队激励计划，如利润分享计划、收益分享计划和风险收益计划等；以企业全体成员为基础的激励计划，称为全员奖励计划，如年终分红、基于特定目标的奖励等。

（四）津贴与补贴

津贴与补贴是指对员工在特殊劳动条件、工作环境中的额外劳动消耗和生活费用的额外支出的补偿。通常把与生产（工作）相联系的补偿称为津贴，把与生活相联系的补偿称为补贴。津贴与补贴一般以现金形式支付，但占薪酬总额的比例往往较小。

津贴的最大特点是补偿性、平衡性，只将艰苦或特殊的环境作为衡量的唯一标准，而与员工的工作能力和工作业绩无关，当艰苦或特殊的环境消失时，津贴也随即终止。因此，津贴体现了企业对一些特殊岗位（主要是艰苦岗位）员工的一种关怀。

（五）福利

福利是指员工因被企业雇用承担某项工作而获得的间接报酬，是对员工生活（食、宿、医疗等）的照顾，通常表现为延期支付的非现金收入。福利是对劳动的间接回报，一般不是按工作时间和员工的个人贡献给付的，只要是组织的正式员工都可以基本均等地获得福利，其基本目的是为员工提供各种必需的保障，使员工能安心工作。

（六）股票期权

股票期权是指考核、支付周期通常超过一年，通过向员工提供股票、股份或股权的一种激励性长期报酬形式。早期的股权激励对象主要是企业高级管理者，近年来逐渐扩大到各个层次的员工。通过股权计划可以让员工拥有一定的剩余索取权并承担相应的风险，从而将员工个人的利益和企业的整体利益相连接，强化员工的主人翁精神，优化企业治理结构。

三、影响薪酬体系的主要因素

（一）内部因素的影响

1. 企业负担能力

员工的薪酬与企业负担能力的大小存在着非常直接的关系，如果企业的负担能力强，则员工的薪酬水平高且稳定；如果薪酬负担超过了企业的承担能力，则企业就会造成严重亏损、停产甚至破产。

2. 企业经营状况

企业经营状况直接决定着员工的工资水平。经营得越好的企业，其薪酬水平相对比较稳定且有较大的增幅。

3. 企业愿景

企业处在生命周期不同的阶段，企业的盈利水平和盈利能力及愿景是不同的，这些差别会导致薪酬水平的不同。

4. 薪酬政策

薪酬政策是企业分配机制的直接表现，薪酬政策直接影响着企业利润积累和薪酬分配关系。注重高利润积累的企业与注重平衡的企业在薪酬水平上是不同的。

5. 企业文化

企业文化是企业分配思想、价值观、目标追求、价值取向和制度的土壤，企业文化不同，必然会导致观念和制度的不同。这些不同决定了企业的薪酬模型、分配机制的不同，这些因素间接影响着企业的薪酬水平。

（二）个人因素的影响

1. 工作表现

员工的薪酬是由个人的工作表现决定的，因此在同等条件下，高薪酬也来自于个人工作的高绩效。

2. 工作技能

现代企业之争便是人才之争，掌握关键技能的人才，已成为企业竞争的利器。这类人才成为企业高薪聘请的对象。

3. 岗位及职务

岗位及职务的差别意味着责任与权力的不同，权力大者责任也相对较重，因此其薪酬水平也就高。

4. 资历与工龄

通常资历高与工龄长的员工的薪酬水平也高。

（三）外部因素的影响

1. 地区与行业的差异

一般情况下，经济发达地区的薪酬水平比经济落后地区的薪酬水平高，处于成长期和成熟期企业的薪酬水平比处于衰退期企业的薪酬水平高。

2. 地区生活指数

企业在确定员工的基本薪酬时应参照当地的生活指数，一般生活指数高的地区，其薪酬水平相对也高。

3. 劳动力市场的供求关系

劳动力价格（工资）受供求关系影响，劳动力的供求关系失衡时，劳动力价格也会偏离其本身的价值。一般情况下，劳动力供大于求时，劳动力价格会下降，反之亦然。

4. 社会经济环境

社会经济环境直接影响着薪酬水平，通常在社会经济较好时，员工的薪酬水平相对也较高。

5. 现行工资率

国家对部分企业，尤其是一些国有企业，规定了相应的工资率，这些工资率是决定员工薪酬水平的关键因素。

6. 相关法律法规

与薪酬相关的法律法规包括最低工资制度、个人所得税征收制度以及强制性劳动保险种类及缴费水平等。通常这些制度及因素都直接影响着员工的薪酬水平。

7. 劳动力价格水平

通常劳动力价格水平越高的地区，薪酬水平也越高；劳动力价格水平越低的地区，薪酬水平也越低。

第二节　薪酬设计的流程

一般而言，薪酬体系设计主要包括确定薪酬战略与策略、工作分析、工作评价、员工绩效评估、薪酬调查、薪酬结构设计、制定并完善薪酬制度，如图 8-1 所示。

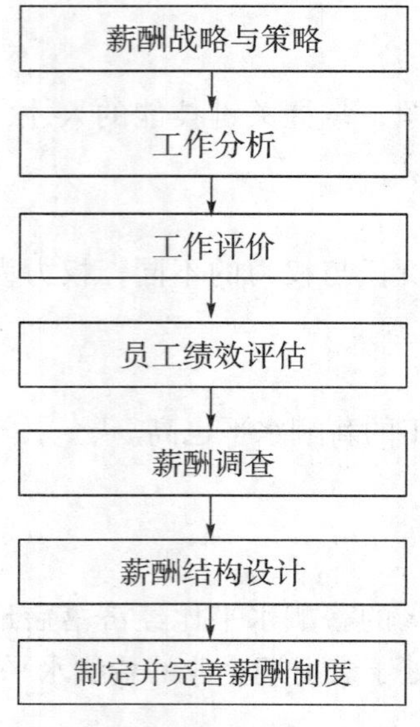

图 8-1　薪酬体系设计的步骤

一、确定薪酬战略与策略

薪酬战略与策略的确定是薪酬体系设计的第一步，也是薪酬体系设计的前提。

企业薪酬战略指企业薪酬管理体系设计和实施的方向性指引，是企业人力资源战略和企业战略的重要组成部分。通过制定和实施适合企业的薪酬战略，企业可以向员工明晰薪酬激励的方向以及企业整体战略的落实。企业薪酬战略的制定与企业的整体战略、业务情况、所处的发展阶段、人力资源战略、组织结构及企业的文化等有密切的关系。

企业薪酬策略是薪酬战略的具体操作与实施指引，薪酬策略又可以分为薪酬水平、薪酬确定标准、薪酬结构、薪酬制度、薪酬管理权限等具体方面。

二、工作分析

进行工作分析是薪酬体系设计的基础工作，只有进行了工作分析，才能开展后续的工作评价。同时，工作分析也是薪酬结构设计的基础，薪酬结构将依据不同的类型的职位分类进行设计。

工作分析的主要内容包括梳理企业整体经营目标、业务模式、工作流程，明确部门的职责和工作划分，进行职位职责的调查分析，编写职位说明书。

三、工作评价

进行工作评价是以科学的方式比较企业内部各个职位的相对价值，来形成职位的序列、等级。工作评价是以工作分析为前提和基础的，根据工作分析环节形成的职位说明书，以多种方法对职位进行多角度的分析与评价，综合后形成职位评价结果，即企业的职位序列和职位等级。工作评价可以保证企业内部薪酬的公平性，保证薪酬针对不同的职位职责、任职条件等而有所区分。

四、员工绩效评估

在进行完工作分析和工作评价后，下一个环节是对员工进行绩效评估与定位。客观地评估员工实际具备的技能与能力，将员工与职位进行匹配。对员工进行评估与定位，最常见的是员工能力素质评价模型，通过职位所需要的知识、技能、能力等形成对员工的评价体系，将员工的实际情况与评价体系进行科学的对比。这样能够保证内部的公平性，能够区别员工的不同情况，进而可以对员工确定不同的职位等级和薪酬等级。

五、薪酬调查

薪酬调查可以分为内部薪酬调查和外部薪酬调查。

（一）内部薪酬调查

内部薪酬调查也称为内部薪酬满意度调查，是指企业为了解企业员工对薪酬的满意程度、对薪酬的期望值以及对企业薪酬管理制度的意见和建议等而进行的内部调查。内部薪酬调查一般由企业管理者提出，或者由企业人力资源管理部门定期按制度规定执行。内部薪酬调查的执行周期一般为每年度调查一次，对于有特殊情况或企业有特殊变动的，也可能会缩短调查周期。内部薪酬调查的目标是定期了解企业内部员工对于实际支付薪酬的满意程度，定期了解企业内部员工对于企业薪酬相关管理的意见与建议，与外部薪酬调查结果相结合，验证市场薪酬变化对企业薪酬水平的影响，预测企业人才流动与核心人才流动的可能，帮助企业管理者做出决策是否调整薪酬策略、薪酬结构、薪酬制度等。

（二）外部薪酬调查

外部薪酬调查就是通过各种方法，对市场薪酬进行分类、汇总和统计分析。企业通过与市场薪酬的对比，发现企业薪酬在市场薪酬中的水平，同时也为企业薪酬体系设计的决策提供依据和参考。外部薪酬调查一般选择的范围为企业所处地区、行业，因为这更具有针对性，企业的目标人才一般会在这个范围内流动。外部薪酬调查的主要内容一般包括本地区薪酬平均水平、同行业关键职位的薪酬水平、同行业通行的薪酬结构、薪酬动态与趋势。薪酬调查的主要方法包括委托专业的第三方进行薪酬调查、主动分析部分权威部门发布的薪酬数据、公开的薪酬调查、企业组织联合薪酬调查以及企业以其他方式就某一职位或特定领域进行外部薪酬调查。

六、薪酬结构设计

薪酬结构是指企业各职位的各类薪酬构成，这种结构的差别不仅仅表现在相同职位的薪酬数额差别上，还包括了不同层次职位的薪酬构成差别。薪酬结构反映出企业不同职位、不同技能、不同业绩的重要性差别与价值差别。

薪酬结构的设计最重要的是科学性和合理性，要保证薪酬结构能够在企业管理的实际运行中保证员工发展、岗位调整、晋升等对薪酬的需求。同时，薪酬结构还要保证薪酬具有对外公平、对内公平、个人公平的三公平原则。

七、制定并完善薪酬制度

薪酬制度的制定和完善是薪酬体系设计的最后一个环节，也是整体薪酬体系设计的最后归纳环节。薪酬制度是薪酬体系的最终体现，并且是薪酬体系日常管理的执行依据。

一般地，薪酬制度包括薪酬管理的总体原则、薪酬结构、薪酬等级、薪酬考核、薪酬发放、薪酬调整、薪酬保密、福利管理、其他薪酬管理规定等具体内容。薪酬制度可以是一个综合的制度，也可以分解为不同的子制度，如薪资管理制度、福利管理制度，再细分一些，还可以分为不同岗位的薪酬管理制度、薪酬总额管理制度、薪酬等级管理制度、年度调薪酬管理制度、具体的福利管理制度等。

阅读案例 8-1

朗讯公司的薪酬管理

一、薪酬构成

朗讯公司的薪酬结构由两大部分构成：一部分是保障性薪酬，跟员工的业绩关系不大，只跟其岗位有关；另一部分薪酬跟业绩紧密挂钩。朗讯公司的销售人员的待遇中有一部分专门属于销售业绩的奖金，业务部门根据个人的销售业绩，每一季度发放一次。在同行业中，朗讯公司的薪酬中浮动部分比例较大，朗讯公司这样做是为了将公司每个员工的薪酬与公司的业绩挂钩。

二、业绩比学历更重要

朗讯公司在招聘人才时比较重视学历，“对于从大学刚刚毕业的学生，学历是我们的基本要求”。对市场销售工作，基本的学历是必要的，但是经验就更重要了。学位到了公司之后在比较短的时间就淡化了，无论做市场还是做研发，待遇、晋升和学历的关系慢慢消失。在薪酬方面，朗讯公司是根据工作表现决定薪酬的。进了朗讯公司以后，薪酬和职业发展跟学历与工龄的关系越来越淡化，基本上跟员工的职位和业绩挂钩。

三、薪酬政策的考虑因素

朗讯公司在执行薪酬制度时，不仅仅看公司内部的情况，而是将薪酬放到一个系统中考虑。朗讯公司的薪酬政策主要有两个考虑，一个考虑是保持公司的薪酬在市场上有很大的竞争力。为此，朗讯公司每年委托一个专业的薪酬调查公司进行市场调查，以此来了解人才市场的宏观情形。这是大公司在制定薪酬标准时的通常做法。另一个考虑是人力成本因素。综合这些考虑之后，人力资源部会根据市场情况给公司提出一个薪酬的原则性建议，指导所有的劳资工作。人力资源部将各种调查汇总后会告诉业务部门总体的市场情况，在这个情况下每个部门有一个预算，主管在预算允许的情况下对员工的待遇做出调整决定。

四、加薪策略

朗讯公司在加薪时做到对员工尽可能的透明，让每个人知道加薪的原因。加薪时员工的主管会找员工谈话，根据员工一年的业绩，告知其可以加多少薪酬。每年的12 月 1 日是加薪日，朗讯公司加薪的总体方案出台后，人力资源部总监会和从事薪酬管理工作的经理进行交流，告诉员工当年薪酬的总体情况、市场调查的结果是什么、今年的变化是什么、加薪的时间进度是什么等。朗讯公司每年加薪的最主要目的是保证朗讯公司在人才市场上增加一些竞争力。

一方面，我们都知道高薪酬能够留住人才，因此每年的加薪必然能够留住人才；另一方面，薪酬不能任意上涨，必须和人才市场的情况挂钩，如果有人因为薪酬问题提出辞职，很多情况下是让他走或者用别的办法留人。

五、薪酬与发展空间

薪酬在任何公司都是一个基础性的东西。一个企业需要具有一定竞争能力的薪酬吸引人才来，还需要有一定保证力的薪酬来留住人才。如果和外界的差异过大，员工肯定会到其他地方找机会。薪酬会在中短期时间内调动员工的注意力，但是薪酬不是万能的，工作环境、管理风格、经理和下属的关系都对员工的去留有影响。员工一般会注重长期的打算，公司会以不同的方式告诉员工发展方向，让员工看到发展前景。

朗讯公司在薪酬管理方面的实践给了我们很多有益的启示：在薪酬的构成中，学历和资历的因素应该逐渐淡化，更需要强调的是业绩；加薪是保持企业竞争力的重要手段，但是必须清楚地了解市场薪酬水平，并考虑企业人力成本的承受力；薪酬固然重要，但是如果不能提供给员工足够的发展空间，仍然会造成人才的流失，因此企业应在职业生涯规划、环境营造、文化建设方面投入更多的经历，而不是把目光完全放在薪酬方面。

第三节　薪酬体系设计

一、目前典型的薪酬体系

薪酬体系是企业运用各种薪酬管理评价手段，按照一定的原则向员工支付报酬的政策和程序。知识经济时代，企业管理的中心就是人力资源管理，薪酬是人力资源管理的核心问题之一，是企业吸引、留住人才，充分发挥员工的主观能动性，提高竞争优势的关键。

薪酬体系决策的主要任务是确定企业的基本薪酬以什么为基础。根据企业决定员工基本薪酬的基础不同，薪酬体系大致分为职位薪酬体系、技能薪酬体系、能力薪酬体系和绩效薪酬体系四种。

（一）职位薪酬体系

职位薪酬体系以职定酬，即以职位的类型、性质确定员工的薪酬。实施职位薪酬体系要建立一套规范、标准和具有时效性的职位说明书；能够很好地掌握和应用职位评价方法，这是实施职位薪酬体系的关键环节；职位的内容应基本稳定，短期内不会发生变动；企业应保持相对较多的职位级数和相对较高的薪酬水平，员工能力与职位要求基本匹配。职位薪酬体系的优点在于实现同岗同酬和按劳分配，保证了企业内部的公平性；有利于按照职位序列进行薪酬管理，操作简单，管理成本低；薪酬随职位晋升而提高，调动了员工努力工作、不断提高自身技能以争取晋升的积极性。职位薪酬体系的缺点主要体现在员工加薪主要依靠职务晋升，而企业职位数量有限，员工晋升机会减少，极易挫伤员工的积极性；由于职位相对稳定，与职位相联系的薪酬也相对稳定，不利于企业对外部多变的经营环境做出迅速的反应。

这种薪酬体系适用于内部职位级别较多、外部环境相对稳定、市场竞争压力不是很大的企业。就职位类别而言，职位薪酬体系适用于职能管理类岗位。

（二）技能薪酬体系

技能薪酬体系是指根据员工所掌握的与工作有关的知识或技能的深度和广度来确定员工的薪酬。实施技能薪酬体系要求企业内部的员工对所从事的工作具备一定深度和广度的技能以及管理层对技能薪酬体系的认可；要建立一套对员工技能水平的评估标准体系；对企业所需具备的技能划分等级，确定每一个等级的薪酬水平；对员工具有的技能水平进行评定，根据评定结果确定员工的技能等级和与其对应的薪酬水平。技能薪酬体系的优点在于薪酬与技能水平的高低挂钩，能激发员工不断学习科学知识，提高技能，有利于企业生产效率的提高；有利于专业技术人才安心本职工作，从一定程度上遏制了“官本位”思想；注重技能，使许多员工一技多能，企业在员工的配置上增强了灵活性。技能薪酬体系的不足之处在于做同样的工作，由于两人的技能不同而报酬有差异，极易造成内部的不公平感，更何况技能高并非贡献就大；技能的界定和评定并非易事，管理成本较高；员工需要参加各种培训提高技能水平，又增加了企业的人工成本支出。

这种薪酬体系适用于组织结构扁平化、管理职位较少、生产技术是连续流程性的企业。就职位类别而言，技能薪酬体系适用于技术类（尤其是基础研究类）、部分操作类岗位。

（三）能力薪酬体系

能力薪酬体系以员工的能力（技能、知识、行为特征及其他个人特性的总称）为依据来支付员工的薪酬。实施能力薪酬体系通常需要建立一套员工能力评估标准体系，即能力素质模型，对员工所具有的综合素质和能力进行测评，并根据评估得出的能力水平确定相应的薪酬等级。能力薪酬体系的优点是以对员工能力的评估结果确定薪酬，能激励员工不断提升自身能力，把员工的成长与公司的发展统一起来考虑，鼓励员工发展自身的工作能力，体现了以人为本的理念。能力薪酬体系的缺点是对员工的能力进行测试和评价很难做到科学而有效，往往有失偏颇，引发不公平；基于能力设计薪酬是一个复杂而耗时、耗力的过程，管理成本较高。

这种薪酬体系适用于处于初级阶段和处于高度竞争环境，坚信和强调个人成就理念的企业。就职位类别来说，能力薪酬体系适用于研发岗位。

（四）绩效薪酬体系

绩效薪酬体系是指员工薪酬按照个人或者团队绩效目标的实际完成状况确定薪酬的一种薪酬体系。其最大特点是将员工薪酬收入与个人业绩挂钩，薪酬数额随绩效目标的完成状况而浮动。随着市场竞争的激烈，按绩效付酬已是大势所趋。

实施绩效薪酬体系要求企业建立有效的绩效管理体系，绩效管理基础必须非常牢靠，岗位职责体系要明确，绩效目标分解合理，绩效评价公开、公平。其中，绩效目标及衡量标准的确定是关键环节，否则对员工的激励作用会大打折扣。绩效薪酬体系将员工的个人收入与绩效挂钩，既公平，又有一定的激励作用。在整体效益不好时，企业无需支付过高的报酬，从而有利于节省人工成本。

但是，绩效薪酬体系的绩效目标和衡量标准很难做到客观、准确，这就可能造成新的不公平，影响其激励功能；按绩效付酬过分强调物质刺激，长期使用会造成不良导向；在企业困难时员工得不到高报酬，可能会消极怠工甚至离职；按绩效付酬容易使员工看重个人绩效，造成部门之间、员工之间的不正当竞争，影响员工间的合作与企业的和谐发展。

这种薪酬体系适用于建立了一套科学、有效的绩效评估体系，绩效管理完善的企业。就职位类别来说，绩效薪酬体系适用于生产、营销、高级管理等岗位。

二、职位评价方法

所谓职位评价，就是根据工作分析的结果，按照一定的标准，对工作的性质、强度、责任、复杂性以及所需的任职资格等因素的差异程度，进行综合评估的活动。职位评价是为了确定一个职位相对于组织中其他职位所进行的正式的、系统的比较和评价，这个评价的结果会成为确定薪酬的有力证据。

职位评价的内容主要包括工作的任务和责任、完成工作所需要的技能、工作对组织整体目标实现的相对贡献大小、工作的环境和风险等。这些内容恰恰是工作分析所提供的信息，因此工作分析是职位评价的基础。在工作分析中我们对工作进行系统的研究，工作描述的信息让我们了解了工作的责任大小、复杂程度、工作的自由度和权力大小等，工作描述的信息也让我们了解对任职完成工作所需要技能的要求、任职者的任职资格、工作的环境条件等信息。对这些信息进行识别、确定和权衡使我们对工作的相对价值做出恰当的评价。

目前国际通用职位评价方法有四种，即职位排序法、职位分类法、因素比较法、要素计点法。

（一）职位排序法

职位排序法是目前国内外广泛应用的一种职位评价方法，这种方法是一种整体性的职位评价方法。职位排序法是根据一些特定的标准，如工作的复杂程度、对组织的贡献大小等对各个职位的相对价值进行整体的比较，进而将职位按照相对价值的高低排列出一个次序的职位评价方法。

职位排序法在排序时基本采用两种做法：第一，直接排序，即按照职位的说明根据排序标准从高到低或从低到高进行排序。第二，交替排序，即先从所需排序的职位中选出相对价值最高的排在第一位，再选出相对价值最低的排在倒数第一位，然后再从剩下的职位中选出相对价值最高的排在第二位，选出相对价值最低的排在倒数第二位，依此类推。

职位排序法的主要优点是简单、容易操作、省时省力，适用于规模较小、职位数量较少的组织。但是这种方法也有一些不完善之处，首先，这种方法带有一些主观性，评价者多依据自己对职位的主观感觉进行排序；其次，对职位进行排序无法准确得知职位之间的相对价值关系。

（二）职位分类法

所谓职位分类法，就是通过制定出一套职位级别标准，将职位与标准进行比较，并归到各个级别中去。职位分类法好像一个有很多层的书架，每一层都代表着一个等级，比如说把最贵的书放到最上面的一层，把最便宜的书放到最下面的一层，而每个职位则好像是一本书，我们的目标是将这些书分配到书架的各层上去，这样的结果便是我们就可以看到不同价值的职位分布情况。因此，我们先需要建立一个很好的书架，也就是职位级别的标准。如果这个标准建立的不合理，那么就可能会出现书架中有的层挤了很多书，而有的层则没有书，这样挤在一起的书就很难区分出来。

职位分类法的关键是建立一个职位级别体系。建立职位级别体系包括确定等级的数量和为每一个等级建立定义与描述。等级的数量没有什么固定的规定，只要根据需要设定，便于操作并能有效地区分职位即可。对每一定等级的定义和描述要依据一定的要素进行，这些要素可以根据组织的需要来选定。最后就是要将组织中的各个职位归到合适的级别中去。

职位分类法是一种简便、容易理解和操作的职位评价方法，适用于大型组织，可以对大量的职位进行评价。同时，这种方法的灵活性较强，在组织中职位发生变化的情况下，可以迅速地将组织中新出现的职位归类到合适的类别中去。

但是，这种方法也有一定的不足，那就是对职位等级的划分和界定存在一定的难度，有一定的主观性。如果职位级别划分的不合理，将会影响对全部职位的评价。另外，这种方法对职位的评价也是比较粗糙的，只能得知一个职位归在哪个等级中，到底职位之间的价值的量化关系是怎样的也不是很清楚，因此在应用到薪酬体系中时会遇到一定的困难。同时，职位分类法的适用具有点局限性，即适合性质大致类似、可以进行明确的分组且改变工作内容的可能性不大的职位。

（三）因素比较法

因素比较法是一种量化的职位评价方法，实际上是对职位排序法的一种改进。这种方法与职位排序法的主要区别是职位排序法是从整体的角度对职位进行比较和排序，而因素比较法则是选择多种报酬因素，按照各种因素分别进行排序。

因素比较法分析基准职位，找出一系列共同的报酬因素。这些报酬因素是应该能够体现出职位之间的本质区别的一些因素，如责任、工作的复杂程度、工作压力水平、工作所需的教育水平和工作经验等。二是将每个基准职位的工资或所赋予的分值分配到相应的报酬因素上。

因素比较法的一个突出优点就是可以根据在各个报酬因素上得到的评价结果计算出一个具体的报酬金额，这样可以更加精确地反映出职位之间的相对价值关系。一般在下列条件下因素比较法较为适用：企业需要一种量化方法，愿花大量的费用引入一种职位评价体系；这种复杂方法的运用不会产生理解问题或雇员的接受问题，并且企业希望把工资结构和基准职位的相对等级或劳动力市场上通行的工资更紧密地联系起来。

应用因素比较法时，应该注意两个问题：一是薪酬因素的确定要比较慎重，一定要选择最能代表职位间差异的因素；二是由于市场上的工资水平经常发生变化，因此要及时调整基准职位的工资水平。由于我国处于经济体制的转轨时期，多种薪酬体制并存；同时国内薪酬体制透明度较低，劳动力市场价格在一定程度上处于混沌状态，因而使用因素比较法的基础数据不足。目前，因素比较法在国内基本未得到使用。

（四）要素计点法

要素计点法就是选取若干关键性的薪酬因素，并对每个因素的不同水平进行界定，同时给各个水平赋予一定的分值，这个分值也称为点数，然后按照这些关键的薪酬因素对职位进行评价，得到每个职位的总点数，以此决定职位的薪酬水平。

要素计点法首先要选择薪酬要素，并将这些薪酬要素建立起一个结构化的评定量表。专家委员会根据这个评定量表对职位在各个要素上进行评价，得出职位在各个要素上的分值，并汇总成总的点数，再根据总的点数处在哪个职位级别的点数区间内，确定职位的级别。要素计点法的主要缺点是操作过程较为复杂，而且提前要与员工进行充分的沟通，以对要素理解达成共识。对于规模较小的企业，要素计点法的使用可能会使简单的问题复杂化，可能会不如非量化的方法实用。

要素计点法在下述情况下可能是最合适的：对准确度、工作职位资料和工资决策需要明确无误，使采用量化方法所费额外成本物有所值；排列大量极不相同的工作职位的需要使考虑运用一系列通用因素成为必然；工作内容不断地进行调整，并且有可能把工作职位最终归入相当数量的不同的工资级别之中。

三、薪酬定位

薪酬定位是指在薪酬体系设计过程中，确定企业的薪酬水平在劳动力市场中相对位置的决策过程。薪酬定位直接决定了薪酬水平在劳动力市场上竞争能力的强弱程度。薪酬定位是薪酬管理的关键环节，是确定薪酬体系中的薪酬政策线、等级标准和等级范围的基础。

（一）薪酬定位的影响因素

制约薪酬定位的因素很多，以下从内部环境和外部环境两方面进行分析。

1. 企业内部环境

从企业的内部环境来说，制约薪酬定位最直接的因素是薪酬战略和薪酬理念，其次是人力资源规划，再次是企业发展战略。

（1）薪酬战略与理念。通常情况下，企业在决定进行薪酬体系设计的时候，总是希望通过薪酬体系设计来解决一些内部分配方面的价值偏离问题，比如说新老员工之间的薪酬矛盾、“大锅饭”现象、按行政级别确定薪酬水平、关键岗位的激励不足和招聘困难、薪酬调整机制不健全、绩效与薪酬的挂钩比例和方式不合理等问题。这时企业一般都会有一个明确的薪酬体系设计的目标。而这个目标又是在一定的薪酬战略与理念的基础上产生的。许多企业在激烈的市场竞争过程中已经体会到，薪酬不单单是如何发钱的问题，更多的是如何吸引、保留和激励那些对企业长期发展具有重要影响的关键人才的问题，是如何确保企业战略得到有效实施和顺利实现的问题，从而形成了新的薪酬战略，明确了企业在内部分配过程中所必须坚持的基本原则和价值导向；明确了薪酬支付的价值基础（或以职位重要性为基础，或以能力高低为基础，或以业绩优劣为基础等）；明确了内部分配过程中的重点倾斜对象，形成了清晰的薪酬理念

（或是倡导按资历加薪以鼓励员工长期服务，或是倡导利润分享以鼓励员工创造更高的价值，或是倡导为卓越加薪以鼓励员工的创新能力等）。这些都对企业的薪酬定位产生了直接的影响。

（2）人力资源规划。企业的人力资源规划也要对薪酬定位产生影响。一般情况下，企业都会在人力资源规划中明确企业未来的人力资源需求以及在什么时间采用什么手段来满足这些人力资源需求等一系列人力资源管理方面的指导原则和方针。比如是通过建立完善的培训体系，有计划地提升现有员工的能力水平，并通过内部劳动力市场的人员流动来满足这些需求，还是通过外部招聘来满足这些需求。这些指导原则和方针是企业在进行薪酬定位决策时需要认真考虑的约束条件。例如，一个企业可能在人力资源规划中明确提出要在未来几年内对现有员工队伍进行优化，并通过内部晋升来填补中高层职位空缺。在这种情况下进行薪酬定位就需要考虑什么样的薪酬水平能够很好地保留现有的优秀人才，并激励他们不断提升自己的管理能力，以填补未来的职位空缺。企业在考虑总体薪酬水平的同时，还需要考虑静态薪酬（如基本工资）、动态薪酬（如绩效工资和奖金）以及人态薪酬（如商业保险、交通补贴等）的水平应该如何设计。这样才能对人力资源规划中的指导原则和方针的贯彻与落实提供有效的支撑。

（3）企业发展战略。企业发展战略也是薪酬定位决策过程中必须要考虑的一个重要因素。比如采取低成本战略的公司，在进行薪酬定位的时候考虑的重点一般是如何对薪酬总额进行控制的问题；而采取差异化战略的公司，在进行薪酬定位的时候考虑的重点一般是如何提高对那些极具创造力的人才的吸引力问题。

除了上面所谈到的这几个制约因素之外，企业的支付能力、业务扩张速度、人才培养速度、内部劳动力市场的流动性等也都是需要考虑的相关因素。

2. 企业外部环境

从企业的外部环境来说，在进行薪酬定位决策时，需要重点考虑目标劳动力市场的薪酬水平、产品市场的差异化程度等因素。

（1）劳动力市场的薪酬水平。通常情况下，企业在人力资源战略规划当中，都会明确企业为保障其战略规划的顺利实现而应该重点关注的关键人才的类型以及他们所具备的核心技能或者其他关键特征。有时企业还会对外部劳动力市场进行细分，明确所关注的目标劳动力市场的具体范围，甚至目标公司的目标职位或目标人才。在这种情况下，企业在进行薪酬定位时，必须要考虑目标劳动力市场的薪酬水平，并且将其作为薪酬定位决策时的重要参照。

（2）产品市场的差异化程度。产品市场的差异化程度对薪酬定位的影响也是非常巨大的。在产品市场差异化程度较高的情况下，人才流动性会大大降低，从目标劳动力市场上获取所需人才的难度也大大增加。在产品差异化程度较低的情况下，人才流动性会比较高一些，人才获取的难度也相应降低。在前一种情况下，薪酬定位的水平通常要高一些，在后一种情况下，薪酬定位的水平通常来说可能就要低一些。

除了上面谈到的目标劳动力市场和产品市场之外，相关的法律法规（如竞业禁止）等一些其他因素也是在进行薪酬定位决策时需要考虑的。

（二）薪酬定位的类型

一般情况下，薪酬定位有三种基本形式，即领先型、追随型、滞后型。领先型是指企业的薪酬水平高于市场平均水平，追随型是指企业的薪酬水平与市场平均水平基本相当，滞后型是指企业的薪酬水平落后于市场平均水平。在这三种基本形式的基础之上，有些企业采取的则是对不同的员工群体，采取不同的定位，由此形成了混合型薪酬定位。

不同的薪酬定位，对企业的人力资源管理、企业的核心竞争力、企业战略的实现会产生不同的影响。

比如说，采取领先型薪酬定位的企业，其薪酬水平在市场上具有足够强的吸引力，这样必然会吸引许多能力非常强的优秀候选人，在这种情况下就要求企业在进行招聘的时候具有较高的甄选能力。因为能力强的候选人一般都有比较好的职业背景，都有在既定文化下形成的行为习惯和思维定势，如果甄选手段不完善、甄选能力不强，将那些价值观、行为方式、思维方式等与企业文化所倡导的价值观、行为方式和思维方式相去甚远的人才招聘进来的可能性就会增大，而这样的人才对企业人力资源管理系统的稳定性、连贯性和一致性的冲击力、影响力或者说杀伤力是非常大的，尤其是那些就任高层职位的人才。因此，在进行薪酬定位的时候，需要考虑每种定位对现有的人力资源管理能力和水平，尤其是对甄选能力、具有不同文化背景的人才的同化能力、人事危机的处理能力等方面所提出的要求和挑战。同样，不同的薪酬定位对企业的核心竞争力以及企业的战略实现进程的影响也都需要进行慎重的考虑。

四、薪酬结构设计

（一）薪酬结构类型

1. 以岗定酬和以人定酬的薪酬结构

按照确定薪酬结构的决定标准，薪酬结构可以归纳为以岗定酬（Job-based）和以人定酬（Person-based）两种。

以岗定酬的薪酬结构（即以职位为基础的薪酬结构）依据工作内容，即完成了的工作任务、组织期望的行为、组织期望的结果来确定薪酬的高低。以人定酬的薪酬结构（即以技能工资制、绩效工资制为基础的薪酬结构）则以员工拥有的知识或技能（不管这些知识或技能是否应用到正在从事的工作当中），或者以员工具有的能力作为确定薪酬结构的标准。

（1）基于工作导向的薪酬结构。基于工作导向的薪酬结构指的是以工作为依据设计薪酬结构，这就需要首先进行工作评价，即根据各种工作中所包括的技能要求、努力程度要求、岗位责任要求和工作环境等因素，来决定各种工作之间的相对价值。

（2）基于任职者的薪酬结构。基于任职者的薪酬结构指的是薪酬等级标准是人们与所开展工作相关的技能或能力方面的差别。基于任职者的薪酬结构的一个基本理念是如果企业希望自己的员工学习更多的技能，并且在他们所从事的工作中变得更加富有灵活性，那么就应当按照能够促使他们这样去做的方式来支付工资。

2. 固定薪酬结构与浮动薪酬结构

根据薪酬的变化幅度，薪酬结构可以划分为固定薪酬结构与浮动薪酬结构。固定薪酬是指在一段时期内相对固定的薪酬，包括基本工资、岗位工资、技能或能力工资、工龄工资等。浮动薪酬是指随着工作业绩的变化而变化的薪酬，包括效益工资、业绩工资、奖金等。

（1）固定薪酬结构。固定薪酬是指在法律的保障范围内，依靠劳资双方达成的契约，劳动者明确可知的、固定获得的报酬。固定薪酬通常包括固定的工资、固定的工作时间、固定的福利等。

（2）浮动薪酬结构。浮动薪酬是指相对对固定薪酬来讲具有风险性的报酬，其获得通常是非固定的和不可预知的。浮动薪酬是组织为了激励员工更努力地工作而使薪酬与绩效相挂钩的薪酬形式，浮动薪酬与劳动者的具体工作表现正相关。

（3）固定薪酬和浮动薪酬结构比例。固定薪酬与浮动薪酬的比例取决于职位的性质，对绩效控制力强的职位，浮动比例可大一些，否则可小一些。

3. 组合薪酬结构

组合薪酬结构吸收了工作导向型薪酬结构和任职者薪酬结构的双重优点，是一种根据决定薪酬的不同因素及薪酬的不同职能而将薪酬划分为几个部分，每一部分薪酬对应一种付酬因素，并通过对几部分数额的合理确定，汇总后确定员工薪酬总额的薪酬结构。

组合薪酬结构一般由以下几个部分构成：

（1）基础工资。

（2）职务（技术、岗位）工资。

（3）年功工资。

（4）技能工资。

（5）效益工资。

（6）福利。

多元组合薪酬结构是组合薪酬结构的最常见的形式，是指组合薪酬结构的诸多工作报酬要素，如技能、岗位、年龄和工龄等都要顾及。实施这种薪酬结构必须要合理安排多个组成部分之间的分配比例关系。

（二）薪酬结构设计

一般企业中最简单的薪酬结构由工资、奖金、福利、津贴四部分组成，但不同类型的人才要不同对待，这样才能产生激励的效果。

虽然不同企业确定薪酬结构的具体方式有所不同，但总的来说确定薪酬结构包含对企业目标与详细信息的了解、对固定工资与浮动工资的合理组合与运用、对薪酬结构的评估与测算。薪酬结构是薪酬体系的重要组成部分，是薪酬体系成功与否的关键。

针对不同的岗位，应结合企业的不同特性进行有针对性的设计。本书选择了几个比较有代表性的岗位，介绍薪酬结构的设计情况。

1. 针对管理类岗位

管理类岗位的主要职能是辅导下属的工作内容，指引经营思路，并最终达成公司经营目标。其岗位的胜任能力主要体现在最终的经营结果中，并不直接负责达成业绩。因此，该岗位工资通常会采用基本工资+绩效工资+工龄工资+分红奖励的形式，并且基本工资在工资中所占的比例相对较低。

2. 针对研发类岗位

研发类岗位在日常的工资发放中主要以岗位的胜任能力为主，但其最终的收益应体现在研发后的结果转化能力中。因此，研发类岗位的薪酬结构通常由基本工资+技能工资+工龄工资+项目奖励或成果转换分红构成。日常的工资收入相对于分红而言，所占比重并不高，并且技能工资作为胜任能力的体现形式应占有相当比重。

3. 针对生产类岗位

生产类岗位以保质保量完成生产任务为核心任务，辅以技术革新、创新与其他岗位职责指标要求。因此，在生产类岗位的薪酬构成中常见的项目有基本工资、绩效工资、工龄工资、计件工资、奖励。根据企业的不同情况可以进行相应的组合，但需要注意与其他岗位保持相对的一致性。

4. 针对销售类岗位

销售类岗位的薪酬结构组合方式有很多，光是提成一项就可以分为销售额提成、毛利提成、纯利提成、分品类提成等很多种形式。由于销售类岗位的最主要衡量指标除了销售额和利润指标，还涉及客户维护、货款回收等多方面的内容，因此销售类岗位的薪酬通常会采取基本工资+绩效工资+工龄工资+提成+奖励的构成方式。根据企业的不同发展阶段，工资项目的占比也会进行适当调整。在企业或者产品的初始阶段，提成和奖励等浮动薪酬的占比会较高，当企业或者产品已经较为成熟，市场维护变得越发重要时，则可以适当上调绩效工资的比例。

5. 针对职能类岗位

人力资源、行政、财务等不直接产生业绩，以岗位胜任能力和工作项目完成情况为主要衡量依据的岗位，建议采用以下薪酬结构组合：基本工资+绩效工资+工龄工资+技能工资+奖励。具体的比例可以根据岗位的不同与收入的额度进行调整。

阅读案例8-2

富士康集团的困境：薪酬结构亟须调整

富士康集团董事长郭台铭可能没想到，从2010年6月1日开始实施的基层员工涨薪三成的动作，会引来新的不满。

近日富士康集团旗下佛山普立华科技有限公司（以下简称佛山普立华）一些老员工因不满“一刀切”的涨薪制度，在工厂门口聚集抗议，不满情绪在员工中蔓延。

1. 涨薪“一刀切”

2010年11月21日晚上10点，佛山市禅城区古新路与长虹东路交界的小河边很是热闹，很多戴着富士康集团工牌的员工在此享受忙碌工作后的休闲。而不远处他们工作的场所——佛山普立华和全亿大科技有限公司（富士康集团旗下的另一家公司）却被冰冷的铁丝网圈着。

“那天聚集抗议的是些老员工，大概有两三百人。”从湛江来的小马对《第一财经日报》表示，公司从6月开始调整基层员工工资，除还在试用期的和没有通过技能考核的员工外，4月以前来的所有一线基层作业员基本工资都涨到了1 400元。

不满调薪的主要是老员工。因为基本工资涨到1 400元的员工有一部分是工作3年以上的老员工，这些老员工的基本工资在4月以前就已有1 200元，而有些新进公司不到一年、4月以前基本工资只有1 000元的也和他们一样调了薪。“一些老员工心里很不平衡。”小马说。

相比之下，被加薪的新员工则非常满意。“我现在基本工资1 400元，比之前多了400元，底薪提升了，同时还提了加班费，每月收入比之前多了1 000多元。”从湖北来的小肖说。

小马指出，如有 1 400 元的基本工资，再算上加班费，一般月收入会超过 3 000 元。不过，加班费计算方式是每周 5 个工作日、每个工作日加班 4 小时，周六周日不休息。小马解释，基层员工就是靠加班赚钱，周六周日加班费加倍。

根据随机调查发现，超半数员工对此次调薪不满，问题主要是：第一，调薪幅度不够；第二，如工作日加班时请假，要用周六周日的加班来弥补，但其计算方式却按工作日加班来计酬。部分老员工说，原来是 1 200 元的基本工资上调至 1 400 元，幅度仅为 16. 67%，没达到之前承诺的涨薪三成。只有按月总收入（基本工资+加班工资）计算才有三成左右。

2. 同工同酬

关于员工的不满，富士康集团有关人士表示，公司是按岗位计酬，虽然老员工工作时间长，但其所做的其实与新员工差不多，公司采用的是同工同酬的计酬方式。

面对部分老员工的抗议，富士康集团管理人员显得无奈："同工同酬是国家法规提倡的，非国有企业也没有工龄工资的说法。"其实，老员工对涨薪幅度的不满并不只是在佛山工厂，深圳和其他生产基地的老员工也有同样的情绪。

"我们正跟进此事。"佛山市禅城区人力资源和社会保障局相关负责人指出，佛山市正在推动工资协商制度，根据当地生活消费水平、工厂效益，通过工人与企业协商，以求工人工资达到一个合理的平衡点。工资协商制度推行的前提是工会必须发挥桥梁作用。"现在很多企业正在健全工会，到其真正发挥作用还有一个过程。"上述负责人说。

华南师范大学人力资源研究所所长谌新民则表示，从佛山普立华老员工的不满来看，富士康集团应加强管理，完善薪酬制度，才能彻底消除这种不安定因素。因为工资标准的设定一定要参照对外竞争性和对内公平性，而对内公平性是可以完善的。

3. 无奈成本，反思管理

与佛山普立华相邻的华国公司和华永公司都打出招聘横幅，其薪酬与富士康集团现行薪酬相比有差距，基本工资仅 900 多元，加上加班费最高不过 2 000~2 300 元。

或许这正是富士康集团感到无奈的根本原因，因为涨薪可能造成成本大幅提升。富士康集团旗下子公司富士康国际 8 月底公布的半年报显示，当期亏损 1. 44 亿美元（约合 9. 79 亿元人民币），公司员工 2010 年上半年月工资为 360 美元（约合 2 448 元人民币），相比 2009 年同期的 328. 6 美元（约合 2 234 元人民币）增长不到一成。

这仅是截至 2010 年 6 月 30 日的上半年财报，涨薪三成所带来的营运成本增长效应还没有充分体现。富士康国际行政总裁曾在公告中表示，富士康集团员工涨薪将会增加公司营运成本，是否会对公司本年度财务表现构成任何重大不利影响还要看公司业务表现。

已涨薪一次的富士康集团还在消化涨薪后营运成本增加的影响，如此时再计算工龄工资，无疑进一步增加成本压力，而按工龄工资加薪的方式，还可能使劳动力成本逐年增长。

作为一家庞大的代工企业，富士康集团现在要考虑的，或许不仅是生产工厂的定位，近百万员工的规模已使其成为一个小型社会或社区，其内部管理也应从单纯企业管理模式向更高层次的社会管理模式迈进。

（资料来源：孙燕飚. 富士康涨薪招致员工不满 老员工抗议涨薪一刀切［EB/OL］.（2010-11-23）［M］. http://finance.people.com.cn/GB/13289024.html.）

第四节　可变薪酬

一、可变薪酬界定

可变薪酬也称绩效薪酬，是指相对于固定薪酬来讲具有风险性的一次性经济报酬，其获得通常是非固定的和不可预知的。可变薪酬的支付依据是绩效，包括个体绩效、群体绩效（团队、部门绩效）、组织绩效，因此也可以说可变薪酬是以绩效为条件的薪酬。

可变薪酬是一种按照企业业绩的某些预定标准支付给经营者的薪酬，是短期激励和长期激励的组合。与基本薪酬相比，可变薪酬更容易通过调整来反映组织目标的变化。在动态环境下，面向较大员工群体实行的可变薪酬能够针对员工和组织所面临的变革和较为复杂的挑战做出灵活的反应，从而不仅能够以一种积极的方式将员工和企业联系在一起，从而为在双方之间建立起伙伴关系提供了便利，同时还能起到鼓励团队合作的效果。此外，可变薪酬一方面能够对员工所达成的有利于企业成功的绩效提供灵活的奖励，另一方面在企业经营不利时可变薪酬还有利于控制成本开支。

二、可变薪酬形式

企业实践中可变薪酬的形式主要包括：个人激励计划，如奖金、绩效调薪、技能薪酬、佣金、股票期权、员工持股计划；群体激励计划，如收益分享；以组织绩效为基础的激励计划，如利润分享。组织一般不会采用单一的可变薪酬形式，大部分组织的可变薪酬计划是以上多种形式的混合。

（一）个人绩效奖励

1. 绩效工资

绩效工资根据员工每月或每季度达到的工作绩效水平而定，与员工的工作努力程度、工作能力、工作结果相关，反映了员工在当前岗位与技能、能力水平上的绩效产出。

根据该公司的绩效考评制度，绩效工资有两种形式，即月度绩效工资、季度绩效工资。其具体适用人员如表 8-1 所示。

表 8-1　　绩效工资适用人员

人员类别		考核周期
普通员工	导游	月考核
	司机	
	行政类	
	财务类	
	人事类	
中层管理者	部门主管	月考核与季度考核
	部门经理	

表8-1(续)

人员类别		考核周期
高层管理者	总经理	月考核与季度考核
	副总经理	
	经营总监	
	经营经理	

绩效工资具体计算办法如下：

月度绩效工资 = 岗位工资 ×月度考核系数

例如，月度考核系数定义如表 8-2 所示。

表 8-2

考核结果	优	良	中	基本合格	不合格
月度考核系数	1.5	1.2	1.1	0.8	0.4

季度绩效工资= 岗位工资 × 季度考核系数

例如，季度绩效考核系数定义如表 8-3 所示。

表 8-3

考核结果	优	良	中	基本合格	不合格
季度考核结果	2.2	1.8	1.5	0.8	0.4

2. 全勤奖

员工当月未出现任何迟到、早退、请假、旷工，并且在工作时间内态度认真，很好地完成本职工作任务，企业通常会给予全勤奖。

（1）全勤奖条件。凡领取全勤奖励者均应符合以下三项条件，其中任何一项无法满足时均无权领取。

①员工考核当月除国家规定的法定节日及公休外，未出现任何迟到、早退、请假、旷工行为。

②员工考核当月能够保值、保量完成工作任务，并达到公司绩效考核标准（中等以上）。

③员工考核当月无违反国家法律、公司管理制度规定的行为。

（2）全勤奖核实。企业人力资源部门对员工考勤及申领条件进行核实，如出现下列现象之一者，取消其当月全勤奖励：

①打卡记录作假。

②代他人打卡。

③打卡上班后，擅自离开工作场所。

④私自接打电话、闲聊、因私事会客、怠工及工作疏忽。

⑤请假、迟到、早退。

（3）全勤奖停发。当员工出现以下问题时，全勤奖停止计发。

①考核当月工作表现和工作业绩不良，未达到公司考核标准者全勤奖停发，待工作水平提升至公司要求时，再参照公司全勤奖申领条件予以重新计发。

②考核当月仍处于停薪留职期员工，全勤奖励停发，待正式恢复工作时，再参照公司全勤奖申领条件予以重新计发。

（二）团队绩效奖励

收益分享计划是企业提供的一种与员工共同分享因生产率提高、成本节约和服务质量提高而带来的收益的绩效奖励模式，如表 8-4 所示。

表 8-4　　收益分享利润分配

收益分享指标	收益标准	企业分享利润	全体员工分享利润
成本节约	15%以上	50%成本节约额	50%成本节约额
	5%~15%	60%成本节约额	40%成本节约额
	≤5%	70%成本节约额	30%成本节约额
净资产收益额	60%以上	50%净资产收益增加额	50%净资产收益增加额
	25%~60%	60%净资产收益增加额	40%净资产收益增加额
	≤25%	70%净资产收益增加额	30%净资产收益增加额

注：收益标准的确定基于上一年度成本节约额与净资产收益额的对比，从而计算出该年度的相对增加额

为了体现可变薪酬设计的差异性原则，个人分享的收益是部门与个人的绩效考核系数的有机结合，从而大大激励员工。具体分享比例如表 8-5 所示。

表 8-5　　个人收益分享利润比例

部门考核系数	个人年度绩效考核系数	个人分享比例（%）
2.0	1.5	10
	1.3	9
	1.1	8
	0.9	7
	0.7	6
1.7	1.5	8
	1.3	7
	1.1	6
	0.9	5
	0.7	4
1.4	1.5	6
	1.3	5
	1.1	4
	0.9	3
	0.7	2

表8-5(续)

部门考核系数	个人年度绩效考核系数	个人分享比例（%）
1.1	1.5	4
	1.3	3
	1.1	2
	0.9	1
合计	—	100

（三）股权激励

相对于以工资+奖金+福利为基本特征的传统薪酬激励体系而言，股权激励使企业与员工之间建立起了一种更加牢固、更加紧密的战略发展关系。目前，基本工资和年度奖金已不能充分调动公司高级管理人员的积极性，尤其是对长期激励很难奏效。股权激励作为一种长期激励方式，是通过让经营者或公司员工获得公司股权的形式，或给予其享有相应经济收益的权利，使他们能够以股东的身份参与企业决策、分享利润、承担风险，从而勤勉尽责地为公司的长期发展服务。

股权激励在西方发达国家应用很普遍，其中美国的股权激励工具最丰富，制度环境也最完善。以下是一些常见的股权激励模式：

1. 股票期权

股票期权也称认股权证，实际上是一种看涨期权，是公司授予激励对象的一种权利，激励对象可以在规定的时间内（行权期）以事先确定的价格（行权价）购买一定数量的本公司流通股票（行权）。股票期权只是一种权利，而非义务，持有者在股票价格低于行权价时可以放弃这种权利，因而对股票期权持有者没有风险。股票期权的行权也有时间和数量限制，并且需要激励对象自己为行权支出现金。

实施股票期权的假定前提是公司股票的内在价值在证券市场能够得到真实的反映，由于在有效市场中股票价格是公司长期盈利能力的反映，而股票期权至少要在一年以后才能实现，因此被授予者为了使股票升值而获得价差收入，会尽力保持公司业绩的长期稳定增长，使公司股票的价值不断上升，这样就使股票期权具有了长期激励的功能。同时，股票期权还要求公司必须是公众上市公司，有合理合法的、可资实施股票期权的股票来源。

股票期权模式目前在美国最为流行，运作方法也最为规范。随着20世纪90年代美国股市出现“牛市”，股票期权给高级管理人员带来了丰厚的收益。股票期权在国际上也是一种最为经典、使用最为广泛的股权激励模式。全球500家大型企业中已有89%的企业对高层管理者实施了股票期权。

2. 虚拟股票

虚拟股票是指公司授予激励对象一种虚拟的股票，激励对象可以依据被授予虚拟股票的数量参与公司的分红并享受股价升值收益，但没有所有权，没有表决权，不能转让和出售，在离开企业时自动失效。其好处是不会影响公司的总资本和所有权结构，但缺点是兑现激励时现金支出压力较大，特别是在公司股票升值幅度较大时。

虚拟股票和股票期权有一些类似的特性和操作方法，但虚拟股票并不是实质性的股票认购权，它实际上是将奖金延期支付，其资金来源于企业的奖励基金。与股票期权相比，虚拟股票的激励作用受证券市场的有效性影响要小，因为当证券市场失效时（如遇到“熊市”），只要公司有好的收益，被授予者仍然可以通过分红分享到好处。

3. 经营者持股

经营者持股，即管理层持有一定数量的本公司股票并进行一定期限的锁定。激励对象得到公司股票的途径可以是公司无偿赠予；公司补贴，被激励者购买；公司强行要求受益人自行出资购买；等等。激励对象在拥有公司股票后，成为自身经营企业的股东，与企业共担风险，共享收益。参与持股计划的被激励者得到的是实实在在的股票，拥有相应的表决权和分配权，并承担公司亏损和股票降价的风险，从而建立起企业、所有者与经营者三位合一的利益共同体。

4. 员工持股计划

员工持股计划是指由公司内部员工个人出资认购本公司部分股份，并委托公司进行集中管理的产权组织形式。员工持股制度为企业员工参与企业所有权分配提供了制度条件，持有者真正体现了劳动者和所有者的双重身份。其核心在于通过员工持股运营，将员工利益与企业前途紧紧联系在一起，形成一种按劳分配与按资分配相结合的新型利益制衡机制。同时，员工持股后便承担了一定的投资风险，这就有助于唤起员工的风险意识，激发员工的长期投资行为。由于员工持股不仅使员工对企业运营有了充分的发言权和监督权，而且使员工更关注企业的长期发展，这就为完善科学的决策、经营、管理、监督和分配机制奠定了良好的基础。

5. 管理层收购

管理层收购又称经理层融资收购，是指公司的管理者或经理层（个人或集体）利用借贷所融资本购买本公司的股份（或股权），从而改变公司所有者结构、控制权结构和资产结构，实现持股经营。同时，管理层收购也是一种极端的股权激励手段，因为其他激励手段都是所有者（产权人）对雇员的激励，而管理层收购则干脆将激励的主体与客体合二为一，从而实现了被激励者与企业利益、股东利益完整的统一。

管理层收购通常的做法是公司管理层和员工共同出资成立职工持股会或公司管理层出资（一般是信贷融资）成立新的公司作为收购主体，一次性或多次通过其授让原股东持有的公司国有股份，从而直接或间接成为公司的控股股东。如果国有股以高于公司每股净资产的价格转让，可避免国有资产的流失。

由于管理层可能一下子拿不出巨额的收购资金，一般的做法是管理层以私人财产作为抵押向投资银行或投资公司融资，成功收购后，再改用公司股权作为抵押，有时出资方也会成为股东。

6. 业绩股票

业绩股票是持股计划的另外一种方式，是根据激励对象是否完成并达到了公司事先规定的业绩指标，由公司授予其一定数量的股票或提取一定的奖励基金购买公司股票。业绩股票主要用于激励经营者和工作业绩有明确的数量指标的具体业务的负责人。业绩股票是我国上市公司中应用较为广泛的一种激励模式。

与限制性股票不同的是，绩效股票的兑现不完全以（或基本不以）服务期作为限制条件，被授予者能否真实得到被授予的绩效股票主要取决于其业绩指标的完成情况。

在有的持股计划中，绩效股票兑现的速度还与业绩指标完成的具体情况直接挂钩：达到规定的指标才能得到相应的股票；业绩指标完成情况越好，则业绩股票兑现速度越快。

阅读案例 8-3

华为公司的股权激励

华为公司成立于1987年，最初是一家生产公共交换机的香港公司的销售代理。由于采取“农村包围城市，亚非拉包围欧美”的战略，华为公司迅速成长为全球领先的电信解决方案供应商，专注于与运营商建立长期合作伙伴关系，产品和解决方案涵盖移动、网络、电信增值业务和终端等领域。华为公司在美国、德国、瑞典、俄罗斯、法国、印度等国家以及我国深圳、北京、上海、杭州、成都和南京等地设立了多个研究所，8 万多名员工中有 43%从事研发工作。华为公司在全球建立了 100 多个分支机构，营销及服务网络遍及全世界，为客户提供快速、优质的服务。2008 年，华为公司实现合同销售额 233 亿美元（约合 1 618 亿元人民币），同比增长 46%，其中 75%的销售额来自国际市场。

在企业管理上，华为公司积极与国际商业机器公司（IBM）、海氏管理咨询有限公司（Hay Group）、普华永道国际会计师事务所（PwC）等世界一流管理咨询公司合作，在集成产品开发（IPD）、集成供应链（ISC）、人力资源管理、财务管理和质量控制等方面进行深刻变革，建立了基于信息技术的管理体系。华为公司在企业文化上坚持“狼性”文化与现代管理理念相结合，其薪酬和人力资源管理上的创新是吸引众多优秀人才进入华为公司的重要原因，其中股权激励扮演着重要角色。

华为公司内部股权计划始于1990 年，即华为成立3 年之时，至今已实施了 4 次大型的股权激励计划。

1. 创业期股票激励

创业期的华为公司一方面由于市场拓展和规模扩大需要大量资金，另一方面为了打压竞争者需要大量科研投入，加上当时民营企业的性质，出现了融资困难。因此，华为公司优先选择内部融资。内部融资不需要支付利息，存在较低的财务困境风险，同时可以激发员工努力工作。1990 年，华为公司第一次提出内部融资、员工持股的概念。当时参股的价格为每股 10 元，以税后利润的 15%作为股权分红。那时，华为公司的员工的薪酬由工资、奖金和股票分红组成，这三部分数量几乎相当。其中，股票是在员工进入公司一年以后，依据员工的职位、季度绩效、任职资格状况等因素进行派发，一般用员工的年度奖金购买。如果新员工的年度奖金不够派发的股票额，公司帮助员工获得银行贷款购买股权。华为公司采取这种方式融资，一方面减少了公司现金流风险，另一方面增强了员工的归属感，稳住了创业团队。也就是在这个阶段，华为公司完成了“农村包围城市”的战略任务，1995 年销售收益达到 15 亿元人民币，1998 年将市场拓展到中国主要城市，2000 年在瑞典首都斯德哥尔摩设立研发中心，海外市场销售额达到 1 亿美元（约合 8.3 亿元人民币）。

2. 网络经济泡沫时期的股权激励

2000 年网络经济泡沫时期，信息技术行业受到毁灭性打击，融资出现空前困难。

2001年年底，由于受到网络经济泡沫的影响，华为公司迎来发展历史上的第一个冬天，此时华为公司开始实行名为“虚拟受限股”的期权改革。虚拟股票是指公司授予激励对象一种虚拟的股票，激励对象可以据此享受一定数量的分红权和股价升值权，但是没有所有权，没有表决权，不能转让和出售，在离开企业时自动失效。虚拟股票的发行维护了华为公司管理层对企业的控制能力，不至于导致一系列的管理问题。华为公司还实施了一系列新的股权激励政策：第一，新员工不再派发长期不变一元一股的股票；第二，老员工的股票也逐渐转化为期股；第三，以后员工从期权中获得收益的大头不再是固定的分红，而是期股所对应的公司净资产的增值部分。期权比股票的方式更为合理，华为公司规定根据公司的评价体系，员工获得一定额度的期权，期权的行使期限为4年，每年兑现额度为1/4。假设某人在2001年获得100万股，当年股价为1元/股，其在2002后逐年可以选择以下方式行使期权：兑现差价（假设2002年股价上升为2元/股，则可获利25万元）、以1元/股的价格购买股票、留于以后兑现、放弃（即什么都不做）。从固定股票分红向“虚拟受限股”的改革是华为公司激励机制从普惠原则向重点激励的转变。下调应届毕业生底薪，拉开员工之间的收入差距便是此种转变的反映。

3.“非典”时期的自愿降薪运动

2003年，尚未挺过网络经济泡沫的华为公司又遭受“非典”的重创，出口市场受到影响，同时和思科公司之间存在的产权官司直接影响华为公司的全球市场。华为公司内部以运动的形式号召公司中层以上员工自愿提交“降薪申请”，同时进一步实施管理层收购，稳住员工队伍，共同渡过难关。2003年的这次配股与华为公司以前每年例行的配股方式有三个明显差别：一是配股额度很大，平均接近员工已有股票的总和；二是兑现方式不同，往年积累的配股即使不离开公司也可以选择每年按一定比例兑现，一般员工每年兑现的比例最大不超过个人总股本的1/4，对于持股股份较多的核心员工每年可以兑现的比例则不超过1/10；三是股权向核心层倾斜，即骨干员工获得配股额度大大超过普通员工。此次配股规定了一个3年的锁定期，3年内不允许兑现，如果员工在3年之内离开公司的话则所配的股票无效。华为公司同时也为员工购买虚拟股权采取了一些配套的措施：员工本人只需要拿出所需资金的15%，其余部分由公司出面，以银行贷款的方式解决。自此改革之后，华为公司实现了销售业绩和净利润的突飞猛涨。

4. 新一轮经济危机时期的激励措施

2008年，由于美国“次贷”危机引发的全球经济危机给世界经济发展造成重大损失。面对本次经济危机的冲击和经济形势的恶化，华为公司又推出新一轮的股权激励措施。2008年12月，华为公司推出配股公告，此次配股的股票价格为每股4.04元，年利率逾6%，涉及范围几乎包括了所有在华为公司工作时间一年以上的员工。由于这次配股属于“饱和配股”，即不同工作级别匹配不同的持股量，比如级别为13级的员工持股上限为2万股，级别为14级的员工持股上限为5万股。大部分在华为公司总部的老员工，由于持股已达到其级别持股量的上限，并没有参与这次配股。之前有业内人士估计，华为公司的内部股在2006年时约有20亿股。按照上述规模预计，此次的配股规模在16亿~17亿股，因此是对华为公司内部员工持股结构的一次大规模改造。这次的配股方式与以往类似，如果员工没有足够的资金实力直接用现金向公司购买股票，华为公司以公司名义向银行提供担保，帮助员工购买公司股份。

华为公司的股权激励历程说明，股权激励可以将员工的人力资本与企业的未来发展紧密联系起来，形成一个良性的循环体系，使员工获得股权，参与公司分红，实现公司发展和员工个人财富的增值。同时，与股权激励同步的内部融资，可以增加公司的资本比例，缓冲公司现金流紧张的局面。

（四）利润分享计划

利润是公司经营的目的和最终结果，很大程度上取决于管理层的努力。因此，理论上，利润分享应更侧重报酬管理层和骨干层。在实际操作中，利润分享是全员覆盖的。根据美国 2006 年的统计，接近 50%的企业实行了各种分享计划，其中利润分享计划占到 38%。利润分享有一定的激励作用，但如何真正地调动起广大员工的积极性，使他们更多地投入到企业的价值创造过程中去，发挥他们的创造性和主动性仍是一个需要不断研究和实践的问题。利润分享有以下三种分配方式：

1. 按工资级别分配

利润分享对应着工资级别，通常是按照工资的级别来进行分配的。如果工资制度不合理，就会直接影响利润分享的合理性。

2. 按责任和贡献大小分配

按责任和贡献大小分配也就是在利润分享中加入绩效考核。林肯电气公司的做法值得参考。该公司的利润分享机制先是直接和业绩挂钩，彻底地实行计件工资，然后在利润分享机制中又加入了绩效考核。在林肯电气公司，一是考核员工的可信赖性，二是考核质量，三是考核产出（产出在计件工资已经考核了，但是在利润分享的时候，还要考核员工总的贡献是多少），四是考核建议和合作。实际上该公司的利润分享计划，尽管引入了绩效考核，但不是照搬奖金计划，或者照搬其他的工资增长计划中的业绩考核。

3. 按税后利润分红

按税后利润分红，即公司先交税，再分红。当然，交税以后再分红，按照美国的税收机制，能够算作年终奖，也就是说其税率是固定的。如果要算在每个月的工资里，工资低的税率可能还要低，如果是工资高的，累进的话则税率更高。我们其实可以笼统地把分红用税前利润或利润总额的一定比例来分配，甚至可以按毛利率的比例分配。这样能够计入成本，可以减少公司的纳税额，但是对个人则是按累进税来纳税的。

阅读案例 8-4

沃尔玛公司与员工：利润分享计划

所谓利润分享计划，顾名思义，就是一项所有员工参与利润分享的计划。这是沃尔玛公司创始人山姆·沃尔顿最引以为豪的举动，也是保证沃尔玛公司继续前进的动力。该计划具体的规定是，每一个在沃尔玛公司待了一年以上以及每年至少工作 1 000 小时的员工都有资格参与分享沃尔玛公司的利润。运用一个与利润增长相关的公式，沃尔玛公司把每个合格的员工工资的一定百分比归入员工的计划档案中，员工们离开公司时可取走这个份额——或以现金方式，或以沃尔玛公司股票方式。结果，这个计划发展速度极快且大获成功。

山姆·沃尔顿是这样思考利润分享计划的：利润率的高低不仅与工资数有关，也与利润多少有关，而如何提高利润呢？有一个简单的道理，那就是公司与员工共享利润——不管以工资、奖金、红利或股票折让方式，公司的利润就会越多。因为员工会以管理层对待他们的方式来对待顾客。而如果员工能够善待顾客，顾客就会乐意来这家商店，顾客越多，利润越多，而这正是该行业利润的真正源泉。仅靠把新顾客拉进商店，做一笔生意算一笔生意，或不惜成本大做广告是达不到这种效果的。因此，在沃尔玛公司的发展中，顾客称心满意、反复光临，才是沃尔玛公司惊人的利润率的关键，而那些顾客之所以对沃尔玛公司忠诚，是因为沃尔玛公司的员工比其他商店的员工好。

山姆·沃尔顿在自传中对自己还没有很快想到这个问题而感到懊悔不已，他回忆道："很长的一段时间内我并没有意识到这个问题。事实上，我整个事业中的最大缺憾就是，当1970年我们的公司公开发行股票时，我们最初的利润分享计划只包括经理人员，而没有扩大到所有员工。由于我太担心自己的负债状况，也太急于让公司迅速扩展，因而忽视了这一点。"

但山姆·沃尔顿很快意识到这些问题。于是1971年，利润分享计划全面实施了，不仅是对高层人员，而且是包括大部分员工。1971年，沃尔玛公司开始在全公司内推行利润分享计划，具体规定为：第一，凡加入公司一年以上，每年工作时数不低于1 000小时的所有员工都有权分享公司的一部分利润。第二，公司根据利润情况和员工工资数的一定百分比提留。当员工离开公司或退休时，可以提取这些提留，提取方式可以选择现金，也以可选择公司股票。该计划发展极快，随着沃尔玛公司销售额和利润的增长，基本上所有员工的红利也在增加。员工为公司发展努力，也因此获益。

第五节　员工福利

一、员工福利

员工福利是指员工除了工资和劳动保险之外所享受到的物质利益。在社会主义国家，员工福利一般指企业、事业单位和国家机关为员工举办的集体福利事业和建立的某些补助和补贴制度。员工福利的具体内容、方式和水平，取决于社会主义不同时期的生产力水平与职工的消费水平以及单位经营成果的大小。

福利必须被视为全部报酬的一部分，而总报酬是人力资源战略决策的重要方面之一。从管理层的角度看，福利可对以下若干战略目标做出贡献：协助吸引员工、协助保持员工、提高企业在员工心目中的形象、提高员工对职务的满意度。与员工的收入不同，福利一般不需要纳税。由于这一原因，相对于等量的现金支付，福利在某种意义上来说，对员工就具有更大的价值。

二、员工福利的构成

（一）法定福利

法定福利也称基本福利，是指按照国家法律法规和政策规定必须发生的福利项目，其特点是只要企业建立并存在，就有义务、有责任且必须按照国家统一规定的福利项目和支付标准支付，不受企业所有制性质、经济效益和支付能力的影响。法定福利包括：

1. 社会保险

社会保险是国家通过立法手段建立的，旨在保障劳动者在遭遇年老、疾病、伤残、失业、生育以及死亡等风险和事故，暂时或永久性地失去劳动能力或劳动机会，从而全面或部分丧失生活来源的情况下，能够享受国家或社会给予的物质帮助，维持其基本生活水平的社会保障制度。我国的社会保险主要有养老保险、医疗保险、失业保险、工伤保险、生育保险。

2. 法定休假

法定休假是国家通过法律的形式规定的员工应该享有的休假时间。《中华人民共和国劳动法》规定员工享有的休假待遇包括六个基本方面：劳动者每日休息时间；每个工作日内的劳动者的工间、用餐休息时间；每周休息时间；法定节假日放假时间；带薪年休假休息；特殊情况下的休息，如探亲、病假休息等。

3. 特殊情况下的工资支付

特殊情况下的工资支付是指除属于社会保险，如病假工资或疾病救济费（疾病津贴）、产假工资（生育津贴）之外的特殊情况下的工资支付，如婚丧假工资、探亲假工资。

（二）非法定福利（自定福利）

非法定福利是指企业自主建立的，根据自身的经营效益、利润完成等情况，为满足职工的生活和工作需要，在工资收入之外，向员工本人及其家属提供的一系列福利项目。

1. 保险类

补充医疗保险、意外伤害保险、团体健康保险、企业年金、退休计划等。

2. 生活保障类

员工餐厅、购房贷款、购车贷款、员工互助基金、汽油费报销等。

3. 个人发展类

员工职业生涯规划、员工培训计划、员工晋升计划、进修教育、图书阅览室等。

4. 补助类

住房补助、结婚补助、生育补助、交通补助、通信补助等。

5. 活动类

员工活动、家庭日活动、员工聚餐、员工旅游等。

6. 员工俱乐部类

健身俱乐部、足球俱乐部、篮球俱乐部、乒乓球俱乐部、象棋俱乐部等。

7. 身心健康类

年度体检、健康顾问、员工帮助计划（EAP）等。

8. 公司层面类

奖金、津贴、节假日或生日礼金、员工持股、员工股票期权、本公司产品优惠、利润分享计划、收益分享计划等。

9. 实物类

购物卡、电话卡、代金券、电影票、健身卡、美容卡、日用品、图书等。

三、弹性福利制

（一）弹性福利制的概念

除了强制实施的法定福利之外员工对非法定福利项目的偏好往往各不相同，众口难调。统一型的福利计划模式往往无法考虑到员工多样化的需求，从而削弱了福利实施的效果，这反而增加了企业的成本。从20世纪70年代开始，在西方发达国家的一些企业中，开始针对员工不同的需求提供不同的福利内容，弹性福利模式逐渐兴起并成了福利管理发展的一个趋势。

弹性福利制就是由员工自行选择福利项目的福利管理模式。弹性福利制还有几种不同的名称，如自助餐式福利计划、菜单式福利模式等。在实践中，通常是由企业提供一份列有各种福利项目的“菜单”，然后由员工依照自己的需求从中选择其需要的项目，组合成属于自己的一套福利“套餐”。这种制度强调员工参与的过程。当然员工的选择不是完全自由的，有一些项目，如法定福利就是每位员工的必选项。此外，企业通常都会根据员工的薪水、年资或家庭背景等因素来设定每一个员工所拥有的福利限额，同时福利清单的每项福利项目都会附一个金额，员工只能在自己的限额内“购买”喜欢的福利。

（二）弹性福利制设计需要考虑的因素

（1）法律法规。设立福利也是为了合理避税，但对于福利金提取使用，按照国家规定比例走税前列支。非税前列支福利项目需要将其纳入员工个人收入中。

（2）利弊分析。采用弹性福利制有一定的益处，但也有一定的弊端，并不是每一个企业都能适用，应根据企业自身的特点灵活运用。因此，应认真检查福利制度的激励作用，从正面和负面加以分析。

（3）员工真正需求。不同企业、不同岗位性质、不同员工结构，员工需求不尽相同，企业可以通过问卷调查或团体焦点访谈的方式来了解员工想法，以设计真正满足员工需求的福利制度。

（4）行政与人力成本投入。许多企业在提供弹性福利制时，感到困扰的是需要花许多人工审核与处理员工申请补助的单据，也需要花很多时间与合作机构议价。

（5）全员沟通与文化塑造。好的福利制度，必须让员工明白企业为何提供。若员工不能了解企业美意，认为只是换汤不换药，可能导致使用率不高。更何况弹性福利制让员工从被动接受转为拥有选择权，员工需要担负关注与规划自己需求的责任。这些文化与制度的转变，在导入初期，全面且持续沟通是必要的。

(三) 弹性福利制的类型

1. 标准组件式福利

这是指由企业同时推出多种固定的福利组合，每一种组合所包含的福利项目或优惠水准都不一样，员工只能选择其中的一个组合，不能要求更换组合中的内容。

2. 核心加选择型福利

这是指福利制度由核心福利和弹性选择福利组成。核心福利是每个员工都可以享受的基本福利，不能自由选择。弹性选择福利是员工在获得的福利限额内可以根据自己的需求或喜好随意选择的福利项目，每一个福利项目都附有价格。员工获得的福利限额是员工享有的福利总值减去核心福利的价值后的余额。如果员工所购弹性福利总值低于其享有的福利限额，差额可以折发现金；反之，超出福利限额，超过部分必须从税前薪酬中扣抵。

3. 附加型弹性福利

这是指在现有的福利计划之外，再提供其他不同的福利措施或扩大原有福利项目的范围，让员工去选择。这是一种最普遍的弹性福利制度，其除了维持现有的福利外，又提供额外的福利项目供员工选择，扩大了员工的选择范围，能够满足员工的多样化需求。

4. 弹性支用账户式福利制度

员工每年可以从其税前收入中拨出一定数额的款项存入自己的专用账户，并以此账户去选择各种福利项目的福利计划。由于拨入该账户的金额不用缴纳所得税，因此对员工很有吸引力。但该账户中的金额如果本年度没有用完，一般不能在来年使用，也不能用现金形式发放或挪作他用，余额归企业所有。

5. 自助式福利

这是指企业提供一份列有各种福利项目的“菜单”，员工在“菜单”中完全自由地选择其所需要的福利。企业应根据员工的不同需求尽量提供多样化的福利项目，以便供员工有余地选择。

阅读案例8-5

微软公司福利政策

微软（Microsoft）公司是世界计算机机软件开发的先导，由比尔·盖茨与保罗·艾伦创立于1975年，总部设在华盛顿州的雷德蒙市（Redmond，邻近西雅图）。目前，微软公司是全球最大的电脑软件提供商。微软公司现有雇员6.4万人，2005年营业额达368亿美元。其主要产品为“Windows”操作系统、“Internet Explorer”网页浏览器以及“Microsoft Office”办公软件套件。1999年，微软公司推出了“MSN Messenger”网络即时信息客户程序。2001年微软公司推出了“Xbox”游戏机，参与游戏终端机市场竞争。面对如此激烈的市场竞争环境，微软公司无疑是当今世界最成功的公司之一，微软公司的成功必然是诸多因素的结合，微软公司独具特色的福利体系吸引了世界上最优秀的技术人员的加盟，使微软公司长期保持在软件行业的领先地位。

1. 雇员股票购买计划（Employee Stock Purchase Plan）

雇员股票购买计划又称储蓄投资计划（Saving Investment Plan），根据该计划，员工可用从工资中扣减的钱购买公司股票。该计划的主要特点是购买公司股票所需的钱直接从税后工资中扣减；公司股票直接从公司购买，无须交纳证券交易费用；购买公司股票时，价格上一般有优惠。

2003 年，微软公司宣布股权激励将以受限股票代替股票期权，微软公司向所有员工提供受限制的股份奖励，这些股票的所有权在 5 年内逐步转移到微软公司的员工手中。所谓限制性，是指微软公司的员工必须将公司以奖励形式发放的股票保留 5 年，5 年后员工如果还在微软公司就职，将有权卖出这些股票。

2. 舒适的办公环境

微软公司的办公环境相当优美，整个建筑格局就像一所大学一样。不仅如此，在西雅图，微软公司每一位正式员工都有自己独立的办公室，该办公室的装修、布置和摆设由员工全权负责。

3. 生日祝福

员工生日时会收到由其上司带来的微软公司的祝福。

4. 家人体验日

每年一天家人体验日，在这一天，微软公司的员工可以带家庭成员来公司体验生活。

5. 体育锻炼卡

为了让员工工作之余能得到全面的休息，微软公司给员工免费提供附近体育馆的锻炼卡。

6. 工作与生活的平衡

微软公司在员工子女的幼儿园中安放了摄像设备，员工可以在线看到孩子，将因惦记孩子而分心工作的时间减至最少。微软公司规定男性员工也有一个月的“产假”，以便照顾妻子和婴儿。

7. 形式多样的培训机会

微软公司提供给员工很多培训和交流的机会，鼓励团队与团队之间、人与人之间的知识和文化的分享。每年的“技术节”是一个内部员工经验交流与分享的盛会。他们把“技术节”看成一个扁平化的社交场所，研究部门有机会接触公司所有对新技术感兴趣的人（包括盖茨本人），并减少相互间的信息传递障碍，这是一种轻松自在的交流氛围。微软公司人才培育经验是建立卓越软件培训部，该部门每周都会对员工进行 90 分钟的技术与流程管理培训，鼓励他们在软件设计、开发以及测试等各领域建立起学习组，从而培养出一批谙熟软件研发流程、擅长项目管理的人才。

8. 自由放松的沟通氛围

微软公司亚洲工程院传承了微软公司总部的理念，其在中国的工作环境和方式也是很自由、和谐、放松的。微软公司的员工可以边享受美食边了解公司新的战略、商业计划和产品；可以选择自己有兴趣的培训或研究小组，实现工作角色的转换；甚至工作时间都会让员工自己安排。因为微软公司给予员工足够的信任与尊重，它相信员工能够合理地安排好工作时间和提高效率。

第六节　薪酬福利管理实务

一、薪酬管理制度设计

示例 8-1

第一章　总则

第一条　目的。

为规范集团公司及各成员企业薪酬管理，充分发挥薪酬体系的激励作用，特制定本制度。

第二条　制定原则。

（一）竞争原则：企业保证薪酬水平具有相对市场竞争力。

（二）公平原则：使企业内部不同职务序列、不同部门、不同职位员工之间的薪酬相对公平合理。

（三）激励原则：企业根据员工的贡献，决定员工的薪酬。

第三条　适用范围：本企业所有员工。

第二章　薪酬构成

企业薪酬设计按人力资源的不同类别，实行分类管理，着重体现岗位（或职位）价值和个人贡献。鼓励员工长期为企业服务，共同致力于企业的不断成长和可持续发展，同时共享企业发展带来的成果。

第四条　企业正式员工薪酬构成。

（一）企业高层薪酬构成=基本年薪+年终效益奖+股权激励+福利。

（二）员工薪酬构成=岗位工资+绩效工资+工龄工资+各种福利+津贴或补贴+奖金。

第五条　试用期员工薪酬构成。

企业一般员工试用期为1~6个月不等，具体时间长短根据所在岗位而定。

员工试用期工资为转正后工资的70%~80%，试用期内不享受正式员工所发放的各类补贴。

第三章　工资系列

第六条　企业根据不同职务性质，将企业的工资划分为行政管理、技术、生产、营销、后勤五类工资系列。员工工资系列适用范围详见表 8-6。

表 8-6　工资系列适用范围表

工资系列	适用范围
行政管理系列	企业高层领导； 各职能部门经理； 行政部（勤务人员除外）、人力资源部、财务部、审计部所有职员
技术系列	产品研发部、技术工程部所有员工（各部门经理除外）

表8-6(续)

工资系列	适用范围
生产系列	生产部门、质量管理部门、采购部门所有员工（各部门经理除外）
营销系列	市场部、销售部所有员工
后勤系列	一般勤务人员，如司机、保安、保洁员等

第四章 高层管理人员薪酬标准的确定

第七条 基本年薪是高层管理人员的一个稳定的收入来源，是由个人资历和职位决定的。该部分薪酬应占高层管理人员全部薪酬的30%~40%。

第八条 高层管理人员的薪酬水平由薪酬委员会确定，确定的依据是上一年度的企业总体经营业绩以及对外部市场薪酬调查数据的分析。

第九条 年终效益奖。

年终效益奖是对高层管理人员经营业绩的一种短期激励，一般以货币的形式于年底支付，该部分应占高层管理人员全部薪酬的15%~25%。

第十条 股权激励。

这是非常重要的一种激励手段。股权激励主要有股票期权、虚拟股票和限制性股票等方式。

第五章 一般员工工资标准的确定

第十一条 岗位工资。

岗位工资主要根据该岗位在企业中的重要程度来确定工资标准。企业实行岗位等级工资制，根据各岗位所承担工作的特性及对员工能力要求的不同，将岗位划分为不同的级别。

第十二条 绩效工资。

绩效工资根据企业经营效益和员工个人工作绩效计发。企业将员工绩效考核结果分为五个等级，其标准如表8-7所示。

表8-7 绩效考核标准划分

等级	S	A	B	C	D
说明	优秀	良	好	合格	差

绩效工资分为月度绩效工资、年度绩效奖金两种。

月度绩效工资：员工的月度绩效工资同岗位工资一起按月发放，月度绩效工资的发放额度依据员工绩效考核结果确定。

年度绩效奖金：企业根据年度经营情况和员工一年的绩效考核成绩，决定员工的年度奖金的发放额度。

第十三条 工龄工资。

工龄工资是对员工长期为企业服务所给予的一种补偿。其计算方法为从员工正式进入企业之日起计算，工作每满一年可得工龄工资10元/月；工龄工资实行累进计算，满10年不再增加。工龄工资按月发放。

第十四条　奖金。

奖金是对做出重大贡献或优异成绩的集体或个人给予的奖励。

第六章　员工福利

福利是在基本工资和绩效工资以外，为解决员工后顾之忧所提供的一定保障。

第十五条　社会保险。

社会保险是企业按照国家和地方相关法律规定为员工缴纳的养老、失业、医疗、工伤和生育保险。

第十六条　法定节假日。

企业按照《中华人民共和国劳动法》和其他相关法律规定为员工提供相关假期。法定假日共11天，具体如下：

元旦（1月1日）　1天
春节（农历正月初一）　3天
清明节（4月5日）　1天
劳动节（5月1日）　1天
端午节（农历五月初五）　1天
中秋节（农历八月十五）　1天
国庆节（10月1日~10月3日）　3天

第十七条　带薪年假。

员工在企业工作满一年可享受×个工作日的带薪休假，以后在企业工作每增加一年可增加×个工作日的带薪休假，但最多不超过×个工作日。

第十八条　其他带薪休假。

企业视员工个人情况，员工享有婚假、丧假、产假和哺乳假等带薪假。

第十九条　津贴或补贴。

（一）住房补贴。企业为员工提供宿舍，因企业原因而未能享受企业宿舍的员工，企业为其提供每月×××元的住房补贴。

（二）加班津贴。凡制度工作时间以外的出勤为加班，主要指休息日、法定休假日加班以及8小时工作日的延长作业时间。

加班时间必须经主管认可，加点、加班时间不足半小时的不予计算。加班津贴计算标准如表8-8所示。

表8-8　**加班津贴支付标准**

加班时间	加班津贴
工作日加班	每小时加点工资=正常工作时间每小时工资×150%支付
休息日加班	每小时加点工资=正常工作时间每小时工资×200%支付
法定节假日加班	每小时加班工资=正常工作时间每小时工资×300%支付

（三）学历津贴与职务津贴。为鼓励员工不断学习，提高工作技能，特设立此津贴项目。其标准如表8-9所示。

表 8-9　　学历津贴、职务津贴支付标准

津贴类型		支付标准
学历津贴	本科	×××元
	硕士	×××元
	博士及以上	×××元
职务津贴	初级	×××元
	中级	×××元
	高级	×××元

（四）午餐补助。公司为每位正式员工提供×元/天的午餐补助。

第七章　附则

第二十条　本制度由企业人力资源部制定，经总经理核准后实施，修改时亦同。

二、福利管理制度设计

示例 8-2

第一章　总则

第一条　目的。

为了给员工营造一个良好的工作氛围，吸引人才，鼓励员工长期为企业服务并增强企业的凝聚力，以促进企业的发展，特制定本制度。

第二条　适用范围。本企业所有员工。

第三条　权责单位。

（一）人力资源部负责本制度的制定、修改、解释和废止等工作。

（二）总经理负责核准本制度的制定、修改、废止等。

第二章　福利的种类及标准

第四条　社会保险。

企业按照《中华人民共和国劳动法》及其他相关法律规定为员工缴纳养老保险、医疗保险、工伤保险、失业保险和生育保险。

第五条　企业补充养老保险。

企业补充养老保险是指由企业根据自身经济实力，在国家规定的实施政策和实施条件下为本企业员工建立的一种辅助性的养老保险。企业补充养老保险居于多层次的养老保险体系中的第二层次，由国家宏观指导、企业内部决策执行。企业补充养老保险的资金由企业和员工共同承担。

（一）企业补充养老保险资金来源的主要渠道。

（1）参保员工缴纳的部分费用。

（2）公益金。

（3）福利金或奖励基金。

（二）企业与参保员工缴费比例。

企业每月缴费比例为参加补充养老保险员工工资总额的×%，员工每月缴费为其月

工资总额的×%。

第六条 各种补助或补贴。

（一）工作餐补助。

发放标准为每人每日×元，随每月工资一同发放。

（二）节假日补助。

每逢劳动节、国庆节和春节，企业为员工发放节假日补助，正式员工每人×元。

（三）其他补助。

(1) 生日补助：正式员工生日时（以员工身份证上的出生日期为准），企业为员工发放生日贺礼×××元，并赠送由总经理亲笔签名的生日贺卡。

(2) 结婚补助：企业正式员工满一年及以上者，给付结婚贺礼×××元，正式聘用未满半年者贺礼减半，男女双方都在企业服务的正式员工贺礼加倍。

第七条 教育培训。

为不断提升员工的工作技能和员工自身发展，企业为员工定期或不定期地提供相关培训，采取的方式主要有在职培训、短期脱产培训、公费进修和出国考察等。

第八条 设施福利。

旨在丰富员工的业余生活，培养员工积极向上的道德情操，包括组织旅游、文体活动等。

第九条 劳动保护。

（一）因工作原因需要劳动保护的岗位，企业必须发放在岗人员劳动保护用品。

（二）员工在岗时，必须穿戴劳动用品，并不得私自挪做他用。员工辞职或退休离开企业时，必须到人力资源部交还劳保用品。

第十条 各种休假。

（一）国家法定假日。

包括元旦（1天）、春节（3天）、清明节（1天）、劳动节（1天）、端午节（1天）、中秋节（1天）、国庆节（3天）。

（二）带薪年假。

员工为企业服务每满1年可享受×天的带薪年假；每增1年相应增1天，但最多为×天。

（三）其他假日。

员工婚嫁、产假、事假、病假期间，其休假待遇标准如表8-10所示。

表8-10 **员工婚嫁、产假、事假、病假期间，其休假待遇标准**

假日	相关说明	薪资支付标准
婚假	符合《中华人民共和国婚姻法》规定的员工结婚时，享受3天婚假。若是晚婚，除享受国家规定的婚假外，增加晚婚假7天	全额发放员工的基本工资
产假	女职工的产假有90天，产前假15天，产后假75天。难产的，增加产假15天。多胞胎生育的，每多生育一个婴儿增加产假15天	按相关法律规定和公司政策执行

表8-10(续)

假日	相关说明	薪资支付标准
事假	必须员工本人亲自处理时，方可请事假并填写请假单	扣除请假日的全额工资
病假	员工请病假，需填写请假单； 规定医疗机构开具的病休证明	劳动者本人所在岗位标准工资的××%

第三章　员工福利管理

第十一条　人力资源部于每年年底必须将福利资金支出情况编制成相关报表，交付相关部门审核。

第十二条　福利金的收支账务程序比照一般会计制度办理，支出金额超过××××元以上者需提交总经理审核。

【本章小结】

在薪酬管理中，薪酬的概念构成和主要因素是传统工资与现代薪酬的主要区别。薪酬设计的原则包括公平性、有效性、合法性。

职位薪酬体系通过薪酬调查，设计合理化问卷，并完成数据统计和筛选，最终完成调查报告。

可变薪酬的种类分布中，从绩效薪酬到个体和团队激励，最难做好的是高层激励计划。留住核心员工应从完善企业可变薪酬方案设计开始。

员工福利包括企业自定的和非自定的两种福利，各有利弊。

【简答题】

1. 薪酬的主要构成有哪些？对企业有哪些重要作用？
2. 简述薪酬体系设计的流程。
3. 简述薪酬调查的主要步骤。
4. 可变薪酬有哪些常见形式？
5. 股权制可变薪酬有哪几类？
6. 员工福利中法定福利有哪些类型？
7. 员工福利中企业自主福利有哪些类型？
8. 如何设计弹性福利？

【案例分析题】

康贝思公司的薪酬体系

康贝思公司是一家在20世纪90年代中期创办成立的集研发、生产和销售为一体的民营家电企业。其主要产品为燃气用具、厨房电器、家用电器等家电产品。自成立以来，康贝思公司抓住市场机遇，以高科技为先导，高起点、高标准引进国内外先进的燃具生产技术和工艺，严格按照质量标准组织生产，通过建立自有营销渠道网络进行产品销售。经过10余年的发展，康贝思公司现有员工1 000多人，总资产8亿元，净资产3亿元，年销售额达到10亿多元。近一年来，康贝思公司出现产品开发跟不上消费者需求变化和开发周期过长、向客户提供产品不及时、生产成本与竞争对手相比居高不下、销售业绩停滞不前等现象。为了应对新环境对公司产生的影响，康贝思公司和当前大多数企业一样，也推行了战略重组、流程优化、组织精简等变革措施，以期提升企业的经营业绩。然而，迄今为止，令人遗憾的是康贝思公司付出的这些努力都没有取得预期的成果。

康贝思公司以前的薪酬制度是以管理职务等级标准建立的，公司薪酬项目主要包括三部分：基本工资、绩效工资和福利。这种基于管理职务等级标准为基础来确定薪酬的内部等级体系，主要考虑的是岗位的职务高低、管辖范围、决策权力等。

康贝思公司所有岗位按照管理职务等级划分为12个等级，一个职务等级对应一个薪酬级别，即一岗一薪。基本工资和绩效工资总额水平由管理职务等级确定，所有岗位的两者比例都一样，为90：10。工资等级要得到晋升必须要在管理职务上获得提升，一旦员工职务上得不到升级，其工资水平基本上不会发生变化，除非康贝思公司进行员工工资普调。

康贝思公司每个月进行员工绩效考核来决定员工的绩效工资，主要集中对生产和销售人员的考核，考核是由员工的直接上级进行，人力资源部进行复核和归总。考核主要是从工作态度、工作任务和出勤方面进行，以确定员工的绩效等级。绩效考核结果共分为三级：一等（优秀）、二等（称职）、三等（不称职）。其相应等级的考核系数为1.1：0.9：0.7。其采取强制分布法将员工考核一、二、三等的比例控制在10%：60%：30%范围内。每年年底，康贝思公司会对员工一年的绩效进行一次归总性评估，评选出具有卓越贡献的员工并给予特别奖励，自实施以来，最多的一次获得特别奖励的员工也没有超过5人。

薪酬项目组合：基本工资+绩效工资+福利。

状态：固定+浮动+固定。

基本工资的确定办法如下：

(1) 以职务等级标准进行确定，等级越高工资水平越高。

(2) 反映职务高低、管辖权、预算决策权的职位等级标准是工资等级体系建立的基础；工资水平是基于内部职务高低，而不考虑外部工资水平。

(3) 每一等只有一级，共有12个等级，其平均差距为25%左右，最高与最低工资相差14倍多。

(4) 工资增长依据职务晋升实现。

(5) 基本工资每月固定发放，与员工的出勤率相关。

(6) 绩效工资：绩效工资占基本工资的11%左右。

(7) 绩效工资获取依据员工的绩效考核结果对应的等级系数决定。

(8) 绩效认可：绩效考核由上级依据员工工作态度、工作任务和出勤率进行考核。

(9) 考核结果等级的系数按等级分为：一等（优秀）1.1、二等（称职）0.9、三等（不称职）0.7。

（10）考核等级得到严格控制：员工考核一、二、三等的比例控制在10%：60%：30%范围内，在年底对于特别优秀的极个别员工给予特殊奖励。

（11）公司对表现优异的员工颁发总经理奖。

（12）公司总经理为了调动员工的积极性，在薪酬之外实施了总经理奖励制度，由总经理依据公司阶段性工作任务安排进行奖励，奖励方式是以现金进行，额度为200~1 000元，其实施对象主要是部门负责人以上级别人员。

康贝思公司在内部进行了一次员工民意调查，调查结果清晰地反映出几个主要问题：除了高层外，员工大多数不清楚公司的战略和目标，更不知公司如何有效实施战略以及公司战略和自己有什么关系；公司在实施变革后，员工工作责任发生变化，但薪酬还是老样子；员工薪酬的升降只由职务等级决定；员工的薪酬获取虽说以绩效考核确定，但绩效考核又缺乏相应的客观标准，基本上全由上级说了算；等等。

思考题：

1. 康贝思公司的薪酬体系是以什么为主建立的？其薪酬由哪些方面构成？
2. 康贝思公司的薪酬体系有什么问题吗？如果有，应该如何改进？

【实际操作训练】

实训项目：销售人员薪酬福利方案设计。

实训目的：在学习理论知识的基础上，通过实训，进一步掌握薪酬管理的方法，能够制定合理的薪酬管理制度。

实训内容：

1. 进行销售人员岗位评价。
2. 进行销售人员岗位薪酬调查。
3. 根据拟定虚拟企业背景资料，进行薪酬定位。
4. 明确销售人员薪酬结构。
5. 设计销售人员薪酬福利方案。

第九章 员工关系管理

开篇案例

谷歌公司的福利激发创造力

2012年，美国《财富》杂志做了一项调查，得出结论：在全球互联网企业中，员工福利最好的非谷歌公司莫属。众所周知，从事信息技术产业的员工很大一部分工作是创新性的，他们承受着巨大的压力，时常需要加班、熬夜。

谷歌公司人力运营高级副总裁拉兹罗·博克介绍，谷歌公司共有约3万名员工，为让他们保持愉悦的心情、健康的身体，使员工关系更加亲密，最大限度激发员工的创造力，谷歌公司付出了巨大努力，包括推行高标准的员工福利政策，如免费美食，现场洗衣、改衣服务，户外运动，邀请名人演讲等。

谷歌公司为什么要提供如此丰厚的福利和待遇？谷歌公司为员工创造了什么样的工作氛围？这是很多企业高管想知道的。谷歌公司在曼哈顿的工程总监内维尔曼宁介绍："谷歌公司的企业哲学其实很简单，其成功依赖于创新和协作，其做的一切就是让创新和协作更简单。"

谷歌公司的办公楼是一个把休闲度假和家庭风格混合的、充满轻快和温馨气息的地方。这里有开放式厨房、多功能咖啡吧、阳光房、游戏室、餐厅、艺术走廊以及按摩室、瑜伽教室、拥有多种器材的健身房等。这些设施距离办公室只有一步之遥，员工们工作劳累时，就可以在这里小休片刻，让精神放松。

走进图书馆，打开书柜，你会发现里面隐藏着更大的空间，你可以在这里独自看书，不用担心他人的打扰。而当你到了游戏厅，你会发现整个游戏厅就是一个巨大的乐高玩具库，你进入其中就像进入了迷宫一样。

谷歌公司的福利不仅是办公环境的人性化，还体现在个性化方面。谷歌公司让众多的软件工程师自己设计办公桌的风格。有些人不喜欢整天坐在桌子旁边，就站着工作；有的人在自己的办公桌旁边加了一个跑步机。谷歌公司还将女性生产假期调整为7周（这在美国是比较多的），还开辟了婴儿室、宠物室、儿童室，女性员工上班可以带孩子。

在健康饮食方面，谷歌公司可以说是不遗余力。一日免费三餐自不必说，像各种糖果、饮料都全天提供。当然，这些食物多是健康食品。

谷歌公司的福利不仅表现在物质生活上，还表现在他们对员工文化生活的关注上。谷歌公司经常会举办各种演讲、音乐会、舞会以及其他交谊活动。

（资料来源：学习谷歌好榜样：谷歌帮员工管好情绪［EB/OL］.（2015-07-07）［2016-11-10］. http://www.wtoutiao.com/p/hcfXBF.html.）

问题与思考：

1. 此案例给了我们什么启发？
2. 员工关系对企业来说有何价值？
3. 为什么要进行员工关系管理？

第一节　员工关系管理概述

一、员工关系管理的概念

从广义上讲，员工关系管理是在企业人力资源体系中，各级管理人员和人力资源职能管理人员，通过拟订和实施各项人力资源政策和管理行为以及其他的管理沟通手段调节企业和员工、员工与员工之间的相互联系和影响，从而实现组织的目标并确保为员工、社会增值。从狭义上讲，员工关系管理是企业和员工的沟通管理，这种沟通更多采用柔性的、激励性的、非强制的手段，从而提高员工满意度，支持组织其他管理目标的实现。员工关系管理的主要职责是协调员工与公司、员工与员工之间的关系，引导建立积极向上的工作环境。

二、员工关系管理的具体内容

从广义的概念上看，员工关系管理的内容涉及了企业文化和人力资源管理体系的构建。从企业愿景和企业价值观的确立、内部沟通渠道的建设和应用、组织的设计和调整、人力资源政策的制定和实施等，所有涉及企业与员工、员工与员工之间的联系和影响的方面，都是员工关系管理体系的内容。

从管理职责来看，员工关系管理主要有以下几个方面：

（一）劳动关系管理

劳动关系管理主要包括劳动争议处理，员工上岗、离岗面谈及手续办理，处理员工申诉、人事纠纷和意外事件，引导员工遵守公司的各项规章制度、劳动纪律，提高员工的组织纪律性，在某种程度上对员工行为规范起约束作用；为员工提供有关国家劳动法律、法规、政策、个人身心等方面的咨询服务，协助员工平衡工作与生活。

（二）员工沟通管理

员工沟通管理要求保证沟通渠道的畅通，引导公司上下级及时的双向沟通，完善员工建议制度。员工关系管理的重点是员工成长沟通管理。员工成长沟通可以细分为入职前沟通、岗前培训沟通、试用期间沟通、转正沟通、工作异动沟通、定期考核沟通、离职面谈、离职后沟通管理 8 个方面，从而构成一个完整的员工成长沟通管理体系，以改善和提升员工关系管理水平，为公司领导经营管理决策提供重要的参考信息。

（三）员工健康管理

员工健康管理要求组织员工健康体检，组织员工心态、满意度调查，对谣言、怠工的预防、检测及处理，解决员工关心的问题。

（四）企业文化建设

这是指企业建设积极有效、健康向上企业文化，引导员工价值观，维护企业的良好形象。

（五）员工关系管理培训

这是指企业组织员工进行人际交往、沟通技巧等方面的培训。

三、员工关系管理的目标

（一）协调和改善企业内部人际关系

企业的总目标能否实现，关键在于企业与个人目标是否一致，企业内部各类员工的人际关系是否融洽员工关系管理就是要畅通企业内部信息交流渠道，消除误会和隔阂，联络感情，在企业内部形成相互交流、相互配合、相互支持、相互协作的人际关系，而这种人际关系一旦形成，标志着创造了一种良好的企业心理气氛，成为提高工作效率，推动企业发展的强大动力。

（二）树立员工的团体价值

企业的价值观念是企业内部绝大多数人认同并持有的共同信念和判断是非的标准，是调整企业员工行为和人际关系的持久动力，是企业精神的表现。员工的团体价值是决定企业兴衰成败的根本问题，对于塑造企业形象和企业生存发展具有重要的作用。企业的价值观念是经过长期的培养逐步形成的。因此，企业应通过员工关系管理，逐步地精心培育全体员工认同的价值观念，从而影响企业的经营决策、领导风格以及全体员工的工作态度和作风，引导全体员工把个人的目标和理想凝聚在同一目标和信念上，形成一股强大的凝聚力。

（三）增强企业对员工的凝聚力

员工关系管理可以使每一个员工都从内心真正把自己归属于企业之中，处处为企业的荣誉和利益着想，把自己的命运和企业的兴衰联系在一起，为自己是企业的一员而自豪，使企业内部上下左右各方面心往一处想，劲往一处使，成为一个协调和谐、配合默契、具有强大凝聚力的集体。

综上所述，员工关系管理的问题最终是人的问题，主要是管理者的问题。因此，管理者，特别是中高层管理者的观念和行为起着至关重要的作用。在员工关系管理和企业文化建设中，管理者应是企业利益的代表者，应是群体最终的责任者，应是下属发展的培养者，应是新观念的开拓者，应是规则执行的督导者。在员工关系管理中，每一位管理者能否把握好自身的管理角色，实现自我定位、自我约束、自我实现、自我超越，关系到员工关系管理的成败和水平，更关系到一个优秀的企业文化建设的成败。

第二节 劳动关系管理

一、劳动关系管理的概念

劳动关系管理就是指传统的签合同、解决劳动纠纷等内容。劳动关系管理是对人的管理，对人的管理是一个思想交流的过程，在这一过程中的基础环节是信息传递与交流。劳动关系管理是要通过规范化、制度化的管理，使劳动关系双方（企业与员工）的行为得到规范，权益得到保障，维护稳定和谐的劳动关系，促使企业经营稳定运行。企业劳动关系主要指企业所有者、经营管理者、普通员工和工会组织之间在企业的生产经营活动中形成的各种责、权、利关系，所有者与全体员工的关系，经营管理者与普通员工的关系，经营管理者与工人组织的关系，工人组织与职工的关系。

二、劳动关系管理的主体

劳动关系中的一方应是符合法定条件的用人单位，另一方只能是自然人，而且必须是符合劳动年龄条件，并且具有与履行劳动合同义务相适应的能力的自然人。

（一）用人单位

用人单位包括企业、个体经济组织、民办非企业单位、律师事务所、会计师事务所、基金会以及国家机关、事业单位、社会团体等。

（二）劳动者

劳动者必须是年满16周岁且具有劳动能力的自然人。文艺、体育和特种工艺单位招用未满16周岁的未成年人，必须依照国家有关规定，履行审批手续，并保障其接受义务教育的权利。劳动者不包括公务员、参公管理人员、实行聘用制的事业单位工作人员、现役军人、家庭保姆、在校学生、义工、单纯从事农业生产的农民等。

三、劳动合同

（一）劳动合同的种类

劳动合同分为固定期限劳动合同、无固定期限劳动合同和以完成一定工作任务为期限的劳动合同。

无固定期限劳动合同是指用人单位与劳动者约定无确定终止时间的劳动合同。用人单位与劳动者协商一致，可以订立无固定期限劳动合同，无条件限制。有下列情形之一，劳动者有权要求订立无固定期限劳动合同：

（1）劳动者在该用人单位连续工作满10年的。

（2）用人单位初次实行劳动合同制度或者国有企业改制重新订立劳动合同时，劳动者在该用人单位连续工作满10年且距法定退休年龄不足10年的。

（3）连续订立两次固定期限劳动合同，续订劳动合同的。

视为订立无固定期限劳动合同的情形是指用人单位自用工之日起满一年不与劳动

者订立书面劳动合同的，视为用人单位与劳动者已订立无固定期限劳动合同。用人单位违反相关规定不与劳动者订立无固定期限劳动合同的，自应当订立无固定期限劳动合同之日起向劳动者每月支付两倍的工资。

（二）劳动合同的成立和效力

1. 订立书面劳动合同

劳动合同应当以书面形式订立。劳动合同应当在用工同时或者自用工之日起一个月内订立。用人单位自用工之日起超过一个月且不满一年未与劳动者订立书面劳动合同的，应当向劳动者每月支付两倍的工资并补立书面劳动合同；用人单位自用工之日起满一年不与劳动者订立书面劳动合同的，除按上述规定每月支付两倍工资外，视为用人单位与劳动者已订立无固定期限劳动合同。先订立劳动合同后用工的，劳动关系自用工之日起建立。劳动合同由劳动合同书和规章制度等附件构成，规章制度与集体合同或者劳动合同不一致的，劳动者有权请求优先适用合同约定。

2. 劳动合同的成立和生效

（1）劳动合同由用人单位与劳动者协商一致，并经用人单位与劳动者在劳动合同文本上签字或者盖章生效。

（2）无效的劳动合同的情形包括：以欺诈、胁迫的手段或者乘人之危，使对方在违背真实意思的情况下订立或者变更劳动合同的；用人单位免除自己的法定责任、排除劳动者权利的；违反法律、行政法规强制性规定的。劳动合同无效的处理类似于民事合同无效的处理。

（3）无书面形式的劳动合同形成的事实上的劳动关系。用人单位招用劳动者未订立书面劳动合同，但同时具备下列情形的，劳动关系成立：用人单位和劳动者符合法律、法规规定的主体资格；用人单位依法制定的各项劳动规章制度适用于劳动者，劳动者受用人单位的劳动管理，从事用人单位安排的有报酬的劳动；劳动者提供的劳动是用人单位业务的组成部分。

3. 告知义务

用人单位招用劳动者时，应当如实告知劳动者工作内容、工作条件、工作地点、职业危害、安全生产状况、劳动报酬以及劳动者要求了解的其他情况。用人单位有权了解劳动者与劳动合同直接相关的基本情况，劳动者应当如实说明。用人单位招用劳动者，不得扣押劳动者的居民身份证和其他证件，不得要求劳动者提供担保或者以其他名义向劳动者收取财物。用人单位违反此规定，由劳动行政部门责令限期退还劳动者本人，并以每人 500 元以上 2 000 元以下的标准处以罚款；给劳动者造成损害的，用人单位应当承担赔偿责任。

（三）劳动合同的条款

1. 必备条款

劳动合同的必备条款包括当事人、期限、工作内容和地点、工作时间和休息休假、劳动报酬、社会保险、劳动保护、劳动条件和职业危害防护。必备条款欠缺会导致合同不成立。用人单位提供的劳动合同文本未载明必备条款或者用人单位未将劳动合同文本交付劳动者的，由劳动行政部门责令改正；给劳动者造成损害的，用人单位应当承担赔偿责任。

2. 关于试用期的强制性规定

试用期是指用人单位和劳动者在建立劳动关系时，经过平等协商，在劳动合同中约定，供双方相互了解、相互考查、相互选择的不超过法律规定时长的期限。试用期在劳动合同解除方式、工资水平等方面与正式劳动合同期间有所不同。

试用期的具体时间，应由劳动者和用人单位协商确定，但不得违反国家有关试用期最长限度的规定。

（1）劳动合同期限在三个月以上一年以下的，试用期不得超过一个月。

（2）劳动合同在一年以上三年以下的，试用期不得超过二个月。

（3）三年以上固定期限和无固定期限的合同，试用期不得超过六个月。

非全日制用工、以完成一定工作任务为期限的劳动合同、劳动合同期限不满三个月的，不得约定试用期。

同一用人单位与同一劳动者只能约定一次试用期。试用期包含在劳动合同期限内。劳动合同仅约定试用期的，试用期不成立，该期限为劳动合同期限。劳动者在试用期的工资不得低于本单位相同岗位最低档工资的 80% 或者不得低于劳动合同约定工资的 80%，并不得低于用人单位所在地的最低工资标准。用人单位应当为试用者缴纳社会保险费。

用人单位违反规定与劳动者约定试用期的，由劳动行政部门责令改正；违法约定的试用期已经履行的，由用人单位以劳动者试用期满月工资为标准，按已经履行的超过法定试用期的期间向劳动者支付赔偿金。

3. 关于违约金的强制性规定

（1）违约金约定。除劳动者违反服务期约定和竞业限制条款外，劳动合同不得约定由劳动者承担违约金。

（2）服务期约定。用人单位为劳动者提供专项培训费用，对其进行专业技术培训的，可以与该劳动者订立协议，约定服务期。劳动者违反服务期约定的，应当按照约定向用人单位支付违约金。约定的违约金数额不得超过用人单位提供的培训费用。用人单位要求劳动者支付的违约金数额不得超过服务期尚未履行部分所应分摊的培训费用。

（3）竞业限制条款。为了保护商业秘密，防止不正当竞争，用人单位的高级管理人员、高级技术人员和其他负有保密义务的人员在竞业限制期限内按月给予劳动者经济补偿；竞业限制期限不得超过两年。劳动者违反竞业限制约定的，应当按照约定向用人单位支付违约金。

限制的范围条款主要包括时间限制、地域限制、领域限制等。例如，禁止引诱离职条款（职工离职后负有不得诱使其他知悉企业商业秘密的员工离职的义务，如果违反此义务，则应该承担相应的责任）；补偿费条款（职工负有竞业禁止的义务，企业应支付一定数额的竞业禁止补偿金，具体标准可由双方约定，可执行相关行业或地方规定）。

阅读案例 9-2

重庆破获首例侵犯商业秘密案，涉案金额上千万元

据重庆市公安局打假总队披露，警方近日成功破获当地首例侵犯商业秘密案，涉案金额 1 000 余万元，3 名主要犯罪嫌疑人已被刑事拘留。

据介绍，2006 年 1 月，巴南区公安分局经侦支队接到重庆市某净化设备公司举报：重庆市某机械制造公司生产销售的再生精馏设备涉嫌侵犯该公司商业秘密，对其造成重大经济损失。警方侦查发现，2015 年 3 月，重庆市某净化设备公司原厂长夏某离职后，伙同该厂销售负责人郑某，罔顾与某净化设备公司签订的保密承诺，私自注册成立某机械制造公司。

之后，夏某等人采取高薪回报等方式，先后将上述净化设备公司原生产负责人唐某、销售骨干王某和黄某等人陆续招揽到新成立的公司。夏某等人利用上述人员在某净化设备公司工作期间掌握的再生精馏设备制造核心技术、报价方案、联络渠道、客户信息、客户需求等商业秘密，在短短两个月内，仿造出原公司花费数年心血、耗资 800 余万元研制的再生精馏设备。

同时，夏某等人通过降低售价与上述净化设备公司展开不正当竞争，进而抢占客户资源，并利用网络销售平台将侵权产品大肆销往冈比亚、缅甸、土耳其、马来西亚等多国，涉案金额累计超过 1 000 万元。警方在掌握确凿证据后，从上述机械制造公司查获涉嫌侵权产品“VTS-PP 再生精馏设备”3 台。目前，夏某、郑某、唐某 3 名主要犯罪嫌疑人已被批捕，该案还在进一步查办中。

（资料来源：吴新伟. 重庆破获首例侵犯商业秘密案 涉案金额逾千万［EB/OL］.（2016-05-13）［2016-11-10］. http://news.ifeng.com/a/20160513/48765958_0.shtml.）

（四）劳动合同的解除与终止

1. 劳动合同解除的法律后果

（1）劳动合同解除和终止后用人单位应承担的后合同义务。用人单位应当在解除或者终止劳动合同时出具解除或者终止劳动合同的证明，并在 15 日内为劳动者办理档案和社会保险关系转移手续。劳动者应当按照双方约定，办理工作交接。用人单位依照有关规定应当向劳动者支付经济补偿的，在办结工作交接时支付。用人单位对已经解除或者终止的劳动合同的文本，至少保存两年备查。

（2）单方解除合同的法律后果。单方解除劳动合同系违反《中华人民共和国劳动合同法》的行为，用人单位或劳动者由于本身的过错造成的不履行或不适应履行合同义务，应承担相关的法律责任，即行政责任、经济责任和刑事责任。

（3）用人单位违法解除或者终止劳动合同的处理。用人单位违反法律、法规规定解除或者终止劳动合同，劳动者要求继续履行劳动合同的，用人单位应当继续履行；劳动者不要求继续履行劳动合同或者劳动合同已经不能继续履行的，用人单位应当依照经济补偿标准的两倍向劳动者支付赔偿金。

（4）劳动者违法解除劳动合同的处理。劳动者违反法律、法规规定解除劳动合同，或者违反劳动合同中约定的保密义务或竞业限制，给用人单位造成损失的，应当承担

赔偿责任。用人单位招用与其他用人单位尚未解除或者终止劳动合同的劳动者，给其他用人单位造成损失的，应当承担连带赔偿责任。

2. 协商解除

用人单位与劳动者协商一致，可以解除劳动合同。协商解除劳动合同要求双方当事人具有平等的解除合同请求权；必须经双方平等、自愿、协商一致；协商解除不受约定终止合同条件的约束；由用人单位提出解除劳动合同的，用人单位必须支付补偿金。工作每满一年的，发给相当于一个月的工资补偿，最多不超过12个月；工作时间不满一年发给相当于一个月工资的经济补偿金。劳动合同解除后，用人单位未按规定给予劳动者经济补偿的，除发给经济补偿外，还必须按经济补偿金额的50%支付额外经济补偿金。

3. 劳动者单方解除

（1）无条件的单方解除（预告解除）。劳动者提前30日以书面形式通知用人单位，可以解除劳动合同。劳动者在试用期内提前3日通知用人单位，可以解除劳动合同。

（2）有条件的单方解除（单位过错）。根据《中华人民共和国劳动合同法》（以下简称《劳动合同法》）第三十八条的规定，用人单位有下列情形之一的，劳动者可以解除劳动合同：

①未按照劳动合同约定提供劳动保护或者劳动条件的；

②未及时足额支付劳动报酬的；

③未依法为劳动者缴纳社会保险费的；

④用人单位的规章制度违反法律、法规的规定，损害劳动者权益的；

⑤劳动合同无效的；

⑥法律、行政法规规定劳动者可以解除劳动合同的其他情形。

用人单位以暴力、威胁或者非法限制人身自由的手段强迫劳动者劳动的，或者用人单位违章指挥、强令冒险作业危及劳动者人身安全的，劳动者可以立即解除劳动合同，不需事先告知用人单位。

4. 用人单位单方解除

（1）用人单位随时解除（过错性解除）。根据《劳动合同法》第三十九条的规定，劳动者有下列情形之一的，用人单位可以解除劳动合同：

①在试用期间被证明不符合录用条件的；

②严重违反用人单位的规章制度的；

③严重失职，营私舞弊，给用人单位造成重大损害的；

④劳动者同时与其他用人单位建立劳动关系，对完成本单位的工作任务造成严重影响，或者经用人单位提出，拒不改正的；

⑤劳动合同无效的；

⑥被依法追究刑事责任的。

（2）用人单位提前通知解除（非过错性解除）。根据《劳动合同法》第四十条的规定，有下列情形之一的，用人单位提前30日以书面形式通知劳动者本人或者额外支付劳动者1个月工资后，可以解除劳动合同：

①劳动者患病或者非因工负伤，在规定的医疗期满后不能从事原工作，也不能从

事由用人单位另行安排的工作的；

②劳动者不能胜任工作，经过培训或者调整工作岗位，仍不能胜任工作的；

③劳动合同订立时所依据的客观情况发生重大变化，致使劳动合同无法履行，经用人单位与劳动者协商，未能就变更劳动合同内容达成协议的。

(3) 经济性裁员。根据《劳动合同法》第四十一条的规定，有下列情形之一的，需要裁减人员20人以上或者裁减不足20人但占企业职工总数10%以上的，用人单位提前30日向工会或者全体职工说明情况，听取工会或者职工的意见后，裁减人员方案经向劳动行政部门报告，可以裁减人员：

①依照企业破产法规定进行重整的；

②生产经营发生严重困难的；

③企业转产、重大技术革新或者经营方式调整，经变更劳动合同后，仍需裁减人员的；

④其他因劳动合同订立时所依据的客观经济情况发生重大变化，致使劳动合同无法履行的。

裁减人员时，应当优先留用下列人员：

①与本单位订立较长期限的固定期限劳动合同的；

②与本单位订立无固定期限劳动合同的；

③家庭无其他就业人员，有需要扶养的老人或者未成年人的。

用人单位依照规定裁减人员，在6个月内重新招用人员的，应当通知被裁减的人员，并在同等条件下优先招用被裁减的人员。

阅读案例 9-2

王某等26名职工与某商场签订了劳动合同，在劳动合同履行中，该商场以经营亏损为由，于2015年5月辞退王某等26名职工。王某等人遂向当地劳动保障局的劳动保障监察机构举报，提请纠正该商场的错误行为，维护自己的合法权益。劳动保障监察机构在接到王某等人的举报后，经多次深入调查取证，查明该商场不具备企业经济性裁减人员的法定条件，又违反了企业经济性裁减人员的法定程序，在此前提下，单方解除王某等26名职工的劳动合同，属违约行为，并责令该商场限期改正。该商场在劳动保障监察机构规定的期限内撤销了辞退王某等26名职工的决定，恢复了王某等人的工作，补发了王某等人的工资并为其补缴了社会保险费。

这是一起因用人单位违反经济性减员法律规定，擅自解除劳动合同的案件。《劳动合同法》对于经济性裁员的法定条件，包括人数要求、程序、法定情形、优先留用的人员的强制性规定，都进行了明确的规定。该商场解除王某等26名职工劳动合同时不具备法定条件，也未履行法定程序，严重违反经济性裁员有关法律规定，侵害了王某等26名职工的合法权益。劳动保障监察机构依法对某商场做出责令限期改正的决定是完全正确的。

(4) 用人单位单方解除合同的限制。根据《劳动合同法》第四十二条的规定，劳动者有下列情形之一的，用人单位不得依照《劳动合同法》第四十条和四十一条的规定解除劳动合同：

①从事接触职业病危害作业的劳动者未进行离岗前职业健康检查，或者疑似职业病病人在诊断或者医学观察期间的；

②在本单位患职业病或者因工负伤并被确认丧失或者部分丧失劳动能力的；

③患病或者非因工负伤，在规定的医疗期内的；

④女职工在孕期、产期、哺乳期的；

⑤在本单位连续工作满 15 年，并且距法定退休年龄不足 5 年的；

⑥法律、行政法规规定的其他情形。

5. 劳动合同的终止

根据《劳动合同法》第四十四条的规定，有下列情形之一的，劳动合同终止：

（1）劳动合同期满的；

（2）劳动者开始依法享受基本养老保险待遇的；

（3）劳动者死亡，或者被人民法院宣告死亡或者宣告失踪的；

（4）用人单位被依法宣告破产的；

（5）用人单位被吊销营业执照、责令关闭、撤销或者用人单位决定提前解散的；

（6）劳动者达到法定退休年龄的；

（7）法律、行政法规规定的其他情形。

（五）经济补偿、一次性安置费和经济赔偿

1. 经济补偿

根据《劳动合同法》第四十七条的规定，经济补偿按劳动者在本单位工作的年限，每满一年支付一个月工资的标准向劳动者支付。6 个月以上不满一年的，按一年计算；不满 6 个月的，向劳动者支付半个月工资的经济补偿。劳动者月工资高于用人单位所在直辖市、设区的市级人民政府公布的本地区上年度职工月平均工资 3 倍的，向其支付经济补偿的标准按职工月平均工资 3 倍的数额支付，向其支付经济补偿的年限最高不超过 12 年。月工资是指劳动者在劳动合同解除或者终止前 12 个月的平均工资。

有下列情形之一的，用人单位应当向劳动者支付经济补偿：

（1）劳动者因用人单位的违法或过错解除劳动合同的；

（2）用人单位提出解除劳动合同并与劳动者协商一致解除劳动合同的；

（3）用人单位提前通知解除劳动合同的；

（4）用人单位经济性裁员的；

（5）劳动合同期满而终止（但劳动者不同意续订的除外）；

（6）用人单位消灭终止劳动合同的；

（7）以完成一定工作任务为期限的劳动合同因任务完成而终止的；

（8）法律、行政法规规定的其他情形。

有下列情形之一的，用人单位解除劳动合同不用支付经济补偿金：

（1）试用期被证明不符合录用条件的；

（2）严重违反用人单位的规章制度的；

（3）严重失职，营私舞弊，给用人单位造成重大损害的；

（4）劳动者同时与其他用人单位建立劳动关系，对完成本单位的工作任务造成严重影响，或者经用人单位提出，拒不改正的；

（5）以欺诈、胁迫的手段或者乘人之危，使对方在违背真实意思的情况下订立或变更劳动合同的，致使劳动合同无效；

（6）被依法追究刑事责任的。

2. 一次性安置费

一次性安置费是指国家为了支持国有企业改革和减员增效而在国务院确定的优化资本结构试点城市中实行的一项安置破产企业职工的政策，政府可根据当地的实际情况，发放一次性安置费，不再保留国有企业职工身份。一次性安置费原则按照破产企业所在市的企业职工上年平均工资收入的3倍发放，具体发放由有关人民政府规定。

经济补偿金与一次性安置费的区别如下：

（1）支付与领受的依据不同。一次性安置费是基于劳动保障的政策性规定，不属于企业的法定义务，是一项政策性措施；经济补偿金是企业的法定义务，是保障劳动者合法权益的一项法律手段。

（2）支付与领受主体不同。领取一次性安置费仅适用于国有破产企业职工；领取经济补偿金适用于所有类型的用人单位与劳动者。

（3）支付与领受主体意愿不同。支付与领受一次性安置费必须经由职工个人自愿申请并与企业达成协议后由企业支付；支付经济补偿金无需劳动者申请，用人单位负有法定的支付义务。

（4）支付与领受标准不同。领取一次性安置费的标准为不高于当地企业职工上年平均工资收入的3倍。领取经济补偿金的标准为企业正常生活情况劳动者解除劳动合同前12个月平均工资水平，每满一年发给相当于一个月工资，最多不超过12个月。工作时间6个月以上不满一年的按一年标准发给；不满6个月的向劳动者支付半个月工资的经济补偿金。

（5）支付与领受条件不同。支付及领受一次性安置费的适用对象仅为破产国有企业职工；支付及领受经济补偿金适用于各类所有制及其劳动者的解除劳动合同的情形。

（6）支付与领受形式不同。支付与领受一次性安置费属于职工自愿申请并与企业达成协议，属双方法律行为；领取经济补偿金无需职工申请。

3. 经济赔偿

经济赔偿是用人单位因违法或者违约行为造成劳动者损失的情况下给予的赔偿。经济赔偿以损失为提前，以遭受的实际损失为计算基础。

《劳动合同法》第四十八条规定："用人单位违反本法规定解除或者终止劳动合同，劳动者要求继续履行劳动合同的，用人单位应当继续履行；劳动者不要求继续履行劳动合同或者劳动合同已经不能继续履行的，用人单位应当依照本法第八十七条规定支付赔偿金。"

《劳动合同法》第八十七条："用人单位违反本法规定解除或者终止劳动合同的，应当依照本法第四十七条规定的经济补偿标准的二倍向劳动者支付赔偿金。"

《劳动合同法》第四十七条："经济补偿按劳动者在本单位工作的年限，每满一年支付一个月工资的标准向劳动者支付。六个月以上不满一年的，按一年计算；不满六个月的，向劳动者支付半个月工资的经济补偿。劳动者月工资高于用人单位所在直辖市、设区的市级人民政府公布的本地区上年度职工月平均工资三倍的，向其支付经济补偿的标准按职工月平均工资三倍的数额支付，向其支付经济补偿的年限最高不超过十二年。本条所称月工资是指劳动者在劳动合同解除或者终止前十二个月的平均工资。”

（1）用人单位直接涉及劳动者切身利益的规章制度。用人单位直接涉及劳动者切身利益的规章制度违反法律、法规规定的，由劳动行政部门责令改正，给予警告；给劳动者造成损害的，用人单位应当承担赔偿责任。用人单位提供的劳动合同文本未载明《劳动合同法》规定的劳动合同必备条款或者用人单位未将劳动合同文本交付劳动者的，由劳动行政部门责令改正；给劳动者造成损害的，用人单位应当承担赔偿责任。

（2）用人单位自用工之日起超过一个月不满一年未与劳动者订立书面劳动合同。用人单位自用工之日起超过一个月不满一年未与劳动者订立书面劳动合同的，应当向劳动者每月支付两倍的工资。用人单位违反《劳动合同法》规定不与劳动者订立无固定期限劳动合同的，自应当订立无固定期限劳动合同之日起向劳动者每月支付两倍的工资。

（3）用人单位违反《劳动合同法》规定与劳动者约定试用期。用人单位违反《劳动合同法》规定与劳动者约定试用期的，由劳动行政部门责令改正；违法约定的试用期已经履行的，由用人单位以劳动者试用期满月工资为标准，按已经履行的超过法定试用期的期间向劳动者支付赔偿金。

（4）用人单位违反《劳动合同法》规定，扣押劳动者居民身份证等证件。用人单位违反《劳动合同法》规定，扣押劳动者居民身份证等证件的，由劳动行政部门责令限期退还劳动者本人，并依照有关法律规定给予处罚。

（5）用人单位违反《劳动合同法》规定，以担保或者其他名义向劳动者收取财物。用人单位违反《劳动合同法》规定，以担保或者其他名义向劳动者收取财物的，由劳动行政部门责令限期退还劳动者本人，并以每人 500 元以上 2 000 元以下的标准处以罚款；给劳动者造成损害的，用人单位应当承担赔偿责任。劳动者依法解除或者终止劳动合同，用人单位扣押劳动者档案或者其他物品的，依照上述规定处罚。

（6）其他情形。用人单位有下列情形之一的，由劳动行政部门责令限期支付劳动报酬、加班费或者经济补偿；劳动报酬低于当地最低工资标准的，应当支付其差额部分；逾期不支付的，责令用人单位按应付金额 50%以上 100%以下的标准向劳动者加付赔偿金：

①未按照劳动合同的约定或者国家规定及时足额支付劳动者劳动报酬的；

②低于当地最低工资标准支付劳动者工资的；

③安排加班不支付加班费的；

④解除或者终止劳动合同，未依照规定向劳动者支付经济补偿的。

用人单位有下列情形之一的，依法给予行政处罚；构成犯罪的，依法追究刑事责任；给劳动者造成损害的，用人单位应当承担赔偿责任：

①以暴力、威胁或者非法限制人身自由的手段强迫劳动的；

②违章指挥或者强令冒险作业危及劳动者人身安全的；

③侮辱、体罚、殴打、非法搜查或者拘禁劳动者的；

④劳动条件恶劣、环境污染严重，给劳动者身心健康造成严重损害的。

用人单位违反《劳动合同法》规定未向劳动者出具解除或者终止劳动合同的书面证明，由劳动行政部门责令改正；给劳动者造成损害的，用人单位应当承担赔偿责任。劳动者违反《劳动合同法》规定解除劳动合同，或者违反劳动合同中约定的保密义务或者竞业限制，给用人单位造成损失的，应当承担赔偿责任。

用人单位招用与其他用人单位尚未解除或者终止劳动合同的劳动者，给其他用人单位造成损失的，应当承担连带赔偿责任。

（六）特别规定

1. 集体合同

集体合同又称团体协议、集体协议等，是指工会或职工推举的职工代表代表全体职工与用人单位依照法律、法规的规定就劳动报酬、工作条件、工作时间、休息休假、劳动安全卫生、社会保险、劳动福利等事项，在平等协商的基础上缔结的书面协议。

（1）集体合同的订立。集体合同草案应当提交职工代表大会或者全体职工讨论通过。用人单位与本单位职工签订集体合同或专项集体合同以及确定相关事宜，应当采取集体协商的方式。集体协商主要采取协商会议的形式，它比一般的民事合同订立要复杂得多，是一种高度规定化、程序化的商谈。严重违反集体谈判的程序性规范而签订的集体合同应认定为无效。集体合同由工会代表企业职工一方与用人单位订立；尚未建立工会的用人单位，由上级工会指导劳动者推举的代表与用人单位订立。集体合同订立后，应当报送劳动行政部门。劳动行政部门自收到集体合同文本之日起 15 日内未提出异议的，集体合同即行生效。

（2）集体合同的效力。集体合同中劳动报酬和劳动条件等标准不得低于当地人民政府规定的最低标准；用人单位与劳动者订立的劳动合同中劳动报酬和劳动条件等标准不得低于集体合同规定的标准。

（3）集体合同争议。用人单位违反集体合同，侵犯职工劳动权益的，工会可以依法要求用人单位承担责任。因履行集体合同发生争议，经协商解决不成的，工会可以依法申请仲裁、提起诉讼。集体合同处于协商争议阶段产生的纠纷，按《集体合同规定》第五十一条的规定，集体协商争议处理实行属地管辖，具体管辖范围由省级劳动保障行政部门规定。中央管辖的企业以及跨省、自治区、直辖市用人单位因集体协商发生的争议，由劳动保障部指定的省级劳动保障行政部门组织同级工会和企业组织三方面的人员协调处理，必要时，劳动保障部也可以组织有关方面协调处理。集体合同履行阶段产生纠纷，如果是申请仲裁的，按照《工会法》第二十条第四款的规定，企业违反集体合同，侵犯职工劳动权益的，工会可以依法要求企业承担责任；因履行集体合同发生争议，经协商解决不成的，工会可以向劳动争议仲裁机构提请仲裁，仲裁机构不予受理或者对仲裁裁决不服的，可以向人民法院提起诉讼。如果提起诉讼的，则按照诉讼程序规定的诉讼管辖来执行。

2. 劳务派遣

（1）劳务派遣的概念。劳务派遣又称人力派遣、人才租赁、劳动派遣、劳动力租赁、雇员租赁，是指由劳务派遣机构与派遣劳工订立劳动合同，把劳动者派向其他用工单位，再由用工单位向派遣机构支付一笔服务费用的一种用工形式。劳动力给付的事实发生于派遣劳工与要派企业（实际用工单位）之间，要派企业向劳务派遣机构支付服务费，劳务派遣机构向劳动者支付劳动报酬。

劳动合同用工是我国企业的基本用工形式。劳务派遣用工是补充形式，只能在临时性、辅助性或替代性的工作岗位上实施。用工单位应当严格控制劳务派遣用工数量，不得超过其用工总量的一定比例。

（2）劳务派遣单位。经营劳务派遣业务的法人注册资本不得少于人民币 200 万元，应当向劳动行政部门依法申请行政许可。经许可的，依法办理相应的公司登记；未经许可的，任何单位和个人不得经营劳务派遣业务。劳务派遣单位应当与劳动者订立两年以上的固定期限劳动合同，按月支付劳动报酬。劳务派遣单位不得以非全日制用工形式招用被派遣劳动者。被派遣劳动者在无工作期间，劳务派遣单位应当按照最低工资标准向其按月支付报酬。用人单位不得设立劳务派遣单位向本单位或者所属单位派遣劳动者。

（3）用工单位。实际用工单位应当履行下列义务：

①执行国家劳动标准，提供相应的劳动条件和劳动保护。

②告知被派遣劳动者的工作要求和劳动报酬。

③支付加班费、绩效奖金，提供与工作岗位相关的福利待遇。

④对在岗被派遣劳动者进行工作岗位所必需的培训。

⑤连续用工的，实行正常的工资调整机制。

⑥用工单位不得将被派遣劳动者再派遣到其他用人单位。

⑦对被派遣劳动者与本单位同类岗位的劳动者实行相同的劳动报酬分配办法。用工单位无同类岗位劳动者的，参照用工单位所在地相同或者相近岗位劳动者的劳动报酬确定。

（4）责任。用工单位违法而给被派遣劳动者造成损害的，劳务派遣单位与用工单位承担连带赔偿责任。

3. 非全日制用工

非全日制用工属于劳动合同用工范畴，一般的非全日制用工的当事人双方是劳动者和用人单位。《劳动合同法》第九十四条规定：“个人承包经营违反本法规定招用劳动者，给劳动者造成损害的，发包的组织与个人承包经营者承担连带赔偿责任。”可见，个人作为承包方聘用劳动者的，一般适用用人单位规定，即个人能够招收非全日制用工。非全日制用工双方当事人可以订立口头协议。口头形式一般适用于短期的即时结清的合同形式。对于以小时为单位的非全日制用工形式，经双方协商同意，可以订立口头劳动合同。但如果劳动者提出订立书面合同的，应以书面形式订立。劳动者可以建立多重劳动关系。非全日制用工双方当事人不得约定试用期。非全日制用工双方当事人任何一方都可以随时通知对方终止用工。终止用工，用人单位不向劳动者支付经济补偿。非全日制用工劳动报酬结算支付周期最长不得超过 15 日。

（七）劳动基准（劳动条件的最低标准）

1. 一般规定

标准工时是 8 小时/日，40 小时/周，1 周休息 2 天。企业因生产特点不能实行法定工作时间的，经与工会和劳动者协商并经劳动行政部门批准，可以实行其他工作和休息办法，如不定时工作时间和综合计算工作时间。实行综合计算工作时间的，计算周期可以周、月、季或年计算，如果综合计算周期内总实际工作时间超过总法定标准工作时间，要支付1.5倍劳动报酬；法定休假日安排劳动者工作的，需要支付3倍劳动报酬。国家实行带薪年休假制度。职工累计工作已满1年不满10年的，年休假5天；已满10年不满20年的，年休假10天；已满20年的，年休假15天。对职工应休未休的年休假天数，单位应当按照该职工日工资收入的300%支付年休假工资报酬。

2. 加班

用人单位由于生产经营需要，经与工会和劳动者协商后可以延长工作时间，一般每日不得超过1小时；因特殊原因需要延长工作时间的，在保障劳动者身体健康的条件下延长工作时间每日不得超过3小时，但是每月不得超过36小时。

有下列情形之一的，延长工作时间不受的限制：发生自然灾害、事故或者因其他原因，威胁劳动者生命健康和财产安全，需要紧急处理的；生产设备、交通运输线路、公共设施发生故障，影响生产和公众利益，必须及时抢修的；法律、行政法规规定的其他情形。

有下列情形之一的，用人单位应当按照下列标准支付高于劳动者正常工作时间工资的工资报酬：安排劳动者延长工作时间的，支付不低于工资的150%的工资报酬；休息日安排劳动者工作又不能安排补休的，支付不低于工资的200%的工资报酬；法定休假日安排劳动者工作的，支付不低于工资的300%的工资报酬。

3. 最低工资

最低工资是指劳动者在法定工作时间内履行了正常劳动义务的前提下，由其所在单位支付的最低劳动报酬。最低工资不包括：加班工资；中班、夜班、高温、低温、井下、有毒有害等特殊工作环境条件下的津贴；国家法律、行政法规和政策规定的劳动者保险、福利待遇；用人单位通过贴补伙食、住房等支付给劳动者的非货币收入。

最低工资标准一般采取月最低工资标准和小时最低工资标准的形式。月最低工资标准适用于全日制就业劳动者，小时最低工资标准适用于非全日制就业劳动者。

用人单位支付的工资不得低于当地最低工资标准。根据《中华人民共和国劳动法》的规定，最低工资具体标准应当由各省、自治区、直辖市人民政府确定。最低工资标准由省级人民政府规定，报国务院备案。

4. 女职工保护

禁止安排女职工从事矿山井下、国家规定的第四级体力劳动强度的劳动和其他禁忌从事的劳动。不得安排女职工在经期从事高处、低温、冷水作业和国家规定的第三级体力劳动强度的劳动。不得安排女职工在怀孕期间从事国家规定的第三级体力劳动强度的劳动和孕期禁忌从事的活动。对怀孕7个月以上的女职工，不得安排其延长工作时间和夜班劳动。女职工生育享受不少于90天的产假。不得安排女职工在哺乳未满一周岁的婴儿期间从事国家规定的第三级体力劳动强度的劳动和哺乳期禁忌从事的其他劳动，不得安排其延长工作时间和夜班劳动。

5. 未成年职工保护

不得安排未成年职工从事矿山井下、有毒有害、国家规定的第四级体力劳动强度的劳动和其他禁忌从事的劳动。用人单位应当对未成年职工定期进行健康检查。

（八）社会保险

1. 社会保险概述

国家建立基本养老保险、基本医疗保险、工伤保险、失业保险、生育保险等。国家设立社会保险基金，按照保险类型确定资金来源，实行社会统筹。社会保险基金来源于单位和个人缴费，不足时政府补贴。社会保险待遇具有人身专属性，原则上不得继承。我国《劳动合同法》第四十九条规定："国家采取措施，建立健全劳动者社会保险关系跨地区转移接续制度。"劳动者社会保险关系跨地区转移接续制度是关于劳动者的社会保险关系在不同的地区之间流转的一项制度，其关系到劳动者的社会保险制度从一个地区转移到另外一个地区时的交接。

2. 基本养老保险

（1）参保。职工参加，单位和职工共同缴费；灵活就业人员参加，个人缴费。

（2）基本养老保险基金。基金来源于用人单位和个人缴费以及政府补贴。基金的组成是社会统筹与个人账户相结合。单位缴纳的，计入基本养老保险统筹基金；职工缴纳的，计入个人账户。灵活就业人员缴纳的，分别计入基本养老保险统筹基金和个人账户。个人账户不得提前支取，记账利率不得低于银行定期存款利率，免征利息税，个人死亡的个人账户余额可以继承。

（3）基本养老金待遇。基本养老金由统筹养老金和个人账户养老金组成。基金的领取条件是达到法定退休年龄时累计缴费满 15 年的，按月领取基本养老金。达到法定退休年龄时累计缴费不足 15 年的，可以缴费至满 15 年，按月领取基本养老金；也可以转入新型农村社会养老保险或者城镇居民社会养老保险，享受相应的养老保险待遇。参加基本养老保险的个人，因病或者非因工死亡的，其遗属可以领取丧葬补助金和抚恤金；在未达到法定退休年龄时因病或者非因工致残完全丧失劳动能力的，可以领取病残津贴。个人跨统筹地区就业的，其基本养老保险关系随本人转移，缴费年限累计计算。个人达到法定退休年龄时，基本养老金分段计算、统一支付。

3. 基本医疗保险

（1）参保。职工参保的，单位和职工共同缴纳；灵活就业人员参保的，个人缴纳。

（2）基本医疗保险待遇。医疗费用按照国家规定从基本医疗保险基金中支付，由社会保险经办机构与医疗机构、药品经营单位直接结算。下列医疗费用不纳入基本医疗保险基金支付范围：应当从工伤保险基金中支付的；应当由第三人负担的；应当由公共卫生负担的；在境外就医的。医疗费用依法应当由第三人负担，第三人不支付或者无法确定第三人的，由基本医疗保险基金先行支付。基本医疗保险基金先行支付后，有权向第三人追偿。

4. 工伤保险

（1）参保。职工参保，单位缴纳保费。

（2）工伤保险待遇。适用工伤保险的条件是职工因工作原因受到事故伤害或者患职业病，并且经工伤认定的，享受工伤保险待遇。其中，经劳动能力鉴定丧失劳动能力的，享受伤残待遇。职工因下列情形之一导致本人在工作中伤亡的，不认定为工伤：故意犯罪；醉酒或者吸毒；自残或者自杀；法律、行政法规规定的其他情形。工伤保险基金负担的费用包括：治疗工伤的医疗费用和康复费用；住院伙食补助费；到统筹地区以外就医的交通食宿费；安装配置伤残辅助器具所需费用；生活不能自理的，经劳动能力鉴定委员会确认的生活护理费；一次性伤残补助金和一至四级伤残职工按月领取的伤残津贴；终止或者解除劳动合同时，应当享受的一次性医疗补助金；因工死亡的，其遗属领取的丧葬补助金、供养亲属抚恤金和因工死亡补助金；劳动能力鉴定费。用人单位支付的费用包括：治疗工伤期间的工资福利；五级、六级伤残职工按月领取的伤残津贴；终止或者解除劳动合同时，应当享受的一次性伤残就业补助金。停止享受工伤保险待遇的情形包括：丧失享受待遇条件的；拒不接受劳动能力鉴定的；拒绝治疗的。

（3）特殊情况的处理。单位未缴费，由用人单位支付工伤保险待遇。用人单位不支付的，从工伤保险基金中先行支付，由用人单位偿还。用人单位不偿还的，社会保险经办机构可以追偿。第三人造成工伤，第三人不支付工伤医疗费用或者无法确定第三人的，由工伤保险基金先行支付。工伤保险基金先行支付后，有权向第三人追偿。

（4）职工非因工负伤致残的处理。企业职工非因工负伤致残和经医生或医疗机构认定患有难以治疗的疾病，在医疗期内医疗期终结，不能从事原工作，也不能从事用人单位另行安排的工作的，应由劳动鉴定委员会参照工伤与职业病残程度鉴定标准进行劳动能力鉴定。被鉴定为1~4级的，应当退出劳动岗位，终止劳动关系，办理退休、退职手续，享受退休、退职待遇；被鉴定为5~10级的，医疗期内不得解除劳动合同。

5. 失业保险

（1）参保。职工参保，单位和职工共同缴费。

（2）失业保险待遇。领取失业保险金的条件（缺一不可）是：失业前用人单位和本人已经缴纳失业保险费满1年的；非因本人意愿中断就业的；已经进行失业登记，并有求职要求的。领取失业保险金的最长期限是累计缴费满1年不足5年的，最长为12个月；累计缴费满5年不足10年的，最长为18个月；累计缴费10年以上的，最长为24个月。失业人员在领取失业保险金期间死亡的，向其遗属发给一次性丧葬补助金和抚恤金。所需资金从失业保险基金中支付。停止失业保险待遇的事由（任选其一）包括：重新就业的；应征服兵役的；移居境外的；享受基本养老保险待遇的；无正当理由，拒不接受当地人民政府指定部门或者机构介绍的适当工作或者提供的培训的。

6. 生育保险

（1）参保。职工参保，单位缴费。

（2）生育保险待遇。生育医疗费用包括下列各项：生育的医疗费用；计划生育的医疗费用；法律、法规规定的其他项目费用。参保职工未就业配偶也可以享受。

生育津贴包括：女职工生育享受产假；享受计划生育手术休假；法律、法规规定的其他情形。

综上所述，社会保险的构成如表9-1所示。

表9-1 社会保险的构成

	养老	医疗	工伤	失业	生育
参保对象	职工、灵活就业人员	职工、灵活就业人员	职工	职工	职工
保费缴纳	单位和职工、灵活就业人员	单位和职工、灵活就业人员	单位	单位和职工	单位

7. 被派遣的劳动者的社会保险

一般情况下，劳务派遣单位按用工单位提出的被派遣的劳动者的工资基数，办理社会保险。其具体内容如下：按劳务派遣协议书中规定的相关条款，由用人单位每月向劳务派遣单位支付被派遣的劳动者的当月社会保险所需费用；劳务派遣单位为被派遣劳动者办理养老、失业、工伤、医疗和生育保险手续并依法缴纳各项保险；被派遣的劳务者个人应缴纳部分，由劳务派遣单位在发放被派遣劳动者的工资时扣缴。劳务派遣单位按规定为其被派遣人员办理企业职工基本养老保险参保手续；原已参保的被派遣人员，按接续养老关系办法办理；劳务派遣单位作为参保单位，按规定为其被派遣人员办理失业保险参保手续；当地失业保险经办机构为每个被派遣参保人办理失业保险缴费凭证；劳务派遣单位依法为其被派遣人员办理城镇职工基本医疗保险参保手续，参保职工享受相关的基本医疗政策；劳务派遣单位依照国务院发布的《工伤保险条例》为被派遣人员缴纳工伤保险费；派遣单位按有关规定为其被派遣人员办理企业职工生育保险参保手续，参保女职工依法享受生育保险待遇。

8. 非全日制用工的劳动者的社会保险

非全日制劳动者应当参加基本养老保险，原则上参照个体工商户的参保办法执行。非全日制的劳动者可以个人参保，并依待遇水平与缴费水平相挂钩的原则，享受相应的基本医疗保险待遇。用人单位应当按照国家有关规定为建立劳动关系的非全日制劳动者缴纳工伤保险费。从事非全日制工作的劳动者发生工伤，依法享受工伤待遇；被鉴定为伤残5~10级的，经劳动者与用人单位协商一致，可以一次性结算伤残待遇及有关费用。

四、劳动争议

（一）劳动争议认定

劳动争议是指劳动关系双方当事人因执行法律、法规或履行劳动合同、集体合同发生的纠纷。下列纠纷不属于劳动争议：劳动者请求社会保险经办机构发放社会保险金的纠纷；劳动者与用人单位因住房制度改革产生的公有住房转让纠纷；劳动者对伤残等级鉴定结论或职业病诊断鉴定结论有异议而与鉴定机构之间的纠纷；家庭或者个人与家政服务人员之间的纠纷；个体工匠与帮工、学徒之间的纠纷；农村承包经营户与受雇人员之间的纠纷。

（二）劳动争议调解

发生劳动争议，当事人不愿协商、协商不成或者达成和解协议后不履行的，可以向调解组织申请调解；不愿调解、调解不成或者达成调解协议后不履行的，可以向劳动争议仲裁委员会申请仲裁；对仲裁裁决不服的，除《中华人民共和国劳动争议调解仲裁法》另有规定以外，可以向人民法院提起诉讼。

发生劳动争议，当事人对自己提出的主张有责任提供证据。与争议事项有关的证据属于用人单位掌握管理的，用人单位应当提供；用人单位不提供的，应当承担不利后果。

发生劳动争议，当事人可以到下列调解组织申请调解：企业劳动争议调解委员会；

依法设立的基层人民调解组织；在乡镇、街道设立的具有劳动争议调解职能的组织。企业劳动争议调解委员会由职工代表和企业代表组成。职工代表由工会成员担任或者由全体职工推举产生，企业代表由企业负责人指定。企业劳动争议调解委员会主任由工会成员或者双方推举的人员担任。

劳动争议仲裁委员会负责管辖本区域内发生的劳动争议。劳动争议由劳动合同履行地或者用人单位所在地的劳动争议仲裁委员会管辖。双方当事人分别向劳动合同履行地和用人单位所在地的劳动争议仲裁委员会申请仲裁的，由劳动合同履行地的劳动争议仲裁委员会管辖。发生劳动争议的劳动者和用人单位为劳动争议仲裁案件的双方当事人。劳务派遣单位或者用工单位与劳动者发生劳动争议的，劳务派遣单位和用工单位为共同当事人。与劳动争议案件的处理结果有利害关系的第三人，可以申请参加仲裁活动或者由劳动争议仲裁委员会通知其参加仲裁活动。当事人可以委托代理人参加仲裁活动。委托他人参加仲裁活动，应当向劳动争议仲裁委员会提交有委托人签名或者盖章的委托书，委托书应当载明委托事项和权限。丧失或者部分丧失民事行为能力的劳动者，由其法定代理人代为参加仲裁活动；无法定代理人的，由劳动争议仲裁委员会为其指定代理人。劳动者死亡的，由其近亲属或者代理人参加仲裁活动。

劳动争议仲裁公开进行，但当事人协议不公开进行或者涉及国家秘密、商业秘密和个人隐私的除外。劳动争议申请仲裁的时效期间为一年。仲裁时效期间从当事人知道或者应当知道其权利被侵害之日起计算。仲裁时效因当事人一方向对方当事人主张权利，或者向有关部门请求权利救济，或者对方当事人同意履行义务而中断。从中断时起，仲裁时效期间重新计算。因不可抗力或者有其他正当理由，当事人不能在规定的仲裁时效期间申请仲裁的，仲裁时效中止。从中止时效的原因消除之日起，仲裁时效期间继续计算。劳动关系存续期间因拖欠劳动报酬发生争议的，劳动者申请仲裁不受规定的仲裁时效期间的限制。但是，劳动关系终止的，应当自劳动关系终止之日起一年内提出。

申请人申请仲裁应当提交书面仲裁申请，并按照被申请人人数提交副本。仲裁申请书应当载明下列事项：劳动者的姓名、性别、年龄、职业、工作单位和住所，用人单位的名称、住所和法定代表人或者主要负责人的姓名、职务；仲裁请求和所根据的事实、理由；证据和证据来源、证人姓名和住所。书写仲裁申请确有困难的，可以口头申请，由劳动争议仲裁委员会记入笔录，并告知对方当事人。

（三）劳动争议仲裁

劳动争议仲裁必须前置，未经仲裁直接起诉的，法院不予受理。一般劳动争议案件仲裁裁决，当事人不服的，可以自收到裁决书 15 日内起诉。特殊劳动争议案件“一裁终局”，如追索劳动报酬、工伤医疗费、经济补偿或赔偿金，不超过当地月最低工资标准 12 个月金额的争议；因执行国家的劳动标准在工作时间、休息休假、社会保险等方面发生的争议。对于此类案件的仲裁，劳动者不服可以起诉，用人单位不能起诉，但具备下列情形的可以申请中级人民法院撤销：

（1）适用法律、法规确有错误的。

（2）劳动争议仲裁委员会无管辖权的。

（3）违反法定程序的。

（4）裁决所采用的证据是伪造的。

（5）对方当事人隐瞒了足以影响公正裁决的证据的。

（6）仲裁员在仲裁该案时有索贿受贿、徇私舞弊、枉法裁决行为的。

阅读案例 9-3

小罗在某网络公司工作。2016 年 3 月，小罗发现自己的劳动合同即将到期，于是要求公司人事部与自己续签劳动合同。“公司正准备换首席执行官（CEO），等新的 CEO 来了再说吧。”人事经理给了小罗这样一个答复。半个月过去了，小罗的合同已经过期，公司还没有跟他续订合同。又过了一个多月，新 CEO 终于上任了。所谓“新官上任三把火”，这位新官的“第一把火”就烧在了人的身上——大幅裁员。小罗跟其他一些员工一样，收到了公司发出的终止劳动合同通知书。小罗办完离职手续后，找到人事部，要求公司向自己支付经济补偿金，没想到却遭到了人事经理的拒绝。“你的劳动合同是到期终止，不是中途解除，因此没有经济补偿金。”人事经理这样解释。“可是，我的合同是一个月前到期的，你们当时没有终止呀。”小罗觉得有点委屈。“不管怎么说，合同到期后，公司没有再跟你续签，就可以随时跟你终止劳动关系。”人事经理态度很强硬。小罗走在回家的路上，脑子还是转不过弯来：难道劳动合同过期后，公司不立即终止也不续订，以后就可以随时解除，甚至连补偿金也可以不给？

该网络公司虽然开始时和小罗订有劳动合同，但在劳动合同到期时，既没有终止又没有续订，双方当事人处在了存有劳动关系但没有劳动合同的状态，属于形成事实劳动关系。该网络公司以换 CEO 为理由，拖延续订劳动合同，这在法律上不属于有正当理由，仍然属于无故拖延不订。因此，此时该网络公司已经不能采用终止劳动合同的办法结束与小罗之间的劳动关系了。即使小罗同意该网络公司的提议，了断双方的劳动关系，也只能属于双方协商解除劳动关系。该网络公司至少也应按有关规定向小罗支付解除劳动关系的经济补偿金。

本案例的关键是认定无书面形式的劳动合同形成的事实上的劳动关系。

用人单位招用劳动者未订立书面劳动合同，但同时具备下列情形的，劳动关系成立：第一，用人单位和劳动者符合法律、法规规定的主体资格；第二，用人单位依法制定的各项劳动规章制度适用于劳动者，劳动者受用人单位的劳动管理，从事用人单位安排的有报酬的劳动；第三，劳动者提供的劳动是用人单位业务的组成部分。

用人单位未与劳动者签订劳动合同，认定双方存在劳动关系时可参照下列凭证：第一，工资支付凭证或记录（职工工资发放花名册）、缴纳各项社会保险费的记录；第二，用人单位向劳动者发放的“工作证”“服务证”等能够证明身份的证件；第三，劳动者填写的用人单位招工招聘“登记表”“报名表”等招用记录；第四，考勤记录；第五，其他劳动者的证言等。其中，第一、第三、第四项的有关凭证由用人单位负举证责任。

第三节　员工健康管理

阅读案例9-4

富士康集团员工跳楼事件

2010年，如果评选年度“最纠结”企业，富士康集团当属第一。一系列悲剧事件的发生，也将这家成立几十年来一直隐居幕后的B2B企业，放之于全球媒体的聚光灯下炙烤。2010年1月至6月，一共有13位年轻的富士康集团的职工选择以跳楼的方式结束他们鲜活的生命，富士康集团被贴上“血汗工厂”的标签。2010年5月26日，在深圳龙华厂，富士康集团总裁郭台铭首度公开面对数百家媒体。当着千余人的面，他深深地鞠躬，“除了道歉还是道歉，除了痛惜还是痛惜”。5月25日，富士康集团总裁郭台铭来到深圳，于5月26日在富士康龙华园区会见200多名海内外媒体记者，并主动带记者参观社区、厂区、车间、宿舍楼、员工关爱中心等。为避免伤亡再次发生，富士康集团在宿舍楼的阳台安装防护网，吊车进入富士康集团担负起吊任务。郭台铭鞠躬道歉的形象被境内外媒体广泛报道，“血汗工厂”等名词出现在境内外媒体上。作为全球最大的信息技术、消费电子产品代工企业，富士康集团的连续的自杀现象让苹果公司、惠普公司等全球知名信息技术企业发表声明表示高度关注，富士康“连跳事件”已经成为境内外舆论所广泛关注和探讨的话题。事件已经造成轰动一时的社会影响，社会各界纷纷对富士康集团的企业文化和管理体系提出质疑。随着富士康集团员工连环跳楼事件的不断升级，富士康集团在2010年引起了国内外人士的高度关注。如今事件虽然以富士康集团加薪告一段落，但对“十三连跳”的发生以及富士康集团在面对这场巨大的危机的公关处理手段，我们仍有反思的必要。

该事件很好地印证了员工关系管理中健康管理的重要性，由于没有建立一套系统的健康管理制度，也缺乏良好的员工沟通渠道，员工的心理紧张和压抑在相当长的时间内得不到缓解，因此直到惨剧发生，富士康集团高层才开始认识到员工健康管理的重要性，采取了完善员工关爱中心、设立员工关爱热线等系列举措。假如富士康集团能够提前认识到这一点，也许悲剧就不会发生。

一、员工健康管理的概念

员工健康管理是通过企业自身或借助第三方的力量，应用现代医疗和信息技术从生理、心理角度对企业员工的健康状况进行跟踪、评估，系统维护企业员工的身心健康，降低医疗成本支出，提高企业整体生产效率的一项企业管理行为。员工健康管理是一种现代化的人力资源管理模式，是人力资源管理模式从对“物”的管理转向对“人”的管理的反映。人力资源管理经历了从以“商品人”理论为核心的雇佣管理模式到以“知识人”理论为核心的人力资本运营模式的变迁。在这种演进的过程中，人的重要性日益凸显，人的个性化需求不断得到满足，人力资本逐渐成为企业最为重要的资本。员工健康管理实际上体现了企业对员工的人文关怀，体现了对人的尊重和对人力资本的重视，这种管理模式迎合了现代企业管理的需求，具有一定的现实意义。

（一）员工健康管理根源于以人为本的企业文化

从企业文化的角度来看，员工健康管理实际上是以人为本的企业文化在人力资源管理领域的具体体现。以人为本的企业文化强调员工在企业发展中的主体地位，一切从人性和人的需求出发，尊重员工的选择，满足员工的多样化需求，给员工提供更大的发展舞台和更充分的发展条件，并努力实现人的价值的最大化。因为只有实现了人的价值的最大化，才有可能实现企业价值的最大化。企业实施员工健康管理，是将员工的身心健康置于举足轻重的地位，通过一系列的预防和诊治行为提高员工的健康水平，体现了企业对员工的人文关怀，同时也为员工价值最大化创造了更好的条件。因此，员工健康管理与以人为本的企业文化密不可分。离开企业文化谈员工健康管理，犹如无源之水、无本之木。在现实生活中，不少企业表面上看来对员工健康状况很关心，以为为员工办理了医疗保险、定期对员工进行体检就是对员工健康进行了管理。实际上，如果没有树立以人为本的企业文化，没有真正重视员工在企业中的主体地位，就不能算是真正建立起了有效的员工健康管理制度。

（二）员工健康管理包含了身心健康的双重管理

员工健康管理的内涵十分丰富，不仅包含了员工身体健康管理方面的内容，如对员工进行全面的体检、建立健康档案、定期进行健康评估等，同时也包含了对员工的心理健康进行必要的跟踪和辅导，如设立心理咨询热线、设置心理辅导专员和员工互助小组等。随着生活节奏的加快和竞争压力的增加，员工心理问题已成为企业管理中的重要问题。对员工进行心理健康管理，其主要目的是消除高负荷的工作压力带来的负面影响，促进员工的心理健康水平，进而降低管理成本，提高企业绩效。从目前的情况来看，员工的身体健康容易引起重视，而心理健康往往被忽略。中国健康型组织及员工帮助计划（EAP）协会进行的一项“中国企业员工职业心理健康管理调查”的结果显示，99.13%的在职白领受压力、抑郁、职业倦怠等职场心理因素困扰；56.56%的被调查者渴望得到心理咨询，但从未尝试过；79.54%的职场人士意识到职业心理健康影响到工作。

（三）员工健康管理的重点在于预防和控制而不是事后弥补

员工健康管理是一项对员工的健康状况进行跟踪、评估的过程，因此其重点在于预防和控制，而不是事后弥补。目前，我国的员工健康管理大部分属于事后弥补型，即健康出了问题再想办法去解决。一个典型的例子就是对员工健康问题的关注过多地依赖于基本医疗保险，而医疗保险是一个低水平的事后的医疗支付体系，根本无法起到预防和控制的作用；而定期的体检也是形式多于内容，很难真正发挥评估、诊断的作用。因此，从这个角度来说，我国的员工健康管理还处于初级阶段。

二、员工健康管理的具体措施

（一）建立尊重员工的文化氛围

员工健康管理根源于以人为本的企业文化。因此，要实施员工健康管理，必须先从企业文化着手。首先，企业要树立人性化的管理理念，营造尊重员工、重视员工的文化氛围，塑造以人为本的企业形象。其次，在具体的管理实践中，企业要实行柔性管理和爱心管理，倾听员工需求，帮助员工进步，让员工参与决策等，使员工切实体验到受尊重的感觉，并找到归属感。

（二）创造舒适的工作环境

舒适的工作环境有利于身心健康，也有利于调动员工的工作积极性，发挥员工的创造力。例如，从空间、装饰、光线、整洁度等方面对工作环境加以优化，为员工提供舒适的办公环境；对于一些枯燥的重复性劳动，通过工间操、播放背景音乐等形式，达到舒缓压力、调节情绪的目的。

（三）完善企业的激励、沟通机制

企业要通过完善企业的激励、沟通机制来解决员工的后顾之忧，扫清员工健康发展的障碍。企业要关注员工个人发展，提供广阔的发展空间，完善职业晋升通道，给员工以动力和希望。企业要提供有竞争力的薪酬和奖励制度，激励员工朝着积极、健康的方向发展。同时，企业要建立畅通的沟通渠道，让员工之间、上下级之间可以平等对话、互通信息、交流思想。企业要积极举办各种形式的文化体育活动，舒缓员工工作的压力，增强员工之间的情感交流，提高团队凝聚力。

（四）设置员工健康管理相关岗位

企业要加强人力资源方面的投入，设置员工健康管理的相关岗位，负责对员工健康进行管理和监督。例如，华为公司于 2008 年首次设立首席员工健康与安全官，以进一步完善员工保障与职业健康计划。除此以外，华为公司还专门成立了健康指导中心，规范员工餐饮、办公等健康标准和疾病预防工作，提供健康与心理咨询。一些世界 500 强企业也设立了亚太地区或中国地区健康顾问的职位，专门对公司员工的身体健康和心理健康进行管理和监督。

（五）实施 EAP

EAP（Employee Assistance Program），即员工帮助项目，是由组织为员工提供的一套系统服务，通过专业人员对企业员工提供诊断、辅导、咨询和培训等服务，解决员工的各种心理和行为问题，改善员工在组织中的工作绩效。据了解，目前世界 500 强企业中相当数量的企业建立了 EAP。惠普公司、摩托罗拉公司、思科公司、诺基亚公司、可口可乐公司、杜邦公司、宝洁公司等一大批外资企业尤其是信息技术企业，纷纷启动了它们在中国的 EAP。不少我国本土企业，如联想集团等，也认识到员工健康管理的重要性，纷纷引入 EAP。

EAP 主要包括初级预防、二级预防和三级预防三方面内容，作用分别是消除诱发问题的来源、教育和培训、员工心理咨询与辅导。

1. 初级预防：消除诱发问题的来源

初级预防的目的是减少或消除任何导致职业心理健康问题的因素，并且更重要的是设法建立一个积极的、支持性的和健康的工作环境。通过对人力资源方面的企业诊断，能够发现问题在哪里和解决问题的途径。通常，初级预防通过改变一些人事政策来实现，如改善组织内的信息沟通、工作再设计和给予低层人员更多的自主权等。

2. 二级预防：教育和培训

教育和培训旨在帮助员工了解职业心理健康的知识，如各种可能的因素怎样对员工心理健康产生影响以及如何提高对抗不良心理问题的能力。有关的教育课程包括应付工作压力、自信性训练、放松技术、生活问题指导以及解决问题技能等。二级预防的另一个重要目的是向人力资源管理人员和组织内从事员工保健的专业人员提供专门的培训课程，来提高他们对员工心理健康的意识和处理员工个人问题的能力。例如，基本咨询技能和行为风险管理等方面的培训。

3. 三级预防：员工心理咨询与辅导

员工心理咨询是指由专业心理咨询人员向员工提供个别、隐私的心理辅导服务，以解决他们的各种心理和行为问题，使他们能够保持较好的心理状态来生活和工作。由于员工的许多职业心理健康问题与家庭生活方面的因素有关，因此这种心理咨询服务通常也面向员工的直系家庭成员。

第四节　员工关系管理实务

一、劳动合同的主要内容及签订

（一）劳动合同的必备条款

劳动合同的必备条款包括：用人单位的名称、住所和法定代表人或者主要负责人；劳动者的姓名、住址和居民身份证号码或者其他有效身份证件号码；劳动合同期限；工作内容和工作地点；工作时间和休息休假；劳动报酬；社会保险；劳动保护、劳动条件和职业危害防护；法律、法规规定应当纳入劳动合同的其他事项。

（二）必备条款外的其他约定

劳动合同除规定的必备条款外，用人单位与劳动者可以约定试用期、培训、保守秘密、补充保险和福利待遇等其他事项，但是约定其他条款不得违反法律、法规的规定。

（三）劳动者签订劳动合同注意事项

第一，签订合同时，劳动者首先要弄清单位的基本情况，要判断是否是合法企业，要知道其法定代表人姓名、单位地址、电话。这些信息可以通过上网查询工商登记信息获取，同时应要求将这些内容明确写在合同中。

第二，劳动者要弄清自己的具体工作，并在合同中标明工作的内容和具体地点。

第三，劳动报酬要定清楚，避免口头约定。例如，标准工资是多少？有没有奖金？奖金是根据什么标准发放的？这些数据一定要在合同中体现，不要轻信口头承诺。

第四，关于试用期的问题要特别注意。法律规定试用期最长不得超过 6 个月，仅约定试用期的合同是无效的，试用期结束就要求劳动者走人是违规的。在试用期间，用人单位不得无理由解除劳动关系，除非是劳动者不符合招聘条件。

第五，劳动报酬的支付方式与支付时间要明确，明确是现金还是通过银行支付到账户中。有的单位采取扣发员工一个月工资的方式拴住劳动者，这种行为不具有法定效力。如果劳动合同终止后，用人单位拒绝提供被扣发的劳动报酬，劳动者可以通过劳动仲裁解决此问题。

第六，劳动者工作时间与工作条件要明确。有的劳动者为多挣钱，默认了企业要求严重超时的加班加点，这是违反劳动法律和法规的，现在越来越多的工资争议案件就是因此而起的。此外，工作的环境有毒有害，尤其是化学性的制革、制鞋行业企业，还有机械加工行业可能给工人带来的机械性伤害的工作环境，都要在合同中对环境危害可能造成的伤害明确表达出来。

第七，社会保险约定。有的企业以“不办社保可以多领工资”的说法，来误导劳动者主动选择放弃社会保险。对于社会保险问题，劳动者要有长远的考虑，工作时间越长，这个问题就越大，涉及养老的问题；一旦发生工伤意外等，最快速的解决方式是先通过劳动者购买的社会保险，快速选择走工伤保险补助的绿色通道救死扶伤。因此，有了社会保险就等于有了基本保障。

第八，不要签空白合同。空白合同是指企业为应付检查，拿出空白合同，先让劳动者签名、按手印，走一个过场，劳动者也不拿合同当回事，有的合同甚至没有盖章。一旦发生劳动争议，这类合同是无效的，同时劳动者的维权成本高昂。

第九，有些合同约定了不合法的内容，如女职工不得结婚生育、因工负伤的“工伤自理”，甚至要求劳动者签订“生死契约”等，这些条款在法律上无效，劳动者可以拒签。

第十，劳动合同盖章后，劳动者本人和用人单位要各保管一份。劳动合同是发生劳动争议时，劳资双方可出具的最直接、最有效的法律凭证。因为劳动者手头没有劳动合同，要求用人单位赔偿遭到拒绝的案例不在少数。有的企业在合同签订后，把两份合同都收走，发生争议时，劳动者手里没有合同，企业可以不承认有此人。此外，即使有劳动合同，仍要保存好能够证明劳动关系的证据，如工资条、入职面试字条、工作证件、体检表格、单位签字等。

二、劳动合同范本

示例 9-1

劳动合同

________________公司（单位）（以下简称甲方）

________________（以下简称乙方）

身份证号：

家庭住址：

联系电话：

依照国家有关法律条例，就聘用事宜，订立本劳动合同。

第一条　试用期及录用

（一）甲方依照合同条款聘用乙方为员工，乙方工作部门为__________职位，工种为__________。乙方应经过三至六个月的试用期，在此期间，甲乙任何一方有权终止合同，但必须提前七天通知对方或以七天的试用工资作为补偿。

（二）试用期满，双方无异议，乙方成为甲方的正式合同制劳务工，甲方将以书面方式给予确认。

（三）乙方试用合格后被正式录用，其试用期应计算在合同有效期内。

第二条　工资及其他补助奖金

（一）甲方根据国家有关规定和企业经营状况实行本企业的等级工资制度，并根据乙方所担负的职务和其他条件确定其相应的工资标准，以银行转账形式支付，按月发放。

（二）甲方根据盈利情况及乙方的行为和工作表现增加工资，如果乙方没达到甲方规定的要求指标，乙方的工资将得不到提升。

（三）甲方（公司主管人员）会同人事部门，在如下情况，甲方将给乙方荣誉或物质奖励，如模范地遵守公司的规章制度、生产和工作中有突出贡献、技术革新、经营管理改善。乙方也由于有突出贡献可以得到工资和职务级别的提升。

（四）甲方根据本企业利润情况设立年终奖金，可根据员工劳动表现及在单位服务年限发放奖金。

（五）甲方根据政府的有关规定和企业状况，向乙方提供津贴和补助金。

（六）除了法律、法规、规章明确提出要求的补助外，甲方将不再有义务向乙方提供其他补助和津贴。

第三条　工作时间及公假

（一）乙方的工作时间每天为八小时（不含吃饭时间），每星期工作五天半或每周工作时间不超过四十四小时，除吃饭时间外，每个工作日不安排其他休息时间。

（二）乙方有权享受法定节假日以及婚假、丧假等有薪假期。甲方如要求乙方在法定节假日工作，在征得乙方同意后，须安排乙方相应的时间轮休，或按国家规定支付乙方加班费。

（三）乙方成为正式员工，在本企业连续工作满半年后，可按比例获得每年根据其所担负的职务相应享受________天的带薪年假。

（四）乙方在生病时，经甲方认可的医院证明，可享受有薪病假。过试用期的员工每月可享受有薪病假一天，病假工资超出有薪病假部分的待遇，按政府和单位的有关规定执行。

（五）甲方根据生产经营需要，可调整变动工作时间，包括变更日工作开始和结束的时间，在照顾员工有合理的休息时间的情况下，日工作时间可做不连贯的变更，或要求员工在法定节假日及休息日到岗工作。乙方无特殊理由应积极支持和服从甲方安排，但甲方应严格控制加班加点。

第四条　员工教育

在乙方任职期间，甲方须经常对乙方进行职业道德、业务技术、安全生产及各种规章制度及社会法制教育，乙方应积极接受这方面的教育。

第五条　工作安排与条件

（一）甲方有权根据生产和工作需要及乙方的能力，合理安排和调整乙方的工作，乙方应服从甲方的管理和安排，在规定的工作时间内按质、按量完成甲方指派的工作任务。

（二）甲方须为乙方提供符合国家要求的安全卫生的工作环境，否则乙方有权拒绝工作或终止合同。

第六条　劳动保护

甲方根据生产和工作需要，按国家规定为乙方提供劳动保护用品和保健食品。对女职工经期、孕期、产期和哺乳期提供相应的保护，具体办法按国家有关规定执行。

第七条　劳动保险及福利待遇

（一）甲方按国家劳动保险条例规定，为乙方支付医药费用、病假工资、养老保险费用及工伤保险费用。

（二）甲方根据单位规定提供乙方宿舍和工作餐（每天______次）。

第八条　解除合同

（一）符合下列情况，甲方可以解除劳动合同

（1）甲方因营业情况发生变化，而多余的职工又不能改换其他工种。

（2）乙方患病或非因工负伤，按规定的医疗期满后，不能从事原工作，也不能调换其他工种。

（3）乙方严重违反企业劳动纪律和规章制度，并造成一定后果，根据企业有关条例和规定应予辞退的，甲方有权随时解除乙方的劳动合同。

（4）乙方因触犯国家法规被拘留、劳动教养、判刑，甲方将作开除处理，劳动合同随之终止。

（二）符合下列情况，乙方可以解除劳动合同。

（1）经国家有关部门确认，劳动安全、卫生条件恶劣，严重危害了乙方身体健康的。

（2）甲方不履行劳动合同或违反国家政策、法规，侵害乙方合法利益的。

（3）甲方不按规定支付乙方劳动报酬的。

（三）在下列情况下，甲方不得解除劳动合同。

（1）乙方患病和因工负伤，在规定的医疗期内的。

（2）乙方因工负伤或患职业病，正在进行治疗的。

（3）女员工在孕期、产期或哺乳期的。

（四）乙方因工负伤或患职业病，医疗终结经政府有关部门确认为部分丧失劳动能力的，企业应予妥善安置。

（五）任何一方解除劳动合同，一般情况下，必须提前一个月通知对方，或以一个月的工资作为补偿，解除合同的程序按企业有关规定办理。

（六）乙方在合同期内，持有正当理由，不愿继续在本企业工作时，可以提出辞职，但须提前一个月书面通知甲方，经甲方批准后生效。辞职员工如系由企业出资培训，在培训期满后，工作未满合同规定年限的，应赔偿甲方一定的培训费用。未经甲方同意擅自离职，甲方有权通过政府劳动部门，要求乙方返回工作岗位，并赔偿因此给甲方造成的经济损失。

第九条　劳动纪律

（一）乙方应遵守国家的各项规定和企业的员工手册以及企业的各项规章制度。

（二）乙方如触犯刑律受法律制裁或违反员工手册和甲方规定的其他规章制度，甲方有权按员工手册等规定，分别给予乙方相应的纪律处分，直至开除，因乙方违反员工手册和其他规章制度，造成本企业利益受到损害，如企业声誉的损害、财产的损坏，甲方根据严重程度，可采取一次性罚款措施。

（三）如果乙方违反合同规定贪污受贿、严重玩忽职守或有不道德、粗鲁行为，引起或预示将引起严重损害他人人身和财产利益，或者乙方触犯刑律受到法律制裁等，甲方有权立即予以开除，并不给予“合同补偿金”和“合同履约金”。乙方贪污受贿或损害他人人身和财产利益所造成的损失，由乙方完全承担赔偿责任。

（四）乙方在合同期内及以后，不得向任何人泄漏本企业的商业机密。乙方在职期间不得同时在与本企业经营业务相似的企业、团体以及与本企业有业务关系的企业或团体兼职。乙方由于合同终止或其他原因从本企业离职时，应向部门主管人员交回所有与经营有关的文件资料，包括通信录、备忘录、顾客清单、图表资料及培训教材等。

第十条　合同的实施和批准

（一）本合同经________________讨论制定，报经____________批准，用____________文字书写，内容以中文为准，合同解释权属本公司人事部。

（二）单位员工手册、雇员犯规及警告通告及其他经济纪律规定均为合同附件，是合同的组成部分。

（三）本合同一经签订，甲、乙双方必须严格遵守，任何一方不得单方面修改合同内容，如有未尽事宜或与政府有关规定抵触时，按政府有关规定处理。

（四）本合同自签订之日生效，有效期为__________年，于__________年______月______日到期，合同期满前两个月，如双方无异议，本合同自行延长__________年。

（五）本合同一式两份，甲、乙双方各执一份，由甲方上级主管部门和国家劳动管理部门监督执行。

甲方（签字）　　　　　　日期

乙方（签字）　　　　　　日期

【本章小结】

从广义上讲，员工关系管理是在企业人力资源体系中，各级管理人员和人力资源职能管理人员，通过拟订和实施各项人力资源政策和管理行为以及其他的管理沟通手段调节企业和员工、员工与员工之间的相互联系和影响，从而实现组织的目标并确保为员工、社会增值。从狭义上讲，员工关系管理就是企业和员工的沟通管理，这种沟通更多采用柔性的、激励性的、非强制的手段，从而提高员工满意度，支持组织其他管理目标的实现。员工关系管理的主要职责是协调员工与管理者、员工与员工之间的关系，引导建立积极向上的工作环境。劳动关系管理就是指传统的签合同、解决劳动纠纷等内容。劳动关系管理是对人的管理，对人的管理是一个思想交流的过程，在这一过程中的基础环节是信息传递与交流。规范化、制度化的管理可以使劳动关系双方（企业与员工）的行为得到规范，权益得到保障，维护稳定、和谐的劳动关系，促使企业经营稳定运行。企业劳动关系主要指企业所有者、经营管理者、普通员工和工会组织之间在企业的生产经营活动中形成的各种责、权、利关系，包括所有者与全体员工的关系、经营管理者与普通员工的关系、经营管理者与工人组织的关系、工人组织与职工的关系。

【简答题】

1. 签订无固定期限劳动合同的情形有哪些？
2. 无效的劳动合同形成的事实上的劳动关系有哪些？
3. 用人单位单方解除合同有哪些限制？
4. 劳动合同终止的情况有哪些？
5. 用人单位解除劳动合同不用支付经济补偿金的情形有哪些？

【案例分析题】

1. 某公司聘用首次就业的王某，口头约定劳动合同期限2年，试用期3个月，月工资1 200元，试用期满后月工资1 500元。2012年7月1日起，王某上班，不久即与同事李某确立恋爱关系。9月，由经理办公会讨论决定并征得工会主席同意，公司公布施行工作纪律规定，要求同事不得有恋爱或婚姻关系，否则一方必须离开公司。公司据此解除了王某的劳动合同。经查明，当地月最低工资标准为1 000元，公司与王某一直未签订书面劳动合同，但为王某买了失业保险。

(1) 关于双方约定的劳动合同内容，下列符合法律规定的说法是（　　）。

A. 试用期超过法定期限

B. 试用期工资符合法律规定

C. 8月1日起，公司未与王某订立书面劳动合同，应每月付其两倍的工资

D. 8月1日起，如王某拒不与公司订立书面劳动合同，公司有权终止其劳动关系，并且无需支付经济补偿

(2) 关于该工作纪律规定，下列说法正确的是（　　）。

A. 制定程序违法

B. 有关婚恋的规定违法

C. 依据该规定解除王某的劳动合同违法

D. 该公司执行该规定给王某造成损害的，应承担赔偿责任

(3) 关于王某离开该公司后申请领取失业保险金的问题，下列说法正确的是（　　）。

A. 三某及该公司累计缴纳失业保险费尚未满1年，无权领取失业保险金

B. 王某被解除劳动合同的原因与其能否领取失业保险金无关

C. 若王某依法能领取失业保险金，在此期间还想参加职工基本医疗保险，则其应缴纳的基本医疗保险费从失业保险基金中支付

D. 若王某选择跨统筹地区就业，可申请退还其个人缴纳的失业保险费

2. 李某原在甲公司就职，适用不定时工作制。2012年1月，因甲公司被乙公司兼

并，李某成为乙公司职工，继续适用不定时工作制。2012 年 12 月，由于李某在年度绩效考核中得分最低，乙公司根据公司绩效考核制度中“末位淘汰”的规定，决定终止与李某的劳动关系。李某于 2013 年 11 月提出劳动争议仲裁申请，主张：原劳动合同于 2012 年 3 月到期后，乙公司一直未与本人签订新的书面劳动合同，应从 4 月起每月支付两倍的工资；公司终止合同违法，应恢复本人的工作。

(1) 关于李某申请仲裁的有关问题，下列选项正确的是（　　）。

A. 因劳动合同履行地与乙公司所在地不一致，李某只能向劳动合同履行地的劳动争议仲裁委员会申请仲裁

B. 申请时应提交仲裁申请书，确有困难的也可口头申请

C. 乙公司对终止劳动合同的主张负举证责任

D. 对劳动争议仲裁委员会逾期未作出是否受理决定的，李某可就该劳动争议事项向法院起诉

(2) 关于乙公司兼并甲公司时李某的劳动合同及工作年限，下列选项正确的是（　　）。

A. 甲公司与李某的原劳动合同继续有效，由乙公司继续履行

B. 如原劳动合同继续履行，在甲公司的工作年限合并计算为乙公司的工作年限

C. 甲公司还可与李某经协商一致解除其劳动合同，由乙公司新签劳动合同替代原劳动合同

D. 如解除原劳动合同时甲公司已支付经济补偿，乙公司在依法解除或终止劳动合同计算支付经济补偿金的工作年限时，不再计算李某在甲公司的工作年限

(3) 关于未签订书面劳动合同期间支付两倍工资的仲裁请求，下列选项正确的是（　　）。

A. 劳动合同到期后未签订新的劳动合同，李某仍继续在公司工作，应视为原劳动合同继续有效，故李某无权请求支付两倍工资

B. 劳动合同到期后应签订新的劳动合同，否则属于未与劳动者订立书面劳动合同的情形，故李某有权请求支付两倍工资

C. 李某的该项仲裁请求已经超过时效期间

D. 李某的该项仲裁请求没有超过时效期间

(4) 关于恢复用工的仲裁请求，下列选项正确的是（　　）。

A. 李某是不定时工作制的劳动者，该公司有权对其随时终止用工

B. 李某不是非全日制用工的劳动者，该公司无权对其随时终止用工

C. 根据该公司“末位淘汰”的规定，劳动合同应当终止

D. 该公司“末位淘汰”的规定违法，劳动合同终止违法

(5) 如李某放弃请求恢复工作而要求其他补救，下列选项正确的是（　　）。

A. 李某可主张公司违法终止劳动合同，要求支付赔偿金

B. 李某可主张公司规章制度违法损害劳动者权益，要求即时辞职及支付经济补偿金

C. 李某可同时获得违法终止劳动合同的赔偿金和即时辞职的经济补偿金

D. 违法终止劳动合同的赔偿金的数额多于即时辞职的经济补偿金

【实际操作训练】

实训项目：制定企业劳动合同。

实训目的：通过学习劳动关系管理的基础知识、合同的主要构成内容及签订，能根据企业背景，拟订劳动合同。

实训内容：

背景资料：小李是北京某著名信息技术（IT）公司的人力资源部经理。该公司考虑到原劳动合同随着新修订的《中华人民共和国劳动合同法》的实施，其内容条款方面存在很多相抵触的地方，急需拟订一份新的企业合同文本。该公司200多人，人员组成层次性较强，从工作时间来看，既有工作不满一年的新员工，也有工作四五年甚至十年以上的老员工。从用工类别来看，该公司有全职职工、合作公司派来的技术支持人员、派遣公司派来的工作人员，还有每天从事工作时间不超过两小时的保洁员。

该公司试用期劳动者流动性高，一方面是新进人员不合格；另一方面是劳动者工作几天后感觉不太适应自动离职。

在修订劳动合同的征求意见会上，大家的讨论如下：

营销经理说："我认为对销售员的押金不能不收，不收押金，机器丢了谁负责，对押金问题应在合同中保留。"

研发经理说："我建议工作地点最好不写，或写概括一些，不然员工总不愿去别处干活。"

财务经理说："能不能在合同中加一条，有些扣款可以在工资中直接全部扣除。"

行政经理说："要把损坏机器、不注意节约用纸等行为，定为严重违纪，写到合同中去。"

公关经理说："各位，我认为我们以前的合同写得太冗长，这次最好简略一些。"

总经理说："大家说得很好，但也存在一些问题。这样吧，今天大家的意见我们会记下来，研究一下，然后小李起草一个新的劳动合同文本，大家再讨论一下。"

要求：

1. 如果你是小李，请根据上述情况拟定一份在2017年1月1日起正式启用的劳动合同书。

2. 对原劳动合同有效的劳动者，不愿变更或更换新的劳动合同书，企业将如何处理？

参考文献

［1］董克用. 人力资源管理［M］. 北京：中国人民大学出版社，2015.
［2］徐刚，黄强. 人力资源管理［M］. 天津：天津大学出版社，2011.
［3］刘善仕，王雁飞，等. 人力资源管理［M］. 北京：机械工业出版社，2016.
［4］吴建华，吴国斌，丁伟. 人力资源管理［M］. 南京：南京大学出版社，2014.
［5］葛秋萍. 现代人力资源管理与发展［M］. 北京：北京大学出版社，2012.
［6］张英奎，蔡中华. 人力资源管理［M］. 北京：机械工业出版社，2013.
［7］陈永秀，雷静华. 人力资源管理［M］. 北京：北京理工大学出版社，2011.
［8］吴宝华. 人力资源管理实用教程［M］. 北京：北京大学出版社，2012.
［9］熊敏鹏. 人力资源管理［M］. 北京：机械工业出版社，2011.
［10］孙会峰. 战略性人力资源管理［M］. 北京：电子工业出版社，2013.
［11］夏敏敢. 人力资源管理［M］. 上海：上海财经大学出版社，2011.
［12］魏耀武. 人力资源管理［M］. 北京：清华大学出版社，2012.
［13］裴利芳. 人力资源管理［M］. 北京：清华大学出版社，2013.
［14］王玉姣. 人力资源管理［M］. 北京：清华大学出版社，2013.
［15］王立岩. 人力资源管理［M］. 北京：清华大学出版社，2013.
［16］窦胜功. 人力资源管理与开发［M］. 北京：清华大学出版社，2012.
［17］李燕萍. 人力资源管理［M］. 武汉：武汉大学出版社，2012.
［18］赵应文. 人力资源管理［M］. 北京：北京大学出版社，2012.
［19］常亚平. 人力资源管理［M］. 武汉：武汉理工大学出版社，2012.
［20］许莹. 人力资源管理理论与实务［M］. 北京：人民邮电出版社，2013.
［21］王家斌. 人力资源管理［M］. 北京：化学工业出版社，2011.
［22］赵淑芬. 员工招聘与甄选实务手册［M］. 北京：清华大学出版社，2013.
［23］王忠. 培训与开发［M］. 北京：科学出版社，2016.
［24］葛玉辉，荣鹏飞. 员工培训与开发［M］. 北京：清华大学出版社，2014.
［25］田秀萍. 职业生涯规划［M］. 上海：上海交通大学出版社，2014.
［26］付亚和，许玉林. 绩效管理［M］. 上海：复旦大学出版社，2014.
［27］方振邦，陈曦. 绩效管理［M］. 北京：中国人民大学出版社，2015.
［28］刘昕. 薪酬管理［M］. 北京：中国人民大学出版社，2014.
［29］卿涛，郭志刚. 薪酬管理［M］. 大连：东北财经大学出版社，2014.
［30］李春波. 组织设计与发展［M］. 北京：北京大学出版社，2014.
［31］法律出版社法规中心. 中华人民共和国劳动合同法（实用解读版）［M］. 北京：法律出版社，2016.
［32］张华贵. 劳动合同法［M］. 2 版. 北京：北京交通大学出版社，2015.

参考文献